사회적 가치와
사회혁신

지속가능한 상생공동체를 위하여

Social Value and Social Innovation
Toward a Symbiotically Sustainable Community

사회적 가치와
사회혁신

지속가능한 상생공동체를 위하여

박명규 · 이재열 엮음

한울
아카데미

차례

글쓴이 (가나다순)

강정한 __ 연세대학교 사회학과 교수다. 서울대학교 수학과를 졸업한 뒤 동 대학 사회학 석사를 거쳐 시카고 대학교에서 사회학 박사학위를 받았다. 연구분야는 수리사회학, data science, 경제 조직사회학 등이며, *Sociological Methods and Research* 등에 주요 논문이 소개되었다.

김병연 __ 서울대학교 경제학부 교수다. 옥스퍼드 대학교에서 경제학 박사학위를 취득했다. 영국 에세스 대학교와 서강대학교에서 조교수와 부교수로 재직했다. 주요 연구분야는 구(舊)사회주의 국가의 체제이행, 북한경제, 비(非)경제적 변수의 경제적 효과 등이다.

김홍중 __ 서울대학교 사회학과 부교수다. 서울대학교 사회학과에서 석사학위를 받고 프랑스 파리 사회과학고등연구원에서 박사학위를 받았다. 주된 관심분야는 사회이론과 문화사회학이다. 『마음의 사회학』을 냈고, '꿈'의 사회학적 이론화에 관심을 갖고 연구하고 있다.

라준영 __ 가톨릭대학교 경영학부 부교수다. 한국과학기술원(KAIST) 산업공학과에서 학사·석사 과정을 마치고 동 대학에서 경영공학 박사학위를 받았다. 주요 연구분야는 기업과 사회, 사회적 기업, 사회적 가치 측정, 사회적 금융이다.

박명규 __ 서울대학교 사회학교 교수다. 서울대학교에서 사회학 석사·박사학위를 받았다. 하버드-옌칭연구소, 버클리대학교 등에서 객원연구원을 지냈고 서울대학교 통일평화연구원 원장을 지냈다. 한국사회사, 개념사, 정체성, 남북관계 등을 연구하고 있다.

엄한진 __ 한림대학교 사회학과 교수다. 프랑스 파리3대학에서 북아프리카학 석사학위를, 파리8 대학에서 정치사회학 박사학위를 취득했다. 주된 관심분야는 이민, 종교, 아랍세계, 사회적 경제 다. 『프랑스 이민사』, 『이슬람문제』, 『다문화사회』 등의 저서를 출간했다.

윤제용 __ 서울대학교 화학생물공학부 교수다. 서울대학교 공과대학을 졸업하고 미국 뉴욕주립대 학교에서 환경공학 전공으로 박사학위를 받았다. 공학기술과 에너지저장기술을 통한 수처리 및 자 원회수기술을 연구하고 있다. 국경없는과학기술자회 회장을 지냈고 적정기술학회 공동회장이다.

이원재 A __ 한국과학기술원(KAIST) 문화기술대학원 교수다. 연세대학교 사회학과에서 학사·석사학위를, 시카고 대학교 사회학과에서 소셜네트워크 분석과 사회교환이론에 기반한 경제현상 연구로 박사학위를 받았다. 예술, 역사, 대중음악, 문학, SNS 데이터 분석을 통해 지위와 성과에 대한 사회학적 메커니즘을 연구하고 있다.

이원재 B __ 다음 세대를 위한 정책실험실인 'LAB2050'의 대표다. 매사추세츠공과대학교에서 MBA를 마쳤으며 한겨레신문 기자, 한겨레경제연구소장, 삼성경제연구소 수석연구원, 희망제작소 소장 등을 역임했다. 사회혁신활동에 관심을 갖고 연구와 실천을 지속해오고 있다.

이재열 __ 서울대학교 사회학과 교수다. 하버드 대학교에서 박사학위를 받았다. 현재 서울대학교 아시아연구소 한국사회과학자료원장으로 재직하고 있다. 주요 연구분야는 조직사회학, 네트워크 사회, 위험사회분석 등이고, 최근 연구주제는 사회의 질, 사회적 가치, 사회적 웰빙 등이다.

장용석 __ 연세대학교 행정학과 교수다. 스탠퍼드 대학교에서 사회학 박사학위를 취득했다. 유타 대학교 사회학과에서 조교수로, 고려대학교 사회학과에서 조교수와 부교수로 재직했다. 주된 관심분야는 사회혁신과 사회적 기업, 제도주의 조직론, 거버넌스 연구 등이다.

조형근 __ 한림대학교 일본학연구소 HK연구교수다. 서울대학교 사회학과에서 일제시기 재래시장 연구로 사회학 박사학위를 취득했다. 주된 연구분야는 사회적 경제론과 대중문화론 등이다. 경제적 행동과 문화적 특성을 연결 짓는 작업에 관심을 갖고 있다.

최정규 __ 경북대학교 경제통상학부 교수다. 서울대학교 대학원 경제학과에서 석사학위를, 애머스트 소재 메사추세츠 주립대학교에서 경제학으로 박사학위를 받았다. 미국 뉴멕시코 산타페연구소에서 박사후연구원으로 있었다. 이타성과 상호성의 역할을 규명하고 이러한 행동성향이 진화해 온 경로를 연구하고 있다.

한상진 __ 울산대학교 사회·복지학과 교수다. 서울대학교에서 석사·박사학위를 취득했고 환경문제, 생태주의에 관심이 많다. 주된 연구분야는 환경사회학, 사회적 경제, 생태복지론 등으로『국가와 시정을 넘어』등의 저서가 있다.

황정윤 __ 연세대학교 박사과정을 수료했다. 주된 관심분야는 사회적 혁신과 사회적 기업, 성과관리와 조직이론이다.

서문

　경제적 가치가 지배하던 고도성장기, 정치의 가치가 지배하던 민주화 시기를 거친 한국은 이제 사회적 가치의 시대로 접어들고 있다. 성장과 민주화만으로 해결할 수 없는 많은 문제들이 쌓여 있고, 이를 풀어나가려면 대대적인 사회혁신이 필요하다. 사회적 가치가 한국 사회에 새로운 화두로 부상하고 있다는 증상들은 곳곳에서 확인할 수 있다.

　제19대에 이어 제20대 국회에서는 '공공부문의 사회적 가치 증진'을 표방하는 법안이 발의되어 논의 중이다. 2018년 1월 문재인 대통령은 향후 정부정책의 중심을 '사회적 가치'에 두겠다고 했다. 행정자치부 장관도 사회적 가치가 정부 운영의 중심이라고 선언했다. 예산 편성이나 인사의 기준으로 삼겠다는 것이다. 공공기관의 실적평가에서 사회적 가치 항목의 비중도 늘리기로 했다. 여러 공공기관에서 사회적 가치 전담 부서를 만든다는 소식도 들린다. 공공부문만이 아니다. 한국의 대표적 기업그룹 중 하나인 SK는 재무적 가치와 더불어 사회적 가치를 기업 운영의 더블바텀라인(Double Bottom Line: DBL)으로 설정하도록 정관을 개정했다. 금융시장도 급변하고 있다. 수익을 올리는 일 외에 공공문제를 해결함으로써 사회적 가치 구현을 목표로 하는 '임팩트 금융'이 2018년에만 4000억 원이 넘는 투자금을 모을 것으로 예상된다고 언론들이 전한다.

　그런데 사회적 가치가 무엇인지, 왜 그것을 추구해야 하는지, 어떻게 구현할 수 있을지에 대한 이론적이고 체계적인 논의는 불충분하다. 일각에서는 사회적

8

약자, 소외된 계층을 지원하는 정부정책의 공공성을 사회적 가치로 간주한다. 혹자는 영리기업과 달리 사회적 기업이 추구하는 비즈니스 모델을 사회적 가치와 동일시하기도 한다. 하지만 사회적 가치는 사회적 기업이나 사회적 경제, 또는 공공성을 내세운 사회정책과 동일시될 수 없다.

그렇다면 사회적 가치란 무엇인가? 그것은 21세기의 시대정신이다. 사회적 흐름을 견인할 근원적이고도 미래지향적인 기획의 잣대다. 인공지능과 빅데이터로 표상되는 기술문명의 도래가 우리를 유토피아로 이끌지, 혹은 디스토피아에 빠뜨릴지 불분명한 전환기에 반드시 챙겨야 할 가치원리다. 세계가 복잡하게 연결되고 지구촌 곳곳이 상호 연동되는 시·공간 단축의 시대에 20세기적 패러다임에 안주해서는 발전은커녕 현상 유지도 어렵다. 정부도, 기업도, 시민도 우리에게 낯익은 성장, 발전, 개인, 경쟁 등의 가치를 넘어서는 혁신적이고 창의적인 발상을 내놓아야 한다. 그런 점에서 사회적 가치는 유엔, 개별 국가, 기업, 시민사회가 함께 주창하고 토론해야 하는 글로벌 과제다.

사회적 가치는 공동체를 새롭게 하는 힘이다. 그래서 인류가 함께 사는 존재라는 사실을 새롭게 자각하는 문화운동을 가능케 한다. 신자유주의 경쟁이 초래한 공동체의 해체, 양극화의 고통, 소외와 낙오, 인간성의 파탄을 극복하기 위한 21세기형 공동체론이 바로 사회적 가치다. 젊은이의 취업난, 결혼 기피와 저출산, 은퇴자의 노후 불안, 계층적 양극화와 사회적 활력 저하, 미세먼지와 쓰레기 대란 등을 극복하려는 의지가 사회적 가치인 셈이다. 각자도생과 경쟁만능의 문화를 넘어서 공존과 배려, 상생과 협력의 새로운 생활양식을 창출하려는 시도다.

사회적 가치는 혁신을 사회화하는 원천이다. 표준화된 방식, 강제된 규범, 모방형 지식에 의존하지 않고, 개성과 자율, 창의와 혁신의 정신을 사회화하려는 총체적 문화기획이다. 지금은 혁신적이라면, 아무리 작은 아이디어도 크라우드 펀딩을 통해 산업화할 수 있는 초연결 시대다. 혁신적 세대를 키우려면 그들이 과감한 도전을 실천하고 상상력을 발휘할 수 있게 교육을 구상해야 한다. 혁신 행동을 북돋우려면 문화적 심성을 배양할 사회적 인프라가 필요하다. 종합적 변화의 에너지인 사회적 가치는 정부와 기업의 역할에 한정되지 않고 학교와 종교, 문화단체 전반에까지 추구되고 배양되어야 할 요소다.

『사회적 가치와 사회혁신: 지속가능한 상생공동체를 위하여』는 사회적 가치의 내용과 실제, 그 다차원적인 모습을 종합적으로 탐색하고자 한국사회학회가 중심이 되어 수행한 공동연구의 결과물이다. 제59대 회장이자 연구책임자이기도 한 박명규를 비롯한 14명의 사회학자, 경영학자, 경제학자, 행정학자, 공학자 등이 모두 네 차례의 내부 세미나와 '사회적 가치: 협력, 혁신, 책임의 제도화'라는 제목으로 개최한 공개 심포지엄(2017년 11월 9일)에서 발표하고 토론한 내용을 정리하여 장별로 집필했다. 또한 사회적 가치를 제도화하는 데서 드러난 문제는 무엇이며, 어떻게 이를 해결할 것인지 '사회적 가치, 제도화의 현안과 방향은?'이라는 제목으로 패널 토론을 진행했다. 패널 참여자들은 모두 공공부문과 민간부문에서 직접 사회적 가치 구현을 위해 활동해온 분들이다.

이 책은 사회적 가치의 중요성을 인식하고 도움을 준 여러 분들의 성원에 빚진 바 크다. 무엇보다도 연구의 중요성에 공감하고 필요한 연구비를 지원해준 SK 사회공헌위원회 최광철 위원장과 행복나눔재단에 감사드린다. 연구의 방향을 정하는 데 도움을 준 SK SUPEX 추구협의회 정현천 전무와 (재)사회적가치연구원 서재혁 원장에게도 감사드린다. 사회성과 인센티브 어워드 행사(2017년 4월 20일)에서 '사회적 가치의 미래와 기업/제도의 역할'이란 좌담회로 일부 내용이 발표되도록 애써준 (재)사회적가치연구원 박성훈 수석연구원, 학술 심포지엄을 공동으로 개최하여 힘을 보태준 서울대학교 사회공헌교수협의회 안규리 교수에게 감사드린다. 연구과제를 진행하는 동안 실무적인 수고를 해준 한림대학교 조형근 교수, 연구조교로서 온갖 궂은일을 마다하지 않은 서울대학교 대학원 석사과정 한솔, 그리고 신속하게 행정지원을 해 준 한국사회학회 신아름 사무국장에게 고마움을 표한다. 또 출판계의 어려운 사정에도 불구하고 이 책의 중요성에 흔쾌히 공감하여 빠른 시일 내에 출간될 수 있도록 도와준 한울엠플러스(주) 김종수 대표와 이원기 실장, 그리고 꼼꼼하게 편집과정을 챙겨준 배유진 팀장에게 더할 나위 없이 고맙다. 하지만 그 무엇보다도 바쁜 시간을 내어 함께 고민하고 토론하며 이 연구가 마무리될 수 있도록 힘을 모아준 필자 여러분에게 최대의 감사를 드려야 마땅할 터이다. 이 책이 한국 사회에 새로운 가치의 중요성을 확산시키고 혁신의 바람을 불러일으킬 수 있기를 소망한다.

2018년 5월
필자를 대표하여
박명규·이재열

들어가기

제1장
사회적 가치의 다차원적 구조
_박명규

사회적 가치의 다차원적 구조

박명규 (서울대학교 사회학과 교수)

1. 들어가며

21세기 우리의 삶은 더 행복해질 것인가? 한국 사회는 안전하고 공정하며 계층 상승이 가능하게 될까? 인류는 더 조화로운 지구공동체로 나아갈 것인가? 절실한 질문이지만 그 대답은 불확실하다. 인공지능과 우주정복의 기술을 자랑하고 일상의 풍요는 확대되겠지만 생태학적 재앙과 문명 간의 충돌, 집단 간의 갈등, 사회적 양극화를 해결할 역량이 그만큼 커질 것 같지는 않다. 오히려 기존의 발전방식이 새로운 위기를 심화시키고 국가와 시장의 위기해소 능력에 대한 신뢰가 지속적으로 약화될 우려가 커지고 있다. 따라서 시장의 한계와 정부의 실패를 보완하고 이를 극복할 수 있는 새로운 대안을 찾아내는 일이 21세기의 중대한 시대적 과제가 되었다. 흥미로운 현상은 이러한 새로운 논의들이 시장과 국가와는 구별되는 '사회'의 역할에 주목한다는 점이다. 다소 도식적으로 말하면 경제와 정치로 해결되지 않는 문제영역이 사회의 차원에서 해결되기를 기대하는 것일 수도 있다. '사회적 경제', '사회적 통합', '사회적 책임', '사회적 기업' 등 '사회적'이라는 접두어를 붙인 정책적 제안이나 논의들은 모두 이러한 문제의식을 함축하고 있다.

'사회적 가치'라는 개념은 이러한 새로운 노력들의 공통분모이자 핵심요소라고 할 수 있다. 현 자본주의의 작동이 심각한 문제에 봉착하고 기존 제도의 대응능력이 한계를 보이는 상황을 타개하기 위해서는 지금 우리가 추구하고 있는 가치체계와 실천양식에 대한 근본적인 성찰이 필요하다는 문제의식이 이 개념 속에 담겨 있다. 가치는 특정한 행동이 바람직한지, 목표로 삼을 만한지, 성공에 도움이 되는지를 평가하는 데 기준이 되는 핵심적 요소로서 개인은 물론이고 공동체의 성격을 규정하는 중요한 요소다. 또한 장차 그 사회가 어떤 방향으로 움직여 나갈지를 결정하는 데도 크게 영향을 미친다. 따라서 사회적 가치를 묻는 일은 시대적 위기를 넘어서기 위해 절실하게 요구되는 과제 설정과 미래지향적 대안 모색의 절실함을 나타내는 것이다. 이 연구는 사회적 가치를 핵심요소, 실천영역, 수행주체의 차원에서 체계화하고 사회적 가치 실천에 적합한 다차원적인 접근 방안을 모색해보려는 지적 작업이다.

2. 사회적 가치의 핵심내용

사회적 가치는 포괄적인 문제의식을 담고 있지만 이론적으로 명료하게 정의되어 있는 개념은 아니다. 사회적 필요에 부응하여 시대적 화두가 되었고 문제 해결을 위한 정책적인 어젠다로서 주목받고 있지만 학계 내부의 논의가 명확하게 정리되지는 못한 상태다. 다만 현재의 자본주의 작동 방식을 혁신적으로 보완하는 것이 시급하다는 생각, 그리고 이를 위해서는 물질적 이익 추구를 최우선으로 삼는 기존의 경제활동, 국가발전 전략, 생활양식 등에 대한 총체적인 대안 모색이 절실하다는 명확한 문제의식이 이 개념에 담겨 있다. 따라서 사회적 가치가 무엇인지를 파악하기에는 연역적이고 이론적인 접근보다 귀납적인 어젠다 정리가 더 적합할 수 있다. 여기서는 그동안 인류가 봉착하고 있는 발전의 위기를 극복하기 위한 노력으로서 체계적인 대안을 제시했던 몇 가지 사례들을 검토하고, 이를 4개의 내용으로 재구성하여 사회적 가치의 핵심으로 정리해보고자 한다.

첫째로 국제연합(UN)은 로마선언 이래로 지구공동체의 미래를 염려하고 성장 위주의 발전전략을 재고할 것을 지속적으로 경고해온 대표적 기구다. 21세기에 들어서 국제연합은 지속가능발전을 새로운 화두로 내놓았고 2015년 9월에는 이를 17개 가치항목으로 제시했다. 여기에는 빈곤종식, 영양, 건강과 웰빙, 형평성 있는 교육, 성평등, 위생, 에너지, 일자리, 인프라, 불평등 해소, 주거, 지속가능경제, 기후변화, 종 다양성, 생태계 보호, 법치, 글로벌 파트너십 등이 포함된다. 경제성장을 최우선을 가치로 삼는 발전전략의 근본적인 성찰을 요구한 것이라 할 수 있다. 둘째로 영국은 2012년 '공공서비스법'을 제정하여 공공구매 방식을 통한 사회문제 해결을 제도화하려는 노력을 시작했다. 이 법을 사회적가치법이라고 병기하고 있는 데서 보듯, 영국의 노력은 공공부문의 역할을 사회적 가치 실현의 과제와 연결시키려는 전형적인 사례라 할 수 있다. 셋째로 유럽연합(EU) 차원의 '사회의 질' 선언은 사회경제적 안정성, 사회적 포용성, 사회적 응집성, 사회적 역능성의 네 영역을 강조한다. 사회경제적 안정성에서는 재정적 안정, 고용, 주거, 건강, 교육, 가족, 여가 등이 포함되며 사회적 포용성에는 시민권, 노동시장 참여, 공적·사적 서비스 혜택, 사회적 접촉이 포함된다. 넷째로 한국의 국회에서 논의되고 있는 '사회적가치기본법'은 '사회적·경제적·환경적·문화적 영역에서 공공의 이익과 공동체 발전에 기여하는 가치'로 인권, 안전, 건강, 노동권, 사회적 약자 보호, 상생과 협력, 일자리 창출, 공동체 복원, 지역경제 공헌, 사회적 책임, 지속가능성 등 총 13개를 열거하고 있다. 사회적 응집성에는 신뢰, 공통된 규칙과 가치, 사회적 관계, 정체성 등이 포함되고 사회적 역능성에서는 지식접근성, 노동시장 참여, 개방성과 제도적 지원, 사적 관계 등이 포함된다. 이상의 사례들에 포함된 다양한 가치요소들을 재구성하면 다음 네 가지 내용으로 정리될 수 있다.

1) 안전과 일자리

사회적 가치의 일차적 내용은 안전의 확보다. 안전은 현대 사회가 초래하고 있는 각종 위협과 재난으로부터 개인의 삶을 보호하고 지켜내는 것을 가리킨다. 빈곤과 기아로부터의 해방, 전쟁과 탄압의 위험으로부터 보호되는 것은 물론이고 부패, 실직, 무주택, 질병 등으로부터 자유로워지는 것도 안전의 기본요소다. 삶의 안전을 해치는 위협은 개인의 잘못에서 비롯된 것이라기보다 사회정치적 조건과 잘못된 정책의 산물인 경우가 많고, 따라서 그 해결책도 사회적으로 모색되어야 한다. 앞서 살펴본 네 사례들에서는 대체로 기존 발전모델이 안전을 보장하는 데 미흡할 뿐 아니라 새로운 위협을 만들어내고 있다고 본다. 환경재난, 불평등, 실직, 사회적 배제 등은 모두 근대 이후에 더욱 심화되고 있는 현상으로서 오늘날 삶의 안전을 위협하는 근대적인 요인들이다.

사회적 가치는 이러한 위협으로부터 인간의 삶을 지키는 것의 중요성을 강조한다. 우선 환경파괴로 인한 생태학적 재난의 영향으로부터 인류공동체를 지키는 것은 최우선의 가치다. 성장중심적인 발전정책의 결과 지구의 환경은 상당히 훼손되었고 자원고갈과 기후변화와 같은 환경재앙을 맞고 있다. 기술발전이나 대도시화, 고에너지 생활양식 역시 환경과의 조응을 고려하지 않을 때 안전에 큰 위협이 될 수 있음을 경고하고 환경친화적인 생활로의 전환을 강조한다. 또한 경제적 양극화로 인한 빈곤층의 재생산은 하층민의 안전을 침해하는 가장 강력한 요인이다. 부의 배분이 편향되고 불균등한 발전이 가속되면 사회적 약자의 안전은 결정적으로 훼손되기 때문에 균형성장, 부의 재분배, 빈곤층 보호가 사회적 가치와 밀접한 사안들이다.

안전한 삶과 관련해서 일자리 창출의 중요성이 최근 들어 매우 부각되고 있다. 일은 단순히 생계를 보장하기 위한 노동에 그치지 않고 한 인간이 살아 있는 존재가치를 확인하는 생활의 장이어서 실직은 단지 안전의 위협일 뿐 아니라 삶 자체의 위협이 된다. 따라서 사회 구성원들이 각자 적절한 일을 갖고 활동할 수 있도록 하는 것은 안전이라는 사회적 가치의 중요한 목표다. 특히 디지털화로 인해 노동의 미래에 전례 없는 변화가 예상되는 상황에서 사회 구성원들이 적절한 일을 갖고 삶의 의미와 존재감을 누릴 수 있도록 준비하는 것은 인류 전체의 관심사가 아닐 수 없다. 국제노동기구(ILO), 경제협력개발기구(OECD) 등이 모두 '노동의 미래'에 대한 특별위원회를 만들고 독일이 '산업 4.0, 노동 4.0' 체제를 구축하고자 애쓰는 것도 사회적 가치 실현을 위한 노력으로 간주될 수 있다. 전 지구적 인구 이동과 다원화의 상황에서 사회 구성원의 일부를 배제하거나 차별하는 문제가 발생하지 않도록 시민권의 유연한 보장을 추구하는 것도 중요한 사회적 가치에 해당한다. 사회적 배제나 소수자 억압과 같은 현상을 없게 만드는 것이 모든 사람의 안전을 보장하는 가치에 부합하기 때문이다.

2) 역능성과 혁신

사회적 가치는 인간 자체가 지니는 고유한 개성, 능력, 품성, 존엄이 실현되는 것을 중시한다. 모든 개인이 국가의 구성원이나 경제활동의 주체로만 평가받지 않고 창의성과 자발성을 가진 존재로서 가치를 존중받는 상태를 바람직하게 여긴다. 따라서 사회 구성원들의 역량과 잠재력을 존중하고 이것이 최대한 발휘될 수 있는 상태를 지향한다. 이런 사회적 가치는 상품화되거나 구매할 수 있는 것도 아니고 엄숙한 도덕교육의 훈련지침으로 표준화될 수도 없다. 행정적으로 항목화하여 주입하거나 강요할 수 있는 요소도 아니다. 오히려 다양한 모습으로 존재하는 사회 구성원들로 하여금 자신이 가진 것을 실현하고 존중하면서 자율적인 발전을 도모할 수 있을 때 실현되는 집합적 재화다. 이런 점에서 역능성의 존중은 단지 개인의 존엄을 인정하는 차원에 그치지 않고 사회의 혁신을 가능케 하는 자산이 된다. 혁신은 개성적 조합, 자율적 단합, 이질적 통합, 유기적 연대와 같이 개인적 특수함이 집단적 속성과 공존하면서 새로운 아이디어를 발현할 수 있는 창의적 환경이 주어질 때 가능한 속성이기 때문이다.

혁신은 개인이나 조직을 주어진 역할을 수행하는 대리인/대리격이 아니라 스스로 가치를 조직하고 만들어내는 역능적 행위자/행위체로 간주하는 데서

가능해진다. 행위자성을 강조하는 것은 보편적 규범의 내면화보다 자율성과 책임성을 지닌 주체로서의 성격을 강조하는 것이다. 더구나 다양한 가치의 혼재, 상이한 요소들의 긴장이 일상화되고 있는 현대 사회에서 역능적 행위자성을 충분히 발휘하기 위해서는 상이한 가치, 모순적 지향 들을 함께 융합하고 이를 통합시켜낼 역량이 중시된다. 기존의 가치나 규범을 무비판적으로 수용하고 이들에 순응하는 모범생을 키우는 방식을 뛰어넘는 새로운 교육도 필수적이다. 효율성과 책임성을 동시적으로 추구하며 발전과 정의를 양립 가능한 것으로 간주하려는 노력도 역능성이 바탕이 될 때 가능한 것이다. 정보기술의 발전으로 가능해진 네트워크, 연결재의 확대, 빅데이터의 사회화 조건이 시민적 역능성을 확대하고 협력을 통해 융합가치를 실현하며 분산형 거버넌스를 구축하는 데 긍정적으로 작동하도록 노력하는 것도 매우 중요한 사회적 가치에 해당한다. 데이터가 집적되고 초연결사회의 정보인프라가 급증하고 있는 상황에서 연결재가 공공자원으로 활용될 수 있는 조치들 역시 필요하다. 그럴 때 개성적이고 다양한 실험과 실천들이 혁신의 자산으로 전환될 수 있는 것이기 때문이다.

3) 공동체와 공공성

사회적 가치의 핵심내용 중 하나는 공동체를 중시하는 것이다. 개성과 자율을 존중하지만 동시에 경쟁적 타자, 사회적 약자, 문화적 소수자까지 포함하는 다양한 사회 구성원을 포용하려는 지향을 가진다. 특정한 집단이나 개인이 각자도생의 소외지대로 내몰리지 않게 하고 정서적 좌절감, 분노와 공격성, 아노미와 혐오 정서가 배태되지 않도록 공감과 정체감을 강화하는 것도 사회적 가치의 중요한 요소다. 공동체에 대한 관심은 지나치게 시장 중심, 금융자본 중심으로 달려온 현 자본주의 체제에 대한 비판적 시각을 포함하고 있다. 세계화와 기술혁신은 선진국과 후진국 사이에, 도시와 농촌 사이에, 고이윤 직종과 재래식 직업군 사이에 격차를 점점 더 벌려놓았다. 이 과정에서 경쟁에서 낙오한 사람들, 뒤처진 지역들, 소수자들의 불만과 좌절은 누적되고 있고 이들을 체제 내로 통합시킬 문화심리적 역량이 줄어들고 있다.[1] 공동체에 대한 관심은 이런 현실을 전환시키고 대안적인 조율기제가 필요함을 역설한다.

사회적 가치는 이를 위해 공공성을 중시한다. 공공성의 내용은 공적인 것(res publica), 공익성(public interest)과 공공재(public goods) 공급, 공론성(offentlichkeit, public sphere), 공정성(fairness)과 공평성(impartiality), 공개성(publicilty)과 공표성(openness), 공유성(public sharing)과 공공복지(public welfare) 등 다양한 차원에서 논의되지만 그 핵심은 공동체 전체에 미치는 효과를 중시하는 것이다. 당연히 참여하는 공민(public citizen), 정부적인 것 또는 국가적인 것(official, governmental), 정치적인 것(political), 시민적 덕성(civic virture)을 가진 시민결사체(civil association) 등의 역할이 중시된다.[2] 국가의 감독 아래 공적 업무를 수행하는 법인단체를 공공기관이라 하고, 국가나 지방자치단체의 주도하에 일반 다수의 복지를 증진시키려는 사업을 공공사업 또는 공공복지라 부르는 어법에서도 드러나듯이 공익과 공적 기관이 수행하는, 또는 수행해야 하는 공적인 지향성을 의미한다고 하겠다. 그런 점에서 공공성은 기본적으로 공직자, 국가적 업무를 수행하는 사람들의 투명한 일 처리, 공적 헌신, 국민에 대한 공복으로서의 자의식 등을 그 핵심으로 한다.

이러한 공공성이 강제되는 것이 아니라 자발적으로 실현되기 위해서는 공동체 차원의 연대와 배려의 문화가 자리 잡아야 한다. 사회학자들이 지적하듯 타

---

1 세계화가 본격화된 지 10년 만인 1999년 시애틀에서 거대한 '반세계화 시위'가 나타난 것이나 그로부터 다시 10년이 지난 2009년 맨해튼 금융지구의 한 작은 공원에서 시작된 '월가를 점령하라(OWS: Occupy Wall Street)' 운동이 일어난 것은 탈냉전 이후 세계질서에 대한 반감의 수준과 성격이 어떠한지를 상징적으로 보여주었다. 월가의 시위는 "다국적 기업들에 속았다고 느끼는 모든 사람"을 대상으로 "인류의 미래는 구성원들의 협력을 필요로 한다는 것"을 강조했다. 문명적인 발전의 상징과도 같던 유럽연합에서도 최근에 다양성에 대한 포용력과 통합력이 약화되고 종족적·문화적 정체성을 중심으로 새로운 장벽이 강화되고 있는데, 그 배후에는 인류가 같은 공동체에 속해 있다는 인식, 상호 연결되어 있는 공동운명체로서의 결속감이 현저하게 약화된 시대적 분위기가 작용하고 있다.
2 임혁백, "한국의 정치와 사회의 공공성", 광복70년 선진사회의 기반 심포지엄 발제문(2015.1.6) 참조.

자의 고통과 아픔을 공감하고 같은 시대를 사는 동반자로서의 연대감이 없으면 사회는 존속할 수가 없다. 에밀 뒤르켐(Émile Durkheim)은 사회가 다양해지고 이질화함에도 불구하고 오히려 그 이질성을 기초로 하는 상호의존으로 인해 공동체적 통합이 가능하다고 보았다. 공생의 가치가 소멸되고 각자도생의 비정한 사회에 직면하게 된 것은 국가와 시장의 실패와 함께 공동체의 약화로 인한 연대의 위기를 반영하는 것이다. 월가의 시위대가 사용했던 어휘를 활용해서 표현한다면 "이윤보다 사람을, 기업의 이기적 이익보다 정의를, 억압보다 평등을 우선시"하는 마음, 제도, 정책, 환경을 창출해야 한다는 문제의식이 곧 사회적 가치의 중요한 요소라 하겠다.

이 맥락에서 공동체 차원의 연대와 통합을 달성하는 데 필수적인 협력과 공감을 가능케 하는 사회적 자본도 중요한 관심자원이다. 프랜시스 후쿠야마(Francis Fukuyama)는 자발적 협력의 수준을 결정하는 핵심가치로서 신뢰(trust)를 주목했다. 후쿠야마에 의하면 이러한 사회적 자본이 풍부한 고신뢰 사회일수록 자발적 사회성, 강한 공동체적 연대가 가능하고 따라서 갈등과 분열을 최소화하고 각종 거래비용을 감소시킨다. 인간이란 '합리적 실익 극대화'를 지향하는 이기적 존재이지만, 동시에 공동체 내의 다른 구성원들이 보편적인 규범에 기초하여 협동적인 행동을 할 것이라는 기대도 가지는, 즉 신뢰를 지향하는 존재이기도 하다. 신뢰가 존재할 때 상호 호혜와 협력이 촉진되어 공동체가 물질적으로 발전할 수 있고 민주주의의 성장, 복지제도의 발전, 시민사회의 역동성 등에도 긍정적인 영향을 미친다. 신뢰와 함께 배려, 협력, 공유 등의 가치가 사회적 양극화나 소외의 문제가 심화되는 곳에서 연대와 통합을 가능케 하는 중요한 자원으로 기능하게 된다. 이처럼 가치체계의 동질화를 초래한 기존의 근대화 방식을 성찰하면서 배려, 협력, 신뢰의 가치를 복원하는 것은 사회적 가치가 지향하는 중요한 내용이다.

4) 상생과 지속가능성

사회적 가치는 결국 모두가 함께 잘살아야 나도 잘살 수 있다는 생각과 친화력을 가진다. 상생의 가치는 남을 살리는 일일 뿐 아니라 나를 살리는 일이기도 하기 때문에 타자 및 소수자에 대한 관심이 선행과 자선이 아니라 정책과 전략의 중요한 부분이 될 수 있는 것이다. 이런 점에서 인적자본 강화에 모든 에너지를 쏟고 무분별한 사유화의 흐름에 집착하는 성장 중심의 발전모델에 대한 근본적 성찰을 요구한다. 국민총생산 지표로 대표되는 물량 위주의 발전전략은 심각한 환경 파괴와 오염, 자원고갈, 기후변화, 문화다양성 악화로 지구공동체의 상생조건을 크게 위태롭게 만들 수 있기 때문이다. 실제로 물질적 욕망, 사유화의 욕심이 극대화됨으로써 상생의 가치, 타자에 대한 배려가 급격히 약화되고 그 부정적 결과는 공동체 전체가 감당해야 하는 위험이 되고 있다. 사회적 가치는 이기적이고 자기중심적인 가치구조를 전환시켜 상생의 가치를 복원하고 이를 통해 지속가능한 발전의 기초를 다지려는 노력을 중시한다.

지속가능성은 환경오염이나 생태파괴를 방지한다는 자연생태적 문제의식을 넘어서 상생과 절제, 공유와 같은 대안적 생활양식을 꿈꾸는 사회생태적 변화를 내포하고 있는 개념이다. 지속가능성은 경제적 성과와 사회적 성과를 동시적으로 고려하면서 사회적 약자를 배려하고 공동체의 자생력을 키우는 공생과 상생의 역량을 강조한다. 또한 초연결사회로 진화하는 현대 사회에서 사회적인 데이터가 집합재로서 공공의 가치, 상생의 가치와 연결될 수 있도록 하는 데 깊은 관심을 지닌다. 경제-사회-환경의 동적 균형을 지향하면서 상생과 지속적 발전의 미시적 기초가 되는 마을공동체, 농촌공동체, 도시공동체와 같은 지역공동체를 활성화하는 것도 중요한 내용을 이룬다. 삶이 이루어지는 구체적인 현장이 각자도생의 경쟁지대가 아니라 구성원들이 서로 배려하고 공존할 수 있는 공유인프라로 활성화되도록 하는 것이 사회적 가치의 중요한 지향이다. 되돌아보면 현대 한국이 보여준 성공적인 물질적 발전 자체 역시 숱한 사람, 조직, 실천 들이 함께 작동한 결과다. 현대 한국의 역동성은 "서로 상이한 가치의 동시적 작용에서 오는 동적 균형"에서 얻어진 것임을 주목해야 한다(박명규, 2016). 즉 집단주의와 개인주의, 물질주의와 정신주의, 규율주의와 반규율주의, 민족주의와 세계주의 등이 독특한 방식으로 공존하게 된 구조적 특성이야말로 성공적 변화를 이끈 동인이다. 이러한 '동적 균형'을 지속가능하게 만드는 것 역시 사회적 가치의 소중한 내용이 된다.

3. 사회적 가치의 실행영역

사회적 가치는 현상을 이론적으로 설명하기 위한 논리적 개념이라기보다 바람직한 가치를 구현하려는 전략적이고 정책적인 함의가 강하게 내포된 개념이다. 따라서 사회적 가치에 대한 논의는 그것을 실현하기 위한 방안, 프로그램, 영역에 대한 검토를 통해 보다 풍부해질 수 있다. 한국의 국회에서 제정을 논의 중인 사회적가치기본법에서는 사회적 가치를 '사회·경제·환경·문화 등 모든 영역에서 공공의 이익과 공동체의 발전에 기여할 수 있는 가치'로 정의하고 있는바, '공공의 이익과 공동체의 발전에 기여'하는 활동 전반이 포함되는 포괄적 개념으로 사용된다. 이런 이해는 사회적 가치의 핵심을 밝히는 데는 다소 어려움을 주지만 사회적 가치의 실천영역이 다양하고 포괄적임을 보여주는 장점도 없지 않다. 대체로 4개의 실행영역이 사회적 가치와 관련하여 고려되고 실천에 옮겨지고 있다.

1) 사회적 경제

사회적 가치의 실현과 관련하여 가장 주목되고 있는 것이 사회적 경제다. 사회적 경제는 경제적 가치와 사회적 가치를 동시에 추구하는 특별한 경제활동 및 그와 연관된 영역을 의미한다. 사회적 경제는 상호배려의 정신을 강조하는 호혜성의 원리와 나눔을 원칙으로 하는 재분배의 원리가 함께 작동하는 경제로서 이윤보다 서비스를 우선하고 자율적으로 운영되며, 민주적 의사결정 과정을 갖고 수익 배분에서 자본보다 사람과 노동을 우선시하는 경제(Defourny and Develtere, 2009: 28~29)로 설명되기도 한다. 유럽연합에서는 자본투자자의 이익이 아니라 사람들의 수요를 충족시키는 것이 주된 목적인 경제를 사회적 경제로 본다. 또 국제노동기구는 경제적 목적과 사회적 목적을 추구하여 연대를 깊게 하면서 특정한 재화나 서비스, 지식을 생산하는 기업이나 조직이며, 주로 협동조합, 공제회, 결사체, 재단, 사회적 기업으로 대표되는 경제를 사회적 경제라고 정의하고 있다. 한국에서도 "자본과 권력을 핵심으로 하는 시장과 국가에 대한 대안적인 자원 분배를 목적으로 하며, 시민사회 혹은 지역사회의 이해 당사자들이 그들의 다양한 생활세계의 필요들을 충족하기 위해서 실천하는 자발적이고 호혜적인 참여경제 방식"이라고 정의되고 있다(장원봉, 2006). 김의영 외 (2016)는 사회적 경제를 명확하게 개념화하는 것이 어렵다는 것을 인정하면서 사회적 경제가 공공/민간, 영리/비영리, 공식/비공식의 세 축에서 서로 융합되고 혼종되는 복합적 영역이라는 점을 인정할 것을 제안했다. 이를 위해 다양한 활동영역에서 민주성, 경제성, 사회성이 맞물리면서 매핑(mapping)되는 다원적인 장을 사회적 경제로 파악하고자 했다.

사회적 경제는 경제행위이면서 그 목적이 경제적 가치 추구에 한정되지 않고 사회적 가치를 추구한다는 특징 때문에 가능성과 어려움을 함께 지닌다. 먼저 가능성의 차원에서 보자면 사회적 경제는 연대의 창출, 이타적 협력, 호혜적 도움이 일상적인 경제활동과 결합될 수 있다. 애덤 스미스(Adam Smith)가 바랐던 '공감의 범위 내에서의 이기주의'를 실현할 수도 있고 경제적 욕구 충족과 더불어 적절한 사회적 만족감을 누릴 수 있다는 점에서 순수한 자선행위보다 지속가능성이 높은 것도 장점이다. 또한 사회적 경제라는 활동영역이 제도화됨으로써 개인별로 흩어져 있던 고립된 선의지, 잠재적 이타심을 가시적인 형태로 활성화할 수 있다. 실제로 대부분의 사람들은 전적으로 이기적이지 않으며 일정 정도의 이타적 배려와 공적 책임감을 갖고 있지만 그것을 사회적으로 실현할 기회를 갖기 어려운 것이 현실이다. 이런 점에서 사회적 경제는 다수의 선의

지들을 결집하여 공공의 선의지를 실현할 수 있는 좋은 장이 될 수 있다. 유럽 사회적 경제(Social Economy Europe)가 사회적 경제의 기본원칙으로 제시한 다음과 같은 원칙들은 이런 기대를 담고 있다(고동현 외, 2016: 62~63).

- 사람과 사회적 목적이 자본보다 우선한다.
- 구성원 자격은 자발적이고 개방적이어야 한다.
- 구성원에 의해 민주적으로 통제되어야 한다.
- 구성원 및 이용자의 이익, 기타 보편적 이익 등을 고루 안배해야 한다.
- 연대와 책임의 원칙은 반드시 준수되고 적용되어야 한다.
- 공공기관으로부터 자율성을 유지해야 한다.
- 잉여의 대부분은 지속가능한 발전의 목표, 구성원의 이익과 보편적 이익을 위해서 사용되어야 한다.

이상의 원칙들 속에서 발견되는 핵심가치는 사람 중심, 민주성, 자발성, 연대와 책임, 보편적 이익, 자율성 등이다. 이런 가치들을 경제활동과 더불어 구현하겠다는 포부하에 재무적 가치와 함께 사회적 가치를 중시하고 영리 추구와 비영리 활동을 병행하는 모습을 보인다. 바로 이런 특징으로부터 사회적 경제의 문제점도 나타나게 된다. 즉 사회적 경제는 그 내용과 활동을 표준화하거나 특정화하기가 어렵고 내부적으로 많은 실험적인 활동, 일시적인 시도, 유의미한 실패를 지니게 마련이다. 또한 사회적 경제는 기존의 다른 영역과의 연계, 중첩, 융합이 불가피하고 명확한 성취수준이나 평가지표를 적용하기도 쉽지 않다. 그만큼 자원의 낭비나 실패가능성, 무책임의 문제 등이 따라올 수 있다.

사회적 경제는 공식/비공식, 영리/비영리, 공공/민간의 축을 부분적으로 가로지르고 통섭하는 역할을 통해 새로운 형태의 조절기능을 수행하는 독립영역으로 간주되기도 한다. 프랑스 등에서 민간영역(제1섹터), 공공영역(제2섹터)과 구별되는 제3섹터로서 자리매김하려는 시도는 이윤 창출의 시장영역, 공적 책임의 국가영역, 그리고 상호부조와 자조의 사회영역이라는 삼분법을 반영한다.

다시 말해 프랑스 혁명의 3대 가치 가운데 박애정신을 제도적으로 실천하는 영역으로 사회적 경제를 위치시키려는 포부이기도 하다. 사회연대경제(SSE)는 한발 더 나아가 능동적 시민성에 입각하여 경제행위 자체를 근본적으로 민주화할 것을 지향하기도 한다. 사회연대경제는 자본주의와 국가 주도의 경제와는 다른 대안적 경제를 구상하면서 다음과 같은 특징을 강조했다. 즉 일반인이 경제체제에서 중요한 역할을 담당하고, 둘째로 인본주의, 연대, 상호부조, 협동, 호혜성, 민주주의 등의 가치에 기초한 윤리적 발전을 추구하며, 셋째로 공동소유를 지향하고, 넷째로 사회적 약자들의 역량 강화를 중시하고, 다섯째로 공공기관, 민간기업, 민간조직 등과 사회적 가치를 공유하며 협력한다는 것이다(고동현 외, 2016: 66~67). 이처럼 체계적이지 않더라도 바람직한 사회적 가치를 실현하려는 다양한 실천, 중첩적인 활동영역을 포괄적으로 가리킬 때 사회적 경제라는 영역이 늘 중심이 된다.

2) 공공구매와 공공서비스

사회적 가치를 지향하는 활동이 자발적이고 또 지속적으로 가능해지려면 그러한 움직임을 지원하는 제도적 인프라가 필요하다. 지역사회에 뿌리내린 결사체나 오래된 사회적 자본이 이런 역할을 담당할 수 있지만 강력한 경쟁논리로 무장한 현실자본주의의 힘 앞에서 사회적 가치의 자발적 실현을 기대하기는 쉽지 않다. 이 점에서 공공기관의 역할을 주목하게 된다. 정부는 구성원 모두의 복지와 안녕을 공적 책무로 지닌 만큼 헌법 원리상으로도 민주적이고 호혜적이며 공동체 지향을 가진 사회적 가치의 실현과 친화적이다. 따라서 중앙정부와 지방정부를 비롯한 공공기관의 적극적 역할을 중심으로 사회적 가치를 실현하려는 노력들이 주목된다. 구체적인 활동방식은 공공조달의 구매력과 지역사회 영향력을 활용하여 사회적 가치를 창출하려는 시도로서 '공공서비스' 또는 '사회책임조달'이라 부르기도 한다. 공공기관이 필요로 하는 각종 소요물자의 구매과정에서 경제적 원리보다는 사회적 약자 보호나 균형을 최우선으로 함으로써 사회적 경제 영역을 활성화하고 궁극적으로는 사회문제를 해소함으로써 사회적 가치를 실현하겠다는 구상인 것이다. 경제협력개발기구 회원국의 경우 공공조달이 국내총생산의 15%에 달한다는 통계를 고려하면 공공기관의 비용 지출이 갖는 파급효과가 적지 않을 것은 분명하다. 공공기관은 최저가 구매가 아니라 최적가치 실현을 목표로 하는 구매가 가능하다. 또 재정 지출에 기초하는 것인 만큼 즉각적이고 가시적인 성과를 도출하는 데도 유리하다. 이 부분에서 가장 앞서 나가는 유럽연합의 경우 1980년대 이래 사회적 경제를 사회경제적 위기에 대한 해결책으로 간주하여 유럽 전체의 어젠다로 수용했다. 1989년 정부 간 협의에 필요한 공식용어로 채택되었고 2002년에는 '사회적 경제 유럽 헌장'이 채택되기에 이르렀다(장원봉, 2007: 16). 2009년에는 미국에서도 사회혁신청이 설치되어 상생과 협력의 가치를 실현하려는 정부 차원의 노력을 시작했다. 정부의 공식의제 속에 사회적 경제가 포함된 것은 사회적 가치 실현의 관점에서 긍정적인 발전과정으로 이해된다.

영국이 2012년 제정한 '공공서비스법(사회적가치법)'이 이 부문에서는 가장 대표적인 실천 사례라 할 만하다. 영국은 이 법에서 공공기관이 공공서비스를 수행할 때 반드시 '커뮤니티'에 미칠 여러 효과를 고려할 것을 규정했다. 이 법은 소수자 보호나 공동체 통합과 같은 '사회적 가치'의 실현을 목표로 하는 것으로 간주되었고 시민사회와 지역사회로부터 환영을 받았다. 법의 명칭에서도 나타나듯이 사회적 가치를 '위탁 및 조달 과정에서 재화와 서비스의 직접 구매와 그에 따른 결과 이상으로 창출되는 공동체를 위한 편익'으로 규정한다(Boeger, 2017: 113~120). 다시 말해 공공기관으로 하여금 그들의 공공서비스 활동에서 지역의 일자리 창출, 소수자 및 장애자들에 대한 학습기회 제공, 지역경제의 인프라 제공 등을 고려하게 만드는 것을 사회적 가치 실현으로 간주하는 것이다. 경제적인 차원에 중점을 둔 활동들이 종종 시장에서 상대적으로 우위에 있는 집단에게 더 혜택을 주는 결과를 가져온다는 점을 비판적으로 성찰하면서 커뮤니티의 통합, 주민의 참여, 지역 차원의 책임성과 안전 강화 등의 가치를 포함하는 사회적 가치를 강조한다. 한국에서도 2014년 6월 당시 국회의원이었던 문

재인이 '공공기관의 사회적 가치 실현에 관한 기본법안(약칭 사회적가치기본법)'
을 발의했고 2016년 8월 김경수 의원이 다시 대표 발의하여 현재 논의 중인 법
안 역시 공공기관 주도의 사회적 가치 실현이다. 이것은 정부, 지방자치단체,
공기업 등 공공기관이 정책을 수립하고 집행하는 데 '사회적 가치'를 우선적으
로 고려하도록 한 것으로 기본적으로 영국의 공공서비스법의 성격과 유사하다.
서울시 역시 공공기관의 구매와 관련하여 2013년 2월 '기업의 사회적 책임계약
방안'을 추진했다. 서울시는 사회적 가치를 반영할 수 있는 58개의 지표 초안을
마련했고 다시 이것을 25개의 지표로 정리했다. 여기에는 노사 간 상생협력문
화 구축, 가족친화문화 조성, 장애인 권익보호, 근로자 고용안정, 노동착취 근
절, 공정경쟁 실시, 동반성장 활동, 소비자 불만 및 분쟁 해결, 일자리 창출 등
이 포함된다.

3) 사회적 책임, 사회적 공헌

사회적인 영향력이 큰 민간부문, 특히 기업들을 중심으로 사회적 가치를 강
조하는 움직임도 주목할 만하다. '기업의 사회적 책임'이라는 말은 이제 CSR이
라는 개념이 독자적인 프로그램, 경영원리로 자리 잡을 정도까지 일반화되었
다. 자본주의 4.0을 주장하는 논의에서도 이 말은 중요한 위치를 점한다. 기업
의 사회적 책임이란 개념이 쓰인 역사는 1953년 하워드 보웬(Howard R. Bowen)
의 동종의 책자로부터 기산하면 60년 가까이 흘렀다. 간헐적으로 경영학과 법
학 등에서 이 말이 사용되었지만 1990년대까지는 큰 관심을 끌지 못했다. 이 말
이 급부상하고 유행어처럼 된 것은 2000년대에 접어들어서인데 크게 세 가지
요인이 지적된다. 하나는 탈냉전 이후 세계화에 따른 다국적 기업의 거대화로
기업활동이 한 국가나 지역사회로부터 이탈하여 독자적인 존립 기반을 갖게 된
것이다. 기업활동을 규율하는 정책적 효과가 약화되고 오히려 전 지구적으로
움직이는 금융자본의 흐름에 사회 전체가 흔들리는 문제를 겪게 되었다. 두 번
째는 1999년 시애틀 반세계화 시위에서 전형적으로 등장한 반기업 정서의 확산

이다. 시애틀의 반세계화 운동과 '월가를 점령하라'를 외친 격렬한 시위는 세계화 이후 엄청난 부를 축적해 오면서도 사회공동체에 대한 소속감이나 책임감을 강하게 지니지 않는 제1섹터 주체들에 대한 대중적 분노를 표현한 것이었다(정한울, 2015: 87~96). 세 번째는 국제연합과 국제기구를 중심으로 인류공동체의 미래를 위한 새로운 기준과 책임성이 강조된 것을 들 수 있다. 경제협력개발기구는 2000년에 글로벌 기업 가이드라인을 개정했고 국제표준화기구(ISO)는 ISO 26000을 통해 글로벌 기업들이 준수해야 할 규범과 원칙을 확산시켰다. 국제연합은 2000년에 글로벌 임팩트를 발효시켰고 이런 흐름과 보조를 맞추어 유럽연합에서도 기업의 사회적 책무를 강조하는 여러 논의와 실험들이 진행되었다(정재관, 2015: 23~24).

기업의 사회적 책임을 강조하는 CSR의 구체적 내용은 사회와 기업의 수준에 따라 다양하게 나타난다. 유럽에서는 환경가치의 보호가 가장 중요한 책임의 하나로 자리 잡고 있지만 중국이나 개발도상국에서 그것은 부차적이거나 정부의 몫으로 간주된다. 실업이나 고용불안, 양극화 등의 사회문제도 전적으로 정부의 역할이라고 보는 관점과 기업의 주요 책임 중 하나라고 보는 관점이 혼재한다. 일자리 창출이나 사회적 약자 보호의 기능도 어디까지가 기업의 사회적 책임에 해당하는지를 두고 다양한 견해들이 있지만 방향과 추세의 관점에서 본다면 기업의 사회적 책임이 점차 확대되고 다양해지고 있는 것은 분명하다. 즉 기업가의 선행이나 자선, 시혜의 차원에서 인식되던 사회공헌이 이제는 공정무역, 고용안정, 인권보호, 다양성 강화와 같은 공동체적 가치를 적극적으로 수용하고 있는 것이다. 기업의 존재 이유를 경제적인 것과 사회적인 양 측면에서 찾으면서 환경, 빈곤, 교육, 보건, 지역사회 등에 대한 공헌까지 사회적 책임의 내용으로 포섭해가고 있다. 현재 대부분의 대기업과 법인체에서 강조하고 있는 '사회공헌'이 이런 역할을 담당하고 있다. 사회공헌을 책임지는 부서의 위상과 기능이 강화되고 있다. 단순한 자선사업이나 시혜적인 선행이 아니라 기업의 고유역할, 핵심활동의 하나로 점차 중시되고 있다. 실제로 2000년대 접어들어 전 세계적으로 거대기업의 사회공헌, 이를 위한 공익재단의 출현 등이 활발하다. 한국의 경우도 2011년에 225개사 사회공헌지출 총액이 3조 889억 원에 달할 정도로 사회공헌이 기업의 주요 영역으로 자리하고 있다.

최근에는 윤리적이고 규범적인 책임론을 넘어서 가치 창출의 전략적 대응으로 공유가치창출(CSV)이 주장되기도 한다. 기업이 추구하는 경제적 가치와 사회적 가치는 양립 가능할 뿐 아니라 양자가 공유될 때 오히려 기업경영이 더욱 혁신되고 지속가능한 발전을 담당할 수 있다고 보는 것이다(서재혁 외, 2015). 마이클 포터(Michael E. Porter)와 마크 크레이머(Mark R. Kramer)가 2011년 ≪하버드 비즈니스 리뷰(Harvard Business Review)≫에 실은 공유가치창출에 관한 논문의 부제는 '자본주의의 재건 및 혁신과 성장의 물결을 일으키기 위하여'이다. 공유가치의 창출이 자본주의의 재건과 혁신을 목표로 하는 것임을 드러냈는데 이 글에서 필자들은 공유가치를 "기업이 사업을 운영하는 지역공동체 안에서 경제적 조건과 사회적 조건을 함께 발전시키며 기업의 경쟁력을 향상시키는 정책과 운영행위"라고 정의하고 있다. 여기서 기업의 가치는 자선과 같은 윤리적인 것이나 이윤 창출 같은 경제적인 것이 아니라 기업의 핵심목표 속에 사회적 가치의 실현을 포함하는 것이다. 이런 점에서 이들은 세 가지 방식을 제안하고 있다. 첫째는 '피라미드의 지층'에서 새로운 사업기회를 발굴해내는 것으로 저소득층, 빈곤국, 빈곤층의 복리를 증진시킬 수 있는 사업영역을 찾아내는 것이다. 둘째는 기업의 가치사슬에서 노동과 자원의 결합방식을 생산성 제고와 사회적 문제 해결을 동시에 추구하는 쪽으로 재정의하는 노력이다. 셋째로는 다양한 이해 당사자들과의 혁신적 파트너십 구축을 통한 지역 클러스터 형성을 꾀하는 것이다(정재관, 2015: 26~30). 이처럼 대기업을 중심으로 사회적 가치 실현을 위한 노력이 확대되고 있지만 고용불안과 양극화라는 사회문제의 해결에는 그다지 가시적인 효과를 만들어내지 못하고 있고 반기업 정서도 근본적으로 해소되지는 못하고 있다. 그럼에도 불구하고 대기업의 사회적 가치 중시 노력은 공공기관의 공공서비스와 함께 주요한 실천모델로 앞으로 계속될 것이 분명하다.

4) 사회혁신과 시민적 역능성

사회적 가치를 실현하기 위해 사회적 기업, 공공기관, 대기업 등의 역할도 중요하지만 한 사회의 구성원이 사회적 가치에 대한 공감과 실천력을 강화하도록 문화와 제도, 생활양식을 혁신하는 것 역시 중요하다. 이를 위해서는 사회혁신이 중요한 실천과제로 대두된다. 조지프 슘페터(Joseph Schumpeter) 이래로 혁신의 개념은 주로 기술혁신과 기업혁신의 의미로 사용되어왔고 따라서 경제적 효과에 주목하는 함의가 강했다. 생산성의 증대와 효율성의 강화에 도움이 되는 방향으로 기술과 제도, 사회적 관행을 전환하는 것을 혁신의 내용으로 간주해왔다. 예컨대 송위진(2014)은 사회혁신을 '새로운 제품이나 공정, 서비스, 비즈니스 모델을 개발하여 사회문제를 해결하는 활동'으로 정의하고 있다. 하지만 로버트 머튼(Robert Merton)과 같은 사회학자들은 문화적 목표와 제도화된 수단 사이의 관계에 주목하여 행위자의 독특한 행위유형으로서 혁신을 고찰하면서, 한 사회에 공존하는 여러 가치요소와 관행화된 방식 사이의 불일치, 갈등, 긴장과 모순 속에서 출현하는 반응양식의 하나로 설명한다. 이 점에서 사회혁신을 "넓은 의미에서 기존의 아이디어와 차별화되는 새로운 방식으로 다양한 사회영역에서 나타나는 문제를 해결하거나 사회적 목적과 요구를 달성함으로써 사회적 가치를 창출하고 변화를 이끄는 활동"으로 정의한 제프 멀건(Geoff Mulgan)의 관점과 머튼의 시각은 접맥될 수 있다. 실제로 유럽연합은 사회혁신을 "새로운 아이디어나 제품, 서비스, 모델 등을 개발하고 실행함으로써 사회적 욕구를 충족시키고 새로운 사회적 관계와 협력을 창출해내는 것"으로 정의했는데, 여기서는 경제적인 차원을 넘어서 사회 전체의 시스템, 상호관계의 방식 전환이 강조되고 있다. 조직의 경우 전형적인 기업경영 조직과는 다른 의사결정, 고용방식, 소통형태와 권리/책임 의식 등이 요구되며 문화적으로도 권위주의나 서열의식, 집단편견이나 사회적 배제를 축소시키는 조치들이 필수적이다. 이러한 변화에는 오랫동안 내면화되었고 지금도 위세를 떨치고 있는 비용/효과를 대비하는 효율주의, 성과주의적 발상에서 벗어나는 것이 필요하다. 오히려 구성원의 자발적 협력, 참여를 통한 역능성의 강화, 숨겨진 아이디어의 발굴, 집합지성의 활성화, 정서적 공감과 행복감 등을 더욱 중시하는 가치서열 구조의 전환이 함께 이루어져야 한다. 효율성에서 뒤떨어지고 영리적 전망이 낮은 사회적 경제에서 오히려 혁신의 필요성, 혁신적 심성이 활성화될 가능성이 높다는 지적이 나오는 것도 유념해볼 일이다(고동현 외, 2016: 90).

이런 사회혁신은 4차 산업혁명이라 일컬어지는 과학기술 환경의 변화에 주목하고 이것이 가져오는 기회와 문제를 주목한다. 전 사회의 디지털화가 초연결사회를 만들어내고 무수한 개인들의 일상적 행위가 빅데이터라는 집합자산으로 자원화하게 되면서 고전적인 위계와 경계를 전제한 의사결정 방식이나 갈등해소 노력으로는 감당하기 어려운 문제들이 분출하고 있다. 그와 동시에 디지털화로 가능해진 사회 변화가 전례 없는 기회와 가능성을 열어주기도 한다. 참신한 아이디어, 개성적인 발상, 혁신적인 사업 아이템, 유연하면서도 광범위하게 연결되는 소통구조 등을 적극적으로 활용할 수 있는 조건이 가능하다. 사회혁신은 이러한 가능성을 최대화하는 인프라 구축을 포함한다. 소셜벤처의 역할이나 소셜금융의 등장은 새로운 가능성을 보여주는 혁신적 사례로 꼽을 만하다. 소셜벤처는 사회문제의 해결을 지향하는 과정에서 새로운 사회적 니즈를 발굴하고 이를 혁신적인 비즈니스 모델로 연결시키는 주체가 된다. 소셜금융역시 이러한 활동들을 뒷받침하고 혁신을 꿈꾸는 일반인으로 하여금 다양한 영역에서 새로운 가치를 창출할 수 있도록 지원하는 방식으로 새로운 역할을 만들어내고 있다. 이러한 사회혁신을 위해서는 디지털화로서 새로이 창출되는 많은 데이터와 기회들이 본질적으로 사회적인 것이라는 점, 다양한 아이디어와 혁신적 발상으로 누구나 이용하고 활용할 수 있어야 한다는 것, 따라서 소수 대기업의 사유화 대상이 되지 않도록 공공재적 성격을 강화해야 한다는 것 또한 유념해야 할 과제다.

사회혁신은 사회 구성원들의 역능성, 자발성, 시민성을 중시하면서 동시에 전통적인 사회적 자본과 사회서비스의 니즈를 연결시키는 것에도 주목하게 된다. 사회적 자본은 가족, 지역사회, 종교 등을 중심으로 형성되어 있는 신뢰자산을 의미하는데, 미시적 생활세계에서 개인들이 겪고 있는 다양한 불편함, 배려와 공유, 협력의 필요성을 연결시키는 혁신이 더욱 필요해지고 있다. 실제로 공공서비스와 별개로 사회서비스는 다양한 돌봄노동, 자원공유, 재능기부의 장을 넓혀 가고 있는데, 이러한 사회적 니즈를 종교, 시민단체, 문화단체 등이 적극적으로 반영하고 결합시켜 나가는 것이 가능하다(김의영 외, 2016: 153~155). 이 측면에서 전통적인 혈연, 지연, 학연 등 연고주의의 역할에 대해 지혜로운 접근이 필요하다. 연고주의나 사적 네트워크는 신뢰를 창출하면 사회적 자본으로 기능할 수도 있고 사적 이익을 도모하려는 부패의 고리로 작동할 가능성도 높다. 후쿠야마는 동아시아의 가족주의를 저신뢰 사회의 특징으로 간주했는데, 가족주의는 사회적 충성심보다 가족의 결속을 중시하며 혈연관계가 없는 사람들 사이의 공적인 신뢰를 창출하지 못해 사회 전반의 보편적 관심과 참여가 약하고 자발적 공동체의 형성이 취약하여 중간집단이 허약한 특성을 드러낸다는 것이다.3 이 점에서 신뢰, 코뮤니타스, 연대, 배려, 협력, 공생 등의 가치가 연고주의의 폐해로 이어지지 않도록 교육과 문화, 관행의 개혁 노력이 지속되어야 한다.

4. 사회적 가치 실현의 주체

사회적 가치를 실현하는 영역들이 다차원적이고 포괄적인 만큼 이를 수행하는 주체도 다양하다. 정부와 기업, 시민사회도 참여하고 지구적으로는 국제연합을 비롯한 국제기구도 일정한 역할을 담당한다. 공식적인 조직의 형태로 참

---

3 후쿠야마는 일본의 경우는 고신뢰의 개방성이, 한국의 경우는 강력한 국가의 힘이 가족주의의 편협
 성을 제어했다고 보았지만 기본적으로 가족주의적 가치는 친족관계에 속하지 않는 사람들 간의 결
 속을 약화시켜 사회공동체 전체의 결속과 신뢰를 저해할 우려가 있다고 보았다. 후쿠야마(1995) 및
 김인영(2008).

여하는 주체가 있는가 하면 비공식적인 인적 네트워크를 통해 참여하는 경우도 있다. 규범적인 가치를 중시하는 주체도 있고 지속가능한 경영을 더욱 중시하는 주체도 있다. 여기서는 앞서 정리한 틀을 기본으로 가장 두드러지는 수행주체들을 정리해보고자 한다.

1) 협동조합과 사회적 기업

사회적 가치 실현의 일차적인 주체는 사회적 경제를 수행하는 협동조합, 사회적 기업 등이다. 국제노동기구는 "협동조합, 공제회, 결사체, 재단, 사회적 기업" 등을 사회적 경제의 핵심주체로 언급했고 자크 드푸르니(Jacque Defourny)는 협동조합, 공제조합, 결사체, 재단 등을 주요한 주체로 보았다. 이들 주체는 사회문제의 해결과 사회적 가치 실현을 목표로 설정하는 사회적 경제를 표방하고 있고, 실제로 사회적 가치와 관련한 많은 실천과 실험들이 이들에 의해 추진되고 있다. 유럽연합은 사회적 경제를 추구하는 조직의 특징으로 일곱 가지를 언급했다. 즉 공공섹터에 속하거나 통제를 받지 않는 사적 조직으로, 법적 근거를 가진 공식적 조직이며, 설립과 해산, 조직구조나 활동내용의 결정과 관련하여 완전한 자기결정권이 있고, 가입과 탈퇴의 자유가 보장되며, 수익이나 잉여금 분배에서 조직 구성원의 참여나 이용을 중시하고, 자본의 축적이 아니라 사람들의 수요를 충족시키는 것을 목적으로 하며 대체로 1인 1표의 민주적 운영을 하는 것이 특징이다. 김의영 등(2016)은 사회적 경제를 담당할 주체와 관련해서 훨씬 포괄적인 조직들을 언급하고 있는데 사회적 기업은 물론이고 각종 비영리법인, 지역자치조직과 자활기업 등이 포함된다. 이처럼 사회적 경제 주체들의 조직형태는 단일하지 않고 그 활동내용도 다양하지만 이윤 추구를 최고의 목표로 삼지 않고 사회적 가치를 중시한다는 점에서 공통적이다.

이 가운데서도 협동조합은 사회적 경제의 핵심적 주체로 간주된다. 협동조합은 "공동으로 소유하고 민주적으로 운영되는 사업체를 통해 공통의 경제적·사회적·문화적 필요와 욕구를 충족시키고자 사람들이 자발적으로 결성한 자율적인 인적 결사체"라고 정의된다(김의영 외, 2016: 55).

협동조합은 자본주의의 발전과정 속에서도 이윤 추구의 경제논리와는 다른 상호부조, 협력과 공생의 가치를 고수해온 독특한 조직형태다. 국제연합은 2012년을 '세계 협동조합의 해'로 정하고 협동조합의 운영방식을 사회적 가치 실현의 주요한 주체로 강조했다. 그 뿌리는 역사적으로 오랜 동업조합, 마을공동체, 자발적 노동조직, 종교문화적 유대 등으로 소급할 수 있는바, 자본주의 4.0의 장래를 비쳐주는 '오래된 미래'에 값하는 것일 수도 있다. 한국에서도 두레공동체나 마을공동체와 같은 전통적 요소가 협동조합의 주요한 근간이 되었다. 2012년에는 '협동조합기본법'이 제정되고 지방정부들이 협동조합 진흥정책을 편 탓에 그 수가 현저히 늘어나고 있다. 협동조합기본법은 기존의 법체계하에서 불가능했던 조직화 방식을 용이하게 변경함으로써 협동조합의 민주적 운영을 뒷받침했고 정부 지원이 가능하게 만들었다. 협동조합은 조직형태상 혼종성이 뚜렷하고 새로운 역동성을 보여주지만 정부 지원이 확대되면서 자율성의 훼손이나 고유의 성격에 변화가 나타날 개연성도 없지 않다. 오래된 원주의 협동조합 사례에서 확인할 수 있는 바와 같이 생태주의나 종교적인 심성구조, 지역 리더십의 존재 등 여러 변수가 함께 갖추어져야 협동조합의 지속성, 책임성, 사회적 가치 실현의 효과성 등이 발전할 수 있을 것으로 보인다.

협동조합에 비해 사회적 기업은 좀 더 경영논리를 수용하고 지속가능성을 강화하며 공식적인 제도화를 지향한다. 사회적 기업은 상대적으로 탈지역적이고 목적지향적이며 변화하는 현실문제의 해결을 반영하는 측면이 강하다. 사회적 기업에 대한 정부 지원이 제도화되면서 많은 사회적 경제 주체들이 사회적 기업으로 전환하고자 했고 그에 따라 좀 더 공식화되고 평가를 중시하게 되었다. 사회적 기업은 소수자 고용, 지역경제 활성화, 일자리 창출 등을 목표로 삼고 자신의 활동이 사회적 가치를 창출하는 것을 의식적으로 추구한다. 특히 장애인 고용, 일자리 창출, 사회적 약자 보호 등과 관련한 활동을 강화하고 이를 가시화하려고 노력하는데, 이런 흐름은 사회적 기업 고유의 가치 실현이기도 하지만 정부와 기업의 지원가능성을 염두에 둔 대응인 점도 부인하기 어렵다.

지원을 받기 위해 조직 운영의 책임감과 투명성을 높이고 끊임없이 사회적 니즈에 반응하려는 것은 긍정적이지만 자칫 사회적 기업 고유의 자발성, 주체성, 민주성을 훼손시킬 수 있음도 유념해야 한다. 지표화하기 어려운 협력과 신뢰, 공존의 가치가 부차화하고 보조금을 받기 위한 표준화된 조건이 사회적 기업의 활동방향을 정형화하게 되면 본연의 가치 지향이 약화될 수 있다. 이를 극복하려면 사회적 기업을 표준화하려 하지 않고 그 다양성과 역동성을 지원하는 유연한 시스템이 마련되어야 한다. 또 사회적 기업을 평가하는 방식을 좀 더 포괄적이고 가치지향적으로 구성하는 것이 절실하다. 현재 SORI, BSC, CPI 등이 시도되고 있고 SK에서 실험하고 있는 사회적 성과 지표 개발 노력 역시 중요한 실천의 하나이지만 사회적 기업을 특정한 틀로 규격화하는 결과를 가져오지 않도록 노력할 필요가 있다. 기업의 전형적인 활동방식과는 다른 사회적 투자, 사회적 생산, 사회적 유통에 주목하고 이윤 중심 수익률과는 다른 사회투자 수익률을 주목함으로써 '사회적 편익'과 '사회적 비용'을 평가하는 것도 중요하다. 예컨대 사회적 취약계층 고용으로 인한 공공부문의 복지예산 절감, 취약계층의 소득증대로 인한 소득세 세수 증대, 취약계층 가정의 소득 증대, 취약계층의 소득 증대로 인한 범죄비용의 절감액 등은 모두 사회적 편익을 구성한다. 또한 사회적 자본의 부재로 인해 감당해야 하는 종업원 비효율성, 추가적 감독비용, 임금 프리미엄, 낭비, 기부자 관련 행사, 비영리활동 비용 등을 포괄하여 사회적 비용을 산정하는 것도 충분히 고려될 수 있다(이승규·라준영, 2010: 49~50).

2) 중앙정부, 지자체 및 공공기관

사회적 가치 실현에서 정부의 기능과 역할은 점점 더 커질 수도 있다. 유럽연합의 경우는 2010년 '사회책임조달 가이드라인'을 제정하여 지속가능성을 고려하는 한도 내에서 고용기회, 일자리, 사회권, 노동권, 사회통합, 기회균등, 기업의 사회적 책임 등을 실현하는 데 일정한 역할을 감당하고 있다. 독일 역시 '경쟁제한법'과 산업 4.0, 노동 4.0 기획을 통해 사회적·환경적·혁신적 측면을 강화하는 노력을 기울인다. 영국은 사회적가치법이라고도 불리는 공공서비스법을 제정하여 "공공기관이 조달하고자 계획하는 바가 관련 지역의 경제적·사회적·환경적 복지에 어떻게 기여하는지, 그리고 조달절차의 시행에서 복리 증진을 위해 해당 당국이 어떻게 행동해야 할 것인지"를 고려하도록 했다. 국제연합은 지속가능발전목표(SDGs: Sustainable Development Goals)를 위해 17개 목표와 169개 세부목표를 정하여 권고하고 있고 ISO 26000은 세계인권선언, 국제노동기구협약, 기후변화협약, 경제협력개발기구 소비자분쟁해결권고 등을 종합하여 종합적인 '사회적 책임의 국제 이행지침'을 제시한 바 있다. 한마디로 사회적 가치의 실현을 사회적 기업이나 협동조합, 자발적인 사회단체들에게 맡겨두기보다 정부의 적극적인 책임 중 하나로 자리매김하려는 흐름이 뚜렷하다.

　한국 정부 역시 협동조합기본법, 사회적 기업 지원법 등을 통해서 관련 사항에 정부가 관여해왔다. 하지만 본격적으로 사회적 가치를 중심에 두고 공공부문의 역할을 제도화하려 한 것은 2014년 문재인 의원이 제19대 국회에서 대표발의한 '공공기관의 사회적 가치 실현에 관한 기본법안'이 그 출발이라 하겠다. 이 법안은 2016년 8월 제20대 국회에서 다시 김경수 의원이 대표 발의했고 2017년 정부의 대안 검토를 거친 후 같은 해 10월 박광온 의원의 대표 발의로 국회에 회부되어 있다. 이 법안은 사회적 가치의 정의, 공공기관의 책무와 역할, 기본계획 및 지역별 추진계획, 사회적 가치 위원회, 사회적 가치 성과 평가 등 기본적 사항들을 망라하고 있어서 사회적 가치와 관련한 종합 법안이라 할 만하다.[4] 법안이 제정되는 과정에서 검토되고 있는 중요한 내용은 정부혁신이다. 즉 부처, 지자체, 공공기관 등의 정책목표가 사회적 가치를 기반으로 근본적으로 재설계될 필요가 있다는 점을 강조하고 사회적 가치 실현을 이와 연결

---

4 공공기관의 주도적 역할과 관련한 내용은 전국 사회연대경제 지방정부협의회가 주관한(2017.11.14) 〈공공기관의 사회적 가치 실현에 관한 기본법〉과 민간부문 사회적 가치 증진을 위한 토론회, '한국 사회에 새로운 사회적 가치를 묻는다'에서 양동수의 주제발표 「사회적 가치 기본법, 그리고 공공부문의 사회적 가치 실현의 의미와 과제」를 참조했다.

시키고 있다. 공공부분의 정책 구상에서 강조되는 사회적 가치는 공공성을 핵심으로 하는데, 하위 범주로는 공익성, 공정성, 공민성, 공개성의 원칙이 포함된다. 이러한 정책혁신을 위해 공공-소셜섹트-민간이 협력하여 사회문제를 해결하는 파트너십, 즉 PSPP(Public Social Private Partnership) 방식의 협치시스템이 제안되고 있고 사회적 가치 위원회가 이러한 역할을 할 것으로 기대되고 있다.

이와 함께 강조되는 것은 사회혁신, 사회적 경제와의 연관효과를 확대시키는 것이다. 주민주도형 마을공동체 활성화, 시민사회 역량 강화, 사회적 경제 생태계 조성 등은 기본적으로 민간부문이 수행해야 하지만 이를 뒷받침하는 법적·제도적·행정적 지원체계를 구축하겠다는 것이다. 예컨대 국가계약법, 지방계약법, 물품관리법, 국유재산법, 공유재산법, 민간위탁 관련법, 민간투자사업 관련법 등을 종합적으로 재검토하면서 사회적 가치 실현에 도움이 되는 방향으로 정비할 필요가 논의된다. 이 외에도 환경정책기본법, 근로기준법, 독점규제 및 공정거래에 관한 법률, 소비자보호법, 중소기업법, 저탄소녹색성장기본법, 지속가능발전법, 국가재정법, 조달사업법, 기금관리법, 산업발전기본법 등이 재검토될 수 있다. 한마디로 정부의 법제가 그동안 국가 주도의 고도성장 정책에 맞추어져 있던 것을 재조정하여 민간부문의 자율성과 혁신성, 참여성과 공동체성을 높이는 방향으로 혁신할 것을 지향하고 있다. 가장 가시적으로 나타날 수 있는 정책효과는 사회책임조달을 강조하는 것이다. 이것은 영국의 공공서비스법 내용과 유사한데 "정부와 공공기관이 필요로 하는 재화 및 서비스 등을 구매하는 과정에서 정부가 고용, 사회통합, 환경 등 구매활동의 영향을 고려하는 것"을 의미한다. 이와 관련해서는 사회적 입찰방식, 우선구매제도, 사회적 이익 평가, 정부와 민간의 파트너십 등이 고려되고 있다. 이런 관점은 지방정부와 지자체 차원에서도 잘 드러나고 있고 부분적으로는 더욱 적극적으로 추진되고 있다. 서울시의 경우나 성북구의 사례가 그에 해당되는데 조례 제정과 현장 중심의 정책을 통해 사회적 가치를 실현하려는 다양한 노력들이 추구되고 있다. 서울시는 혁신기획관이라는 직제를 신설하고 사회혁신을 정책방향 가운데 하나로 채택했다. 시민참여를 통한 사회문제 해결을 사회혁신의 과제와 연결시

컸다. 이를 통해 시민사회의 문제해결 역량을 강화하고 의사소통 모델을 구현하고자 했는데 이러한 노력이 사회적 가치 실현의 주요한 모델이 될 수 있다. 지자체 이외에도 공적인 성격이 뚜렷하고 정부의 출연 비중이 적지 않은 법인체들 역시 사회적 가치를 창출하는 데 주체적으로 기여해야 할 주역의 하나다.

3) 기업과 노조 그리고 공익재단

알터(Alter, 2003)의 분류에 따르면 민간부문 조직은 영리추구 여부를 축으로 6개 유형으로 나눌 수 있다. 그것은 전통적 비영리 부문, 수익활동을 하는 비영리 부문, 협의의 사회적 기업, 사회적 책임 기업, 기업의 사회적 책임을 실현하는 기업, 전통적 영리부문이다. 이 분류는 사회적 기업이 속하는 위치를 보여주기 위해서 만들어진 것인데 양극단에 위치한 전통적 비영리 조직과 전통적 영리부문을 제외한 네 범주를 광의의 사회적 기업이라고 파악할 수 있다(고동현 외, 2016: 200~201). 이 네 부문은 부분적으로나마 사회적 경제의 활성화에 직간접적으로 관련되기 때문이다. 하지만 사회적 가치 실현의 내용과 폭이 확대되면서 나머지 두 부문, 즉 전통적 비영리 부문과 전통적 영리부문의 주체들도 사회적 가치에 무관할 수 없게 되었다.

특히 전통적 영리부문이라 할 기업의 역할은 점점 더 커지고 있다. 사회적 가치의 내용이 협의로 간주될 때는 사회적 경제나 사회적 기업의 역할이 중심을 이루겠지만 사회 전반의 공공성과 통합성을 다루게 될 때는 동원할 자원이 많은 대기업을 포함하는 기업 일반의 역할이 중요해지기 마련이다. 이들 일반 기업의 역할은 사회적 기업이 수행하기를 기대하는 역할과는 다를 수밖에 없다. 일차적으로 기업의 사회적 책임을 강조하는 CSR, 공유가치창출을 주도하는 CSV가 기업 차원에서 수행하는 주요한 역할일 것이다. 일자리 창출, 고용안정, 상생경영, 윤리경영, 인권존중 문화 등을 통해 사회문제 해결에도 기여하고 문화적으로 유의미한 영향을 미치는 활동도 중요하다. 이러한 노력은 기업의 이미지 제고에도 도움이 되어 존경받는 기업의 출현은 사회 전반의 반기업 정서를 약화시키고 그것이 기업활동의 자산으로 되돌아오는 효과도 기대할 수 있다. 이런 맥락에서 주목할 것은 사회공헌을 표방한 공익재단의 설립과 이를 통한 사회적 기여다. 공익재단이 반드시 기업의 출현에 의한 것만은 아니고 개인 독지가의 출연으로 만들어진 다양한 장학재단, 복지재단, 문화재단 들이 적지 않다. 그러나 대규모 기금을 확보하고 유의미한 사회적 기여를 지속할 수 있는 공익재단은 기업가 개인 또는 기업의 출현에 의한 경우가 많다. 이들 공익재단은 완전히 독립적으로 운영되는 곳도 있지만 적지 않은 경우 모기업의 사회공헌 및 사회적 책임을 시행하는 기능을 맡고 있다. 공익재단의 활동은 그 자체가 자율적이고 선택적으로 이루어지는 것이어서 일률적인 평가대상으로 삼을 일은 아니지만 출연기관의 하부 기구로서 위세와 평판을 위한 전시성 사업에 집착할 경우도 없지 않다. 이러한 한계를 극복하고 말 그대로 공익을 위한 주체로서의 역할을 수행하는 것 자체가 사회적 가치 실현에 중요한 기여다.

기업부문을 논의하면서 함께 고려되어야 할 주요한 주체가 노조다. 전통적으로 노조는 기업과는 별개의 조직으로 간주되고 순수 비영리 조직으로서 시민사회의 범주에 속하는 것으로 이해되어왔다. 하지만 오늘날 노조, 특히 거대기업 노조는 더 이상 순수한 시민사회 조직일 수 없으며 노동자 전반을 아우르는 대표조직으로서의 공적 역할을 수행해야 한다. 노조는 안정적 고용, 높은 보수, 이익 대변의 조직 등을 보장받은 노동자들의 이익단체로서 어떤 의미에서는 기업부문과 상생관계에 있기조차 하다. 최근 비정규직 노동자들에 대한 노조의 차가운 반응, 일자리를 둘러싼 노동자 내부의 대립과 갈등은 노동계 내부에서 사회적 가치 실현을 진지하게 고려하지 않으면 안 될 이유를 여실히 보여주고 있다. 노조 역시 기업과 더불어 비정규직, 사회적 약자, 취업난에 고생하는 청년층, 새로운 일자리를 찾고 있는 고령 은퇴자들의 고통과 어려움을 함께 나누고 상생과 공존의 가치를 실현하는 데 앞장서야 한다. 그런 점에서 현재 노사정위원회의 활동 역시 포괄적으로는 사회적 가치 실현이라는 대원칙을 공유하면서 기업도 노조도 대변해주지 못하는 사회 저변의 다양한 구성원들의 필요에 부응하기 위한 노력을 기울여야 한다.

4) 학교, 종교, 시민단체

사회적 가치의 중요한 요소가 배려와 공감, 그리고 자발성과 참여라 할 때 그 최종적인 책임은 사회 구성원 모두에게 귀착된다. 이런 가치들은 본질적으로 국가가 주입할 수도 기업이 판매할 수도 없는 무형의 가치다. 특히 공감능력, 연대와 신뢰의 능력은 장기간에 걸쳐 사람들의 내면에 도덕과 윤리, 품성과 아비투스로 자리 잡아야 강화될 수 있는 것이다. 한마디로 사회적 가치 실현은 그러한 가치를 내면화한 인간형, 공존지향적 문화가 자리 잡을 때 이루어질 수 있다. 가치지향적인 퍼스낼리티를 강화하기 위한 교육개혁, 시민교육, 참여민주주의와 같은 시민사회 영역의 노력 없이는 불충분할 수밖에 없다.

이런 점에서 학교와 종교의 역할은 매우 크다. 근대로의 이행과정에서 학교는 물질주의 가치관의 확산, 경쟁을 통한 계층 상승의 인적자원 계발에 주요한 기제로 기능했다. 한국의 유별난 학벌문화와 학력주의도 생존주의와 성공주의를 사회화함으로써 각자도생의 심성을 내면화해온 결과다. 학교의 역할을 주목하고 새로운 교육혁신을 추구해야 하는 것은 이 기관을 통해 젊은 세대의 가치관이 함양되고 또래문화가 구성되기 때문이다. 학교를 통한 교육의 기능이 지나치게 수단합리성, 경제합리성, 성취지향성에 맞추어지지 않고 협력과 공생, 배려와 상부상조의 심성을 키울 수 있도록 혁신된다면 학교는 사회적 가치의 창출과 확산에 매우 중요한 역할을 담당하게 될 것이다. 한국의 종교 역시 근대주의의 세례를 받아 물질주의, 성공주의, 생존주의를 깊이 내면화한 인간형을 주조하는 데 기여했다. 세속화 테제와는 달리 한국이 고도성장기에 종교인구의 팽창을 나타냈던 것도 종교와 성장주의의 친화력을 간접적으로 보여준다. 이제 종교 역시 학교와 마찬가지로 그동안의 역할을 성찰하고 타자와 공감하고 공생하는 심성과 가치관을 배양하는 역할을 추구해야 한다. 한국 사회에서 공공부문과 기업부문을 제외하고 가장 강력한 조직적·물질적 기반을 갖추고 있는 종교가 사회문제 해결에 관심을 기울이고 사회적 약자를 배려하는 문화를 주도하면서 공존지향적인 인간형을 함양하는 데 앞장서야 할 것이다.

한국의 시민사회단체들 역시 참여와 소통, 민주주의의 확산을 가능케 하는 주역으로서 사회적 가치 실현의 중요한 주체다. 환경단체, 인권단체, 통일운동단체, 여성운동단체, 교육단체 등 시민사회의 조직 기반은 다양하다. 시민단체들이 풀뿌리형으로 지역사회나 특정 영역에 깊이 자리 잡고 중장기적으로 활동하는 경우도 많지만 이와는 달리 중앙집중형 조직과 지나치게 광범위한 종합적 대안조직을 지향하는 경우도 없지 않다. 시민사회 본래 역할과 사회적 가치의 속성을 고려할 때 시민단체는 좀 더 다원적이고 풀뿌리 지향적이면서 상호 연계되는 네트워크 형식으로 사회적 가치 실현을 주도할 수 있을 것이다. 학교, 종교, 시민단체와 같은 조직은 권력이나 자본력은 없지만 도덕적인 규범력으로 영향을 미친다. 따라서 가치교육, 또는 가치변동을 주도하는 기능을 가진 수행 주체라고 할 수 있다. 이 점에서 특정한 가치요소를 절대화함으로써 개성과 창의, 자율의 가치를 훼손하지 않도록 유연한 가치교육을 담당하는 것이 중요하다. 이타주의적인 심성도 미덕이나 윤리로 정형화되고 표준화되어 강조되면 역효과를 가져올 수도 있다. 가치영역 간의 배열구조를 검토한 라모스(Ramos, 2006)에 의하면 공동체적인 가치는 의외로 혁신적 심성과 거리가 멀고 집합주의나 전체주의적 가치와 가깝다. 따라서 이타성, 신뢰, 연대나 배려와 같은 가치의 강조는 언제나 사회 구성원의 자율성, 독창성, 혁신성을 보장하는 방향으로 이루어져야 한다. 공교육을 비롯한 교육과정에서 의식적으로 배려와 협력의 퍼스낼리티를 키워내려는 노력이 지속되어야 하고 종교나 사회단체가 그러한 가치를 존중하는 시민윤리를 확대시켜 나가야 한다. 역능적 시민성의 강화를 통해 자발적인 참여와 능동적 협력을 일상화하고 이를 통해 사회적 혁신이 가능해질 수 있는 문화적 인프라가 갖춰져야 한다. 배려형 인간, 공존형 심성의 출현도 시장 중심의 경제적 가치 일원화를 극복하고자 하되 그것이 국가 주도의 도덕주의 프로그램으로 귀결되지 않도록 하려는 균형이 매우 중요하다. 생활세계의 식민화를 극복하고 건강하고 창의적인 개성이 꽃필 수 있는 곳, 그러면서도 이기적인 경쟁논리에 함몰되지 않는 사회적 인프라, 생태계의 창출이 중요한 과제로 제기되는 것이다.

5. 사회적 가치 실현의 다차원적 접근

1) 가치구조의 재구성

사회적 가치는 협의로도 광의로도 논의된다. 사회적 경제 중심으로 논의될 때는 배려, 공존, 일자리 창출을 표방하는 협동조합이나 사회적 기업의 역할에 초점이 맞추어진다. 반면에 공동체 전체 차원의 가치 일반, 사회 전반의 혁신을 논의할 때는 정부의 정책부터 대기업의 활동, 교육과 문화의 영역까지 포괄하는 광의의 개념이 된다. 그 내용을 한정하면 구체성과 명료함을 얻는 데는 도움이 되지만 포괄성과 유연성에는 한계가 있다. 그런 점에서 광의의 문제의식을 잊지 않는 것이 중요하다. 사회적 가치를 강조하는 근본적 의미는 가치의 다양성과 상호긴장성이 소멸되어 단일한 가치서열 구조, 획일화된 가치배열이 제도화된 것을 비판적으로 성찰하고 이를 변경시키는 데 있다. 가치연구에 자주 활용되는 슈와츠 모델은 개인의 행동을 규정하는 중요한 가치를 검증 가능한 10개의 항목으로 유형화했다. 이 모델에 따르면 각 가치들은 개인의 생물학적 유기체로서의 욕구, 협력적 상호작용에 필요한 조건, 그리고 집단의 생존과 복지의 욕구 등 세 차원을 반영하는 것으로 문화권에 따라 크게 달라지지 않는다. 이 10개의 가치요소는 권력, 성취, 쾌락, 자극, 자율, 보편주의, 박애, 전통, 동조 그리고 안전의 가치로 구성된다.

슈와츠·빌스키(1987)는 이 10개의 가치가 심리적으로나 사회적으로 공존할 수도 있지만 상호 갈등할 수도 있다고 보고 양립가능성의 정도에 따라 좀 더 포괄적인 영역으로 재분류했다. 이들에 의하면 양립가능성이 높은 가치들일수록 함께 작동하면 행동화할 가능성이 높고 양립가능성이 낮은 가치가 공존할 경우는 내적인 긴장이 커져서 행동화하기 어려워진다. 예컨대 독립적인 결정과 선택을 강조하는 자율의 가치는 자신의 능력을 드러내고 성공하고자 하는 성취의 가치와 친화력이 높다. 하지만 스스로의 만족과 욕구 충족을 중시하는 쾌락의 가치요소는 타인의 행복을 중시하고 모든 사람을 공평하게 대하려는 보편주의

표 1-1 슈와츠 모델의 가치항목

동기적 유형	표상하는 객관적 가치	지표
보편주의(universalism)	자연의 보호와 일반적 타자의 복지를 인정하고 중시	모든 사람을 공평하게 대하는 것을 중시
박애(benevolence)	자주 접하는 사람들의 복지와 안녕을 중시	주위에 있는 사람, 친구들에게 우선적으로 관심
안전(security)	사회 내에서의 안전, 조화, 심리적인 조화와 안정	안전을 중시, 위협으로부터의 보호를 중시
전통(tradition)	전통문화, 종교, 관습에 대한 존중과 수용	종교와 가족의 요구와 조화로운 생활이 필요
동조(conformity)	타자를 해치거나 규범을 침해하는 행동을 싫어함	규칙을 준수하고 당위적인 것을 행하는 것이 필요
권력(power)	타자나 자원들을 지배하고 통제할 지위나 위세를 중시	부유해지는 것, 다른 사람의 존경을 받는 것이 중요
성취(achievement)	경쟁을 통한 개인적 성공과 업적 성취	개인의 능력을 드러내고 성공했다는 평가를 받기 위함
자극(stimulation)	삶 속에서의 흥분, 새로움, 도전을 중시	새로운 시도를 즐김, 모험과 위험 감수를 수용
쾌락(hedonism)	스스로의 즐거움, 만족, 감각적 욕구 충족을 중시	좋은 시간을 갖는 것, 즐겁게 사는 것을 중시
자율(self-direction)	독립적 사고, 창의성과 선택성, 탐구적 자세를 강조	자율적인 결정, 독립적이고 창의적인 행동을 중시

자료: Ramos(2006: 59~60).

그림 1-1 가치항목들의 차원과 공존가능성

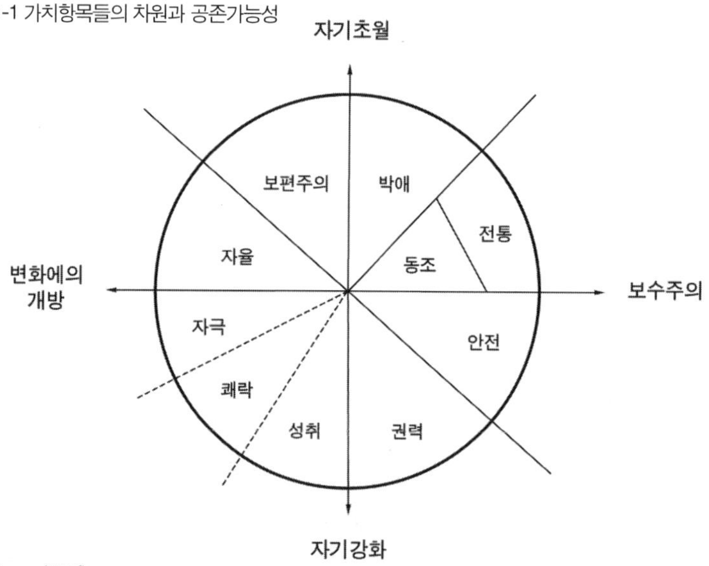

자료: Ramos(2006).

가치요소와 친화력을 보이기 어렵다. 이들은 양립 불가능한 것으로 여겨지는 가치들을 두 축으로 이차원 구조 매트릭스를 고안했다. 자기초월-자기강화의 축은 타자를 평등하게 대하고 타자의 복지에도 관심을 갖는지 아니면 개인의 성공과 역량 강화를 우선시하는지를 중심으로 나뉘는 축이다. 변화에 대한 개방-보수주의 축은 자율성이나 창의성, 도전적인 변화를 중시하는지 아니면 전통적 관습이나 안정성을 선호하는지에 대한 태도의 축을 의미한다. 이런 두 축으로 재배열하면 이론적으로는 다음과 같은 네 가지 가치영역이 분석적으로 나뉘어진다. 물론 가치영역을 나누는 경계선은 수학의 4사분면을 나누는 축처럼 고정되어 있지 않고 사회와 문화에 따라 그 경계선이 다르게 그어진다.

이런 틀에 기초하여 유럽의 경제성장과 가치의 상호관계를 연구한 라모스에 의하면 독일과 폴란드는 자기초월의 가치와 보수주의의 가치를 중시하는 경향을 나타낸다. 하지만 양자 사이의 거리, 긴장의 수준, 서열화의 방식에서 두 국가는 뚜렷한 차이를 보이는데, 독일의 자기초월 비중이 더욱 높게 나타났다. 사회적 가치란 이처럼 요소가치들의 배열구조, 상대적 비중에서 나타나는 종합적 형태와 깊은 연관이 있다. 시장주의 가치 지향은 대체로 자기강화와 변화개방성과 친화력을 지닌다. 즉 자기결정, 선택과 업적, 권력과 추진력, 자극의 수용 등이 오늘날 시장경쟁에서 진취적으로 살아남기 위한 행동양식의 지향성을 잘 반영한다. 반면 사회적 가치가 중시하는 연대, 책임, 관용, 포용 등의 가치는 주로 자기초월과 보수주의의 두 축 사이에 있다. 이에 따르면 경제적 가치와 사회적 가치의 구분은 자기강화-변화개방의 지향성과 자기초월-보수주의의 지향성 사이의 구분으로 이해될 수 있다. 유럽의 선진국일수록 자기초월-개방성의 가치구조가 강하게 나타나고 개인의 즉각적 이익이나 단기적 효율성, 편법주의 같은 가치보다는 좀 더 포괄적이고 보편적이며 공유 가능한 가치가 중시된다는 조사는 주목할 만하다.

이처럼 가치는 여러 가치항목들이 배열되고 구조화되는 방식에 따라 그 영향력이 다르다. 한국 사회의 행동양식을 논의한 한 사회학자는 1987년 이후의 주된 가치를 민주화와 자유화의 두 축으로 보고 이 둘의 공존양식이 단일하지 않고 복합적이라는 점을 지적한 바 있다. 즉 많은 사람들은 그 내면에서 민주적 감성과 신자유주의적 감성의 모순적 공존을 경험하고 사회정책에 대한 반응에서도 이 두 축 사이에서 동요하는 모습을 보인다는 것이다(김종엽, 2017: 183~186). 슈와츠의 표현을 빌려 말한다면 자기초월의 가치와 이기적 가치가 독특하게 공존하면서 유동적인 모습을 보이는 것이다. 공정성에 대한 신뢰 저하, 집단적 불만과 좌절감의 확산, 헬조선류(類)의 청년층 반응 등은 이런 가치배열이 변화하는 사회구조와 조응하지 못해 나타나는 현상으로 이해될 수 있다. 개인들이 추구하고자 하는 가치배열과 기업이나 조직이 강조하는 가치배열이 불일치하고 그로 인한 아노미, 스트레스가 심리적 좌절감과 행동의 불일치를 강화시킨다. 조직 차원에서 본다면 경제적 성과와 재무적 가치만을 강조하고 그것에 입각한 선발, 평가, 양성이 이루어짐으로써 가치의 동질화가 심화되고 혁신의 가능성이 약화되는 결과가 초래되기도 한다. 따라서 사회적 가치를 강조하는 논의는 단순히 이타주의, 협조, 배려, 선행과 같은 가치요소를 강조하는 것에 그치지 않고 다른 가치요소들과 어떻게 구조화될 것인가에 대한 종합적 전망, 가치의 매트릭스를 염두에 두어야 하는 과제라 하겠다.

2) 협력의 제도화

앞서 본 바와 같이 사회적 가치의 실현은 사회적 기업, 공공기관, 대기업 등이 함께 참여하여 추구하는 공통의 과제다. 추구하는 가치의 종류도 다양하다. 따라서 유연하면서도 지속적인 협력을 가능케 하는 협력의 제도화를 실천하는 것이 중요하다. 협력의 제도화는 행위자의 자율성에 기초하면서도 일정한 공적 개입과 지원체계를 결합함으로써 가능해진다. 책임의 제도화를 이루는 방식으로는 참여주도형, 징책개입형, 사회공헌형 모델로 나누어볼 수 있다. 참여주도형은 사회적 기업, 협동조합, 자활기업처럼 스스로의 참여를 통해 협력의 가치를 확인하고 도움을 받기도 하는 것이다. 상대적으로 자원이 풍부하지 않은 소규모 주체들이지만 행위자들을 중심으로 참여와 존재감, 역능성의 강화를 통해 사회적 가치를 실현하는 모델이다. 둘째로 정책개입형은 정부 등 공공기관의 적극적인 역할을 통해 협력을 제도화하고 이를 견인하는 방식이다. 공공구매를 매개로 사회적 경제를 활성화하고 입법기능과 재정 지출을 통해 사회적 약자를 배려하는 방식으로서 행정력의 도움을 받은 광범위한 파급효과를 중시하는 모델이다. 셋째로 사회공헌형은 대기업과 같이 동원할 자원이 많고 사회를 주도하는 주체들이 사회공헌과 사회적 책무를 강조하는 활동이다. 이것은 협력의 가치에 새로운 보상을 제공함으로써 사회적 가치의 확산에 기여한다. 여러 공공법인체가 수행하는 공익활동 역시 이런 모델에 포함시켜 이해할 수 있다.

이 세 모델에는 그 나름대로의 장점과 약점이 있다. 자발적인 참여와 밑으로부터의 가치실현 모델은 자긍심과 참여, 상호신뢰의 창출이라는 장점이 있는 반면, 규모가 작고 파급력이 제한되며 동원 가능한 자원이 부족하다는 단점도 적지 않다. 공공재정의 효과에 의존하는 정책개입형의 경우는 단기적으로 가시적인 효과를 낼 수 있고 규모가 작은 자발적 주체들을 활성화할 수 있다는 장점이 있지만 정부의 개입과 재정의존도를 높임으로써 자율적인 협력이라는 가치를 실현하는 데는 부정적일 수 있다. 사회공헌형 모델 역시 동원할 자원이 큰 대기업과 공공법인이 주체가 되는 만큼 영향력이 크고 가시적인 결과를 얻기 쉽다는 장점이 있지만 역시 대기업 중심의 시혜적인 프로그램이 되거나 대기업 의존도를 심화시킬 우려도 없지 않다. 이 세 모델은 각각의 장점을 살리면서도 자율협력과 지원체계의 지혜로운 균형이 중요함을 간과해서는 안 된다. 특히 위로부터의 개입효과에 대해서는 신중한 접근이 필요하다. 앞의 슈와츠 모델에서 보듯 연대와 배려, 공생 등의 가치요소는 변화와 혁신에의 개방성과는 거리가 있고 오히려 공동체를 중시하는 보수주의적 태도와 친화력이 있다. 다시 말해 배려와 협력을 강조하는 노력은 자칫 전통주의, 권위주의, 국가주의를 강조함으로써 자율성, 혁신성, 비판성, 개별성을 위축시킬 수 있다는 것이다. 공공지출과 정책 개입에 의존하는 사회적 가치 실현 모델이 강조되면 될수록 이것이 사회 전체 차원에서 집합주의, 권위주의, 국가주의를 강화할 가능성을 유의해야 한다. 또한 과도한 재정효과의 개입은 상호신뢰와 자발적 협력에 의존하는 협동조합, 지역복지, 시민참여 프로그램의 자생력을 약화시키고 궁극적으로 사회적 가치 실현을 위한 미시적 인프라 구축에 부정적 효과를 미칠 수 있다.

이를 방지하려면 사회적 가치의 실현과정 자체가 자발적 협력, 소통형 참여를 중심으로 이루어지는 것이 중요하다. 사회적 기업이나 사회적 경제의 다양한 주체들은 말할 것도 없고 지자체, 공공기관, 중앙정부 모두가 호혜적인 정신으로 협치의 모델을 구축해야 한다. 시장에 강한 영향력을 미치는 기업과 공공기관, 그리고 노조도 이러한 자발적 협력의 구도에 참여해야 하고 종교나 학교, 시민/사회 단체들도 협력과 공유의 정신을 활성화하려고 노력해야 한다. 정부의 주도적인 정책 구상, 자원 배분의 의지를 강화하면서도 그것이 지자체, 공공단체, 기업, 사회단체, 소규모 집단 등 다양한 사회적 주체들의 창의성, 참여성, 혁신성을 약화시키지 않도록 세심한 기획이 필요하다. 이 과정에서 전통적 요소를 재발굴하여 갱신하는 것이 필요할 수도 있다. 연고주의의 폐해를 벗어나면서도 상호 배려와 협조가 집약되었던 두레정신이나 공공성의 자산을 시대에 맞게 재구성하는 것도 가능하다. 특히 가족공동체와 지역공동체가 약화되고 있는 상황에서 구성원들이 소속감을 갖고 자기정체성을 안정적으로 유지할 수 있는 사회자본을 구성하도록 문화영역에서의 노력이 절실하다. '오래된 미래'라는 말이 표상하듯 과거의 바람직한 요소가 미래의 자산으로 활용될 가능성을 주목하고 그 실천을 위해 애쓸 필요가 있다.

3) 혁신의 제도화

사회적 가치의 실현을 위해서는 혁신이 제도화되어야 한다. 혁신이라는 무형의 자산이 오늘날 얼마나 중요한 발전의 잠재력으로 기능하는지는 굳이 설명이 불필요할 정도다. 현대 사회는 근대 사회의 전형적인 모습, 즉 정해진 조직과 활동공간, 표준화된 경력과 정해진 절차를 따르는 상호관계로부터 크게 벗어나고 있다. 유동성이 고도화하고 시공간을 넘나드는 초연결사회가 이루어지고 있는 시대에 사회적 삶은 행위자 개인의 속성을 넘어서 네크워크의 장, 상호

연계되는 생태계의 특성에 크게 영향을 받게 된다. 따라서 다수의 구성원이 새로운 가치를 창출하는 주체가 되고 혁신의 시너지가 억압되지 않도록 연결재의 공간이 유연한 사회적 공간, 공적 자원이 되도록 관리되어야 한다. 기술환경에 익숙한 새로운 젊은 세대가 생태계 내의 다양한 진화적 실험을 가능케 하는 자원이자, 궁극적인 사회적 가치의 구현자가 될 수 있도록 혁신의 생태계를 구축하는 것이 필요하다.

혁신을 개인적 능력이나 천재적 발상과 같은 것으로 간주하는 것은 네트워크 사회에 적합한 방식이 아니다. 인간의 소통/교환 관계가 점점 더 자기조직적인 복잡계의 성격을 갖게 될수록 이러한 체계에서 가치의 실현은 전략적 발전이나 사회공학적 조절보다는 생태계적 자기조절에 크게 의존한다. 따라서 개인의 인적자본 계발에 집중되고 있는 자원 배분과 관심을 혁신생태계의 구축에 좀 더 배분하는 것이 필요하다. 현재 네트워크 환경이 이전에는 도저히 상상할 수 없었던 비즈니스, 가치 실현, 참여방식, 생활패턴을 가능케 하고 있는 것을 보면, 현재의 기술환경이 개성과 자율, 그리고 협력과 책임을 독특하게 연결시키고 병행 발전할 수 있는 조건을 제공할 잠재력은 있다고 여겨진다. 다만 현실에서 네트워크 체계는 한편으로는 구성원의 자율성과 개성을 발현하도록 돕지만 다른 한편으로는 쏠림의 체계, 혹은 멱함수의 법칙에 지배당함으로써 불평등과 상호단절을 심화시킬 수도 있음에 유의해야 할 것이다. 네트워크 사회에서는 모든 구성원이 다 동일한 가치요소를 공유할 수도 없고 그래야 할 이유도 없다. 서로 길항하고 갈등하는 가치요소들이 융합과 조율을 거쳐 새로운 시너지를 낼 수 있는 문화인프라가 더욱 중요해진다. 특히 4차 산업혁명이라 일컬어지는 새로운 기술정보 환경 속에서 다양한 주체들의 창조적 실험이 자유롭게 이루어지려면 사회적 공간, 공유의 자원이 확보되어야 한다. 우리가 생산하는 재화가 갈수록 연결재의 성격을 가지며 네트워크 외부효과를 갖게 되고 내가 소비하는 연결재의 가치는 나와 연결된 타인들이 함께 소비할수록 증대되기 때문에 충분히 이런 가능성을 찾아낼 수 있다. 자신이 가치 있다고 생각하는 관심사에 집중하는 것만으로도 유의미한 사회적 협력, 공공의 가치 창출에 기여할 수 있는 사회적 혁신 생태계를 구축하는 것이 매우 중요하다.

4) 책임의 제도화

사회적 가치를 협의의 영역에 한정하지 않고 광의의 차원에까지 확장하려면 책임의 제도화를 고민해야 한다. 책임이란 공동체 차원에서 부여되는 것이기도 하지만 행위자의 내면에서 자각되고 확인되는 자의식이자 동기이기도 하다. 책임은 개인의 역능성과 자발성을 사회공동체의 필요와 연결시킴으로써 권리와 의무의 행복한 결합을 가능하게 한다. 따라서 21세기의 상황에 걸맞은 책임윤리를 구축하는 것이 매우 중요하다.

이때 중요한 것은 사회적 가치의 실현을 내적 동기로 수용하는 인간형을 키우는 교육개혁이다. 청년들이 경제적 이익이나 물질적 평안을 최고가치로 간주하고 결과 중심의 편법도 수용하는 퍼스낼리티를 공유할 때 한국 사회의 건강한 발전을 기대하기는 어렵다. 현재와 같은 성장지상주의, 출세지상주의, 서열화와 차별의식으로 인해 상처받거나 좌절감을 느끼게 만드는 교육체제로는 책임을 동반한 윤리적 심성의 배양을 기대하기 어렵다. 건강한 주인의식, 주체로서의 자신감, 물질적인 보상과는 별개로 추구할 수 있는 가치의 내면화가 동반될 때 비로소 시민의식과 역능성, 또 그에 기초한 책임의식이 자라날 수 있다. 배려나 공유, 협력과 연대라는 가치에 대한 '공감적 심성'도 이러한 자존감의 기초 위에서 제대로 자라날 수 있다. 따라서 생존주의적으로 구성되어온 '마음체제'를 새로운 형태로 전환하여 권리와 의무에 대한 독자적 윤리, 내면의 책임의식이 자라날 수 있도록 교육환경 방식에 대한 진지한 성찰과 개혁이 추진되어야 한다.

두 번째로는 공공기관, 특히 행정에서의 공공성이 보다 강화되어야 한다. 공공기관은 본질적으로 책임을 이양받은 기구이고 따라서 공동체 전체를 위한 정책 구상과 집행을 본연의 임무로 한다. 하지만 국가의 영향력이 강한 현대 사회에서는 권위주의와 행정주의가 일상 생활세계에 깊이 영향을 미치는 것이 현실

표 1-2 사회적 가치의 다차원적 구성: 핵심요소, 실행영역, 수행주체, 실천전략

핵심요소	안전과 일자리	빈곤 퇴치, 일자리 창출, 소수자 배려, 양극화 완화, 고용안정
	혁신과 역능성	역능성, 자율, 도전, 창의, 개성 들의 네트워크, 혁신적 심성
	공동체와 공공성	신뢰, 협력, 공유, 사회적 자본, 소통, 참여, 공공성
	상생과 지속가능성	사회적 포용, 배려, 환경정의, 지속가능한 발전, 선행과 자선
실행영역	사회적 경제	사회적 기업, 협동조합, 마을기업의 활성화, 지역 중심 참여와 협업 확대
	공공구매와 공적 서비스	공공구매, 공공가치를 고려한 예산 집행, 최소지출이 아닌 최적지출
	사회책임과 사회공헌	기업의 사회적 책임, 공유가치창출, 사회공헌, 공익재단
	사회혁신과 시민적 역능성	혁신적 플랫폼, 이질성의 융합, 혁신 선도자의 양성, 연결재의 사회화
수행주체	사회적 기업과 협동조합	협동조합, 사회적 기업, 생산자 조합, 마을공동체, 사회적 경제 주체
	중앙정부 및 지방정부	정부의 각 부처, 지자체, 유관 부처/기관, 공공기관
	기업, 노조, 공익재단	기업, 노조, 공익재단, 사회공헌 조직, 복지법인, 공익성을 띤 문화기구
	학교, 종교, 시민단체	학교, 종교, 비영리적 시민단체, 환경단체, 인권단체, 학술조직, 문화단체
실천전략	가치구조의 재구성	가치구조의 전환을 위한 교육, 문화, 평가 시스템의 개혁
	협력의 제도화	사회적 경제, 사회공헌, 사회적 책임을 위한 민간, 정부, 기업의 협력
	혁신의 제도화	데이터의 사회화, 혁신적 플랫폼, 네트워크의 사회자본화
	책임의 제도화	학교, 종교, 시민단체, 공공기관의 사회적 가치 지향 프로그램 공유

이다. 사회적 신뢰, 협력, 연대, 참여와 배려의 원칙 등은 강제되거나 표준화될 때 그 효과가 반감되고 본래의 성격도 왜곡되기 쉽다. 공공부문은 공적인 책임성을 강화하되 미시적인 생활세계 곳곳에서 자발적인 참여, 권리와 의무의 결합, 책임 있는 실천이 실험될 수 있도록 유연성과 협력성을 강화해야 한다. 유의미한 실천 여부를 평가하는 기준도 획기적으로 바꾸어 양적인 성과 측정에 그치지 않고 구성원의 전형적 행위방식, 아비투스의 구성에까지 영향을 미치는 평가의 공정성, 혁신성, 창의성을 갖추기 위해 애써야 한다. 배려와 신뢰, 공동체적 관심과 이타적 심성을 뒷받침하면서도 동시에 그것이 행정편의주의나 단기적 정량평가로 환원되지 않도록 하는 것도 중요하다. 계량될 수 있는 부분과

그렇지 못한 부분은 무엇인지, 단기적 성과와 중장기적 영향력을 어떻게 나눌지, 유의미한 실패를 인정해줄 방식은 무엇인지를 두고 질 높은 기획력이 요구되는 것이다. 결국 사회적 가치는 상충되어 보이는 여러 가치요소들이 함께 어우러져 역동적 효과를 가져오는 복잡적응시스템(complex adaptive system)의 창출이다. 그것은 개별적인 가치요소들로 환원될 수 없는 여러 가치들의 상호배열, 모순적 결합과 창의적 융합이 가능한 복합기제의 창출작업으로서 근대화가 만들어놓은 가치구조를 혁신하는 작업의 일환이기도 한 것이다.

제1부 사회적 가치와 시장경제

제2장

시장으로 가득 찬 세상에서 공동체를 이야기하기

최정규 (경북대학교 경제통상학부 교수)

1. 들어가며

지난 세기 동안 인류는 격변의 시기를 경험했다. 20세기가 가져다준 물질적 진보는 과거 어떤 시기도 견줄 수 없을 만큼 대단한 것이었다. 생산성, 실질임금, 실질 국내총생산 등 물질적 성과를 나타내는 지표들뿐 아니라 삶의 질을 나타내는 평균수명, 영양상태, 문맹률 등도 현재의 우리가 100년 전에 비해 수십 배 더 양적으로나 질적으로 풍요로움을 누리고 있음을 보여주고 있다. 즉 우리는 100년 전보다 더 오래 살면서 훨씬 더 많은 것을 누릴 수 있게 되었다. 물질적 성취뿐 아니라 인간으로서도 우리는 이전보다 더 나은 대접을 받고 살아가고 있다. 적어도 이상적으로는 누구나 태어나면서 누려야 할 인간으로서의 권리를 인정받게 되었고, 성·인종·종교에 따라 차별받지 않는다. 모두가 태어나면서부터 존엄을 인정받게 되었으며, 살아가면서 자기 삶의 전망을 결정하는 역량을 갖출 수 있도록 사회가 배려해야 한다는 데까지 합의할 수 있게 되었다. 하지만 그렇게 얻어진 성장의 성과물이 모두에게 향유되지 못한다는 점도 문제고, 바라는 대로 차별이 완전히 사라졌는지도 의심스러우며, 물질적 풍요 속에서 예전에는 생각하지 못했던 새로운 문제들, 예컨대 환경문제라든가 삶의 불안정성의 증대라든가 인공지능에 의한 일자리 대체 등의 문제가 등장하기도 했다.

그렇다면 21세기는 지난 세기 동안 인류가 성취해낸 가치를 보존하고, 그 속에서 나타난 제반 문제들을 해결함으로써, 더 나은 삶을 기대할 수 있는 재도약기가 될 수 있을까? 이를테면 앞으로의 성장은 그 속에서 불거져 나온 불평등이라는 문제를 치유하면서 공정하고 누구나 동의할 만한 방식으로의 분배를 동반하면서 이루어질 수 있을까? 앞으로의 성장은 더 이상 우리의 생태적 기반의 파괴를 동반하지 않고 지속가능한 방식으로 이루어질 수 있을까? 성장은 꿈의 약속처럼 모두에게 인간답고 가치 있는 삶을 보장해낼 수 있을까? 더 나아가 엄청난 생산력의 발전이 기계화를 넘어 인공지능이라는 가능성을 현실화하는 데 이르게 된 시점에서, 기계와 인간의 공존가능성을 모색하고 그 속에서 삶의 의미, 특히 노동의 의미를 되찾아낼 수 있을까?

많은 사람들이 작금의 문제의 원인을 시장의 과잉에서 찾는다. 20세기 후반에 집중적으로 터져 나온 문제들은 전 지구화라고 이름 붙여진 시장의 확대와 궤를 같이한다고 본다. 점점 심해져만 가는 소득불평등 구조는 고삐 풀린 시장의 필연적 결과일 뿐이며, 시장에 대한 적절한 규제 없이는 불평등이 심해지면서 급기야 정치적 민주주의에도 해악이 될 것이라고 진단한다. 환경과 생태계의 파괴라는 문제도, 우리 사회의 화두로 등장했던 갑질의 문제도, 위험과 재난의 문제도, 모두 이윤만을 추구한 나머지 그 외의 가치는 외면해버리는 시장논리의 필연적 결과라고 진단한다. 이에 따라 시장은 적절히 제어될 때에만 제한적으로 그 가치를 인정받을 수 있다고, 현대 사회를 특징짓는 여러 문제들은 어느 순간부터 시장을 제어하는 데 실패함으로써 발생한 것이라고, 따라서 해결책은 고삐 풀린 시장을 규제하고 제어할 방책을 찾는 데 있다고 진단한다. 심지어는 시장이란 도덕을 해치고, 지속가능한 발전을 해치며, 모두가 함께 일궈나가야 할 삶의 영역을 파괴시키는 악의 근원이라 진단하기도 한다. 몇 년 전 한국 사회에서 돌풍 같은 인기를 구가했던 마이클 샌델(Michael Sandel)의 『돈으로 살 수 없는 것들(What Money Can't Buy)』은 이러한 관점을 잘 보여준다. 이러한 관점 아래 사회적 삶의 점점 더 많은 부분에 시장이 침투됨으로써 사람들을 고립시키고 관계를 파편화하는 결과를 초래했다는 것, 그래서 사회는 탈윤리화하고 개인은 삶의 의미를 찾지 못하게 되었다는 것, 그래서 이를 해결하는 길은 시장의 확대를 막고(혹은 그 활동범위를 최대한 축소시키고) 그 자리를 자율적 참여를 기초로 한 공동체적 관계로 메워야 한다는 주장이 제시된다.

그런데 또 어떤 사람들은 시장의 과잉이 아니라 결핍이 문제일 수도 있다고 지적한다. 제대로 된 공정한 경쟁이 이루어지지 않은 채 특권을 가진 일부 계층에게 혜택이 돌아간다든지, 부의 세대 간 이전으로 인해 세대 간 불평등이 고착화한다든지 하는 문제는 시장이 제대로 갖춰지지 않기 때문에, 그래서 경쟁이 제대로 이루어지지 않았기 때문에 발생한 문제이지, 경쟁의 필연적인 결과는 아닐 수 있다는 것이다. 시장으로부터 불평등한 결과가 초래되더라도 그것은 시작점에서 불평등함이 있기 때문이지(그래서 초기 자원의 적절한 재분배가 필요할 수 있음을 말해주는 것이지) 시장이 그러한 결과를 낳은 것은 아니며, 환경파괴는 환경이라는 희소한 자원에 대해 적절한 소유권이 설정되지 않았고, 따라서 환경을 파괴함에 따른 비용과 책임을 적절히 물릴 시장이 존재하지 않은 게 문제라고 진단한다. 갑질의 문제도 시장의 언어는 아닐 수 있는데, 갑질이란 시장이 제대로 갖춰지지 못해서 자유롭고 평등한 주체들 간에 거래가 이루어지지 못한 채, 힘과 권력이라는 과거의 언어가 통용됨으로써 나타나는 현상이기 때문이다. 위험과 재난 역시 이윤만을 추구한 결과라기보다는 이윤을 추구하더라도 좋은 결과가 나오도록 보장할 만큼 시장이 완전히 작동하지 못해서 나타나는 결과다. 이러한 입장에 따르면 시장이란 자유롭고 평등한 개인들이 저마다의 이익을 추구하더라도 좋은 결과가 나오도록 만들어주는 메커니즘이므로, 거래가 자유롭고 평등하게 이루어지지 못한다든지, 저마다의 이익을 추구한 결과가 좋지 못하다든지 하는 문제는 시장의 문제가 아니라 그 결핍의 문제일 뿐이라고 진단한다.

이 글에서는 완성태로서의, 그래서 가장 이상태로서의 시장의 모습을 재구성해보고자 한다. 그렇게 이상적으로 구성된 시장의 모습에서 어떤 가치들이 달성될 수 있고 또 어떤 가치들이 사라지고 훼손되는지를 살펴볼 것이다. 이렇게 함으로써 한편으로는 완전하고 이상적인 시장의 모습 속에서 잊히고 사라진, 그럼에도 불구하고 지켜나가야 할 가치가 있는지를 확인할 수 있고, 다른 한편으로는 우리 사회가 처한 문제들이 시장의 과잉에서 비롯되는 것인지 결핍에서 비롯되는 것인지에 대해서도 가늠할 수 있을 것이기 때문이다. 이러한 작업은 시장으로 가득 찬 현대 사회에서 공동체가 여전히 역할을 할 수 있는 여지가 있는지도 고민하기 위한 첫걸음이다.

이를 통해 완벽한 모습으로의 시장을 그려봄으로써, 완전한 시장이라는 기계적 은유가 갖고 있는 문제점을 지적함과 동시에, 시장의 결핍은 불가피한 것임을, 즉 기술적인 문제여서 이런저런 조치를 통해 메울 수 있는 결핍이 아니라 근원적으로 시장은 불완전할 수밖에 없음을 말하려고 한다. 그리고 그 결핍을 시장이나 국가 등의 제도적 틀로 메우려는 시도가 갖는 한계를 지적하면서, 결핍의 불가피성과 아울러 공동체적 해법의 가능성을 모색해볼 것이다. 이렇게 보면 시장과 공동체가 서로가 서로를 배제하는 대체관계가 아니라 보완관계임을 이해할 수 있을 것이고, 완전한 시장이라는 은유 속에서 간과되었던 개인들의 도덕감정의 역할 또한 재조명할 수 있음을 확인할 수 있을 것이다.

2. 시장이라는 이름의 유토피아, 그리고 그 속에서 지워진 공동체의 흔적

시장이 가져온 성취와 시장이 초래한 문제점을 평가하기 위해, 자유주의 이데올로기가 추구하는 가장 이상적인 모습을 그려보도록 하자. 그 그림 안에는 자유롭고 평등한 개인들이 있고, 이들을 자유롭고 평등한 존재로 존재하게 만들어주는 제도적 조건들이 있으며, 여기서 시장은 이들의 행동을 조절해주는 메커니즘으로 등장한다. 즉 이상적 형태로서의 시장은 자유롭고 평등한 개인들의 선택과 행동을 성공적으로 조절해주는 기제로 제시된다.

개인 해방의 주체적 조건. 사람은 누구나 자신의 삶의 전망을 선택할 수 있을 만큼 역량을 갖는다. 즉 개인들은 이성적이고 합리적인 존재다. 따라서 무엇이 좋은지 혹은 무엇이 옳은지를 다른 사람의 견해에 의존하지 않고, 다른 사람의 간섭 없이도 스스로 판단할 수 있다.

역사적으로 개인이라는 존재는 지워진 채, 사회 구성원으로서의 역할만 강조되었던 시기가 꽤 오래 존재했다. 때로는 지켜온 관습과 전통이라는 이름으로, 때로는 계급이라는 이름으로, 그리고 때로는 종교라는 이름으로 사회는 개인에게 정해진 삶을 살도록 강요했던 시기가 있었다. 오직 사회의 목적을 수행하는 데 복속된 삶을 살면서, 개인들은 스스로의 삶의 전망을 그리지 못했고 개인의 목표라는 것은 생각하지도 못했다. 소위 근대의 출발이 개인의 자유로부터 비롯된다는 말은, 사회라는 이름의 억압체에 얽매여 개인으로서 어떠한 전망도 갖지 못하는 상태로부터 개인들이 해방됨으로써 비로소 새로운 시대가 열리게 되었다는 것을 뜻한다. 내가 사랑하는 사람과 결혼하고, 내가 하고 싶은 일을 찾아서 하고, 내 노력에 따라 재산을 쌓아나가고, 내가 바라는 삶의 전망을 수립하는 일이 가능해지기 위해서는, 기존에 나를 얽매고 있었던 관습과 규범, 종교, 그리고 계급관계로부터 탈피하여 사고하고 행동하는 것이 가능해져야 한다. 내가 어떤 성별을 갖고 태어났는지, 어떤 계층의 부모 아래에서 태어났는지, 어떤 종교를 믿고 있는지가 내 삶의 전망을 기획하고 꿈꾸는 데 어떠한 장애가 되어서는 안 된다는 말이다. 그리고 개인은 이러한 외적 간섭이 없이도 충분히 자신의 삶의 전망을 기획하고 찾아낼 역량 있는 존재임이 강조되었다. 이러한 개인들은 더 이상 무엇이 올바른가라는 질문으로부터 구애받지 않으며, 스스로 이익이 되는 것을 찾아 행동한다. 그래서 개인들은 모두 누구의 간섭도 받지 않는다는 점에서, 말하자면 저마다의 견고한 성에 살고 있는 것처럼 그려진다.

개인 해방의 객관적(제도적) 조건. 누구나 자신의 삶의 전망을 선택하는 데 방해받지 않아야 한다. 삶의 전망을 그려나갈 때, 자신이 선택하지 않은 어떤 것으로 인해 그 전망이 제약되거나 방해받아서는 안 된다. 자신이 선택하고, 합의하고, 동의한 것이 아니라면, 종교라는 이름으로 혹은 계급적 지위 때문에 혹은 무엇은 옳고 무엇은 그르다는 주어진 윤리적 기준 때문에 선택이 방해받아서는 안 된다. 즉 개인들은 자유로이 선택할 수 있는 존재여야 하며, 이러한 자유는 누구에게나 평등하게 주어져야 한다.

즉 자유주의라 불리는 근대적 유토피아에는 종교적·관습적 굴레로부터 해방된 개인들이 존재한다. 이 이상이 실제로 실현되기 위해서는 개인들은 자신들이 좋다고 생각하는 것을 선택하고 그렇게 하는 데에 경제적 제약 말고는 어떠한 제약도 갖지 않아야 한다. 수많은 제약 중 경제적 제약을 제외한 모든 것들이 사라졌다는 것은 그만큼 개인이 자유로워졌다는 것을 의미하며, 더 나아가 남아 있는 유일한 제약으로서의 경제적 제약도 본인이 어떠한 선택을 하고 또 얼마나 노력하는가에만 의존해야 한다. 그랬을 때 개인들은 모두 자유롭고, 평등하며, 자율적으로 판단하고 행동할 수 있다.

충돌과 갈등의 조절 메커니즘으로서의 시장. 각자의 삶의 전망에 따라 최선을 선택할 때 개인들 사이에 발생할 수 있는 갈등의 소지는 시장을 통해 조정될 수 있다.

누구나 자신들에게 이익이 되는 것을 찾아 그렇게 행동하다 보니 이전에는 없던 몇 가지 심각한 문제가 나타난다. 그중 하나가 개인들 사이에서 발생할 이익의 충돌가능성이고, 다른 하나가 공공성의 상실의 문제다. 누구나 자신의 이익에만 몰두할 경우, 타인과의 이익의 충돌가능성은 피할 수 없고, 그 속에서 개인의 이익을 넘어선 무언가라는 것은 존재할 수도 사고할 수도 없기 때문이다. 자유주의자들에게(특히 경제학자들에게) 시장은 이 두 문제를 해결해줄 수 있는 마법과도 같은 기제였다. 한편으로 시장은 가격을 통해 이해의 충돌을 조정해줄 수 있을 뿐 아니라 개인들이 자신의 행동의 결과 타인에게 미치는 영향에 대해 완전한 대가를 치르도록 만들어줄 수 있고, 다른 한편으로는 시장에서의 결과는 전체 파이를 가장 크게 만든다는 의미에서 시장은 공공의 이익에 기여한다는(이에 따르면, 공공성=공공의 이익이라는 재정식화를 통해 시장은 공공성을 충족시키는 기제이기까지 하다) 그림이 그려졌다.

스스로 삶의 전망을 기획하고, 그에 따라 행동하다 보면 타인과의 충돌가능성이 생길 수밖에 없다. 더 나아가 자원이 희소하다면 사람들은 희소한 자원을 둘러싸고 서로 갈등을 겪게 된다. 누군가가 그 자원을 사용하면 누군가는 그 자원을 사용하지 못할 것이기 때문이다. 일단, 그 자원을 가장 필요로 하는 사람에게 그 자원을 이용하도록 한다는 것을 제1의 원리로 삼아보자. 그 자원을 가장 필요로 하는 사람은 그 자원으로부터 가장 높은 가치를 창출해낼 수 있는 사람일 것이고, 그는 그 자원을 사용하는 대가로 가장 높은 가격을 지불할 용의가 있는 사람일 것이다. 그런데, 시장 메커니즘은 경쟁을 통해 그 자원에 가장 높은 대가를 지불하려고 하는 사람에게 그 자원을 사용할 권리를 주게 된다. 따라서 시장경쟁은 가장 높은 가격을 지불하고자 하는 사람에게 자원을 배분함으로써, 그 희소한 자원으로부터 가장 높은 가치를 창출해낼 수 있는 사람, 즉 그 자원을 가장 필요로 하는 사람에게 전달해주는 데 성공하게 된다. 따라서 시장 메커니즘을 통하면 주어진 자원으로부터 최대의 가치가 창출될 수 있다는 점에서 효율적이게 된다.

그런데, 누군가가 희소한 자원을 사용하는 경우 그는 다른 누군가가 바로 그 자원을 사용하지 못하게 만드는 결과를 초래한다. 즉 어떤 자원을 시장 거래를 통해 B에서 A로 이전하는 경우를 생각해보자. 이 거래가 성립하려면 A가 지불할 용의가 있는 최대가격(즉 A가 이 자원에 부여하는 가치)이 B가 최소한 받아야 한다고 생각하는 가격(즉 B가 이 자원에 부여하는 가치)을 넘어서야 한다. 따라서 거래가 성립한다는 것은 이 자원에 부여하는 가치가 높은 사람에게 자원이 이전된다는 것을 의미하므로, 자원의 효율적 배분을 함축하게 된다. 그런데, 두 사람 사이에 이루어질 시장 거래를 통해 A가 B에게 지불하는 가격은 최소한 B

가 받아야 한다고 생각하는 금액을 초과할 것이므로, A는 자신이 그 자원을 사용함으로써 B가 입게 될 피해액 이상을 보상하게 된다. 따라서 그가 지불한 대가는 정당하다. 자원을 사용함으로써 그 자원이 다른 곳에서 사용되었을 경우 만들어낼 수 있는 최대의 가치만큼을 그 사용자가 지불하게 한다면, 그 자원의 사용자는 자신이 자원을 사용함으로써 누군가에게 발생할 피해를 보상하는 셈이 된다는 것이다. 즉 기회비용에 따라 가격을 지불한다면, 그 사용에 따라 발생할 수 있는 누군가의 피해를 보상하는 것이라는 주장이 나온다. 완전경쟁시장에서는 가격이 기회비용과 일치하는 곳에서 결정되기 때문에, 완전경쟁시장에서 결정되는 가격을 지불하고 나면 그 개인은 사회에 대해, 타인에 대해 져야 할 어떠한 책임감도 남아 있지 않게 된다. 즉 기회비용에 따른 가격의 지불이란 나의 행동이 타인에게 미치는 피해를 온전히 보상해준다는 의미가 되며, 그로써 나와 상대방(나의 행동에 의해 영향을 받는 다른 모든 이들) 사이에서는 이제 어떠한 책임과 부채도 남아 있지 않게 된다. 즉 기회비용에 입각한 가격이 설정되는 시장 메커니즘은 누구나 부지불식간에 자신의 행동이 야기하는 모든 결과에 대해 책임지도록 만드는 결과를 낳는다.

3. 사라진 공동체, 흔적 없는 도덕감정

따라서 자유주의자가 그리는 세상의 완성을 위해서는 외부로부터의 어떠한 간섭으로부터도 자유롭고, 스스로 선택할 수 있는 권리와 역량을 가진 개인들이 존재해야 하며, 이들이 외적 간섭 없이 자신의 삶의 전망을 스스로 결정하고 이에 입각하여 행동할 수 있도록 조건을 갖춰주어야 한다. 그러한 의미에서 자유주의적 세계는 합리적 행위 주체와 이들이 어떠한 억압과 간섭 없이도 선택하고 행동할 수 있게 만들어주는 제도적 조건, 그리고 이들의 행동을 조절해줄 수 있는 시장이라는 조절기제를 통해 완성된다. 여기서 국가는 개인들이 자유로운 선택을 할 수 있도록 제도적 조건을 갖춰주는 주체로서 그리고 혹시나 발생할 수 있는 시장의 실패를 보완해낼 수 있는 기제로서 등장한다.

완전한 시장이라는 자유주의적 이상향 속에서 공동체가 설 자리는 없다. 오히려 자유주의의 완성은 공동체로부터 개인의 해방이며, 거기서 공동체는 개인들이 스스로 자신의 삶의 전망을 선택하는 데 장애였고, 족쇄로 여겨졌을 뿐이다. 과거의 공동체는 개인들에게 자기를 넘어서 존재하는 초월적 가치를 부여했으며, 초월적 가치가 주는 무게감이 때로는 개인이 원하는 것이 무엇인지를 알아내고, 원하는 것을 찾아 행동하기 힘들게 만들었다. 과거의 공동체는 개인들의 자유로운 이동을 어렵게 만들었기에, 좋은 판단을 내리기 위해 필요한 정보의 흐름을 막았고, 개인들은 자신에게 닥친 위험과 불행을 피할 수 있는 수단을 상실하게 되었으며 새로운 기회를 찾아나갈 가능성을 원천 봉쇄당했다. 반대로 시장은 끊임없이 새로운 기회와 그에 대한 정보를 제공했고, 진입과 이탈의 자유 그리고 이동가능성은 자신에게 닥친 불행을 피할 수 있는 새로운 가능성을 열어주는 것처럼 보였다.

예속으로부터의 개인 해방이라는 과제는 개인을 공동체로부터, 사회로부터 철저히 분리 고립시키는 과정을 통해 이루어졌다. 그러한 의미에서 자유주의적 세계의 완성은 공동체의 자리를 하나씩 지워나가는 과정이었다. 과거 개인에게 닥친 위험과 불운을 책임지는 주체는 공동체였으나, 위험에 대한 대처는 부분적으로는 개인의 책임으로 또 부분적으로는 국가의 책임으로 이전되었다. 개인은 거주지 이전뿐만 아니라 직업 이전을 통해 자신에게 닥친 위험에 스스로 알아서 대처해야 했으며, 다른 한편으로는 국가 차원에서 이루어진 사회보장제도가 개인에게 닥친 위험을 줄여주는 역할을 하게 되었다. 점차 공동체가 담당했던 기능을 개인과 국가가 짊어지게 됨에 따라 공동체는 그 기능을 서서히 상실하게 되고, 그러면서 근대 사회에서 공동체는 과거에 대한 향수로서만 남게 되었다.

공동체가 자리를 잃게 되면서 함께 사라진 것은 개인의 도덕감정이 수행하는 역할이었다. 자유주의적 이상향 속에서 시민적 덕성 혹은 도덕감정을 갖는 시민의 역할도 아울러 사라졌다. 그 대신 그 자리에는 효율적이고 선의를 갖고 있는 국가, 잘 정의된 소유권 아래 경쟁적으로 작동하는 시장이라는 제도적 틀이 들어섰다. 좋은 제도가 좋은 시민을 대체할 것이라는 믿음이 퍼져 나갔고, 좋은 제도만 갖춰지면 사적인 이익의 추구가 사회적 최적으로 이어질 것이고, 그때는 "도덕감정" 따위는 불필요하게 될 것이라는 믿음이 확고해졌다. 경제학자들이 자랑스럽게 이야기하는 것처럼, 시장은 "이타성"이라는 희소한 자원을 가장 아껴 사용하는 메커니즘이 되었다. 다시 말해 가장 완전한 시장은 사람들이 타인을 고려하지 않고 자신만을 고려하더라도, 마치 타인을 고려하는 것처럼 행동하는 결과를 낳을 수 있도록 해준다는 것이다. 아마티아 센(Amartya Sen)이 개탄스러워하던 "경제학에서 공감의 실종"은 시장 메커니즘 및 계약의 완전성이라는 믿음(즉 왈라스 패러다임)의 성립과 궤적을 같이한다(센, 1999: 43).

따라서 완전한 시장이라는 이상향 속에서 사람과 사람이 맺는 관계는 중요하지 않게 된다. 모든 이들은 가격을 매개로 해서만 대면하며, 상대에게 피해를 주었다는 말은 상대에게 지불할 가격이 있다는 말이고, 상대로부터 정당한 가격을 받았다면 더 이상 피해에 대해서는 말할 것도 남아 있지 않게 된다. 시장거래가 일체의 관계를 대체할 수 있고, 계약만 완전하다면 도덕감정 등은 필요 없게 되기 때문이다. 시장원리에 따라 결정되는 가격을 지불하면 그만이므로, 서로 간에 책임지고 배려하려는 심성은 더 이상 필요 없다. 바로 이 점에서 애덤 스미스는 "우리가 저녁식사를 기대할 수 있는 것은 정육점 주인이나 양조업나나 제빵업자의 자비심 때문이 아니라 그들이 자기이익을 중시하기 때문이다. 우리는 그들의 자애로움이 아니라 그들의 이기심에 호소한다. 그리고 그들에게 우리의 필요를 말하는 것이 아니라 그들이 얻게 될 이득을 말한다"고 말했으며 (스미스, 2003: 19), 두 세기 후 노벨경제학상 수상자인 제임스 뷰캐넌(James M. Buchanan)은 "나는 과일가게 주인이 어떤 경제적 상태에 처해 있는지 관심이 없다. 나는 그가 가난한지 부자인지, 혹은 그 중간 어디쯤인지에 대해서도 관심이 없다. 그도 마찬가지다. 우리는 서로의 소유권을 존중하며 그 때문에 효율적 거래를 할 수 있는 것이다"라고 말했다(Buchanan, 1975: 17). 찰스 슐츠(Charles Schulz)가 썼던 "시장은 연정, 애국심, 형제애, 문화적 연대 등에 대한 필요를 없애준다"는 말도 같은 맥락이다(Schultze, 1977: 18).

4. 시장의 부재, 불완전 계약, 그리고 공동체와 도덕감정

문제는 시장이 우리 삶의 영역을 모두 커버하지 못한다는 것이고(규범적으로 그래서는 안 된다는 말이 아니라 실제로 그렇지 못하다는 말이다), 시장 거래가 이루어지는 곳에서도 계약은 완전하지 않은 경우가 많다는 것이다. 시장이 부재하거나, 존재하더라도 완전한 계약이 불가능하다면 여전히 개인과 개인의 대면가능성이 남게 되고, 이들이 맺는 관계가 어떤 성격인가가 여전히 중요해진다. 예를 들어 노동시장은 일정 시간 동안 노동력의 제공과 임금이 교환되는 장소다. 만일 계약 이후 일어날 모든 가능한 상황을 계약으로 포괄할 수 있다면, 그 각각의 모든 사안에 대해 당사자들이 사전에 합의할 수 있다면, 즉 이후에 벌어질 어떤 일도 미리 계약서에서 고려하고 있는 상황이라면, 계약 이후 개인과의 직접적인 대면가능성은 사라질 것이다. 모든 상호작용은 계약을 "매개로" 이루어질 수 있기 때문이다. 즉 위반이 있든 없든 미리 계약에 합의된 대로 처리하면 된다. 하지만, 만일 모든 가능성이 계약으로 포괄될 수 없다면, 이야기는 달라진다. 어쩌면 모든 가능성을 다 고려하기에는 인간의 인식에 한계가 있을 수도 있고(이를 제한적 합리성의 문제라 부른다), 모든 가능성을 다 고려하여 계약에 넣으려면 천문학적인 비용이 들지도 모르며(이를 거래비용의 문제라 부른다), 어떤 경우에는 도저히 계약할 수 없는 사안들도 존재할 것이기 때문이다(이를 계약의 불완전성의 문제라 부른다). 노동계약에서 가장 중요한 것은 노동시간(즉 얼마 동안 노동력을 제공하기로 했는지)과 노동강도(즉 주어진 시간 동안 얼마의 노동을 지출할 것인지)일 것이다. 그런데 노동시간은 계약이 가능하지만 노동강도는 계약이 불가능하기에(얼마나 열심히 일할 것인지를 어떻게 계약할 수 있겠는가!), 노동계약은 당사자에게 가장 중요한 사안 중 하나를 커버하지 못한다는 점에서 불완전 계약의 전형적인 사례다. 이렇게 계약이 불완전하게 되면 노동강도를 둘러싼 갈등은 여전히 남아 있게 되고, 당사자 간의 직접적 대면을 통한 해결이 불가피하게 되며, 이 해결은 당사자 사이의 관계가 어떤가에 따라 크게 다른 결과를 낳게 된다. 노동지출을 늘이기 위한 고용주의 일방적 조치(기계의 도입이라든가, 성과급의 도입 등)가 가져올 결과와 고용주와 노동자 사이의 협력적 신뢰관계가 초래할 결과는 분명 다를 것이기 때문이다.

그런데, 이렇게 계약에서 비어 있는 공간을 또 다른 계약으로 채우기 위한 시도 혹은 계약을 더욱 완전히 함으로써 채워나가려는 시도가 가져올 결과들을 생각해보자. 예를 들어 고용주가 노동강도를 원하는 수준으로 높이기 위해 성과급을 도입한다고 해보자. 이러한 시도는 계약의 불완전성 문제를 또 다른 계약을 통해 보완하려는 시도라 할 수 있다. 이러한 시도는 다음과 같은 두 가지 점에서 성공적이지 않을 가능성이 있다. 첫째, 고용주의 이러한 시도는 고용주가 노동자에 대해 어떻게 생각하며 어떤 기대를 갖고 있는지 전달해주는 신호로 작용할 수 있다. E. 페르(E. Fehr)의 연구 팀의 노동계약 실험 연구는 노동지출에 대한 계약이 불가능한 상황에서 고용주가 노동자에게 고임금을 지불하면 노동자는 그 고임금에 대해 높은 노력지출로 대응하는 경향이 있음을 보여준다. 그런데, 이 연구는 아울러 이러한 고임금-고노력 지출이라는 선물교환 관계가 고용주의 추가적 장치의 도입(예컨대 노력지출을 감시하기 위한 모니터링의 증대 혹은 최소 노력지출을 정하고 이에 미달하는 경우에 제재조치를 실시하는 것 등)에 의해 훼손될 수 있음을 보여주고 있다. 즉 성과급과 같은 추가적인 인센티브 구조는 노동자로 하여금 이들이 맺고 있는 관계가 신뢰에 기초한 선물교환 관계가 아니라 자신만의 이익을 추구하는 당사자들 간의 관계일 수밖에 없다는 것을 알려주는 신호로, 혹은 고용주가 노동자의 호혜적 태도를 신뢰하지 않고 있음을 알려주는 신호로 작동하게 된다. 그 결과 이러한 추가적인 인센티브 구조가 그것이 도입되지 않았을 경우(즉 신뢰에 의해서만 작동하는 경우)에 비해 노동자의 노력지출이 낮아지게 만드는 결과를 초래한다는 것이 이들의 실험 연구가 보여주는 바이다(Fehr and Rockenbach, 2003). 둘째, 노동자가 수행해야 하는 과업이 다중의 과업일 때, 성과급의 투입은 이 중 성과 측정이 용이한 과업에 노력지출을 과도하게 집중시키는 경향을 낳을 수 있다는 것이다. 질적인 부분보다는 양적인 측정이 가능한 과업에 노력을 더욱 지출하게 되고, 따라서 질적인 측면에는 노력지출이 과소하게 투자되는 등의 역효과를 낳을 수 있다는 것이다(Holstrom and Milgrom, 1991).

그런데, 시장에서 결핍된 부분을 시장을 통해 메우려는 시도(즉 불완전한 계약을 좀 더 완전하게 만들고자 하는 시도)는 설령 그것이 성공적이더라도 또 다른 추가적인 문제를 낳을 수 있다. 이러한 시도는 우리의 삶의 더 많은 부분을 시장이 포괄하도록 만들고, 그래서 그러한 시도가 성공적일수록 더 많은 부분의 작동이 시민적 덕성이나 호혜성과 같은 도덕감정에 의존하지 않게 될 것이다. 말하자면 그 성공이 의미하는 바는 좋은 시민의 더욱더 좋은 제도로의 대체이며, 그때 시민이 가져야 할 덕목 중 남아 있는 것이라고는 참여와 배려, 그리고 자신의 행동에 대한 사회적 책임감의 자각이 아니라, 잘 짜여진 제도에의 순응 정도일 뿐이게 된다. 이상적 형태로서 시장이든 국가든 계약의 불완전함 속에 내재해 있는 공동체적 질서를 완전히 대체해나가고, 시민적 덕성을 불필요하게 만드는 방향으로 변화할 때(그래서 도덕감정을 "아껴 쓰게 될 때"), 도덕감정은 점점 사라져버리게 되는 결과를 가져올 것이다. 새뮤얼 볼스(Samuel Bowles)는 『도덕경제』라는 저서를 통해 말했듯 도덕감정은 "사용할수록 없어지는 자원이 아니라 사용하지 않을수록 없어지는 자원"일 수 있기 때문이다(Bowles, 2016).

이와 비슷한 맥락에서 마이클 테일러((Michael Taylor)는 저서 『공동체, 아나키, 자유』를 통해 다음과 같은 문제를 지적하고 있다. 그에 따르면 소위 제도적 해법들은 그 해법이 없을 때의 초기 상황을 홉스식 자연상태로, 즉 모든 이가 도덕감정을 전혀 갖지 않고 자신의 이익에만 몰두하고 있는 상황으로 간주하고, 이에 대한 유일한 해결책으로 국가라는 제도의 불가피성을 이야기한다는 것이다. 외적 간섭이 없이는 도저히 질서를 유지해나갈 수 없는 사람들, 그리고 이들을 조절해낼 수 있는 유일한 메커니즘으로서의 제도라는 문제 설정 틀은 우리가 앞서 살펴본 자유주의적 프로젝트와 많이 닮아 있다. 테일러에 따르면 사람들이 도덕적이지 않아서 제도에 의존해야 하는 것이 아니라, 제도에만 의존하기 때문에 사람들이 점점 더 비도덕적으로 변한다는 것이다. 즉 사람들이 개인주의에 빠져드는 이유는 원래 그래서가 아니라 국가가 모든 것을 관할하고 조정하기 때문에 나타난 결과라는 주장이다. 예를 들어 우리가 앞에서 살펴본 것처럼 재분배, 복지, 사회보장 등을 둘러싼 공동체의 의무와 권한이 점점 국가와 개인의 책임으로 이전되는 결과, 공동체는 서서히 그 기능적 필요성을 잃게 되고, 사용하지 않는 근육이 더욱 약해지는 것처럼 개인들의 도덕감정도 약해져만 갈 것이기 때문이다. 테일러의 말이 맞다면, 홉스식의 제도적 해법은 성공적으로 이루어질수록 다른 대안적 해법의 출현을 힘들게 만든다. 그 성공이 다른 대안적 해법의 출현조건을 침해함으로써 국가적 해법만이 유일한 해법이 되도록 만들기 때문이다.

따라서 계약의 불완전성으로 인해 계약되지 않고 남아 있는 부분을 또 다른 계약으로 메우려는 시도는 언제나 성공적인 것은 아니며, 그것이 부분적으로는 성공적이더라도 문제를 해결할 수 있는 시민적 역량과 공동체적 역량을 심각하게 훼손시키는 결과를 낳을 수 있다. 계약이 불완전한 경우(불완전할 수밖에 없는 경우), 계약 당사자들 사이에서 여전히 대면적 상호작용이 남아 있을 수밖에 없고, 거기서 권력, 갈등, 신뢰 등이 문제가 될 수밖에 없다. 그리고 이 불완전함을 둘러싸고 당사자들 간의 관계가 중요해진다. 이 영역을 당사자들 간의 신뢰와 호혜성으로 메워나갈 수 있을지, 당사자들이 갖고 있는 도덕감정을 충분히 활용해낼 수 있는 상호작용 방식을 찾아나갈 수 있을지가 관건일 것이다. 그랬을 때 시장 속에서 계약의 불완전성이 열어놓은 불확정성의 공간은 호혜적 원리에 의거한 참여와 민주주의의 공간이 되고, 공공성과 정치의 공간이 되며, 그러한 의미에서 공동체적 해법이 여전히 유효한 공간이 된다.

주기적으로 반복되어온 위기와 경제성장 과정에서 심화되는 불평등은 20세기 내내 국가와 시장의 역할을 재규정할 것을 요구해왔다. 지난 시기는 국가와 시장, 혹은 더 멀게는 계획과 시장이라는 대립 틀 속에서 문제점들을 찾아내고 해결책을 모색했던 시기였다. 그런데 최근 들어 기존의 문제들을 치유하고 동시에 새로운 도약을 모색해야 한다는 과제 앞에서 눈에 띄는 한 가지는 그동안 잊혀져 왔던 공동체 담론의 (재)등장이다. 자유와 평등이라는 가치의 확산 속에서 낡은 족쇄로 여겨지기도 했고, 그래서 벗어던져야 할 과거의 잔재로 간주되기도 했던 공동체가 21세기를 여는 새로운 키워드로 재조명되면서 현재의 문제를 해결해줄 수 있는 잠재력의 원천으로 재검토되기 시작한 것이다. 공동체 담론의 재등장은 어쩌면 한편으로는 시장과 극심한 경쟁이 특징인 과거의 조정 메커니즘이 주는 피로감에서 나온 것일 수도 있고, 혹은 다른 한편으로 그 물질적 성취와는 무관하게 시장이 가져온 개인의 고립화 및 관계의 파편화가 더 이상 참을 수 없을 정도에 이르게 되었음을 반증하는 것일 수도 있다. 하지만 잊힌 과거에 대한 향수나 현재에 대한 단순한 대립물로서 공동체를 다시 불러내는 것이 아니라, 21세기 새로운 동력으로서 공동체 담론을 재발화하기 위해서는 그것이 역사 속에서 사라지게 된 과정을 다시 평가하고, 현대 사회 속에서 공동체의 위치를 재확인해내는 작업이 필요하다.

5. 맺음말

이상의 논의가 시장이 가득 찬 세상을 공동체적 질서로 대체해야 한다거나 하는 문제는 아닐 것이다. 우리는 시장질서의 한가운데에서 공동체적 질서가 존재할 수밖에 없음을 말하고자 했고, 그러한 의미에서 시장과 공동체적 질서가 서로의 대체물로서가 아니라 보완물로서 기능할 수 있는 단초를 찾고자 했다. 공정하게 운영되고 잘 조절될 때 시장은 우리 시대의 소중한 가치로서의 자유와 평등, 공정과 번영 등과 친화성을 갖고 있음을 부정할 수 없으며, 또 그것이 가져온 물질적 성과물들도 결코 무시할 수 없다. 우리는 시장으로 가득 찬 세상에서 시장 "내"에 시장의 논리만으로는 채워 넣을 수 없는 불확정성의 공간들이 불가피하게 존재함을 인정하고 그 공간의 조절원리들을 새롭게 합의하는 데서 출발해야 한다. 우선, 우리의 삶의 영역 중 많은 부분이 보이지 않는 손과 같은 상황이 아니라 죄수의 딜레마와 같은 상황일 수밖에 없음을 인정해야 한다. 이를 위해서 계약을 통해 규제될 수 없는, 그래서 서로가 서로에게 직접적으로 영향을 주고받는 외부성이 도처에 있음을 확인해야 한다. 다시 말해, 현대사회에서 곳곳에, 즉 애정과 우애를 기초로 한 비시장적 삶의 영역뿐 아니라 기업 내 노사관계와 팀 생산, 그리고 디지털 재화의 생산 등 시장의 심장부 곳곳에서 공유지들을 발견해내야 한다. 그리고 이러한 영역들에서 공동체적 해법과 같은 시민적 해법이 필요하다는 것을, 그리고 그것이 시장논리의 확산보다 더 나은 결과를 가져올 수 있음을 이야기하는 것으로부터 출발해야 한다.

지난 20세기는 사적 소유권이 잘 정의되고, 경쟁이 적절히 보장되며, 국가가 시장의 실패를 적절히 교정하는 역할을 한다면, 그게 전부라는 믿음이 힘을 얻었던 시기였다. 그리고 그러는 동안 공동체적 질서의 유효성과 그 해법이 갖는 잠재력은 점차 잊히고 있었다. 국가와 시장이라는 거대한 두 제도가 공동체가 수행했던 기능을 모두 흡수해버림에 따라 사람들은 서로에 대해 지게 되는 의무로부터 벗어나기 시작했다. 어찌 보면 국가와 시장이 전면에 나서서 우리의 어깨짐을 덜어준 측면도 분명히 있을 수 있다. 그러나 다른 한편으로는 사람들을 갈등 해결의 주체로 세우는 것이 아니라 방관자로 전락하게 만드는 결과를 낳기도 했음을 부정할 수 없다.

시장의 대립물이 국가든 아니면 공동체든, 그것은 시장이 이상과 달리 그만큼 완전할 수 없고, 그만큼 자율적일 수 없으며, 그것의 결함을 시장이 아닌 뭔가 다른 것으로 채워야 한다는 인식이 그렇게 새로운 것만은 아니다. 이매뉴얼 월러스틴(Immanuel Wallerstein)이 말했던 근대 사회의 세 이데올로기인 자유주의, 사회주의, 그리고 보수주의는 각각 시장, 국가, 공동체가 자신의 이상을 실현시켜줄 기본적 제도라고 간주했다. 20세기 동안 우리가 목격했던 자유주의의 주도권은 자유주의가 사회주의의 도구로서의 국가를 적절히(그리고 어떻게 보면 성공적으로) 자신의 이데올로기 틀에 끼워 넣을 수 있었기에 가능했다. 21세기에 들어서면서 우리가 목격했던 공동체주의의 재발화가 얼마나 성공적일 수 있을까는 공동체주의가 기존의 보수주의적 틀에서 벗어나 자유주의가 내세운 이상으로서의 자유와 평등과 얼마나 양립할 수 있는지를 보여주는 데 있다.

그랬을 때에만 공동체는 낡은 이념으로서 혹은 유토피아적 이념으로서가 아니라 새로운 시대의 문제를 해결해나가는 대안으로 자리 잡을 수 있을 것이다. 시장으로 가득 찬 세상에서 계약의 불완전성이 남겨놓은 공간을 찾아내는 것, 거기에서 공동체적 질서의 가능성을 찾아내는 것, 더 이상 개인을 예속하는 그 무엇이 아닌 평등한 개인들의 참여 속에서 새로운 질서의 가능성을 모색하는 것, 이것이 공동체가 시장의 대체물이 아닌 보완물로 기능할 수 있게 만드는 첫 출발이고, 시장만으로는 해결할 수 없는 사회적 가치의 회복을 가능하게 하는 첫 걸음일 것이다.

생존을 넘어 사회적 가치로*

김홍중 (서울대학교 사회학과 교수)

1. 들어가며

1937년 잡지 ≪문장≫에 수록된 「최노인전 초록」에서 박태원은 근대 한국인
들의 마음의 한 단면을 드러내는 에피소드를 이야기한다. 주인공으로 등장하는
1870년 경오생(庚午生) 최노인은 알코올에 중독된 채 그럭저럭 살아가고 있는
실패자로 묘사되어 있다. 그는 경무청 순검으로 일하기도 했고, 경성감옥의 간
수직을 역임한 적도 있지만, 결국 매약행상에 접어들어 간신히 연명해가고 있
는 형편이었다. 그런데 이처럼 영락한 노인에게도 청운의 시절이 있었다. 조선
의 관비 유학생으로 뽑혀 일본에 파견되어 후쿠자와 유키치(福澤諭吉)가 설립한
경응의숙(慶應義塾)에 입학했던 것이다. 박영효의 인솔을 받아 제물포에서 도쿄
로 건너가, 후쿠자와 유키치와 인터뷰를 하게 되는데, 당시의 기억은 다음과 같

---

* 이 원고는 2017년 ≪사회사상과 문화≫ 20(4)에 실린 「생존주의, 사회적 가치, 그리고 죽음의 문제」
를 부분적으로 수정한 글이다. 2018년 5월에 출판된 1쇄에는 출처가 명시되지 못했음을 밝힌다.

이 보고되고 있다.

"우리 백여 명을 차례루 하나씩 불러다가 성명 삼 자에 자(字)까지 묻고 나서, 다음에 '무엇을 배우러 오셨소?' 그러더란 말이야. '예에, 정치학을 배우러 왔지요.' '예에, 나도 정치과에 들어가겠소.' '예에, 정치과요.' …… 허구, 백여 명 유학생이 여출일구루 정치과를 지망하는 데는, 후쿠자와 선생두 일변 어이가 없구, 일변 딱하구, 그랬던 모양이라, 후우 한숨을 쉬구 나서, '그야 나라 정살 해 나가는 사람두 물론 있어야 되겠지만, 당신네들같이 모처럼 뽑혀 온 유위헌 청년들이 모조리 정치가가 되기만 원헌다는 건 옳지 않은 생각이오. 사농공상이라 하여, 자고로 선비를 그중 으뜸에 놓구, 장사치를 그중 뒤루 돌렸으니, 선빈 즉슨 말허자면 정치가라, 그래 모두 그 까닭에 그걸 원허나 보오마는, 우리 일본이나 귀국이나, 다 함께 구미 선진국을 따라가려면, 정치만 가지구는 안 될 말이라, 똑 크게 공업을 일으키구, 실업 방면으루두 활약을 해야 헐 노릇인데, 자아, 경제과 같은 데 들어가 공부헐 생각은 없소?'"(박태원, 1998: 142).

조선에서 선발된 백여 명의 청년들이 모두 '정치과'를 지망하는 것을 보고 아연실색한 후쿠자와 유키치는 정치가 아닌 공업과 실업의 중요성을 강조하면서 '경제과'를 추천하고 있다. 소설의 맥락에서 보면, 그의 눈에는 조선 청년들의 선택이 봉건적 사고방식에 기인하고 있는 것으로 비친 듯하다. 사농공상(士農工商)에서 '사(士)'의 자리가 정치의 자리로 치환되었다는 것이다. 그리하여 그것은 전근대적 발상이자 서구적 근대를 이해하지 못하는 발상이라는 평가다. 소설에 묘사된 후쿠자와 유키치의 판단은 나름의 진실을 담고 있었다. 박태원의 신랄한 묘사에 의하면, 정치과를 지망하여 경응의숙에 입학한 거의 모든 조선의 청년들은 신학문에 적응하지 못하고 주색을 탐닉하며 실패하고 돌아온다(거기에 최노인도 물론 포함되어 있었다). 그 까닭은 이들이 과거의 사고범주와 존재 형식을 고수하면서 근대적 지식과 현실에 맞설 준비가 되어 있지 않았기 때문이다.

그런데, 과연 후쿠자와 유키치와 조선 청년들의 생각을 좌우한 평가와 판단의 도식이 크게 달랐던 것일까? 후일 제국주의적 논리(정한론)를 주장하게 될 저

일본의 선각은 모두 정치과를 지망하는 조선 청년들의 행태에 탄식을 금치 못하지만, 그가 추천하는 해법 역시 큰 틀에서 보면 만국공법 시대의 리얼리티를 움직이는 힘의 논리인 경제를 강조하고 있다는 점이 소설에 암시되어 있다. 여기에는 모더니티의 핵심이 무엇인가 하는 질문에 대한 당대 동아시아 지식인들의 공유된 판단이라는 다소 심각한 질문이 어른거린다. 문명개화의 핵심이 무엇인가? 학문을 한다는 것은 무엇인가? 이런 질문들에 대한 답은 적어도 이들에게는 명확해 보인다. 학문의 소용은 '진리'의 추구라기보다는 명확한 현실적 함축이 있는 실용적 지식인 정치와 경제에 집중되어 있다. 정치와 경제가 표상하는 힘, 능력, 실력이 그것이다. 동아시아가 근대라는 말, 서구라는 말, 문명개화라는 말을 통해 가슴 깊은 곳으로부터 욕망했던 것, 추구했던 것이 무엇인지를 탐구하기 위한 하나의 작은 실마리가 위의 일화에 있다. 후쿠자와 유키치가 필요하다고 판단하는 것은 권력이라는 힘의 논리와 물질이라는 힘의 논리다. 그것은 부(富)와 강(强), 부국강병 혹은 부강에의 꿈, "인간의 일상생활에 필요한 실학(實學)"에의 꿈이다(福澤諭吉, 2003: 23~24; 정광희, 1998; 배관문, 2015).

동아시아 삼국은 모두 비상(非常)한 위급시기로 근대를 파악하면서 패망을 피해 부국강병을 도모하기 위한 힘의 결집과 축적이라는 문제의식을 육성시켰다. 민두기는 이를 '시간과의 경쟁'이라 표현한다. 그에 의하면, 조선, 중국, 일본은 각자의 위치에서 다른 근대를 맞이하고 있었고 그 이후에 전개되어간 근대화의 곡절 또한 모두 달랐지만, 그럼에도 불구하고 자신들에게 '시간이 없다'는 위급함의 정서에 휘둘렸다는 점에서는 차이보다 더 큰 유사성을 갖고 있었다는 것이다. "일본과 중국은 시대적 과제의 표현에 있어 이렇게 두드러지게 차이가 났지만 서로 닮은 점도 있다. 두 나라가 다 그 시대적 과제를 추구함에 있어 몹시 조급하여 역사의 시간과 숨 가쁜 경쟁을 했었다는 점이다. 중국의 경우 부(富)·강(强)을 이루기 위해서는 우선 눈앞에 잇따라 다가오는 망국(亡國)['혁명'의 장인 중국이라는 역사체(歷史體)의 소멸]이라는 위험을 다급히 제거해야 했다. 그들에게 역사의 시간은 느긋하고 유장한 것이 아니었던 것이다. 일본 역시 서방 제국주의 국가들로부터의 식민지화의 위험(또는 위험이라는 상정된 것)을 극복하고, 더 나아가 그들 제국주의 국가의 대열에 참여하는 데 시간이 부족하다고 느꼈다. 제국주의 국가가 되기 위해 침략의 수단을 조급하게 그리고 절제 없이 사용했다. 이 조급함이 다 같이 역사 전개의 비정상을 초래한 것이다"(민두기, 2001: 2~3).[1]

박태원의 소설적 상상력은 동아시아 근대의 근저에 존재하는 이 강박관념, 상처, 불안 그리고 거기에서 형성되어나온 독특한 의미 구성물을 우리에게 드러내 보여준다. 그것은 19세기 중반 이래 21세기 초반까지 동아시아인의 삶의 형식과 마음의 형식을 규정한 역사적 체험들과 그에 대한 해석논리다. 이른바 "힘에의 오리엔테이션"(정진홍, 1985: 227), "힘 숭배"(박노자, 2005: 5), 혹은 "강한 조선인"에 대한 열망(최정운, 2013: 317)은 한국 근대성을 가로지르면서 다채로운 방식으로 변신하여 삶과 실천을 지도하고 정책과 계획을 설계하는, 통치성의 중요한 원칙이자 마음 씀의 준칙으로 기능해왔던 것이다. 그것은 약함에 대한 공포, 외세에 의해 강압적으로 전개되어가는 운명 앞에서의 굴욕감, 그리고 그런 사태의 바탕에 도덕이나 명분이나 천리(天理)와 같은 형이상학적 원리가 있는 것이 아니라, 유사 물리학적 사태인 힘의 차이와 힘의 질서가 존재한다는 사실에 대한 인식에 기초한 '힘에의 경사(傾斜)', 더 나아가서 그런 근대의 체험이 힘의 추구에 면죄부를 준다는 정당화의 감각(우리가 피해자이기 때문에 피해를 방지하고 극복하기 위해서는 가해자를 닮을 수도 있다는 것)의 복합적 총체다. 약했기 때문에 침탈되었고, 침탈당하지 않기 위해서는 경우에 따라 먼저 침탈해야 한다는, 침탈을 넘어서기 위해서 언제나 더 강한 존재가 되어야 한다는 이 뼈저린

---

1 신형기에 의하면 비서구 근대화의 과정에서 전쟁이나 혁명의 시간은 종종 "긴급의식(spirit of urgency)"으로 특징지어져 왔다. 이는 "지금 어떻게 하느냐에 따라 죽고 사는 길이 갈린다"는 식의 판단으로서, 그는 이런 긴급의식이 4·19 혁명 이후 각종의 개건운동 속에서 어떻게 표현되고 있으며, 그것이 5·16 쿠데타 세력에 의해 어떻게 전유되어 연결되어 갔는지를 분석한다(신형기, 2012: 281). 그는 '긴급의식'이라는 용어를 "목표에의 일사불란한 매진을 의미하며 실수나 오류를 허용하지" 않았던, 이른바 러시아 혁명의 정신적 기반에 대한 연구에서 빌려 온다(Mathewson, 1975: 5; 신형기, 2012: 281).

정언명령은 강력한 현실적 논리로 동아시아의 근대성을 저변으로부터 규정해 들어온다. 그 핵심에 정치적 가치와 경제적 가치의 예외성, 우선성이 뿌리내리고 있다. 정치적인 것과 경제적인 것의 우위는 동아시아의 역사적 체험에 각인된 강박관념과 같은 것이다. 그리고 이는 서구적 근대가 동아시아에 도래하는 과정에 대한 적응과 응전 과정에서 형성된 한국 모더니티의 심층심리의 지반을 이루고 있다.

2. 환원근대론

서론에서 제시한 장면은 한 소설가의 순수한 상상력의 소산이라 볼 수 없는, 당대 사회의 공유된 가치를 드러내는, 이른바 한국 모더니티의 한 징후로 읽힌다. 한국 모더니티는 서구의 그것과 다른 몇 가지의 중요한 문화적 특성들을 갖고 있는데, 그중 하나가 바로 앞서 일화에 언급된 '가치의 편향'이다. 한국 사회는 경제발전과 민주화, 그리고 세계화를 거치는 등 급속한 발전을 체험했음에도 불구하고, 복합적이고 다각적인 가치생태계를 만들어내지 못했다. 최노인의 경우가 보여주는 정치와 경제의 중요성은 여전히 현대 한국인의 핵심적 가치가 부여되는 영역이다. 그것은 단적으로 말하자면 돈과 권력이다.[2] 이런 '가치편

---

2 이는 구한말의 경우에만 해당되는 것이 아니라 21세기 한국 사회에도 적용된다. 서울대학교 사회발전연구소가 2014년에 수행한 '공공성과 가치관'의 분석 결과는 이와 연관해서 매우 흥미로운 내용을 보여준다. 연구소는 국가별 가치관 특성분석(MCA) 자료와 세계가치관조사(World Value Survey) 자료를 바탕으로 여러 국가 간 가치의 비교와 가치 네트워크의 분석을 시도했는데, 그 결과는 다음과 같았다. 우선 한국의 경우 "성장과 개인의 성공, 물질적 부의 축적을 중요시하며, 정치적·사회적 참여보다는 개인의 성공을 추구"하는 것이 두드러졌다. 또한 이타심도 낮게 측정되었다. 연구는 이에 관해서 "성장중심주의의 사회경제적 변동" 경험과의 연관가능성을 지적했다(서울대학교 사회발전연구소, 2014: 68). 한편 가치 네트워크의 분석 결과 발견된 것은, 한국의 경우 경쟁과 성공이라는 가치가 사회지향적 가치(market-oriented values), 즉 평등, 연대, 관용과 존중, 이타주의/박애주의 등과 분리되어 있다는 것, 환언하면 "타국에 비해 한국은 시장지향적 가치가 사회지향적 가치에 배

향' 현상을 사회학적으로 설명하고 이해하게 하는 흥미로운 이론들 중 하나가 김덕영의 환원근대론이다.

김덕영은 2014년의 저서 『환원근대』에서 한국 근대성의 구조적 특이성을 '환원'의 개념으로 풀어내는데 그 전제가 되는 것은 '기능적 분화' 개념이며, 이와 연관하여 원용되는 것은 니클라스 루만(Niklas Luhmann)의 사회체계 이론이다. 루만에 의하면, 근대 사회는 분절적 분화나 계층적 분화로 특징지어지는 전근대 사회와 달리 하위 사회체계들의 기능에 따른 분화과정으로 특징지어진다(김덕영, 2014: 58). 소통을 통해 작동하는 사회시스템은 근대에 오면 정치시스템, 경제시스템, 법시스템, 과학시스템, 종교시스템, 예술시스템, 교육시스템 등의 하위 체계들로 독립 분화되어 나가고, 각 부분 체계들은 자신에게 고유한 코드, 프로그램, 매체를 통해서 고유한 기능을 수행해간다(루만, 2012: 691 이하). 분화된 시스템들 사이에 수직적 위계나 중심성은 사라지고, 서로가 서로에게 독립적인 소우주로 쪼개져 나가는 것이다. 따라서 현대 사회에는 중심(Zentrum)도 정점(Spitze)도 없다(루만, 2001: 29). 거기에는 총체성이나 단일성이 없다.[3]

"모든 서브 시스템은 그 자체로 사회다. 왜냐하면 서브 시스템은, 그 내부의 사회적 환경에서 일어나는 변화들에 대한 거대한 민감성이라는 조건하에서, 특정한 기능을 수행하기 때문이다. 기능적 시스템들(시장 혹은 민주주의)이 자신의 환경에 대해 막대한 민감성을 만들어내는 한에서 그들은, 시스템과 환경의 차이로서, 자신들이 바로 사회 그 자체임을 확신할 수 있다. (…) 어떤 서브 시스

태되어 있지 않은 채로 강한 영향력을 발휘"하고 있는 것으로 나타나고 있다는 사실이었다(서울대학교 사회발전연구소, 2014: 78).

3 사회이론에서 분화 개념의 발전과 전망에 대해서는 다음을 참조할 것(Alexander, 1990). 루만뿐 아니라 부르디외의 장(場) 개념 역시 분화된 사회공간에 대한 권점을 명확하게 표명하고 있다. 각각의 장은 서로에게 닫혀 있는 소우주이며, 특정 장의 논리는 다른 장에서는 통용될 수 없고, 모든 장들은 자신에게 고유한 자본의 유형, 즉 욕망의 대상들을 생산한다. 따라서 문학 장의 자본은 경제 장에서는 무용한 것이며, 그 역도 마찬가지다. 이 말은 화폐나 권력처럼 경제 장이나 정치 장에서 통용되는 자본이 지배하지 못하는 수많은 영역이 사회 안에 존재한다는 사실을 가리킨다(올리브지, 2007: 12).

템도 다른 서브 시스템을 대체할 수 없다. 왜냐하면 어떤 서브 시스템도 다른 서브 시스템의 기능적 등가물이 아니기 때문이다. 중심 위치나 우세한 권위의 위치에서 모든 서브 시스템에 질서를 부여하는 것은 불가능하다. 오직 개별적 기능 시스템들의 수준에서 기능적 폐쇄(functional closure)와 환경에의 민감한 개방의 조합만이 사회의 통일을 보장한다. 이것이 현대 사회의 계속 증가하는 복잡성과 취약성을 재생산하는 질서다"(Luhmann, 1990: 431~432).

이에 의하면, 기능적으로 분화된 세계에서 시장은 국가가 아니며, 문단(文壇)은 법정(法庭)이 아니며, 대중매체는 학교가 아니다. 모든 시스템은 상이한 논리에 따라 작동되어야 하는데, 그것은 시스템의 고유한 이항코드에 새겨져 있다. 이들 코드는 특정 체계 내에서 커뮤니케이션이 이루어질 개연성을 높이며 "자기생산의 지속을 보장"하는 기능을 수행한다(루만, 2012: 859). 코드는 "양분된 가치평가(two part valuation)"를 수행하고(Luhmann, 2013: 43), 이를 통해 시스템은 자신에게 고유한 커뮤니케이션 논리를 확보해나가는 것이다. 가령, 과학 시스템은 '진리/허위'라는 이항코드를 중심으로 작동하는데, 그런 점에서 과학 시스템 내부에서 이루어지는 소통들은 그것이 불법인지 합법인지, 경제적 이익이 되는지 그렇지 않은지 등의 다른 코드의 작동을 외부화한다. 경제시스템은 '소유/비소유'라는 코드, 법시스템은 '합법/불법'이라는 코드, 교육시스템은 '좋은 성적/나쁜 성적'이라는 코드, 정치시스템은 '여당/야당'이라는 코드로 자신의 기능을 수행한다(김덕영, 2014: 231). 기능적으로 분화된 시스템들이 이루는 근대 사회의 모델은 다원화된 영역들의 자율성이 보장되는 사회다. 경제적 논리는 오직 시장에서만 가능한 것이며, 법률이나 교육이나 의료를 침범하지 못한다. 그런 한에서 경제적 논리는 자신의 기능을 최대화할 수 있다. 정치적 논리도 학문이나 예술의 시스템에서는 코드의 효력을 갖지 못한다.

그러나 한국의 근대화는, 서구의 이런 분화된 사회질서와 달리 특정 서브 시스템에 과도한 중요성이 부과되어, 다른 영역들의 자율적 가능성이 억압된 기형적 양상을 낳았다. 그것이 바로 '경제'영역이다. 사회의 다종다기한 영역들의 복합적 성숙과 분화가 아니라, "그 대상 또는 영역의 측면에서 경제, 보다 정확히 말하자면 경제성장으로 환원되고 그 주체 또는 담지자의 측면에서 국가와 재벌로 환원된, 이중적 근대화 과정"에 다름 아니었던 것이다(김덕영, 2014: 65). 그가 말하는 환원은 이런 점에서 축소인 동시에 배제다. 한국의 근대는 경제적인 것으로 환원되어 축소된 근대. 이로부터 다음과 같은 네 가지의 공리가 도출된다. 첫째, 경제가 곧 근대이고 경제성장이 곧 경제다. 둘째, 국가와 재벌이 곧 경제다. 셋째, 경제가 근대화되면 경제 외적 영역도 근대화된다. 넷째, 전통은 근대의 토대가 되어야 하거나 근대에 자리를 내주어야 한다(김덕영, 2014: 65~66).

이런 논리를 가지고 김덕영은 박정희 시기 형성된 국가/재벌의 동맹자본주의가 민주화 시기를 거쳐 신자유주의적 세계화 시기에도 해체되지 않고 지속된 한국 모더니티의 핵심구조였다고 보며, 경제성장을 달성하기 위해 정치가 이에 종속되면서 형성된 동맹이 전 사회를 식민지화하면서 다양한 병리적 현상을 초래했다고 본다. "한국 사회도 근대화 과정을 거치면서 기능적으로 분화되었다. 그러나 근대화의 영역이 경제로 환원되고 근대화의 주체가 국가, 특히 그 정점에 서 있는 제왕적 대통령과 재벌로 환원된 근대화 과정으로 인해 전 사회가 정치와 경제에 예속되는 병리적 현상이 나타났다. 그리하여 외적으로 기능적으로 분화된 모습을 갖추고 있지만 내적으로는 기능적으로 미분화된 모습(…)을 보이고 있다"(김덕영, 2014: 227). 환원근대는 이처럼 정치권력과 경제논리가 가치의 정점을 차지하고, 다른 사회적 영역들의 자율적 분화를 저해하면서, 한국 사회를 기형적인 모습으로 구성해온 원리로 이해되고 있다. 따라서 김덕영에 의하면, 환원적 근대화를 넘어 "진정한 근대화"로 가는 길은 환원근대의 핵심 축인 국가-재벌 동맹자본주의를 해체하고, "경제적 근대화에서 사회적 근대화로 이행"을 실현시킴으로써 가능하다(김덕영, 2014: 343). 이는 다양한 사회의 서브시스템들의 정상적 분화(서구적 모델)를 촉진시키는 것이다.

3. 서바이벌리스트 모더니티

환원근대 개념과 그 내용에 대한 공감과 학문적 지지를 전제로, 그 개념에 대한 다음과 같은 두 가지 비판점과 이를 보완할 수 있는 하나의 가능성으로서 내가 최근에 구상하며 부분적인 형태로 그 일부를 발표해온 이론적 전략, 즉 생존주의적 근대성의 개념을 제시해보고자 한다.

첫 번째 비판점은 환원근대의 '환원'이 한국 모더니티 구성의 '형식적' 동학에 집중되어 있다는 사실에 있다. 환원은 사회분화의 양상을 지칭하는 개념인데, 그렇게 환원된 방식으로 형성된 모더니티는 '환원이 아닌 정상 분화'에 기초한 서구 모더니티의 변종이자 아종(亞種)으로 간주될 가능성을 내포하고 있다. 둘째는 환원근대 개념과 그 분석적 내용이 과연 한국 근대성의 특이성 혹은 결함을 '설명'하고 있는지의 여부다. 즉 한국 근대성이 '환원'의 결과로 형성된 것이라면 사실은 이런 '환원'이 왜 발생했는지를 다시 물어야 한다. 즉 환원은 한국 근대성 형성 동학(動學)의 설명항이지만, 그것이 왜 가능했는지라는 질문 앞에서는 다시 새로운 독립변수를 가지고 설명되어야 하는 피설명항이다. 이런 맥락에서 던져져야 하는 질문들은 가령 다음과 같은 것들이다. 한국 사회는 왜 '정치'와 '경제'라는 두 영역에 자원과 가치를 집중하는 방식으로 근대성을 구성해왔는가? 이러한 환원의 구체적 과정 속에서, 어떤 행위자들이, 어떤 이념이나 꿈, 목표와 욕망을 향해서, 어떤 공유된 합의를 이루어내면서, 무엇을 수행하고 무엇을 창조해왔는가? 이러한 환원을 정당화한 이론, 담론, 믿음의 시스템은 무엇이며, 그것이 어떤 종류의 인간들을 환원근대의 주체로서 만들어왔는가? 요컨대, 어떤 복합적 조건하에서 환원근대는 현실화될 수 있었으며, 설득될 수 있었으며, 정당화될 수 있었는가?

바로 이런 질문들에 대한 해답을 찾아가기 위해서는 환원근대론이 '마음의 사회학'의 관점에서 심화될 필요가 있음을 느낀다. 왜냐하면, 환원근대의 '실상'을 지적하는 것에서 만족하는 것이 아니라, 환원근대가 형성된 '원인'을 집합심리의 관점에서 규명하고, 그런 집합심리의 형성을 조건 지은 문제화의 '논리'를 찾아 드러낼 필요가 있기 때문이다. 이런 점에서 최근 내가 수행해온 '생존주의 근대성(survivalist modernity)' 테제를 중심으로 하는 이론화 작업은 환원근대가 생성되는 역사적 과정을 문화사회학적으로 설명할 수 있는 가능성을 제공할 수 있다고 본다. 여기에서 '생존주의'란 '서바이벌'이 다른 어떤 과제들보다 더 중요하고, 시급하며, 우선적으로 해결되어야 한다는 점에 대하여 특정 사회적 단위(개인, 가족, 조직, 집단, 민족, 국가)가 공유하고 있는 집합심리(mentality)와 그런 심리구조를 구성하고 생산하는 사회제도와 통치성(governmentality)의 앙상블을 가리킨다. 나는 20세기 한국 역사의 진행과정에서 세 차례의 '생존주의 레짐'의 형성이 물결처럼 전개되어 갔다고 보았다(김홍중, 2015a: 201~205, 2015b: 56~64). 그것은 첫째, 1894년의 동학농민혁명, 갑오경장, 청일전쟁이라는 사건들이 구성하게 되는, 이른바 '만국공법(萬國公法) 생존주의 레짐(International Law survivalist regime)', 둘째, 1950년 한국전쟁 이후 냉전체제 아래 형성된 '냉전 생존주의 레짐(Cold War survivalist regime)', 셋째, 1997년 외환위기 이후 국제적 신자유주의 질서에 편입되는 과정에서 형성된 '신자유주의 생존주의 레짐(Neo-liberal survivalist regime)'이다. 이 세 가지 생존주의 레짐들은 모두 상이한 국제적 환경을 배경으로 전개되었다. 1894년 레짐은 제국주의적 질서를, 1950년 레짐은 냉전 질서를, 그리고 1997년 레짐은 신자유주의 혹은 신경제적 질서를 거시적 배경으로 한다. 또한 이들이 말하는 '생존'은 시대적 상황에 따라서 상이한 의미론을 부여받는다. 1894년 레짐에서 가장 중요한 생존단위가 민족으로서 국권의 상실을 피하거나 국권을 회복하는 것이었다면, 1950년 레짐에서 생존의 주된 단위는 민족/국가이며 공산주의의 침략으로부터 자신의 안전을 보장하는 것이 중요한 생존의 의미로 자리 잡는다. 더 나아가 생존의 기초로서의 국력신장, 민족중흥, 발전과 개발의 논리로의 확장이 이 시기의 통치성의 주요한 언어이자 원리가 된다.[4] 1997년 레짐은 국가의 경제위기와 더불어 조직, 가족, 개인 수준

---

4 1971년 1월 1일 신년사에서 박정희는 이렇게 말한다. "문제는 우리의 힘, 즉 국력에 달려 있는 것입니다. 국력이 약하면 나라가 기울고, 나라가 일어서려면 국력을 길러야 한다는 것은 흥망성쇠의 기

의 다차원적 생존위기의 담론과 실천, 문화를 야기했다.

약 50년을 주기로 글로벌한 수준에서 펼쳐져 간 지정학적(geo-political) 혹은 지경학적(geo-economic) 구조 변동의 영향력은 심대한 것이었다. 한반도가 맞이한 근대는 한국 사회의 발전동력을 범람하면서 결정적인 영향을 행사하는 국제환경의 변화에 대한 응전의 과정을 겪으며 진화해갔다.[5] 제국주의, 냉전, 그리고 신경제의 흐름은 한국 근대성의 내용과 형식을 규정하는 힘으로 작용했으며, 바로 이런 국제환경에 적응하는 과정에서 생존주의적 통치의 논리와 심성이 형성되어간 것으로 파악된다. 이런 맥락에서 우리는 환원근대와 생존주의적 근대의 이론적 결합을 시도해볼 수 있다. 즉 김덕영이 분석하고 있듯이 한국 사회가 환원근대를 스스로에게 허용했거나 혹은 그것을 적극적으로 수용하여 하나의 문화구조로 변모시킨 것은, 한국 사회가 생존주의적 통치성과 심성이 활성화되는 과정에서, 생존에 기능적이지 않은 다른 가치들을 억압하고 배제하면서, 정치와 경제라는 직접적 생존기능을 담당하는 영역에 인정과 승인을 몰아주었기 때문이다. 서바이벌을 최고의 가치로 삼을 수밖에 없는 비상상황에서 세계의 이미지는 홉스적이거나 다원적인 상상계로 제한되는 결과를 맞는다. 경쟁이나 투쟁에서 승리하기 위한 힘의 배양과 육성이 '합리적'이고, '도덕적'이며,

복이 무상했던 인류 역사의 산 교훈입니다. 더군다나 오늘날과 같이 세계의 모든 나라들이 국가이익을 위해서는 어제의 적국을 오늘의 우방으로 삼고, 피도 눈물도 없는 적자생존의 논리를 내세우고 있는 냉혹한 생존 경쟁의 시대에 있어서는 힘없는 민족은 세계무대에서 영원히 낙오되고 만다는 것을 우리는 깊이 명심해야 합니다"(박정희, 1972: 18).

5 이와 연관해서 박영신의 다음과 같은 지적은 매우 신랄하다. "강대국의 지식인은 세계 지배를 위한 체제 설계에 관심을 쏟지만, 약소국의 지식인은 지배 체제에 맞춰 살아가야 할 생존 전략에 매달린다. 강대국에 에워싸인 약소국에게 그 틈바구니에서 생존하는 것 이상 절실한 것은 없다고 생각하기 때문이다. 하여 지식인은 언제나 생존의 문제를 최우선의 자리에 올려놓는다. 생존 그 밖의 것은 관심의 지평에 떠오르지 않는다. 모든 것이 생존의 뒷전으로 밀려난다. 어떤 생존인가에 대한 물음조차도 던질 여유를 갖지 못한다. 강대국의 물질자본뿐 아니라 지식자본의 논리에 줄을 달아 생존의 길을 모색하고자 발버둥을 치는 것도 이 관심의 테두리 안에서다. 이것이 약소국에서 살아가는 종속 지식인의 습속이다"(박영신, 2016: 293).

'규범적'인 행위준칙이자 자원 배분의 원칙으로 인정되는 것이다. 이와 같이 '생존'과 그 의미론적 파생물들(안전, 부강, 번영, 부유, 강함)을 가장 중요한 가치로 설정하고, 주어진 자원과 에너지를 그 가치의 실현에 전적으로 투자하는 것이 바람직하고, 올바르며, 정당한 것이라고 믿고 이를 실천하는 집합심성이자 통치성의 원리가 바로 '생존주의'인 것이다. 이는 다음과 같은 이론적 함축을 암시한다.

첫째, 생존주의는 인간본성(human nature)이 아니라 역사적·사회적으로 구성된 행위의 규범/규칙, 즉 마음의 레짐을 가리킨다. 주지하듯, 서구의 17세기와 18세기의 고전 사회사상(마키아벨리, 홉스, 루소)은 인간존재의 자기보존 본능을 가정하고, 이해관계와 욕망에 추동되는 인간상을 바탕으로 사회적인 것의 구성을 설명하고자 했다(홉스, 2008; 호네트, 2011: 35~40; 알튀세, 1992: 127~128). 다른 형태이기는 하지만, 이런 관점은 현대 사회생물학에서도 발견된다(도킨스, 1993). 생존주의적 근대성이 포착하는 '생존주의'는, 그러나 인간의 자연적 본성에 내재하는 원리, 그리하여 사회적이고 정치적인 방식으로 해소되는 그런 원리와는 무관하다. 반대로 인간의 자연적 공존과 협업 그리고 사랑의 능력에 인위적 제한을 강제하는 현실문제들의 가혹함 속에서 만들어진 '문화적' 대응양식에 더 가깝다. 생존주의자는 자신에게 본성적으로 존재하는(혹은 진화적으로 획득된) 타인의 고통에 대한 공감적 감응을 오히려 억제하고 회피해야 한다. 그것은 오히려 타인에 대한 공감과 애정 등을 억압해가면서까지 형성시켜야 했던 모질고 독한 마음의 상태이며, 외부로부터 강압적으로 훈육되어야 하고, 마음에 새겨져야 했던, 기본적 생존을 위협하는 세상을 살아가기 위해 필요한 지혜에 가까운 것이었다. 따라서 생존주의를 이기주의와 동일시하면서 개인을 넘어서는 공익이나 공적 이해관계를 추구하는 태도를 생존주의와 상반되는 것으로 사고하는 것은 생존주의 개념에 대한 오해에 기인한다. 생존주의자는 생존주의적 삶의 형식을 추구해가지 않을 수 없는 사회규범에 붙들려 있는 존재라는 점에서 단순한 이기주의자로 환원되지 않는다. 생존주의자는 자유의 힘을 구가하면서 스스로를 증강시켜 나가는 존재라기보다는, 어쩔 수 없는 환경의 힘에 짓눌려 그것을 넘어서고 그것에 적응해가면서 자신을 생존추구적으로 변화시켜가는 자에 더 가깝다.

둘째, 바로 이런 점에서 생존주의는 개인이 합리적이고 자유로운 방식으로 선택하는 '가치관'이나 '의식구조'라기보다는 몸과 마음에 깊이 체화되어 행위에 강제력을 행사하는 에토스(ethos)나 하비투스(habitus)에 더 가깝다. 즉 생존주의는 '선택'의 대상이라기보다는 어떤 의미에서는 '강제'의 대상이다. 20세기 한국의 생존주의는, 생존주의 문제공간을 구성하는 조형자나 그에 의해 형성된 행위자들 양자에게 모두 생존강박(obsession)의 형태로 나타난다. 그것은, 생존 문제가 객관적으로 현존하지 않을 때조차도 생존해야 한다는 내면화된 정언명령에 의식과 존재가 정향되어, 생존주의적 태도와 하비투스를 실천하지 않을 수 없는 심적 상태를 동반한다는 것을 가리킨다. 바로 이런 점에서 생존주의자는 '존재론적으로' 비도덕적이거나 몰도덕적인 인간이 아니다. 생존주의자는 오직 '실천론적(praxéologique)' 관점에서만 그렇게 명명될 수 있다. 그것은 행위자의 인간적 본성에서 온 것이 아니라, 그가 처한 환경과 그 환경에 대한 해석과, 그 해석의 사회적 제도화가 야기한 압력에서 오는 것이다. 이런 심적 강박 하에서 생존주의자는 공격적으로 자신의 능력과 자원을 '생존' 혹은 그것의 비유적 파생물들(번영, 성공, 승리 등)을 위한 행위에 집중시킨다. 그에게 존재는 생존으로 환원되며, 생존이 아닌 존재의 차원은 망각되거나 유보되거나 보류되거나 억압된다.

셋째, 생존주의는 그 현실적 헤게모니가 강력했음에도 불구하고 언제나 그것과 대립하는 다른 레짐들과의 투쟁 속에서 존립해왔다. 한국의 20세기의 정치, 사회, 문화 운동의 역사는 생존주의 레짐의 헤게모니와의 저항적 투쟁의 역사다. 서바이벌리스트 모더니티는 생존주의의 형성과 균열의 역사이지, 단순히 생존주의의 승리의 역사가 아닌 것이다. 더구나 서바이벌리즘의 심화와 성공은 역설적으로 그 기반을 허무는 탈(脫)-생존주의나 반(反)-생존주의를 지향하는 사회그룹, 사고, 가치, 이념과 상상계를 생산했다. 생존주의의 문법이 가장 가시적인 성공을 이루어낸 1970년대 한국 사회에서는 산업화를 넘어서는 민주화의 거센 흐름이 시작된다. 생존주의가 동원한 절박한 에너지로 근대화된 세계에서 태어난 새로운 세대는, 인간 실존을 생존으로 환원시켜, 모든 중대한 가치들을 미래로 유예하는 생존주의의 논리에 저항했으며, 그것을 넘어서는 민족, 민주, 민중주의와 같은 새로운 가치들을 추구했다. 더 나아가서 생존의 열망, 꿈, 그리고 독기(毒氣)는 그 자체로 인간존재의 '낮은' 동기를 이룬다고 말할 수도 있지만, 실제로 그것은 언어의 한가한 상태에서 쉽사리 이야기될 수 없는 본원적 성스러움을 동반한다. [생존은 말이 아니라 체험이다. 그리하여 생존에 대한 말은 그 체험의 '비상성(emegency)' 앞에서 모든 위력과 적절성을 상실한다.] 환언하면, 생존은 주의(主義)로 온전히 포섭될 수 없는 무엇이다. 생존은 상징이나 표상의 수준을 벗어나고, 동기와 의도와 논의의 수준을 벗어나는, 인간의 원초적 존립근거와 연관되어 있기 때문이다. 생존이 주의가 되었다는 것은 생존으로 삶이 환원되었다는 서글픈 사실을 의미하는 동시에, 생존의 어두운 역량과 그것을 향한 집요한 에너지가 사회적 삶에 공적으로 쏟아져 들어왔다는 것을 의미한다. 삶을 살아내기 위한 민중의 강한 마음의 힘, 즉 생존주의적 에너지가 오직 개인적 생존의 협소한 목적에 충당되는 것이 아니라, 역사의 과정에 투하됨으로써, 개체의 생존을 범람하는 공공의 목적으로 승화되기도 하고, 또한 역설적인 내파를 체험하면서 생존 너머의 삶에 대한 기여로 귀결되기도 하는 것이다. 생존주의에 대한 탐구는 바로 이러한 다면성과 아이러니를 조심스럽게 고려하지 않을 수 없다. 생존주의가 비판되기 이전에 공감되고, 이해되고, 깊은 수준의 마음의 논리 위에서 탐색되어야 하는 이유가 거기에 있다. 생존주의적 근대성 개념은 이런 점에서 한국 근대성의 생존주의와 반생존주의의 갈등과 투쟁, 그리고 생존주의 그 자체의 의도하지 않은 형질 변화의 가능성에 대한 독특한 학문적 감수성을 전제로 제출된 개념이다.

이처럼 장기간에 걸쳐 형성된 역사적·문화적 구성물로서의 생존주의는 생존이라는 절대목표에 기능적인 가치들(군사력, 경제력, 질서, 안보, 부강, 번영)에 전략적 우선성을 부여하면서, 그 외의 가치들의 실현은 미래로 유예하거나 혹은 근본적으로 폄하하는 행위패턴을 유도했다. 한국 사회의 생존지향적 경향은,

그 효용이 언제나 명백하게 드러나지 않는, 그러나 인간 삶의 중요한 토대를 이루는 여러 영역들과 연관된 가치들(문화적·예술적·사회적·종교적·환경적 가치)에 대한 억압(repression) 혹은 부인(denial)을 동반했다. 그리고 이와 동시에 진행된 것이 바로, 박태원 소설에 나타나 있는 것과 같은, 정치와 경제의 과잉의미화다. 정치적 권력과 경제적 부에 강박적으로 몰입함으로써, 그런 자원의 획득을 통해서 생존의 도모를 정당화하는 것, 이것이 바로 '환원'의 문화적·심성적·심리적 원인기제를 이룬다. 이렇게 본다면, '환원'은 루만이 말하는, 시스템 분화의 수준에서 발생한 구조 변동의 논리로만 이해될 수는 없다. 그 대신 그것은 한국인들이 자신이 살아가는 사회를 구성하는 수많은 거시적·미시적·중범위적 실천과 담론과 논쟁과 논의와 투쟁 속에서 인정하고 추인해온 집합적 마음의 작용을 통해서 설명되어야 하는 무엇이다. 사회적인 것을 정치와 경제로 그처럼 쉽게 환원하는 것이 가능했던 것은, 100여 년에 걸친 근대 형성의 과정에서 한국인들이 체험했던 생존위기의 절박함, 그 절박한 체험이 생성시킨 '생존에의 의지' 혹은 '잘살고 싶다'는 집합적 열망을 정치적으로 동원하고 거기에 제도와 언어를 부여하고 또한 그것을 지배의 정당화 기제에 활용했던 발전주의 국가의 다양한 전략들의 효과, 그리고 그러한 역사적 과정에서 자연스럽게 형성된 생존주의 문화의 강력한 작용이 있었기 때문이다. 국가와 민족으로부터 조직과 가족 그리고 개인에 이르는 다차원적 단위들의 행위준칙으로서의 생존주의가 현실적 힘을 가지고 사회를 조형하고, 자원을 배분하고, 상징적 투쟁의 논거가 되고, 또 사람들의 마음을 움직여가는 문화적 과정이 존재했기 때문이다. 환언하면, 생존주의라는 문화적 콘텐츠, 정치적 정당성의 논리, 통치합리성이 '내용'의 수준에서 작동하지 않았다면, 환원이라는 '형식적' 양상은 이런 방식으로 나타나지 못했을 것이다.

생존주의적 근대 혹은 환원근대는 '사회적인 것의 공동화(空洞化)' 현상을 산출한다. 생존의 추구가 사회적 규범의 자리에 오르게 되면 사회적 가치는 텅 빈 허상으로 인지되며(사회라는 말의 무실체성과 공허함, 추상성과 무력함), '사회'라는 의미소와 연결된 다양한 가치들 그리고 그 가치를 실현하기 위한 프로그램들

(사회주의, 사회국가, 복지, 사회적 혁명, 사회정의, 사회적 분배, 사회적 평등)은 차폐되거나 배제되고, 더 나아가서 그처럼 억압된 사회적 가치에 대한 욕망과 충동이 파국적으로 회귀하는 발작적 역동성이 축적된다. 이를 논하기 전에 우리는 우선 '사회적 가치'라는 용어의 의미를 좀 더 명확하게 규정할 필요가 있다.

4. 사회적 가치의 억압

일반적으로 '가치(value)'는 사회학, 경제학, 언어학에서 모두 조금씩 다른 방식으로 사용된다. 경제학에서는 "대상에 대한 욕망의 정도"를 지칭하며, 언어학적으로는 "의미상의 차이를 낳는 최소한의 차이", 즉 한 기표가 다른 기표에 대해 갖는 차이라는 뜻이다. 한편, 사회학에서 가치는 "인간 삶에서 궁극적으로 옳고, 바람직하며, 타당한 것들"을 가리키는 경향이 있다(그레이버, 2009: 26). 이들을 종합적으로 고려해보면, 가치란 다른 대상들과 준별되며, 욕망의 대상으로 추구되며, 그 욕망이 정당하고 타당한 것으로 인정되는 무언가를 지칭한다. 달리 표현하면, 정당한 욕망/희망의 대상이 되는 차별적 속성이 바로 가치다. 그렇다면 '사회적'이라는 형용사가 부가된 '사회적' 가치는 무엇을 가리키는가? 이에 관해서는 다음의 두 가지 관점이 동시에 가능하다.

첫째, 형식적 용법이 있을 수 있다. 이때 '사회적'이라는 형용사는 실질적 내용이 아닌, 그 용어의 의미를 보장하는 형식적 기준을 수식한다. '사회적' 가치는, 그 가치가 무엇을 지칭하는가와 무관하게, 그 가치의 질적 속성에 대한 판단 이전에, 여러 구성원들의 상호작용을 통해서 하나의 '가치'로서 수용, 인정, 납득된 바로 그런 '가치'를 지칭한다. 이런 의미의 '사회적 가치'는 다수의 인간 연합체에 의해 승인되고 추인된 무언가를 모두 지칭하게 되며, 해당 사회마다 질적으로 상이한 모습을 띨 수 있는 것이다. 가령, 사회주의가 지배하는 사회는 '평등'을 중요한 사회적 가치로 삼겠지만, 자유주의적이거나 노골적인 자본주의 사회는 '자유'나 '소유권'과 같은 가치들이 평등보다 더 중요한 '사회적' 가치로 간주될 수 있다. 수도승들에게 금욕의 능력은 '사회적' 가치이겠지만, 조직 폭력배들이나 무사계급에게는 '적에 대한 잔인성' 혹은 '죽음에 대한 무감각' 또한 '사회적' 가치가 된다. 이처럼, 형식적 용법에서 사회적 가치를 말할 때, 우리는 그 내용이 아닌 해당 사회에 고유한 인정과 평가도식에 의한 가치로의 채택을 말하는 데 국한된다.

그러나 이와 다른 실질적 용법이 존재한다. 그것은 '사회적'이라는 말의 보편적 의미론, 즉 '사회(socius)'라는 기표가 실질적으로 지칭하는 바와 긴밀히 연관되어 있다. 이때 '사회적' 가치는 사랑, 동정, 시혜, 포용, 연대와 같은 도덕적 방향성의 함의를 내포한다. 그것은 폭력이나 살해, 전쟁이나 박해와 명확하게 대립된다. 그것은 협력과 공존을 지향하며, 약자에 대한 연대와 부조의 실천을 촉구한다. 그런 지향이, 그런 지향을 추구하는 이에게 반드시 경제적 이득이나 정치적 권력을 가져오는 것이 아니라는 점에서, 그것은 경제적 가치나 정치적 가치와 구별된다.6 따라서 이런 방식으로 의미화되는 '사회적 가치'란, 사회적이라는 말의 고유한 도덕적 호소에 부합하는 행위, 사고, 태도, 정책, 이념 등을

6 아이러니하게도 '사회적'이라는 용어에 내포된 도덕적 명령의 성격을 예리하게 간파해낸 이는 극단적 자유지상주의자인 프리드리히 하이에크(Friedrich Hayek)다. 그는 '사회적'이라는 형용사가 구체적 현실을 지칭하기보다는 도덕적 규범에 호소하는 용어라는 사실을 간파하면서 '사회적'이라는 용어의 의미 혹은 효과를 다음의 세 가지로 정리하고 있다. "첫째, 우리가 앞 장에서 잘못되었다고 생각한 개념을 왜곡되게 암시하는 경향이 있다. 다시 말해 확장된 질서의 비인격적이고 자생적 과정에 의해 생겨난 것이 실제로는 의도적인 인간창조의 결정이라는 사실을 암시하는 경향이 있다. 둘째, 이에 따라 그것은 사람들이 결코 설계할 수 없었던 것을 다시 설계하기를 호소한다. 셋째, 그것은 그것이 명사의 의미를 수식했던 명사를 제거할 수 있는 힘을 획득했다"(하이에크, 1996: 222). 하이에크가 지적하고 있듯이, '사회적'이라는 표현에는 "모든 구성원들이 특정한 물질적 지위에 대하여 책임져야 하고, 개개인들이 각자 자기에게 '마땅한(due)' 것을 받을 수 있도록 책임져야 한다" 명령과 연관된 무엇을 지시한다(하이에크, 1997: 170). 물론, 자발적으로 운용되면서 진화해가는 질서로서의 시장모델에 근거하여 사회를 바라보는 하이에크는 '사회적 정의'나 '사회적 권리' 등을 인정하지 않는다. '사회적 가치' 또한 마찬가지다. "그러나 '사회적 가치'라는 개념을 때때로 경솔하게, 심지어 경제학자들마저도 사용하고 있다고 하더라도, 엄격히 말한다면 그러한 가치는 존재하지 않는다. 그리고 이러한 표현은 '사회적 정의'라는 개념처럼 사회를 인격체로 간주하는 일종의 의인화를 내포하고 있다"(하이에크, 1997: 164).

중요한 것으로 인지하고, 바람직한 것으로 욕망하는 주체들에게 규범성을 갖는 '가치'로 규정될 수 있다. 이 글에서 내가 '사회적 가치'라는 용어로 가리키고자 하는 것은 바로 이 두 번째 용법이다.

앞서 언급한 첫 번째 용법으로 말하자면, 서바이벌리즘이야말로 한국 사회가 육성해온 사회적 가치, 한국 사회가 승인하고 비준한 한국 근대의 '사회적' 가치라고 말할 수도 있다. 이와는 달리, 두 번째 의미의 사회적 가치는 한국 사회의 근대적 전개 과정에서 다른 가치들(대표적으로 정치적 가치와 경제적 가치)에 의해 억눌리고, 거부되고, 부인된 것으로, 고전적 정신분석학의 용어를 빌려 말하자면, 억압된 것으로 나타난다. 여기에서 '억압'이라는 용어는 단순한 비유의 의미를 넘어선다. 정신분석학에서 말하는 억압은 "주체가 어떤 충동과 연관된 표상(사고, 이미지, 기억)을 밀어내거나 무의식에서 그것을 보존하는 작용"을 의미한다(Laplanche and Pontalis, 1967: 392). 억압된 충동은 대개 의식에 진입하지 못하고 무의식적으로 남는데(프로이트, 1997: 139), 그렇다고 해서 완전히 무화(無化)되는 것이 아니라, 에너지를 유지한 채 지속적으로 준동한다. 억압은 소멸이 아니라 보존이며, 보존된 에너지는 증상이나 대체물을 통해 반드시 회귀한다. 이를 사회적 현상에 적용하면, 사회적 가치의 억압체제가 가능하다.

만일 한국 사회가 사회적 가치와 연관된 여러 쟁점, 테마, 개념, 정서, 여론, 열망 등이 지배적이거나 일상적인 주도권을 쥘 수 없는 상황을 만들어가는 모종의 기제를 다차원적으로 가동시키는 그런 사회라면, 한국에서 사회적 가치의 여러 형태들은 사회공간의 '무의식'에 침전되어 그 역능을 박탈당하고 허울 좋은 말이나 언어, 혹은 현실을 바꿀 수 없는 그저 아름다운 미담(美談)이 되어 실체 없고 권능 없는 수사(修辭)의 세계에 유폐되어 있었을 가능성이 높다. 사회적 가치를 추구하는 자들은 생존주의가 지배하는 사회에서 무책임한 몽상가나 경멸적인 의미의 '자유로운 영혼', 혹은 대중이나 청년을 선동하는 자, 혹은 세상 물정을 모르는 자, 말은 그럴듯하게 하지만 정글 같은 '낮'의 세상에서는 아무런 쓸모도 없는 자로 치부될 수도 있다. 사회적 가치에 헌신하면서 생존에 매몰된 삶을 비판하는 예술가, 지식인, 종교인, 운동가에 대한 사회적 무관심이나 질시는 사실 놀라운 것이다. 아이들이나 학생들이 지나치게 사회적 가치에 경도되면, 그것에 대하여 부모나 기성세대는 도리어 불안감을 가질 수도 있다. 왜냐하면, 사회적 가치는 실제 사회를 움직이는 그런 가치가 아니라 일종의 '허울'로 존재하거나, '허울'로 가르쳐지고, '허울'로 취급되는 한에서 존재하는 가치였기 때문이다. 경쟁과 투쟁에서의 승리를 위한 여러 능력들과 힘이 중시되며 노골화된 사회, 이른바 "생존문화(survival culture)"(Lasch, 1984: 60~99)가 지배적인 세계에서 사회, 도덕, 아름다움, 정의, 사랑과 같은 말들은 공동화(空洞化)되는 것이다. 오염되고 남용되며 바로 그것을 통해서 유령처럼 모호하고 애매한 상태로 리얼리티를 떠도는 상징들이 되는 것이다. 상징적 살해와 억압이 이 말들의 생명력을 거두고, 거두어진 생명이 음성적 에너지를 획득하여 예기치 않은 상황에 회귀하는 것이 한국 사회에서 사회적 가치의 운명이 아니었을까?

5. 죽음과 사회적인 것

1) 인정과 죽음

억압에 관한 지그문트 프로이트(Sigmund Freud)의 흥미로운 발견은, 억압이 억압된 것의 에너지를 소진시키기는커녕 은밀한 방식으로 강화시킨다는 점이었다. "본능의 대표적 표상은 만일 그것이 억압에 의해 의식의 영향권에서 벗어난다면 그 후로는 방해를 받지 않고 더욱 활발하게 발달할 수 있다는 사실이 그중 하나다. 이 경우 그 본능의 표상은, 이를테면 어둠 속에서 더욱더 확대되어 극단적인 표현의 형태를 띠게 된다고 할 수 있다"(프로이트, 1997: 141). 요컨대 억압된 본능의 표상은 사라지는 것이 아니라 더 강한 에너지로 결집되어 "극단적인 표현의 형태"를 통해 회귀한다.

이 관찰을 적용해보면 우리는, 사회적 가치들이 일상적 삶에서 그리고 사회적 자원 분배의 결정국면에서 배제되고 억압되지만, 그런 일상을 뚫고 나오는

'사건적 순간들'에 집중적으로 충당되고, 열광적으로 소비되는 과정을 통해 회귀해왔다고 말할 수 있지 않을까? 한국 사회에서 전형적으로 이런 사건들은 민중(people)이 주체가 되어 목소리를 드러내는 집합행동의 모습을 띠어왔다. 20세기를 관통하면서 물수제비처럼 간헐적인 시차를 두고 발생했던 대규모 시위, 집회, 운동, 항쟁은, 근대로 돌진하던 발전주의적 사회의 핵심에 이른바 사회적인 것이 폭발적으로 분출하는 사건적 구멍들을 형성해왔다. 20세기 중반 이후만 살펴보자면, 4·19, 광주, 87년 민주화 대항쟁, 그리고 촛불들로 이어지는 반제, 반독재, 민주/민족주의 항거 속에서, 한국인들은 강렬한 저항투쟁의 역사를 만들어왔으며, 이 움직임들은 생존주의적 근대성의 지향점에 대한 결정적 저항과 반대의 집합충동의 표현이다. 가령, 동학농민운동은 1894년 레짐의 국제적 배경이 된 제국주의적 질서에 대한 항거의 의미를 갖고 있으며, 1970년대 이래 민주화운동은 냉전적 생존주의에 대한 저항, 그리고 최근에 이어지는 촛불시위들은 신자유주의적 생존주의에 대한 저항의 의미를 지니고 있다. 이런 과정에서 의미심장하게 드러나는 특이성이 바로 '죽음'의 문제다.

악셀 호네트(Axel Honneth)에 의하면 근대 사회철학의 흐름에는 사회적 삶의 근본에서 '자기보존'을 위한 투쟁을 발견하는 관점(마키아벨리, 홉스)과 상호주관적 '인정(Anerkennung)'에 대한 투쟁을 발견하는 관점이 공존하고 있다(호네트, 2011: 33~41). 인정투쟁과 사회적인 것의 관계는 헤겔철학에서 그 대표적 표현물을 발견할 수 있다(Guéguen and Malochet, 2012; Fischbach, 1999). 그런데, 자기보존의 관점이 '서바이벌'의 욕망과 결합한다면, 인정의 관점, 특히 게오르크 헤겔(Georg W. F. Hegel)이 묘사한 인정투쟁의 이야기에는 '죽음'이라는 테마가 인상적으로 등장한다. 잘 알려진 것처럼 헤겔은, 인간이 삶의 보존과 확장을 지향하는 순간이 아니라 오히려 죽음의 공포를 견뎌내면서 죽음을 무릅쓰고 타자의 상징적 인정을 획득하려는 욕망을 실현시켜나갈 때 비로소 '사회적' 인간으로 탄생한다는 사실을 역설한 바 있다. 사회적 관계의 원형이 발생하는 기원적 순간을 묘사하는 『정신현상학』 제4장에서 헤겔은 하나의 자기의식이 또 다른 자기의식과 대치하는 상황을 설정한다. 그가 말하는 자기의식은 대상이 아닌 자아, 즉 생명이 아닌 자아를 본질이자 절대적 대상으로 삼는 의식이며, 욕망을 통해서 타자와의 관계 속에서 스스로를 정립하는 존재다. 이때 자기의식과 마주한 타자는 단순한 생명체가 아니라 또 다른 자기의식으로 나타나게 되는데, 이 두 대치하는 자기의식 사이에서 인정이라는 운동이 발생한다.

"그런데 자기의식의 순수한 추상운동으로서 상호 간의 행위가 나타날 때 (Darstellung), 이들은 각기 자기의 대상적인 양식을 순수하게 부정할 수 있다는 것, 다시 말하면 어떤 특정한 것에 집착하지도 않고 일반적인 개별 사안이나 심지어 생명에도 집착하지 않을 수 있다는 것을 보여주어야만(zeigen) 한다. 이는 이중의 행위로서, 즉 타자의 행위이면서 동시에 자기의 행위이기도 하다. 그것이 타자의 행위인 한은 각자가 서로 타자의 죽음을 겨냥한 행위를 하는 것이다. 그러나 여기에는 둘째로 또한 자기의 행위도 포함되어 있으니, 타인을 죽음으로 내모는 것은 곧 자기의 생명을 거는 것이기도 하기 때문이다. 따라서 2개의 자기의식의 관계는 생사를 건 투쟁(Kampf auf Leben und Tod)을 통해 각자마다 서로의 존재를 실증하는 것(bewähren)으로 규정된다. 쌍방이 이러한 투쟁에 뛰어들 수밖에 없는 이유는 자기가 독자적인 존재라고 하는 자기확신을 쌍방 모두가 진리로까지 고양시켜야만 하기 때문이다. 말하자면 자유를 확증하는 데는 오직 생명을 걸고 나서는 길(Daransetzen des Lebens)[7]만이 있을 수 있으니, 자기의식에게는 단지 주어진 대로의 삶을 살아가는 것 그리고 삶의 나날 속에서 덧없는 세월을 보내는 것이 본질적인 것이 아니라, 무상함을 되씹으며 살아갈 수밖에 없는 처지에서도 결코 놓칠 수 없는 순수한 독자성(reines Fürsichsein)을 확보하는 것이 본질적이라는 것마저도 생명을 걸고 나서지 않고서는 확증될 수가 없게 되어 있는 것이다. 물론 생명을 걸고 나서야 할 처지에 있어보지 않은 개인도 인격(Person)으로서 인정될 수 없는 것은 아니지만, 그러한 개인은 자립적인 자기

---

7 'daransetzen'은 1977년에 A. V. 밀러(A. V. Miller)가 번역한 영어판(옥스퍼드대학출판부)에는 'staking one's life'로 번역되어 있고, 1993년에 G. 자르칙(G. Jarczyk)과 P.-J. 라바리에르(P.-J. Labarrière)가 번역한 프랑스어판(갈리마르)에는 'engager la vie'로 번역되어 있다.

의식으로 인정받는 참다운 인정상태에는 이르지 못하고 있다"(헤겔, 2005: 225~226, 고딕 강조는 필자).

헤겔이 말하는 인정투쟁은, 존재의 "확증(Bewährung)"을 위해서 자신의 목숨을 걸고 타인의 죽음을 겨냥해야 하는 존재인 자기의식들 사이에 벌어지는 싸움이다. 존재의 확증을 위해서는 불가피하게 "생사를 건 위신투쟁(Prestigekampf)"(코제브, 1981: 32)이 요구된다. 이는 자기의 자유를 확증하기 위해서는 목숨이라는 비본질적 요소를 부정할 수 있다는 것을 보여주어야 하기 때문이다(헤겔, 2005: 225). 이런 점에서, 상호주관적 인정관계의 형성에 '생사를 건 투쟁'은 매우 핵심적인 모멘트를 이룬다.[8] 여기에서 '생명을 건다(daransetzen)는 것'은 실제로 죽는다는 것, 혹은 타자를 죽이러 나선다는 것을 의미한다기보다는(인정투쟁이 주인-노예의 변증법으로 귀결되는 것은, 인정투쟁이 실제로 서로를 죽이는 투쟁이 아니기 때문이다), 그것을 위해 목숨을 '걸' 수 있는 어떤 가치가 투쟁의 두 당사자들에게 존재한다는 것을 확인시켜주는 몸짓에 가까운 것이다.[9] 달리 말하면, '생사를 건 투쟁'은, 투쟁이라는 불가피한 형식을 통해 '개인'으로서 개체의 자기보존이 추구되는 그런 투쟁이 아니라, 그것을 통해서 얻어질 무엇, 생명보다

---

8 호네트에 의하면, 헤겔의 『정신현상학』은 인정의 테마를, 첫째, 자기의식의 형성이라는 맥락에 고정시켰고, 둘째, 주인-노예의 변증법으로 환원시킴으로써, 예나 시기의 저술 속에 담겨 있던 풍부한 사회철학적 함의를 사장시켰다고 비판한다(호네트, 2011: 132~133). 그런데 이 과정에서 호네트는 헤겔이 제시하는 '생사를 건 투쟁'이라는 것이 헤겔에게 결코 명확하게 설명되지 않은 채로 모호하게 남아 있다는 사실을 지적한다. 말하자면, 생사를 건 투쟁에 "실천적·도덕적 힘을 부여하는 경험이 어떤 성질의 것인가 하는 중요한 물음"에 대해서는 헤겔이 명확한 해답을 내리지 않았다는 것이다(호네트, 2011: 106). 더 중요한 것은 죽음이라는 실존적 차원이 헤겔의 인정관계의 규범적 가능성을 도출해내는 데 결코 필요한 요소가 아니었다는 입장을 표명하고 있다(호네트, 2011: 108).

9 자크 라캉(Jacques Lacan)은 1954년의 세미나에서 헤겔의 주인과 노예의 메타포에 대해 언급하면서 다음과 같이 말하고 있다. "죽음 그 자체는 결코 경험될 수 없는 것이 아닌가요, 죽음은 결코 현실적인 것이 아닙니다. 인간은 상상적 공포(peur)를 통해서만 공포심을 갖습니다. 하지만 그것이 다가 아닙니다. 헤겔의 신화 속에서 죽음은 두려움(crainte)으로조차 구조화될 수 없고 위험(risque)으로, 한마디로 내기돈(enjeux)처럼 구조화됩니다. 처음부터 주인과 노예 사이에 있는 것은 어떤 게임의 규칙입니다"(라캉, 2016: 395~396).

더 소중한 무엇이, 두 주체에게 수용, 인지, 욕망되고 있다는 사실을 드러내는 '확인의 계기'와도 같은 것이다. 위의 인상적 논의 속에서 죽음은 이처럼 '실제' 의 사태가 아니라, '한계체험'과 유사한 무언가로 설정되어 있다. 죽음은, 생명 너머의 공통성(사회적인 것)을 지시하는 실존적 척도다. 좀 더 현대적인 용어로 하자면 죽음은 '상징계(the symbolic)'의 표징이다.[10]

2) 사회적인 것과 죽음의 상상계

한국의 20세기는 생존과 인정이라는 두 테마가 매우 극적으로 분할되어 각 자의 방식으로 강화되어간 형태를 띤다. 서바이벌리즘의 헤게모니는 일상적 삶 의 양식 속에서 사회적 가치를 억압했고, 그 억압된 가치들이 사건적으로 회귀 하는 과정에서 죽음의 테마가 전면으로 부각되어왔다.

이런 관점에서 보면, 서두에 언급했던 박태원의 소설에 유일하게 등장하는 '사회적'이라는 형용사가 사용되는 맥락은 매우 흥미롭다. 소설에서 '사회적'이 라는 용어는 단 한 차례, 그것도 소설의 말미에 나오는 최노인의 발언에 다음과 같이 등장하고 있다. "근대에 **사회적** 인물로는 내가 월남 이상재 선생을 추앙했 습니다. 월남 선생 돌아가셨을 때는 내가 영구를 뫼시구 남문 밖까지 따라갔었 으니까…"(박태원, 1998: 152, 고딕 강조는 필자). '사회적 인물'로 지칭된 월남 이상 재의 장례식은 1927년 4월 7일 한국 최초로 '사회장'으로 치러졌다.[11] 김현주의 연구에 의하면, 이상재의 사회장에는 160여 개의 사회단체가 장례위원회에 참 가, 영결식 당일 경성역에 조기와 만장이 400여 개 넘게 세워졌으며, 경성역의

---

10 헤겔의 '죽음'의 테마에 대해서는 다음을 참조할 것(코제브, 1981; Pippin, 2010; Adkins, 2007).
11 최초의 사회장은 1922년에 운양 김윤식의 장례에서 시도되었다. 그러나 그의 사회장을 둘러싼 갈 등이 있었고, 이는 당시의 '사회' 개념의 정의를 둘러싼 상징투쟁을 보여준다(김현주, 2013: 323~ 368). 1905년에서 1919년까지 근대문학에서 '사회'라는 용어의 사용에 대해서는 다음을 참조할 것 (이경훈, 2006: 226~229).

주변에로 총 20만 명이 집결했다고 한다(김현주, 2013: 333). 따라서 '사회적' 인물이라는 표현의 의미는 상당한 맥락성을 갖고 있다. 사회적 인물은 '정치적' 인물이나 '경제적' 인물과 달리, 그의 죽음이 공동체를 결집시키고, 한데 모으고, 연대하게 하고, 상징적으로 통합시키는 바로 그런 인물이라는 사실을 암시한다. 그의 죽음 앞에서 공통의 운명성이 백일하에 드러나고, 적대와 모순이 퇴거되고, 강약과 귀천과 빈부와 노소의 경계가 약화되면서 어떤 상호 교통과 교감의 차원이 드러나는 바로 그런 체험을 가능하게 하는 죽음, 이것이 사회적 죽음이며, 그런 죽음을 가능하게 하는 인물이 바로 사회적 인물인 것이다. 그래서 사회장(社會葬)에서 사용된 '사회적'이라는 말은, 이 연구의 맥락에서 보면, 억압되어 있던 사회적 가치 혹은 잠재적이던 사회적 가치를 자신의 죽음과 그것에 대한 기억 속에서 활성화하고 현실화하는 수행성과 연관되어 있다.

이처럼 희생된 존재의 죽음을 둘러싸고 형성되는 사건적 공동체에 대한 감각과 그에 대한 집합기억이 만들어내는 특정한 '사회상태'는 전형적으로 한국 사회에서 사회적 가치가 억압으로부터 풀려나오면서 회귀하는 경우에 반복적으로 나타난다. 우리는 가령 20세기 한국 사회에 등장했던 수많은 "민중-사건들(peuple-événements)" 속에서 이런 '죽음-결집-기억'으로 구성된 유사한 패턴들을 발견하게 된다(Rosanvallon, 1998: 53~55). 국권을 회복하기 위해 일제에 저항하면서 순국했던 열사, 의사, 투사 들의 죽음이나 3·1운동에서 비폭력 저항을 수행하다가 죽음을 맞이한 인물들, 해방 이후에는 4·19를 촉발시킨 김주열의 주검이 갖고 있던 상징성, 박정희 정권의 생존주의 이데올로기에 죽음으로 맞섰던 전태일의 경우, 그리고 민주화운동의 열사들은 이런 사회적인 것에 대한 욕망, 평등하고 연대하는 인간적 삶(사회적 삶)에 대한 꿈의 분출 속에서 희생을 통해 집단적 성화(聖化)의 대상이 된 사회적 가치의 토템들이라 할 수 있다(박대현, 2015; 권명아, 2010; 강정인, 2017). 이 중에서도 가장 극적인 실례로 기억되는 것은 논쟁의 여지 없이 5·18이다. 특히 도청에 잔류하여 죽음을 선택한 시민군의 항거에는, 예수의 죽음과 그의 부활이라는 사건을 상기시키는 체험이 각인되어 있다. 더 정확하게 말하자면, "계엄군의 최후통첩 이후 죽음이 예정된 5월

26일 밤과 5월 27일 새벽 도청에 사람들이 남은 이유는 무엇인가"(이영진, 2016: 103)라는 질문은 한국인들이 구성한 사회적 가치의 어떤 어두운 정점을 구성하게 된다.

옥쇄를 무릅쓰고, 죽음이 예정된 채로, 죽어야 함을 알면서, 5월 26일 밤과 5월 27일 새벽에 전남도청에 남기를 작정한 자들의 결단은 생존의 반대방향으로 움직여간 마음의 운동이다. 이겨낼 수 없는 폭력에 부딪혀 산화함으로써 광주의 항쟁을 완성하겠다는 저들의 의지로 지속된 공포스러운 밤은, 그날 이후 수많은 젊은이들과 한국인들의 양심 속에서 '당신은 그때 무엇을 하고 있었는가' 혹은 '당신은 그런 상황에서 도청에 남을 것인가 아니면 도망갈 것인가'와 같은 신학적 물음을 던지는 근본 체험으로, 역사적 낙인으로 남게 된다. 이는 예수의 죽음 앞에서 그의 제자됨을 부인하고 돌아선 베드로의 부서진 마음과 흡사한 것이며, 그가 부활한 예수를 보고, 그를 사랑함을 다시 세 번 확인하고(그를 부인함을 세 번 반복한 것처럼), 그리고 오순절 이후 완전히 다른 주체로 거듭나서 자신의 진리를 위해 순교하게 되는, 주체화의 행전(行傳)을 이룬다. 거기에서 우리가 발견하게 되는 것은 죄, 혹은 빚의 감각이 사회적으로 발생하는 과정이다. 누군가의 희생으로 지금 우리가 향유하는 무언가가 생성되었다는 부채감, 이것은 1980년대 이래 한국 사회운동의 중요한 심적 동력을 이루었다. 사회적인 것은 이렇게 갚을 수 없는 빚을 지우는, 죽음에 스스로를 부딪쳐 산화한 사람들의, 무섭고 처참한 순간들 속에서 폭발과 같은, 눈을 멀게 하는 섬광을 던지고 사라져 가는 형태를 띠게 되었던 것이다. 1980년대의 학생운동은 윤상원으로 대표되는 저 민주주의의 순교자들, 열사들의(임미리, 2015; 眞鍋祐子, 2015) 목소리가 양심을 찌르고 들어오는 체험, 그 체험 앞에서 전전긍긍하다가, 그들의 뒤를 따르라는 사회적 영(靈)의 강림에 뿌리를 내리고 있는 것이다. 그것은 세속 사회를 적셔간 민주주의의 신학이었다.

죄의 감각은 사회라는 것에 대한 감지(sense of the social)의 한 형태를 이룬다. 사회란 추상적 개념이나 실체가 아니라, 행위자에 의해 지각되고 감각되는 것이다. 우리는 프리드리히 니체(Friedrich W. Nietzsche)를 따라서 이 죄(Schuld)

를 빚(Schuld)의 감각이라 불러도 좋을 것이다(니체, 1982). 우리가 그들에게 삶을 빚지고 있는 자들은 부당하게 살해된 자들이기도 하지만, 이와 동시에 의도적으로, 피할 수 있는 도생과 연명을 거부한 채, 죽음 속으로 자발적으로 걸어들어간 자들이기도 하다. 저 죽음들이 한국인의 집합기억과 의식 속에서 '사회적인 것', 즉 우리가 함께 살아가는 삶의 맥락과 연관된 것으로 의미화되었을 가능성이 있다. 환언하면, 한국인들이 '사회적인 것'을, '사회적 가치'를 체험하는 것은 일상이 깨지거나 일상이 흔들리면서 사건적 봉기가 발생하고, 그 안에서 누군가가 죽어가야만 했던 상황, 그들의 죽음으로 인해서 우리가 지금 살고 있다는 그런 감각을 상기시키는 상황인 것이다. 따라서, 누군가의 이 죽음은 그 개체의 죽음이 아니라, 그가 대표하게 되는 집단 전체 혹은 '우리'의 삶이 생존주의적 통치주체들에게 '인정'받지 못하고 있다는 것, 존중받거나, 정당하게 대우받고 평가받지 못한다는 것을 항거하고, 주장하고, 표현하는 죽음이다. 그것은 생존을 넘어서서 인정의 길로 공동체를 이끌고 들어가는 죽음이다. 그리하여 그런 죽음의 뒤에 죽음의 힘(사회적인 것에 대한 체험이 야기한 사회적인 것의 힘)에 이끌린 주체들이 형성되고, 그 주체들이 폭발하여 생존주의적 통치성에 균열을 내고자 했던 것이다. 20세기 후반에 한국 민중이 열광했던 정치 지도자이자 어떤 의미에서는 한국 사회에서 가장 저돌적으로 지배 카르텔과 지배적 가치에 저항한 존재로서 권력의 정상에까지 이른 존재인 노무현은, 자신의 대통령 후보 수락연설(2002년 4월 27일)에서 다음과 같이 말한다.

"조선 건국 이래로 600년 동안 우리는 권력에 맞서서 권력을 한 번도 바꿔보지 못했다. 비록 그것이 정의라 할지라도 비록 그것이 진리라 할지라도 권력이 싫어하는 말을 했던 사람들은 또는 진리를 내세워서 권력에 저항했던 사람들은 전부 죽임을 당합니다. 그 자손들까지 멸문지화를 당했다. 패가망신했다. 600년 동안 한국에서 부귀영화를 누리고자 하는 사람은 모두 권력에 줄을 서서 손바닥을 비비고 권력에 머리를 조아려야 했다. 그저 밥이나 먹고 살고 싶으면 세상에서 어떤 부정이 저질러져도 어떤 불의가 눈앞에서 벌어지고 있어도 강자가 부당하게 약자를 짓밟고 있어도 모른 체하고 고개 숙이고 외면했어요. 눈 감고

귀를 막고 비굴한 삶을 사는 사람만이 목숨을 부지하면서 밥이라도 먹고 살 수 있었던 우리 600년의 역사! 제 어머니가 제게 남겨주었던 제 가훈은 '야 이놈아 모난 돌이 정 맞는다. 계란으로 바위 치기다. 바람 부는 대로 물결치는 대로 눈치 보며 살아라.' 1980년대, 시위하다가 감옥 간 우리의 정의롭고 혈기 넘치는 우리 젊은 아이들에게 그 어머니들이 간곡히, 간곡히 타일렀던 그들의 가훈 역시 '야 이놈아 계란으로 바위 치기다, 고만 두거라, 너는 뒤로 빠져라.' 이 비겁한 교훈을 가르쳐야 했던 우리 600년의 역사. 이 역사를 청산해야 합니다. 권력에 맞서서 당당하게 권력을 한번 쟁취하는 우리의 역사가 이루어져야만이 이제 비로소 우리의 젊은이들이 떳떳하게 정의를 얘기할 수 있고 떳떳하게 불의에 맞설 수 있는 새로운 역사를 만들어낼 수 있다."12

이 연설문은 사회적인 것과 죽음의 깊은 연관을 선명하게 드러내고 있다. 노무현은 가차 없이 한국 사회의 생존주의적 경향의 뿌리에서 '어머니'의 사랑이라는 미묘하고 어려운 쟁점을 끌어낸다. 자식에 대한 사랑이 만들어낸 심적 포기와 좌절, 그리고 자신의 생존과 입신양명에의 집중을 중심으로 하는 가치관의 형성을 노무현은 근본적으로 문제시하고 있다. 이런 점에서 노무현의 연설은 주체를 죽음 쪽으로 호명하는, 죽음을 무릅쓰고, 죽음과 대면하라는, 그리하여 사회적 가치인 정의, 진실, 참여, 투쟁을 담대하게 실현하라는 그런 결의에 찬 독려로 보이기까지 하는 것이다. 노무현에 대한 한국 사회의 열광 그리고 동시에 그에 대한 적대감은 이렇게 노골적으로 표현되는 반(反)-생존주의적 결단성에 기인하는 것으로 보인다. 생존에만 급급한, 보신적(保身的) 가치에 복무하는, 오직 힘만을 추구하면서, 힘의 혜택을 추구하면서 살아가는 자들과 그들이 꿈꾸는 세계에 대한 경멸, 그리고 자신처럼 견고한 마음의 레짐과 투쟁하고 그것을 부정하는 사람들이 통치하는 새로운 사회에 대한 꿈, 환언하면 생존주의를 극복하고 넘어선 통치성의 열망이 그를 한 시대의 정점에 올려놓은 민중

12 https://www.youtube.com/watch?v=n0Zg5rfRB2Y(검색일 2017.12.18)

적 환호의 근원에 존재하는 것이다. 그러나 이와 동시에 바로 그런 반-생존주의는 생존주의적 가치에 침윤된, 그런 가치를 주창하는, 그런 가치를 수호하고자 하는 존재들에게는 가장 치명적인 진실(그들 자신이 생존주의자에 불과하며, 그들의 인생은 사실, 그것을 덮고 있는 허위의 장막을 걷어내고 나면 결국 생존을 향한 열망과 자기보존 본능을 향한 질주에 다름 아니었다는 사실)의 폭로였을 수 있다. 거기에서 노무현에 대한 사회적 적의와 적대가 나타난 것이 아니었을까? 결국 노무현 그 스스로도 비극적인 죽음을 선택했고, 그의 죽음은 21세기 한국 사회가 체험한 또 다른 '사회적 가치의 사건적 회귀'의 잊을 수 없는 모멘트를 이룬다.

이처럼 한국의 근대가 전개되어가는 과정에서, 사회적 가치는 생존주의 헤게모니에 의한 억압 속에서 죽음의 상상계와 긴밀히 결합되어, 사회적인 것의 숭고와 성스러움을, 목숨을 건 투쟁이나 희생 속에서 끌어내는 의미구조를 가동시켰다. 일상적 삶을 지배하는 생존주의의 헤게모니와 간헐적으로 돌아오는 사건적 순간들에서 처절하게 빛나는 사회적 가치의 회귀의 순간 사이에는 쉽게 메울 수 없는 강렬한 대비와 간극이 존재했다. 한국 민중은 이 양자를 모두 갖고 있는 존재로서 발전주의 국가와 재벌이 주도한 생존주의적 몽상연합에 효과적으로 동원된 주체인 동시에, 그것을 파괴하고 나오는 역사적 주체라는 양면성을 띠고 있었다. 이 과정에서, 죽음의 실정성은 사회적 가치를 흡수했고, 타자와의 공존가능성은 '열사(烈士)적인 것', '투사적인 것', '순교자적인 것'의 상징성과 결합함으로써 사회적인 것의 체험형식을 극단화해갔다. 말하자면, 생존주의의 헤게모니는 역설적으로 사회적 가치의 내부에 죽음 충동을 채워 넣었던 것이다. 삶에의 맹목적 충동이 사회적 공존원리로 삼투되어가는 과정을 통해서 역설적으로 한국 사회는 죽음의 에너지를 응축시키고, 사회적인 것의 일상적 체험가능성을 희박하게 함으로써, 그것을 극적 분출 속에서 파괴적으로 풀어놓는 패턴을 만들어냈다. 생존에 대한 강박적 가치화를 통해 역설적으로 산업화의 기본 동력이 형성되었고, 숭고한 죽음에 부착되어 가동되는 사회적인 것에 대한 깊은 열망의 분출과 체험을 통해서 민주화가 이루어졌다면, 이제 한국 사회는 21세기의 새로운 맥락에서, 사회적인 것을 어떤 방식으로 운용하고 설계하고 펼쳐가야 하는가? 바로 이런 질문이 우리 시대 사회적 가치에 대한 성찰의 과제로 주어지고 있다.

6. 마치며

앞서 살펴본 것처럼 생존주의적 통치성은 비상상태의 감각을 상시화하면서, 인간 삶의 존재근거에 대한 질문과 사고를 '생존'의 수준에 고착시키는 가치를 전면화하고, 바로 그런 가치를 내면화한 인간유형을 주체화함으로써, 생존과제를 수행하는 것을 가장 중요한 목표로 한다. 근대 한국사회가 생존주의적 통치성을 깊이 수용할 수 있었던 것은 그만큼 그들의 상처와 트라우마가 심대했기 때문이며, 생존위기를 극복하려는 의지가 절박했기 때문이다. 문제는 생존주의적 근대의 기능적 성공이 정작 인간 삶의 원형을 이루는 중요한 의미의 차원인 '사회적 가치'들을 억압하는 결과를 초래했으며, 그 결과 사회적인 것의 체험이 경쟁적 일상에서 억압되고 예외적 사건의 숭고한 순간들로 제한되어 갔다는 점에 있다. 이런 점에서, 우리에게 사회적 가치의 회복이나 활성화라는 과제는 한국 모더니티의 전반적 극복이나 재구성과 같은 구조적 수준의 변동과 긴밀히 연결되어 있다. 환언하면, 생존주의가 통치성과 심성의 복잡한 상호작용을 통해 역사적으로 형성되어 진화하는 것이기 때문에, 생존주의 문화의 구조적 변화 역시 두 가지 관점에서 모두 고찰되고 논의되어야 한다.

통치성의 수준에서 말하자면, 2017년에 있었던 박근혜 대통령의 탄핵과 문재인 정부의 출범은 우리로 하여금 생존주의적 통치성에 모종의 변화가 시작된 것이 아닌가 하는 전망을 품게 한다. 주지하듯, 한국 사회가 그동안 체험해온 사회변동의 여러 논리들은 산업화, 민주화, 세계화라는 큰 흐름을 따르고 있다. 박근혜 정권의 등장은 이런 흐름들을 겪어가면서 진화해간 '생존주의'의 기묘한, 시대착오적 복합체의 등장을 고시한 것이었다. 박근혜 정권은 만국공법적 생존주의, 냉전적 생존주의, 그리고 신자유주의적 생존주의의 여러 상이한 의미론들을 중첩·강화시켜 가면서, 그 핵심을 냉전적 생존주의의 부활에 기초한 통치성의 확립에 두었다. 즉 냉전적 생존주의의 두 원리인 안보와 경제에 집중한 '생존'의 논리를 펼쳐왔던 것이다. 2016년 겨울, 예상치 못한 방식으로 진행된 박근혜 정권의 몰락은 그리하여 이런 방식의 조야한 생존주의적 통치성이 더 이상 한국 사회를 통치하는 이념과 테크닉을 제공할 수 없다는 사실을 충격적으로 드러낸 사건이라 볼 수 있다. 2017년에 출범한 포스트-박근혜 정권은 이런 점에서 한국 사회가 20세기를 통해 집요하게 붙들고 있던 근본가치의 향방을 결정하는 중요한 역사적 시점에서 한국 사회가 탈-생존주의적 가능성을 확장해나갈 것인지, 아니면 기왕의 생존주의적 상상계에 머물면서 과거를 반복할 것인지의 방향 설정을 좌우할 것으로 파악된다. 생존주의적 '통치성'이 정책이나 이념, 혹은 다차원적 통치장치들의 실천 속에서 구현되는 것이라면, 생존주의적 '심성'과 그것의 극복가능성은 미시문화적 수준에서 발견된다. 정치적 진보라는 기왕의 관념에 포섭되지 않는 수많은 미시적 실천, 활동, 운동 등이 생성되고 있고, 다양한 이슈와 문제들에 대한 다각적인 추구와 욕망이 생성되고 있다. 생존주의와 긴장된 관계를 유지하면서 새롭게 모색되는 저 수많은 실천과 꿈들은 우리로 하여금, 어쩌면 21세기 한국 사회가 포스트-생존주의의 시대를 준비해가고 있는 것이 아닌가 하는 조심스러운 전망을 품게 한다. 이들을 지속적으로 관찰하면서 우리는 한국의 후기 근대가 어떻게 자신의 '사회적 가치'를 새롭게 구상해 나가는지에 주목할 필요가 있다.

제4장

사회적 자본의 경제적 중요성

김병연 (서울대학교 경제학부 교수)

1. 서론

사회란 무엇인가? 옥스퍼드 사전은 사회를 "다소 조직적인 공동체에서 같이 살아가는 사람들의 집합(the aggregate of people living together in a more or less ordered community)"이라고 정의하고 있다. 캠브리지 사전의 정의는 이보다 좀 더 구체적으로서 "어떻게 일을 하며, 해야 하는 일을 어떻게 나눌 것인가에 대한 의사결정을 하면서 조직적인 형태로 같이 생활하는 다수의 모임(a large group of people who live together in an organized way, making decisions about how to do things and sharing the work that needs to be done)"이라고 규정하고 있다. 이 두 정의에 포함되는 공통적인 단어는 "조직", "같이 삶(생활)", "(다수의) 집합(모임)"으로 판단할 수 있다. 즉 한 사회가 구성되려면 "다수의 사람이 어떤 조직적인 형태로 같이 살아가는 것"이 필수적이다.

사람들이 조직을 이루어 같이 생활하려면 사람들을 묶어주는 공통의 제도와 가치가 필요하다. 공식적인 제도는 구성원의 의견을 수렴하고 계약을 집행하며 갈등을 해소하기 위해 필요하다. 사람들 사이에 공유되는 가치는 그러한 공식적인 제도를 보완하거나 필요한 경우 대체하는 역할을 한다. 예를 들어 어떤 것이 공정한지에 대해 사람들이 동의한다면 공식적인 제도의 개입 없이 사람들 사이의 자발적인 협조를 통해 재화나 기회를 보다 공정하게 배분할 수 있다.

경제학에서는 사회를 단순히 "개인들의 합(the aggregation of individuals)"으로 간주하는 경향이 있다. 그리고 사회를 조직하는 역할을 정부(government)와 시장(market)에 국한된 것으로 축소시켰고 사회적 가치의 중요성은 간과하기도 했다. 즉 개인들의 경제활동을 일반적으로 조정하는 기제는 시장이지만 국방과 같이 비경합성(non-rivalry)과 비배제성(non-exclusiveness)을 갖는 공공재(public goods)는 정부가 공급할 필요가 있다는 것이다. 따라서 개인들이 자신의 이익을 열심히 추구하는 가운데 일차적으로는 시장이 이 활동을 조정하고 그 빈 공간을 정부가 메우면 자연스럽게 경제성장이 도모된다는 것이다.

그러나 이 테제를 처음 주장했다고 언급되는 경제학의 시조, 애덤 스미스는 그의 여러 저작에서 사회적 가치의 중요성을 간과했다기보다 오히려 강조했다. 그럼에도 불구하고 사회적 가치가 경제학의 주된 담론에서 제외된 것은 그 이후의 경제학이 이론적으로 정치화되는 과정에서 일어났다고 볼 수 있다. 하지만 최근에 이르러 경제학에서도 사회적 가치의 중요성이 부각되기 시작했다. 예를 들면 경제학의 한 분야인 실험경제학(experimental economics)에 따르면 인간은 자신의 효용뿐만 아니라 다른 사람의 효용에도 관심을 가지고 있다. 즉 인간은 사회적 선호(social preferences)를 갖고 있어서 타인의 후생이 자신의 효용에도 영향을 미친다는 것이다. 이를 뒷받침하는 유명한 실험으로 독재자 게임의 결과를 들 수 있다. 자신이 받은 돈의 일부, 혹은 전부를 아무런 조건 없이 타인과 나누도록 요청받았을 때 피실험인들은 익명의 상대방에게 평균 20%를 준다는 것이다. 인간의 이기적 성향에 기초한 경제학의 관점에서는 0%를 주는 것이 합당하지만 실제 사람들은 타인의 후생에도 관심을 가져 아무런 대가가 주어지지 않는다 하더라도 자신이 받은 돈 중 20% 정도는 나눈다는 것이다.

경제에서 사회적 가치의 중요성에 대한 논의는 부분적으로 사회적 자본과 연결되어 진행되었다. 사회적 자본은 흔히 신뢰, 사회적 규범과 협회활동 등으로 정의된다. 이것을 사회적 자본이라고 부른 이유는 아마 경제성장에서 필수적이라고 여겨진 물질적 자본, 즉 기계나 공장 등의 하드웨어에 대비하기 위해서였을 것이다. 기존 경제학에서는 이러한 물질적 자본이 노동력과 결합하여 생산활동을 이루는 것으로 간주한다. 그러나 사회적 자본의 관점에서는 기업 간, 그리고 개인 간의 거래에서 신뢰가 필수적이기 때문에 신뢰의 고리가 약하면 경제발전이 어렵다고 판단한다. 사회적 자본인 사람 간의 신뢰, 제도에 대한 신뢰란 거래를 증가시킴으로써 시장을 보다 효율적으로 만드는 데 기여한다.

사회적 자본이 경제에 기여하는 경로는 다음과 같다. 먼저 거래 당사자 간에 신뢰가 없다면 거래가 이루어지지 않거나 거래의 빈도가 현격히 낮아질 것이다. 만약 제도라도 잘 발달되어 있으면 개인 간 신뢰가 낮더라도 거래는 성사될 수 있다. 또한 신뢰는 시간 등의 투입요소를 비생산적인 데 쓰지 않고 생산적인 데 활용할 수 있도록 도움이 된다. 사회규범이 경제에 발휘하는 효과도 이와 유사하다. 협회 참여는 사회적 유대감을 강화시킴으로써 간접적으로 경제성장에 기여할 수 있다. 즉 경제성과와 사회적 가치는 무관하지 않으며 후자가 전자에 기여할 수 있다.

이상의 논의를 배경으로 한 이 장의 연구내용은 다음의 세 가지다. 첫째, 사회적 자본이 경제학에서 차지하는 의미를 고찰한다. 먼저 (저작을 통해) 스미스가 사회적 자본과 유사한 의미를 가진 동감(同感, sympathy)을 강조하고 있음을 밝힌다. 그리고 사회적 자본의 형성에 관한 문헌을 검토하는 과정에서 사회적 자본이 경제에 미치는 효과를 일별한다. 둘째, 한국에서의 사회적 자본의 정도를 측정하고 이를 다른 국가와 비교한다. 이 비교에서 한국의 사회적 자본은 감소 추세이며 사람에 대한 신뢰가 다른 국가에 비해 낮을 뿐 아니라 물적 자본과 사회적 자본의 격차가 큰 국가 중 하나임을 밝힌다. 그리고 이는 개인이 사회적 자본보다는 물적 자본에 투자하도록 인센티브를 부여하는 사회의 제반 시스템에 문제가 있다는 가설을 검토한다. 셋째, 한국에서 사회적 자본을 제고할 수 있는 방안으로 가치중심적 정책을 펴는 정부, 그리고 가치포용적 시민과 기업의 역할을 강조한다.

2. 경제학에서의 사회적 자본

1) 애덤 스미스의 동감

경제학의 시조로 알려진 스미스의 주된 관심은 인간과 사회의 문제였다. 즉 스미스는 경제학을 사회의 제반 분야와 분리하여 기술적인 측면에서 이해하기 보다 자기이익을 추구하는 인간과 사회통합, 그리고 경제발전과의 관계를 연구 했던 통합적 사회과학자였다. 이러한 그의 관심은 그가 출간한 저서 두 권에 나 타나 있다. 한 권은『도덕감정론(Theory of Moral Sentiments)』이며 다른 한 권은 『국부론(The Wealth of Nations)』이다. 이 중『도덕감정론』은 1759년에 출판되 어 다섯 차례 개정되었는데 마지막 개정판은 1790년에 출간되었다. 그리고『국 부론』은 1776년 첫 출간되어 역시 다섯 차례 개정되었고 최종판은 그의 사후인 1791년에 출판되었다. 생애 거의 전부를 들인 역작이라고 해도 과언이 아닌 이 두 책들에서 그는 인간과 사회의 문제를 고민했다.

17~18세기 지식인들의 가장 중요한 관심사는 중세의 기독교적 가치가 무너 진 이후 인간의 자기이익 추구를 어떻게 제어해야 사회의 붕괴를 막을 수 있을 것인가 하는 문제였다. 그 당시 상황을 살펴보면 알 수 있는데, 이는 실제적인 고민이었다. 즉 그 시기에는 시장의 발달, 무역의 팽창, 상업활동의 보편화가 이루어지고 있었고 이 기회를 포착한 자본가들이 공장을 지어 이윤을 남기는 이윤추구 행위가 일반적이었다. 이른바 경제적 이익 추구가 정신적 해방 단계 를 맞이한 것이다. 이 시대의 지식인들은 이러한 추세를 거스르기 어렵다고 판 단하면서도 이것이 사회의 붕괴를 가져오지 않을지 염려했다. 따라서 '이기심 의 무한한 발로'를 억제 혹은 조정할 수 있는 메커니즘을 찾으려고 노력했다. 어떤 학자들은 인간에게는 이기심뿐만 아니라 이타심도 있기 때문에 후자를 잘

개발함으로써 전자를 억제해야 한다고 주장했다. 다른 학자들은 인간의 내적 요인이 아니라 정부와 같은 외부 기제를 통해 사회가 정글이 되지 않도록 막아야 한다고 강조했다. 예를 들면 토머스 홉스는 인간은 자발적으로 자신의 권리를 리바이어던(절대자)에게 양도하여 이 통치권자가 다수의 공익을 위해 사회를 통치해야 한다고 주장했다.

스미스는 두 번째 주장에 동의하지 않았다. 그렇다고 첫 번째 주장을 택한 것도 아니다. 인간의 본성에 있는 타인에 대한 관심을 언급하면서도 이타심은 아닌, 현명한 사리 추구욕(prudent self-interest)이라고 부를 수 있는 성정에 주목하여 이를 기초로 논리를 전개했다.

스미스는 그의 주요 저작인 『도덕감정론』을 다음과 같은 진술로 시작한다.

> 인간은 이기적이라고 간주되기도 하지만 인간의 본성 가운데는 다른 사람의 행운에 관심을 가지며 그들의 행복을 자신에게 필요한 것으로 여길 수 있게 하는 원리가 분명히 존재한다. 단지 자신이 다른 사람의 즐거움을 보는 것 외에는 아무런 유익을 얻지 못하지만 말이다 … 그리고 이러한 인간본성은 결코 덕스럽거나 고상한 사람에게 국한된 것이 아니라 인간의 원초적인 감정이다(*Theory of Moral Sentiments*, I, 1. 1).

그다음 문단은 타인에 대해 느끼는 감정이 자신에게 적용되어 내면화된다는 내용의 구절로 시작된다.

> 우리는 다른 사람이 느끼는 감정을 직접 경험할 수 없고 그들이 가지는 생각을 직접 갖지는 못하지만 우리가 타인이 처한 유사한 상황에서 어떻게 느낄지 생각해 봄으로써 타인의 감정을 이해할 수 있다 … (*Theory of Moral Sentiments*, I, 1, 1).

이를 보다 직접적으로 표현한 문단은 다음과 같다.

우리가 자신의 행동을 시인, 부인하는 원리도 타인의 행동을 판단하는 원리와 같다. 우리는 타인의 경우를 우리에게 가져와 그 행동을 일으킨 감정과 동기에 동감할 수 있느냐의 여부에 따라 타인의 행동을 시인 혹은 부인한다. 이와 동일하게 우리는 자신을 타인의 상황에 대입하여 우리가 느끼는 감정 여하에 따라 자신의 행동을 시인 혹은 부인한다(*Theory of Moral Sentiments*, III. 1. 2).

이러한 역지사지(易地思之)를 스미스는 동감이라고 부르면서 이 동감은 인간의 보편적인 감정이라고 주장했다. 그리고 사람은 다른 사람으로부터 인정을 받고 싶은 강한 욕구가 있기 때문에 칭찬받아 마땅한 것을 사랑하며 비난받아 마땅한 것을 두려워한다. 이러한 태도가 반복, 내면화되면 스스로가 신뢰받을 수 있는(trustworthy) 사람이 될 수 있으며 사회는 이를 근간으로 유지될 수 있다.

동감을 강조하는 도덕감정론과 이기심을 주장하는 국부론은 서로 상충된다는 주장, 이른바 '애덤 스미스 테제'를 믿는 사람들이 적지 않다. 그러나 한 학자가 서로 상충되는 주장을 그의 역작에 담았을 뿐 아니라 비슷한 시기에 이 저서들을 동시에 개정하면서 그 내용의 일관성을 간과했다는 설명이나 가정은 받아들이기 어렵다. 오히려 그 두 권의 핵심내용, 즉 동감과 이기심을 연결하는 고리를 후대인들이 잊어버렸기 때문에 '애덤 스미스 테제'와 같은 오해가 생겼다고 봐야 할 것이다.

김병연(1988)은 스미스의 두 저작이 '동감의 범위 내에서의 자기이익 추구'라는 관점하에 일관적이라고 주장한다. 즉 동감은 인간의 본성이기 때문에 인간이 자기이익을 추구하더라도 이를 동감의 범위 내에서 하도록 내면화되어 있다는 것이다. 스미스는 이 내면화된 자기를 '속사람(the man within breast)'이라고 부른다. 또한 자기이익 추구를 내적으로 통제하지 못하는 사람은 다른 외적 기제를 통해 이를 통제할 수 있다는 것이다. 여론과 법, 경쟁이 각각 사회적·법적·경제적 통제 기제로 작동하는 사회, 즉 올바른 여론이 형성될 수 있고 법이 공정하게 작동하며 경쟁을 통해 기회의 균등이 확보된다면 굳이 정부가 경제에 개입할 필요가 없다는 것이다.

스미스에 따르면 경제발전은 동감의 범위 내에서 자기이익을 추구하는 인간 행위의 결과다. 자기이익을 추구하는 동인 때문에 경제가 발전하지만 이것이 과도하지 않도록 내·외적인 제약을 가하는 동감의 범위 내에서만 추구되기 때문에 사회가 무너질 가능성은 없다는 것이다. 따라서 정부는 경쟁을 제고하고 공공재를 제공하는 것 외에 경제에 개입할 필요가 없다. 오히려 정부의 불필요한 경제 개입이야말로 지대를 창출하고 경제질서를 왜곡시켜 성장을 가로막는다는 것이 그의 주장이다.

2) 사회적 자본의 효과

앞 절에서는 경제학이 스미스에 의해 시작될 때부터 "신뢰", "사회적 규범" 등은 사회 유지와 발전에서 필수적인 구성요소로 간주되었음을 밝히고 있다. 그러나 이런 개념이 사회적 자본이라는 이름으로 사회과학 영역에 재등장한 것은 그리 오래전이 아니라 1970년대 이후부터다. 루리(Loury, 1977)는 개인 간 임금격차를 설명함에 있어 인적자본 투자에 영향을 미치는 사회적 위치라는 맥락에서 사회적 자본이라는 용어를 사용했다. 콜먼(Coleman, 1988)은 사회적 자본의 개념을 확장해 이를 사회 구성원들이 공유하는 규범과 구성원을 연결시키는 연결망으로 이해했다. 그리고 이는 물적 자본과 마찬가지로 생산활동에 기여한다고 주장했다. 이처럼 개인적 차원에서 다룬 사회적 자본을 지역과 국가 차원으로 다룬 연구에는 퍼트넘(Putnam, 1993), 후쿠야마(Fukuyama, 1995)가 있다.

경제학에서 사회적 자본이 지금처럼 활발한 연구주제가 된 것은 낵·키퍼(Knack and Keefer, 1997) 이후부터라고 할 수 있다. 이 연구는 세계가치관조사 자료를 이용하여 사회적 자본을 측정한 후 사회적 자본이 경제성장의 요인인 투자와 경제성장 자체에 미치는 영향을 추정했다. 그 결과 신뢰와 시민 간의 협력이라는 사회적 자본은 투자와 경제성장에 긍정적인 영향을 주는 것을 발견했다. 그리고 신뢰가 10% 포인트 증가할 때 연평균 경제성장률이 0.8% 포인트 증가할 정도로 그 효과가 컸다. 디어먼·그리어(Dearmon and Grier, 2009)가 더욱 정치한

계량방법론을 사용해 사회적 자본이 경제성장에 미치는 효과를 추정한 결과도 낵·키퍼(1997)와 유사했다. 보다 최근에 알간·카추(Algan and Cahuc, 2006)는 미국의 이민자 자료를 이용하여 이들의 신뢰는 출신국의 신뢰와 양의 관계에 있음을 보이고 있다. 예를 들어 스웨덴에서 이민 온 조상을 두고 있는 미국인은 이탈리아에서 이민 온 조상의 후손에 비해 타인에 대한 신뢰가 높음을 발견했다. 그리고 이러한 신뢰의 차이 결과는 경제성장에 큰 영향을 미쳤다. 예를 들면 러시아와 이탈리아의 신뢰수준이 스웨덴 수준으로 증가한다면 양국의 1인당 소득은 각각 59%, 17% 증가한다.

그렇다면 사회적 자본은 어떤 경로를 통해 경제성장에 기여하는가? 여러 연구들이 다양한 경로를 지적하고 있다. 첫째, 사회적 자본은 투자를 증가시킨다(Knack and Keefer, 1997; Lyon, 2005). 투자에는 위험이 따른다. 사회적 자본이 높은 지역 혹은 국가에서는 경제주체의 기회주의적 행동 혹은 무임승차자(free-riders)가 적다. 반면 기회주의적 행동과 무임승차자가 많은 사회에서는 신뢰가 낮고 그로 인해 사람들이 투자를 꺼린다. 그뿐만 아니라 투자를 위해서 금융권이나 개인으로부터 자본을 차입해야 할 수 있다. 그런데 신뢰가 낮은 국가일수록 금융권과 잠재적 채권자는 채무자에게 담보를 제공하라고 요구할 가능성이 높다. 그리고 잠재적 채무자에게 높은 금리를 요구할 수 있다. 따라서 투자를 위한 자금을 빌리기도 어려워지고 빌릴 수 있더라도 높은 금리를 내야 하거나 담보를 제공해야 한다. 이 모든 것이 투자를 저해하는 요인이 된다. 이러한 사회적 자본과 투자의 관계를 낵·키퍼(1997)와 라이언(Lyon, 2005)은 각각 국가와 이탈리아의 지역자료를 활용하여 추정했다. 예를 들면 라이언(2005)은 1970년부터 1995년의 이탈리아의 지역자료를 활용하여 사회적 자본과 투자의 관계를 추정한 결과, 투자는 그 지역의 사회적 자본(투표율, 신문구독률, 시민참여율)의 영향을 받는다는 것을 알아냈다. 그리고 북부와 남부 이탈리아의 소득격차도 두 지역의 사회적 자본의 차이로서 부분적으로 설명된다.

둘째, 사회적 자본은 혁신(innovation)을 증가시킨다. 혁신은 소통과 지리적 근접성에 영향을 받을 수 있는데 사회적 자본은 이 중 소통과 연관되어 있다.

다른 사람에 대한 신뢰가 높을수록 그리고 공동체 참여가 높을수록 소통과 정보의 흐름이 활발해지며 이는 혁신을 일으키는 동력이 된다. 애코막·웰(Akcomak and Weel, 2009)은 사회적 자본 스톡은 지식스톡의 증가율에 영향을 미칠 수 있다고 주장하고 이에 근거하여 경제성장의 이론적 모형을 구성한다. 이때 연구자가 지식자산을 위해 노력하는 정도는 공동체의 연결망과 연구자의 사회적 규범, 그리고 기만했을 때의 비용이다. 벤처자본은 연구자가 지식자산을 위해 노력할 경우 투자를 고려할 것이다. 따라서 벤처자본의 혁신을 위한 투자는 그 지역이나 국가의 사회적 자본과 연구자의 사회적 규범의 함수가 된다. 이 이론적 모형의 예측을 유럽 국가의 자료를 이용하여 검정했을 때 사회적 자본이 많은 국가에서 혁신(인구 100만 명당 유럽특허청에 등록된 특허 수로 측정)이 활발한 것으로 나타났다.

셋째, 사회적 자본은 기업가의 수에 긍정적인 영향을 미친다(Kim and Kang, 2014). 기업가가 되는 것은 다른 직업에 비해 더 큰 위험을 수반한다. 사회적 자본은 기업가가 직면하는 위험을 낮출 수 있기 때문에 사회적 자본은 기업가의 수를 증가시키는 경향이 있다. 사회적 자본과 투자의 관계에서 설명했듯이 사회적 자본이 낮은 국가는 무임승차자와 기회적 행동이 많기 때문에 사업에 따른 위험이 크다. 따라서 이런 국가에서는 기업가가 되기보다 안전한 직업을 택하는 사람들이 많을 것이다. 김병연·강영호(Kim and Kang, 2014)는 이 가설을 세계가치관조사를 활용하여 검정한 결과 사회적 자본과 기업가의 수 사이에 양의 관계가 있음을 발견했다. 그 효과의 크기를 측정한다면 낯선 사람에 대한 신뢰가 한 단위 표준편차(16.4% 포인트)만큼 증가할 때 기업가의 비율은 1.26% 포인트 증가한다. 이는 총 취업자 중 3.48%가 기업가임을 고려할 때 이 비중의 34.8%에 해당하는 것이다. 즉 사회적 자본이 16.4% 포인트 증가한다면 현재 기업가의 수보다 3분의 1가량이 더 늘어날 수 있음을 의미한다.

넷째, 사회적 자본은 제도와 금융의 발전을 촉진한다(La Porta et al., 1998; Guiso, Sapienza, and Zingales, 2004). 라 포르타 외(La Porta et al., 1998)에 따르면 상호작용이 빈번한 그룹에서는 신뢰가 없어도 다른 메커니즘이 반(反)공동체적 행동을 제약할 수 있다. 그러나 상호작용이 빈번하지 않고 익명성이 높은 대규모 공동체(large organizations)에서는 신뢰를 대체할 다른 메커니즘을 찾기 어렵다. 예를 들어 신뢰가 낮은 국가에서 다양한 정부부처 간 협력은 어려워진다. 통계자료를 이용하여 검정한 결과도 이 가설을 지지한다. 신뢰는 사법부의 효율성, 관료의 질, 조세 수용도, 청렴도, 인프라의 질 등과 양의 상관관계를 가지고 있다. 구이소·사피엔자·징갈레스(Guiso, Sapienza, and Zingales, 2004)는 이탈리아의 지역자료를 이용하여 사회적 자본이 금융발전을 촉진함을 발견했다. 즉 사회적 자본이 높은 지역의 가계는 현금보다는 수표를 더 많이 사용하는 경향이 있으며 비공식금융보다 제도금융에 의존하는 경향이 높다는 것이다.

다섯째, 사회적 자본은 생산성을 증가시킨다(Lyon, 2005; Spagnolo, 1999). 사회적 자본은 협력과 소통에 긍정적으로 기여할 수 있다. 따라서 물적 자본이나 인적 자본의 양은 일정하더라도 이를 더 효율적으로 사용할 수 있게 한다. 이탈리아 자료를 이용하여 라이언(2005)은 사회적 자본이 높은 이탈리아 지역은 그렇지 않은 지역에 비해 총요소 생산성이 높음을 발견하고 있다.

이상에서 다룬 스미스의 논의와 사회적 자본에 관한 문헌의 공통점은 사회적 가치의 경제적 중요성이다. 즉 사회적 가치는 경제성장에도 중요한 기여를 할 수 있다. 스미스의 말을 빌리자면 사회적 가치는 동감의 한 표현으로서 사회통합뿐만 아니라 경제발전에 영향을 미친다.

3. 한국의 사회적 자본

그렇다면 한국에서 사회적 자본의 수준은 어느 정도일까? 사회적 자본은 타인에 대한 신뢰, 기관에 대한 신뢰, 그리고 사회규범의 준수로 측정할 수 있다. 먼저 사람에 대한 신뢰수준을 측정하기 위해 세계가치관조사의 설문에서 "대부분의 사람을 신뢰할 수 있다(Most people can be trusted)"라는 진술에 대해 전체 응답자 중 긍정적으로 응답한 사람의 비율을 사용한다. 그림 4-1은 한국의 사람

그림 4-1 사람에 대한 신뢰추이의 국가별 비교

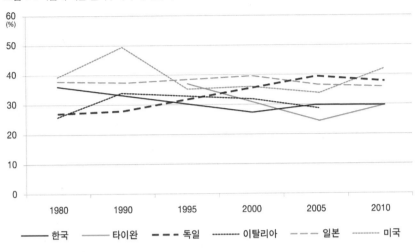

자료: 세계가치관조사.

에 대한 신뢰수준과 미국, 독일, 이탈리아, 그리고 일본과 타이완의 그것을 1980~ 2010년 기간에 걸쳐 비교하고 있다.[1] 1980년 한국의 사람에 대한 신뢰는 미국, 일본보다는 낮지만 독일, 이탈리아보다는 높았다. 반면 가장 최근인 2010년에 한국의 다른 사람에 대한 신뢰는 6개국 중 타이완과 함께 가장 낮은 것으로 나타났다.[2] 그리고 2010년의 사람에 대한 신뢰는 독일(41.9%)이 가장 높았으며 다음으로 미국(37.8%), 일본(35.9%), 타이완(29.6%), 한국(29.5%) 순서였다.

사람에 대한 신뢰도 추이에서 발견할 수 있는 특징 중 하나는 한국의 사람에 대한 신뢰수준은 전반적으로 하향세인 반면 독일은 상승세, 그리고 미국·일본·이탈리아는 안정적인 추세를 보이고 있다는 점이다. 즉 한국의 사람에 대한 신뢰수준은 1980년 36%에서 2010년 29.5%로 6.5% 하락했다. 타이완과 비교해서

1 분석대상 국가로서 1인당 소득이나 인구규모를 고려하여 아시아에서 3개국, 유럽과 북미에서 3개국을 선정했다.
2 타이완은 1995년, 2005년, 2010년의 자료만 존재하며 각각 36.9%, 24.2%, 29.6%를 기록하고 있다.

도 2005~2010년 타이완의 사람에 대한 신뢰수준은 증가했다. 일반적으로 1인당 소득이 높은 나라가 신뢰수준도 높은 경향을 보인다.[3] 한국의 2010년 실질 1인당 국민소득은 1980년에 비해 5배 증가했음에도 불구하고 사람에 대한 신뢰수준은 이 기간에 오히려 크게 감소했다.

그림 4-2는 1980~2010년 동안 한국인의 기관에 대한 신뢰추이를 다른 나라와 비교하여 보여준다. 기관에 대한 신뢰는 특정 기관에 대해 그 기관의 신뢰정도를 "매우 신뢰함, 상당히 신뢰함, 별로 신뢰하지 않음, 전혀 신뢰하지 않음"이라는 네 가지 보기 중 하나를 택하도록 한 설문응답에 기초한다.[4] 즉 보기 중 "매우 신뢰함, 상당히 신뢰함"을 신뢰함, "별로 신뢰하지 않음, 전혀 신뢰하지 않음"을 신뢰하지 않음으로 분류한 후 전체 응답자 중 신뢰한다고 응답한 이들의 비중을 계산했다. 그리고 이 설문에 포함된 기관 중 "행정부, 의회, 정당, 사법부, 경찰"의 신뢰도를 단순평균 계산하고 이 값과 종교기관, 언론, 대기업, 노조의 신뢰값을 다시 단순평균 계산하여 기관에 대한 전체 신뢰도를 도출했다.

한국인의 기관에 대한 신뢰도도 사람에 대한 신뢰도와 마찬가지로 1980~2010년 동안 하락하는 추이를 보인다. 비교대상 국가에 비해 1980년 한국인의 기관에 대한 신뢰도는 가장 높았다. 한국 응답자 중 68.6%가 기관을 신뢰한다고 응답했으며 그 뒤를 이어 미국(59.1%), 독일(43.4%), 이탈리아(40.7%), 일본(34.4%) 순이었다. 그러나 2010년에는 한국인의 기관에 대한 신뢰도가 50.2%로 떨어져 타이완(52.1%)에 비해 낮았으며 독일(48.0%)과 큰 차이를 보이지 않았다. 반면 1980년에 비해 2005년 혹은 2010년 독일과 이탈리아의 기관에 대한 신뢰도는 증가했다. 1980년 59.1%에서 2010년 44.6%로 신뢰도가 하락한 미국도 그 하락

---

3 1인당 소득과 타인에 대한 신뢰도의 회귀분석 결과 1인당 국민소득이 1만 달러 증가할 때 타인에 대한 신뢰는 5% 포인트 증가하는 경향을 보인다.

4 설문문항은 다음과 같다. "I am going to name a number of organizations. For each one, could you tell me how much confidence you have in them: is it a great deal of confidence, quite a lot of confidence, not very much confidence or none at all?"

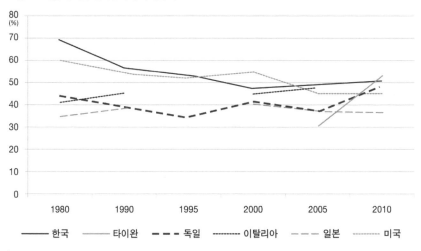

그림 4-2 기관에 대한 신뢰추이의 국가별 비교

자료: 세계가치관조사.

폭은 한국에 비해 작았다.

한국의 신뢰수준이 감소 추세를 보이는 이유는 다음과 같이 설명될 수 있을 것이다. 첫째, 민주화 과정에서 권위주의 정부가 숨겨왔던 정보들이 언론을 통해 공개됨에 따라 사람과 기관에 대한 신뢰가 하락했을 가능성이 있다. 권위주의 정부 시기에는 정부와 사회에 대한 긍정적인 정보 위주의 공개가 이루어졌다. 그러나 민주화 과정에서 국가기관과 정치인, 관료, 기업인의 비리가 알려지고 그 결과 사람들의 신뢰가 하락했다는 설명이다. 이는 권위주의 정부하의 신뢰수준이 정보의 차단과 왜곡된 이용으로 과대평가될 소지가 있음을 시사한다. 따라서 민주화 과정에서 신뢰 하락은 정상적인 과정으로 볼 수도 있다. 그러나 민주화 이후 오랜 시간이 지났음에도 신뢰수준이 여전히 하락 추세인 것은 건강한 공동체 형성이 지연되고 있다는 방증으로 해석될 수도 있다.

둘째, 외환위기의 충격이 신뢰에 부정적인 영향을 미쳤을 가능성이 있다. 외환위기 이전에는 비교적 높은 경제성장과 더불어 평생고용 등으로 가계가 직면하는 불확실성이 낮았다. 그러나 외환위기 과정에서 (사회안전망은 미비한 가운데) 평생고용제도를 믿고 있었던 다수의 근로자가 예기치 않게 직장을 잃었다. 그 결과 외환위기의 직접적인 이유를 제공한 대기업과 외환위기를 예측하고도 막지 못한 정부에 대한 불신이 증가한 것이다. 또한 국가나 기업, 이웃이 더 이상 자신의 불행을 막아주지 못한다는 경험치에 의해 자신의 삶은 각자 알아서 챙겨야 한다는 각자도생(各自圖生) 의식이 증가했고 그 결과 사람에 대한 신뢰도도 하락했을 것으로 보인다.

셋째, 경제적 불평등의 증가 역시 신뢰도를 떨어뜨렸을 것으로 보인다. 외환위기 이후 실업과 비정규직 고용, 그리고 소득불평등의 증가는 기관과 사람에 대한 신뢰도에 부정적인 효과를 준 것으로 판단된다. 통계청에서 발표하는 2인 이상 도시가구의 가처분소득 자료를 이용하더라도 한국의 지니계수는 1990년 대 초반 0.25 수준에서 외환위기 시기에 0.28~0.29로 증가했다. 그러나 이 자료에는 고소득계층 자료가 누락되었으며 참여가계의 소득이 과소 보고된 경향이 있다. 따라서 이를 국세청의 소득세 자료 등으로 수정 보완한 연구에 따르면 한국의 소득불평등도는 외환위기 이후에도 급격한 증가 추세를 보인다(김낙년·김종일, 2013). 예를 들어 가처분소득 기준의 지니계수는 1996년 0.30에서 2010년 에는 0.37로 증가했다. 이는 경제협력개발기구(OECD) 소속국 가운데 다섯 번째로 높은 소득불평등도다.[5] 즉 1990년대 중반 경제협력개발기구 국가 중 중간 정도였던 한국의 소득불평등도는 외환위기를 거치면서 급등했고 현재에도 개선 추세를 보이지 않고 있다. 한국과 같이 오랫동안 거의 단일민족 국가로 존재했던 나라에서 소득불평등도의 심화는 심각한 사회·경제·정치 갈등의 단초가 될 수 있다. 높은 소득불평등은 '우리'라는 의식을 희석시키고 '너와 나'의 대립

---

5 한국의 비교적 높은 소득불평등도는 정부의 공식자료를 통해서도 확인된다. 통계청은 기존의 소득 불평등도의 기초자료로서 가계동향조사 자료가 아닌 가계금융복지조사 자료를 이용하여 새로운 지니계수를 2017년 12월부터 발표할 예정이다. 이 자료를 이용하여 지니계수를 도출할 경우 2013~2015 년의 지니계수가 0.34가량으로 경제협력개발기구 국가 35개국 중 칠레, 멕시코, 미국, 터키, 영국, 라트비아 다음으로 한국의 소득불평등도가 높은 것으로 나타났다(《한겨레신문》, 2017.3.6, http://www.hani.co.kr/arti/economy/economy_general/785312.html).

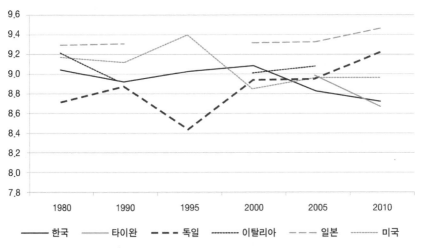

그림 4-3 사회규범 준수 의사의 국가별 비교

자료: 세계가치관조사.

범례: ━━ 한국 ━━ 타이완 ━ ━ ━ 독일 ┄┄┄ 이탈리아 ─ ─ ─ 일본 ┈┈┈ 미국

의식을 심화시킴으로써 사회적 자본에도 부정적 영향을 줄 가능성이 높다.

사회규범 준수도 사회적 자본의 일부다. 세계가치관조사는 각국 응답자의 사회규범 준수 의사를 다음 네 가지 항목을 통해 측정한다. "① 정부보조금을 받을 대상이 아닌 자가 보조금을 받는 것은 정당하다. ② 요금을 지불하지 않고 공공 교통수단을 이용하는 것은 정당하다. ③ 의무를 이행함에 있어 뇌물을 받는 것은 정당하다. ④ 세금을 포탈하는 것은 정당하다." 이 각각의 항목에 대해 "1(어떤 상황에서도 정당화될 수 없다)부터 10(항상 정당화될 수 있다)"까지의 보기를 주고 하나를 선택하도록 했다. 사회규범 준수 정도를 보다 직관적으로 이해하기 위해 여기서는 보기를 역순으로 배열하여 숫자가 높을수록 준수의지가 높아지도록 만들었다. 그리고 이 보기를 택한 응답자의 비중을 고려해 각 질문에 대한 평균치를 구한 다음 네 가지 설문에 대해 단순평균을 계산했다. 그림 4-3은 1980~2010년 동안 앞서 나타난 5개국의 사회규범 준수의지 수치를 보여준다.

국가 간 순위로 볼 때 한국의 사회규범 준수 의사의 정도는 1980년과 2010년 모두 5개국 중 네 번째로서 변화가 없었다. 2010년에는 일본, 독일, 미국 다음의 순이었고 타이완보다 약간 높았다. 그러나 수치로 보면 1980년 9.04에서 2010년 8.72로 하락했다. 이 기간 독일과 일본의 수치는 상승했고 미국은 하락했지만 그 폭은 한국보다 작았다. 한국과 비교해서 비슷한 하락폭을 보인 나라는 타이완으로서 1995년 9.01에서 2010년 8.67로 낮아졌다.

이상과 같이 타인에 대한 신뢰, 기관에 대한 신뢰, 그리고 사회규범 준수 의사 등 지표를 활용하여 평가한 결과 1980~2010년 동안 사회적 자본이 감소했음을 알 수 있다. 한국인의 기관에 대한 신뢰도는 다른 국가에 비해 상대적으로 높은 편이지만 타인에 대한 신뢰와 사회규범 준수 의사는 낮은 편이다. 이와 같이 공동체 구성원을 서로 연결시켜주는 의식과 규범이 낮다는 것은 개인주의적 성향이 커질 가능성을 시사한다. 즉 타인에 대한 신뢰가 낮고 사회규범을 준수하려는 의지가 약하다는 사실은 타인을 배려의 대상으로 이해하기보다 경쟁상대로 인식하는 경향이 증가했음을 보여준다.

그림 4-4는 한국인이 자녀교육에서 가장 중요하게 여기는 자질을 다른 국가와 비교한 것이다. 세계가치관조사는 자녀들의 양육에서 가장 중시해야 하는 자질을 "독립심, 근면, 책임감, 상상력, 인내, 관용과 타인에 대한 배려, 검약, 결단력과 인내, 종교심, 비(非)이기심, 순종, 자기표현(self-expression)"으로 제시하고 이 중 최대 5개까지 선택하도록 했다. 여기서 독립심, 근면, 상상력, 검약, 결단력과 인내는 성취지향적 성향과 관련이 있다고 판단된다. 따라서 전체 응답자의 선택 중 성취지향적 자질을 택한 수의 비중을 구해 각국 국민의 가치관, 보다 자세히는 성취지향적 성향 대비 관계지향적 성향을 파악했다.

그림 4-4에 따르면 한국인은 비교대상 국가 가운데 가장 성취지향적으로 자녀교육을 시킨다. 1990년까지만 하더라도 이 정도는 다른 나라에 비해 약간 높은 수준인 27.6%가량이었지만 1995년에는 40.8%, 그리고 2000년에는 73.2%로 급증했다. 2010년에는 57%로 감소하기는 했지만 1995~2010년에 걸쳐 한국인의 성취지향적인 자녀교육 경향은 비교대상 국가에 비해 크게 높은 수준을 나타냈다.

성취지향적 자녀교육은 낮은 사회적 자본과 서로 영향을 주고받으며 악순환

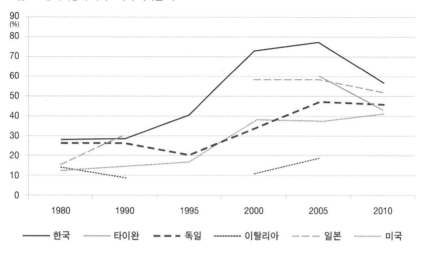

그림 4-4 성취지향적 자녀교육의 국가별 비교

범례: ─── 한국 ─── 타이완 ─ ─ ─ 독일 ·········· 이탈리아 ─ ─ 일본 ········ 미국

자료: 세계가치관조사.

구도를 형성할 수 있다. 사회적 자본과 연대의식이 낮기 때문에 자녀들을 더욱 성취지향적으로 양육하려는 유인이 커지고 그렇게 교육받은 자녀가 성인이 되었을 때 그들의 사회적 자본은 그렇지 않은 교육을 받은 사람에 비해 낮을 가능성이 크다. 그리고 낮은 사회적 자본은 앞서 살펴본 것처럼 경제적 비용으로 이어진다. 한국과 물적 자본, 인적 자본 면에서는 같지만 사회적 자본이 많은 나라는 한국보다 더 높은 경제성장을 나타낼 수 있다. 즉 낮은 사회적 자본 때문에 한국은 투입 대비 산출이 상대적으로 낮은 고비용 저효율 경제가 된 것이다.

이를 보다 더 자세히 이해하기 위해 국내총생산 대비 물적 투자의 비중과 사회적 자본의 크기를 비교해볼 수 있다. 만약 물적 투자의 비중은 높은 데 비해 사회적 자본이 낮은 나라는 "고(高)투자 저(低)신뢰" 국가로 명명할 수 있을 것이며 반대로 사회적 자본의 비중은 높지만 물적 투자의 비중은 낮은 나라는 "고(高)신뢰 저(低)투자" 국가로 부를 수 있을 것이다. 그림 4-4에 나타난 6개국 중 2010년 국내총생산 대비 물적 투자와 타인에 대한 신뢰의 자료가 존재하는 국가는 한국, 일본, 독일, 미국이다. 한국의 경우 사회적 자본을 국내총생산 대비 물적 투자의 비중으로 나눈 수치는 0.98이다. 반면 독일, 미국, 일본의 수치는 각각 2.12, 2.00, 1.72로 한국보다 훨씬 높다. 즉 한국은 물적 투자 대비 사회적 자본에 대한 투자가 독일과 비교해서는 절반 이상, 그리고 일본과 비교해서도 70% 이상 낮은 국가로 판단된다. 실제 한국의 국내총생산 대비 물적 투자의 비중은 30%로서 비교대상 국가 중 가장 높은 데 비해 타인을 신뢰하는 사람의 비중은 29.5%로서 가장 낮다. 이와 같이 한국은 물적 투자는 많이 하는 국가인 반면 사회적 자본에 대한 투자는 현저히 낮은 국가로 볼 수 있다. 그러나 낮은 사회적 자본은 물적 투자의 효율성을 떨어뜨리는 요인으로 작용할 수 있다.

4. 사회적 자본 형성의 장애요인

한국에서 일반 사람에 대한 신뢰가 낮은 이유 중 하나는 가정과 학교 교육이 공동체와 시민 정신을 함양하기보다 개인적 역량을 강화하는 데 초점을 두고 있기 때문이다. 그 이유는 각 개인이 사회적 자본에 대한 투자수익보다 개인적 역량 강화에 대한 투자수익이 더 높다고 판단하기 때문일 것이다. 개인의 역량에 대한 투자가치는 자신이 투자하는 만큼 보상을 받을 수 있는 반면 사회적 자본에 대한 투자가치는 다수의 사람이 투자해야 발생한다. 따라서 후자의 경우는 수익이 불확실한 투자다.

이상의 상황을 다음과 같은 게임으로 표현할 수 있다. 2명의 참가자가 각각 5의 자본을 갖고 두 종류의 프로젝트에 투자한다고 가정하자. X 프로젝트의 수익은 승자독식으로 더 많은 자본을 투자한 사람이 더 적게 투자한 사람의 자본을 가져간다. X에 투자한 금액이 동일한 경우에는 자신이 투자한 만큼 가져간다. Y 프로젝트는 사회적 자본에 대한 투자로서 2명의 자본이 모두 참여해야 수익이 발생하며 그 수익은 두 자본의 곱이다. 그 곱이 양이면 이를 2명이 균등하게 나눠 가진다. 예를 들어 참여자 A는 5의 자본을 X와 Y에 각각 3과 2씩 투자한 반면 B가 X와 Y에 5와 0을 투자한다면 B는 8을 가져가지만 A는 아무것도 가져갈 수 없다. A는 X 프로젝트에서 패자이며 Y 프로젝트에서는 B가 0을 투자했기 때문에 수익이 발생하지 않는다(2×0=0이기 때문이다). 반면 B는 X에 5를 투자함으로써 A의 투자금액인 3보다 많이 투자했기 때문에 그 합인 8을 벌 수 있었다. 이러한 예처럼 이기적인 투자자는 X에 모든 자본을 투자할 것이다. 그런데 A와 B 모두가 이기적으로 행동한다면 자신이 투자한 금액만큼인 5를 수익으로 벌 수 있다.

반면 A와 B 모두 Y 프로젝트에 투자한다면 양의 수익이 발생한다. 만약 A와 B 중 1명이 최소한 1 이상의 자본을 Y 프로젝트에 투자하고 다른 사람이 3 이상의 자본을 투자한다면 총수익은 총투자비용을 초과한다. 예를 들어 A와 B 모두 각각 3의 자본을 투자한다면 9만큼의 총수익이 발생해서 각각 4.5씩 나눠가질 수 있으며 50%라는 높은 투자수익률을 기록할 수 있다. 문제는 상대방이 0을 투자할 경우 투자금액을 모두 잃을 위험이 있다. 따라서 상대를 신뢰하지 못할 경우는 X 프로젝트에 모두 투자하는 것이 합리적이다.

이상은 극단적인 예이기는 하지만 사회적 자본의 특수성을 보여주는 데는 효과적이다. 한 사람만 타인을 신뢰하고 상대방은 그렇지 않을 경우 신뢰하는 사람은 패자가 될 가능성이 높다. 따라서 반복게임에서는 애초 신뢰를 택했던 사람도 신뢰하지 않는 쪽으로 행동을 변경할 가능성이 높다. 신뢰라는 사회적 자본은 구성원이 공동으로 지출해야 하지만 이를 강제할 수 있는 수단은 많지 않다.

사회적 자본이라는 스톡이 형성된 사회에서는 상대방도 사회적 자본에 어느 정도 투자할 것을 기대할 수 있기 때문에 현시점에서의 사회적 자본에 대한 투자가 지속될 가능성이 높다. 반면 사회적 자본 스톡이 낮은 사회에서는 사회적 자본에 대한 투자보다 개인의 물적·인적 자본에 대한 투자가 증가될 유인이 커진다. 한국에서 신뢰수준이 낮고 자녀교육에서 성취지향적 덕목을 강조하는 것도 바로 이와 같이 설명할 수 있다. 그러나 그 결과 사회적 자본과 물적·인적 자본의 균형이 깨지게 되고 이 경우 물적·인적 자본의 투자수익도 하락하는 결과를 초래한다.

한국과 같은 저신뢰 사회를 고신뢰 사회로 만들 수 있는 방안은 무엇인가? 앞서 예에서와 같이 신뢰를 높이는 데는 경제주체들이 타인을 신뢰하는 것이 자연스러울 뿐 아니라 자신에게도 궁극적으로 이익이 된다고 믿는 것이 필요하다. 이른바 시민적 이기심(civilized self-interest)이라고 부를 수 있는 것이다. 이를 위해서 가장 바람직한 것은 모든 경제주체가 동시에 불신보다 신뢰를 택하고 신뢰받을 수 있도록 행동해야 한다. 그러나 다수의 개인이 갑자기 행동을 바꾸기란 현실적으로 어렵다. 따라서 아래에서 논의하는 것처럼 정부와 기업의 선도적 역할이 더욱 중요할 수 있다.

5. 한국에서의 사회적 자본 확산방안

1) 가치 중심의 정부정책

앞의 예에서처럼 A는 사회적 자본에 투자하지 않고 자신이 사용할 수 있는 자원 모두를 개인의 역량 강화, 예를 들면 물적·인적 투자에만 사용했다. 만약 A가 B와 같이 자원의 일부를 사회적 자본에 투자했다면 사회적 자본은 양이 되어 사회적으로나 개인적으로 더 많은 수익을 창출할 수도 있었을 것이다. 따라서 정부의 역할 중 하나는 사회 구성원으로 하여금 사회적 자본에 양의 투자를 하도록 강제하거나 유도하는 것이다. 이른바 사회적 가치를 중심으로 정부정책을 수립하는 것이다.

정부는 시민들이 공동체에 대한 책임감을 갖도록 할 수 있다. 이를 위한 정책으로는 다음의 두 가지를 고려할 수 있다. 첫째, 의무투표제를 도입하는 것이다. 현재 27개국이 채택하고 있는 의무투표제는 국민이 투표에 반드시 참여하도록 의무화하고 이를 어길 시 벌금 부과, 피선거권 박탈 등의 처벌을 가한다(Panago-poulos, 2008). 예를 들면 오스트레일리아에서는 투표하지 않으면 벌금을 부과하고, 벨기에의 경우는 15년 동안 4회 이상 투표하지 않을 시 피선거권을 박탈한다. 의무투표제는 시민이 투표권을 성실히 행사하도록 강제함으로써 공동체에 관심을 갖게 하는 효과가 있다. 즉 투표의 경험을 통해 사회문제에 관심을 갖게 되고 자신의 권리와 책임을 더욱 자각할 수 있을 것이다. 또한 정부의 정책이 단지 투표에 참가하는 사람뿐만 아니라 시민 전체의 의사를 반영하도록 자극하는 효과도 있다. 황유선(2016)은 의무투표제를 도입할 경우 정부의 국내총생산 대비 복지지출 비중이 1.5~1.8% 포인트 증가한다고 밝혔다. 이는 그동안 투표에 참여하지 않던 사람들이 주로 저소득층이며 이들이 의무투표제에 따라 투표에 참여함으로써 복지가 증가하는 방향으로 정책의 수정이 이루어진다는 것이다. 이들은 투표를 통해 민주주의에서 정치참여의 혜택이 자신에게 돌아옴을 경험하고 이로써 사회와 타인을 더욱 신뢰하게 될 수 있다.

둘째, 더욱 많은 사람들이 소득세를 내도록 법을 개정할 필요가 있다. 현재 한국에서 소득세를 납부하는 사람의 비중은 50%가량에 불과하다.[6] 이는 각종 면세 혹은 감세 조항으로 인해 근로소득의 면세점이 높기 때문에 발생하는 현상이다. 그 결과 공동체에 대한 의무보다 공동체로부터의 혜택을 더 원하는 편향이 발생할 수 있다. 소득세를 올릴 때도 그에 따른 부담은 자신보다 고소득자들이 당연히 져야 하고 자신은 혜택만 누려도 된다고 생각하는 문화에서 사회적 자본이 증가하기란 어렵다. 부담이 집중되는 상대적인 고소득자들은 이에 불만을 가질 수 있기 때문에 이들의 사회적 자본이 감소할 수도 있다. 조세수입이 증가해서 저소득층이 이전보다 더 많은 복지혜택을 누릴 수 있게 되더라도 자신들도 일정 부분 이에 기여한다는 의식과 태도를 가지는 것이 공동체의 사회적 가치 증진을 위해 바람직하다.

셋째, 기부금 공제를 더욱 확대할 필요가 있다. 시민의식은 자발성을 기초로 하며 강제성보다 자발성에 기초한 행동이 사회적 가치 제고에 더욱 효과적이다. 그래야 신뢰와 규범준수 의식도 증가한다. 따라서 가능한 한 시민들이 자발

---

6 2015년 기준 근로자 1733만 명 중 46.8%인 810만 명이 소득세를 내지 않는 사람들인 것으로 파악되고 있다(http://www.ytn.co.kr/_ln/0102_201708210339311168).

적인 기부를 통해 약자와 이웃을 돌아보도록 하는 문화를 만들어야 한다. 그러나 정부는 2013년 세법 개정에서 기부금 공제를 소득공제에서 세액공제로 바꿔 공제 폭을 대폭 축소했다. 이로써 눈에 보이는 조세수입은 증가할지 몰라도 보이지 않는 사회적 자본은 감소하는 결과가 나타날 것이다. 만약 기부금 영수증을 발행하는 기관이나 자선단체에 대한 감시가 어렵다면 먼저 재정의 투명성이나 집행의 효율성 등을 기준으로 선별한 우수 기관이나 단체에서부터 기부금 공제 확대를 시작할 필요가 있다.

넷째, 정부의 예산집행 단계에서 사회적 자본에 미치는 효과를 점검하는 것이 필요하다. 정책이 환경이나 중소기업에 미치는 효과를 점검하는 것처럼 사회적 자본에의 영향도 평가할 필요가 있다. 사회적 자본을 제고할 수 있는 정책에 가산점을 부여하는 방안도 고려할 수 있을 것이다.

다섯째, 어떤 문제에 대해 이해관계자 사이에 갈등이 있을 경우 우선 이들 간에 자율적으로 문제를 해결하도록 유도하는 것이 필요하다. 정부가 직접 개입하여 민간의 문제를 해결하게 되면 민간의 자율성이 훼손되는 것은 물론 정부에 대한 의존성이 심화되고 민간부문에서 신뢰 축적의 기회도 사라진다. 물론 초기에는 민간의 자율적 이해 조정이 어려울 수 있다. 그러나 이런 경험이 반복되면 서로 협조하는 편이 이익이라는 것을 알게 되고 그 나름대로 갈등 조정의 노하우가 쌓인다. 이처럼 자치와 자율을 통한 시민 스스로의 해결역량 강화가 사회적 자본을 축적하기 위한 중요한 경로다.

2) 가치포용적 기업

사회적 가치를 고려하는 기업에는 두 종류가 있을 것이다. 첫째는 사회적 가치를 직접적으로 추구하는 사회적 기업이다. 이런 기업은 이윤을 창출함으로써 기업이 지속되기를 바라지만 이윤 극대화를 기업의 가장 중요한 목표로 삼지는 않는다. 오히려 사회적·경제적 약자의 고용과 같은 사회적 가치 실현을 중요한 목표로 삼는다. 이러한 기업은 사회적 자본 형성에 직접적으로 기여할 수 있다.

문제는 동일한 여건에서 이윤 극대화를 추구하는 일반 기업에 비해 시장경쟁력에서 뒤질 수 있다는 것이다. 따라서 사회적 기업은 소비와 투자에서 사회적 가치를 고려하여 행동하는 소비자와 투자자를 전제로 존재할 수 있다. 즉 사회적 기업은 가치포용적 시민을 필요로 한다. 또한 정부와 공공기관은 사회적 기업을 지원함으로써 공동체 내에 사회적 가치가 확산되도록 장려할 수 있다. 사회적 기업에게 보조금을 지급하거나 공공조달 품목의 일정 비율을 사회적 기업에게 맡기는 것도 방안이 될 수 있다. 그러나 정부와 공공기관은 기업경쟁력 제고와 사회적 가치 추구 사이에 균형을 취할 필요가 있다.

둘째는 일반 기업이지만 사회적 가치를 염두에 두고 경영하는 기업이다. 사회적 기업과 달리 일반 기업이 사회적 가치를 고려하는 이유는 이윤 극대화에 도움이 되기 때문이다. 즉 사회적 가치에 기여하는 기업이라는 이미지는 소비자, 투자자로부터 좋은 평판을 얻는 데 도움이 되며 이는 더 높은 이윤으로 이어질 수 있다고 믿기 때문이다. 특히 온라인을 통해 많은 수의 소비자가 실시간으로 기업에 관한 정보를 얻을 수 있기 때문에 기업 평판의 중요성은 이전에 비해 더욱 커졌다. 최근 많은 기업들이 사회적 가치에 관심을 갖게 된 것은 이러한 온라인 환경의 발달과 무관하지 않다. 그리고 온라인 플랫폼을 기반으로 하는 기업의 발전은 이런 가능성을 더욱 증가시킬 것이다. 예를 들어 에어비앤비나 우버는 각각 숙소와 차에 관한 온라인 복덕방 역할을 하는 기업으로 소비자는 이 기업이 생산하는 제품을 사는 것이 아니라 그 중개서비스를 구매하는 것이다. 이런 중개기업일수록 기업의 이미지가 중요하다. 사회적 가치를 진작시키기 위해 노력하는 기업, 신뢰받는 기업이라는 이미지는 그렇지 않은 다른 온라인 중개기업이나 오프라인 기업을 앞설 수 있는 경쟁력이다. 이 평판을 통해 더 많은 고객을 모을 수도 있다. 더 나아가 기업 간 경쟁에서는 애초 사회적 가치에 관심이 적은 기업이라 하더라도 시장에서 살아남고자 사회적 가치를 고려하여 경영하도록 압박을 받을 수 있다. 따라서 기술의 발전이 기업의 행동 변화를 통해 사회적 가치 제고에 기여한다고 볼 수도 있다.

3) 가치포용적 시민

정부의 가치중심적 정책과 기업의 가치포용적 성장의 근본은 가치포용적 시민이다. 민주주의에서 시민은 투표와 각종 정치기제를 통해 정부정책에 영향을 미친다. 그리고 시장경제에서 시민은 투자자와 소비자로서 기업의 성장전략에 영향을 준다. 따라서 시민들의 가치포용적 결정과 행동은 정부와 기업 부문에도 변화를 일으켜 사회적 자본 축적의 기폭제가 될 수 있다.

가치포용적 시민은 타인과 공동체가 자신의 삶에 중요한 의미를 부여한다는 것을 믿고 이에 따라 행동하는 사람이다. 어떤 결정의 결과, 자신에게는 약간의 손해이지만 타인과 공동체에 큰 이익을 줄 수 있다면 이를 택하는 것이 가치포용적 시민의 자질이다. 이러한 자질을 갖춘 시민은 정치적 영역과 경제적 영역에서 다음과 같이 사회적 가치를 고려한 행동을 할 수 있을 것이다.

첫째, 정부정책을 지지함에 있어 자신에게 미치는 이익과 손해만 고려하지 않고 타인과 공동체에 미치는 결과를 고려한다. 특히 자신보다 약자의 지위에 있는 사람의 복지가 크게 개선된다면 자신은 약간 손해를 보더라도 그 정책을 지지할 수 있어야 한다. 예를 들어 100만 원이 고소득자에게 미치는 후생증가 효과는 저소득자에게 미치는 효과보다 적을 것이다. 따라서 고소득자가 세금을 더 부담하여 이를 기초생계 지원비로 사용한다면 이는 사회 전체의 후생을 증진시키는 효과를 가질 수 있다. 물론 고소득자의 자발적 기부를 통해서도 이런 효과를 볼 수 있다.

둘째, 소비자와 투자자라는 레버리지를 이용하여 기업이 가치포용적 경영을 하도록 유도할 수 있다. 보다 구체적으로 소비자는 사회적 자본의 축적에 기여하는 기업의 제품과 서비스를 더 많이 소비할 수 있다. 사회적 가치를 제고하는 기업의 리스트(화이트리스트)를 만들고 이에 대비하여 사회적 가치를 훼손하는 기업의 리스트(블랙리스트)를 만들어 이를 자신의 소비에 참고할 수 있다. 개별 소비자가 이런 작업을 하기 어렵기 때문에 비정부 조직이 이런 활동을 감당할 수 있을 것이다. 투자도 마찬가지다. 자본시장에서 주식이나 채권에 투자할 때도 기업의 가치포용 정도를 확인해볼 수 있을 것이다. 더 나아가 윤리펀드(ethical funds)에 집중적으로 투자하는 것도 고려해볼 수 있다. 즉 사회적 자본 형성에 기여하거나 사회적 가치를 고려해 기업활동을 하는 기업의 주식과 채권으로만 구성된 윤리펀드에 투자하는 것이다. 어떤 보고에 따르면 윤리펀드의 수익률이 반드시 시장수익률보다 낮지 않다.

자신의 결정과 행동, 그리고 정부의 정책이 어떤 결과를 가져올지에 대해 정확한 지식과 정보를 갖는 것도 중요하다. 사회적 가치를 고려하여 행동하지 못하는 이유 중 하나는 복잡해진 사회와 글로벌화된 경제로 인해 그 결과를 예견하기가 어려워졌기 때문이다. 즉 스미스의 동감의 원리가 작동하려면 역지사지를 통해 타인의 상황에서 자신의 행동을 관찰할 수 있어야 하지만 사회가 복잡해질 뿐만 아니라 경제활동이 글로벌화함에 따라 개별 주체들이 그 상황을 이해하기 힘들어진다. 예를 들면 미국의 블루컬러 노동자들은 자신의 해고 사유가 중국으로 넘어간 일자리 때문이라고 쉽게 믿는 편이다. 이와 같이 복잡해진 사회·경제 환경에서는 '공정하며 정보를 다 가진 관찰자(impartial and well-informed spectator)'가 되기 어려워지고 오히려 집단의 이익을 합리화하는 기제가 발달할 수 있다. 이 때문에 공정하고 정확한 지식을 생산하고 정보를 전달하는 기관이 더욱 필요하다. 대학과 연구기관의 독립성이 높고 언론의 자유가 보장된 국가에서 사회적 자본이 더 발달하는 이유도 여기에 있다.

6. 결론

이 장은 경제학에서 사회적 자본과 관련된 연구성과를 논의하는 것으로 시작한다. 먼저 인간의 이기적 측면에만 주목했다고 평가받는 스미스가 오히려 그의 『도덕감정론』에서 인간의 동감, 즉 타인에 대한 관심과 역지사지의 중요성을 강조했음을 밝힌다. 특히 최근 사회적 자본에 관한 경제학에서의 많은 연구는 사회적 자본인 신뢰와 사회규범이 경제성장에 기여할 수 있음을 논의한다. 사회적 자본이 경제성장에 미치는 효과도 커서 타인에 대한 신뢰의 정도가 10% 포인트 증가한다면 경제성장률은 0.8% 포인트 증가하는 것으로 추정되었다. 사회적 자본이 경제성장에 미치는 경로도 투자 제고, 혁신 창출, 기업가 정신 제고, 생산성 증가, 제도와 금융 발전 등을 포괄할 만큼 다양하다.

한국의 사회적 자본은 1980년 이후 감소 추세다. 타인에 대한 신뢰는 30%를 하회함으로써 이 연구의 비교대상 국가인 독일, 미국, 이탈리아, 일본과 비교해 낮은 수준이다. 다른 나라와 비교해 기관에 대한 신뢰는 상대적으로는 높은 편이지만 이 또한 감소 추세다. 그리고 사회규범 준수 의사도 하락하고 있다. 이와 같이 사회적 자본을 구성하는 세 요소 모두 장기적으로 하락 추세를 보이는 것은 이 하락의 이유가 일시적인 요인이 아니라 구조적인 요인임을 시사한다. 이 연구에서는 민주화 이후 정보에 대한 접근성의 증가, 외환위기의 충격, 소득 불평등의 악화를 그 이유로 제시한다. 사회적 자본의 하락은 각자도생으로 이어지고 이는 다시 사회적 자본을 감소시킨다. 한국인이 자녀를 교육할 때 성취 지향적 자질을 관계지향적 자질에 비해 강조하는 정도가 비교대상 국가보다 크게 높다는 사실에서도 사회적 자본의 하락을 확인할 수 있다. 이 연구는 개인에게 투자의 성과가 돌아가는 인적·물적 투자는 많이 하는 반면 사회 구성원 다수가 투자해야 수익이 발생하는 사회적 자본 투자는 적게 함으로써 이 두 자본 사이의 불균형이 한국에서는 매우 크다는 사실을 지적한다. 그리고 이는 인적·물적 투자의 수익률을 떨어뜨리는 요인으로 작용한다. 즉 한국은 이른바 "고투자 저신뢰" 국가로서 저신뢰 때문에 투자의 성과도 낮아지는 악순환이 발생한 것이다.

이 글은 한국의 사회적 자본을 제고하는 방안으로서 가치중심적 정부정책과 가치포용적 기업 및 시민의 역할을 강조한다. 정부는 사회적 자본이 축적될 수 있는 정책을 개발해야 할 뿐 아니라 정책 수립 시 사회적 자본에 미치는 영향을 고려할 필요가 있다. 이를 위해 시민성, 즉 사회적 연대감을 제고하는 정책, 예를 들면 의무투표제나 근로자 중 소득세 납부자 비율을 증가시키는 것이 바람직하다. 그리고 기부금 공제를 확대하고 민간의 자율로 갈등을 조정하도록 유인하는 것이 필요하다. 기업의 역할로서는 사회적 기업뿐 아니라 일반 기업도 사회적 가치를 고려할 필요성이 증가하고 있음을 이 글은 지적한다. 온라인 환경으로 말미암아 기업의 제품과 서비스에 대해 소비자의 평가가 실시간으로 이루어지고 기업의 평판이 소비와 투자에 영향을 미칠 수 있는 가능성이 더욱 증가했다. 이와 같이 사회적 가치에 기여하는 기업이라는 평판은 이윤 극대화에 도움이 될 수 있다. 이는 가치포용적 소비와 투자를 하는 시민의 존재와 맞물려 사회적 자본 축적에 기여할 수 있다. 즉 소비자, 투자자로서의 시민은 사회적 가치에 충실한 기업의 제품과 서비스를 소비하고 그러한 기업의 주식과 채권에 투자함으로써 사회적 자본 형성에 기여할 수 있다. 그리고 유권자로서의 권리를 행사하여 정당과 정책이 사회적 자본 축적을 지향하도록 정치행위를 할 수 있다.

제5장

데이터 경제 시대의 사회혁신

강정한 (연세대학교 사회학과 교수)

1. 서론

현재 한국 사회의 가장 큰 이슈는 4차 산업혁명이라고 해도 과언이 아니다. 4차 산업혁명이 이미 진행 중이고 대비가 시급하다고 진단하는 측이 있는가 하면, 4차 산업혁명은 과장된 담론이라고 평가하는 시각도 있다(≪중앙일보≫, 2017. 1.29). 그러나 우리 사회가 겪고 있는 변화를 4차 산업혁명이라 진단하건 혹은 인공지능이나 딥 러닝이라고 명명하건, 그 변화는 급격하게 우리에게 다가오고 있으며 불안감을 동반하고 있다. 그렇다면 우리는 그러한 변화에 왜 불안해하는가? 기술적 혁신 자체는 불안보다는 흥분과 기대, 낙관을 수반해야 하지 않는가? 인터넷이 급속히 발달하던 시대에 우리는 낙관적이었다. 현재 우리가 불안한 것은 사실 우리가 겪고 있는 변화가 급격한 기술적 변화이기 때문이 아니라, 거기에 수반되는 사회적 변화가 예측 불가능하기 때문이다. 그런데 그러한 변화를 기술혁신이 불러올 어쩔 수 없는 숙명으로 인식할 때 불안이나 비관은 더 커진다.

현재의 변화가 근본적으로 기술적이 아니라 사회적임을 인식하는 것은 적어도 두 가지 이유에서 우리의 불안을 덜어준다. 우선, 변화의 근본이 기술적이기보다 사회적일 때 변화가 불러올 문제에 대한 해결책이 인간의 사회적 합의와 의지의 범위 내에 있다는 희망을 준다. 다음으로 우리가 맞이할 미래 사회의 문제가 신기술이 불러올 새로운 무엇이 아니라, 과거에 존재했거나 현재 존재하는 사회문제와 유사한 특성과 해법을 내포할 수 있다.

이 장은 그러한 관점에서 우리 사회가 겪고 있는 변화를 4차 산업혁명, 딥 러닝, 인공지능 등과 같은 용어보다는 '데이터'라는 용어를 중심으로 풀어가려 한다. 4차 산업혁명 담론이 과장되었다고 보는 시각이 타당성을 가질 수 있는 것은, 사실 우리가 겪고 있는 변화가 기술적으로는 그다지 비약적인 것이 아니라는 진단에 근거한다. 비약적으로 발전한 것은 러닝 알고리듬 자체가 아니라 알고리듬에 투입되는 데이터의 생산과 유통이다. 이 장은 현대 사회의 데이터 생산 방식이 급격히 사회화된 반면, 사회적으로 생산된 데이터는 급격히 사유화되어 주로 시장에서 자본으로 유통되고 있음을 서술하려 한다. 소위 데이터 경제의 도래, 이 점이 우리에게 확실히 도래한 '사회적' 변화다. 그리고 이처럼 사회적으로 생산된 데이터의 가치가 사회적으로 향유되기보다는 자본화되어 불평등을 가속화하는 것이 우리가 당면한 문제다.

데이터가 생산되는 방식만큼 유통이 사회화될 때, 데이터 시대가 가져다줄 수 있는 사회적 가치를 극대화할 수 있을 것이다. 그러한 데이터 유통의 사회화를 이루려는 노력이 현시대 우리 사회가 요구하는 사회적 혁신이며, 자본주의 데이터 경제의 한계를 보완하거나 극복해줄 사회적 데이터 경제를 건설하는 근간이 될 수 있다.

2. 재화 생산과 소비의 사회화: 생태계적 성공과 연결재의 확산

1) 전략적 성공에서 생태계적 성공으로

산업이나 시장을 '생태계'라고 표현하는 일이 잦아지고 있다. 대표적인 영역이 스마트폰 어플리케이션 생태계다. 어플리케이션 시장을 생태계로 표현하는 것은 다양한 어플리케이션들이 생물생태계의 다양한 종처럼 상호의존적으로 하나의 시스템을 이루고 있음을 뜻한다. 다양한 종들이 탄생, 성장, 소멸하듯이 건강한 산업생태계에서는 다양한 상품들이 시도, 성장, 발현될 수 있어야 하고, 개별 상품들은 등장과 소멸을 반복하더라도 전체 시스템은 환경의 변화에 반응하며 진화해야 한다.

이처럼 경제시스템을 생태계에 비유하는 현상은 상품이나 기업의 주요 성공 방식이 전략적 성공에서 생태계적 성공으로 바뀌었음을 반영한다. 생태계적 성공은 전략적 성공과 성공 메커니즘이 근본적으로 다르다. 전략(Chandler, 1990)은 상품이 처할 환경적 요인과 그 요인들이 상품에 미칠 인과관계를 성공적으로 고려하여 계획적으로 상품에 반영하고 시장에 내놓는 활동이다. 이러한 전략에 의해 상품이 성공한다면 그 상품은 다른 실패한 상품보다 우수하다고 할 수 있고, 그 성공은 궁극적으로 기업가가 상품을 성공적으로 계획하고 판매한 덕분이라고 할 수 있다.

반면 한 생태계에서 상품의 흥망성쇠를 결정할 환경적 요인을 미리 고려한다는 것은 불가능하다. 요인이 너무 많아서일 수도 있고 요인 간 관계가 너무 복잡해서일 수도 있다. 이러한 상황에서 최선의 전략이란, 수많은 실험을 통해 어떤 조합의 시도가 주위 환경에 적합(fitness)한지를 사후적으로 찾아가는 활동이다(Hannan and Freeman, 1993). 성공의 인과관계는 모호하고 수많은 실패를 통해 적합도 공간(fitness landscape)을 탐험할 뿐이며, 이러한 탐험에서 성공적으로 살아남은 상품은 마치 수많은 변이를 통해 진화적으로 성공한 생물군과 비슷하다. 성공한 상품은 당시 환경에 적합해서 살아남은 것이지 실패한 상품들에 비해 객관적으로 우수하다고 말하기 힘들다. 마치 생물종 간의 우열관계를 따지기 힘든 것과 같다. 살아남은 상품의 우수성은 사후적으로 해석되고 정당화된다.

시장이 생태계적이라면 한 기업이 생태계에서 할 수 있는 수많은 실험을 독자적으로 수행하기는 힘들고, 기업들은 생태계에서 실패한 상품들에 대한 정보를 집합적으로 축적하고 활용한다. 그리고 현대의 지식, 정보, 온라인 산업 분야는 그러한 정보의 집합적 활용이 용이한 산업영역이다. 수많은 실패는 필연적으로 성공지점에 도달하는 데 기여하며, 한 상품의 성공은 다른 상품들의 실패에 빚진다. 기업가에게는 성공요인을 예측하고 상품에 반영하는 전략보다 생태계 내 축적된 데이터를 기민하게 처리하여 같은 실패를 반복하지 않는 능력이 중요하다. 정리하자면 생태계적 성공에서 상품의 객관적 우수성이나 기업가의 능력이 차지하는 기여는 줄어들고, 생태계 내 다른 상품과의 관계나 모든 기업가가 집합적으로 축적한 생태계의 데이터가 차지하는 기여가 늘어난다. 이런 의미에서 생태계적 생산활동은 사회적이다.

그런데, 현대 다양한 산업분야의 스마트화는 이처럼 집합적으로 활용할 수 있는 디지털 데이터의 증식을 목표로 한다. 소위 빅데이터는 더 이상 온라인에 우리가 남긴 흔적만을 의미하지 않으며, 사물인터넷(IoT)과 각종 디지털 결제활동을 통한 우리의 삶의 흔적 자체를 의미한다. 혁신은 물리적 기술 자체보다 그러한 정보의 조합에서 일어난다. 이러한 변화가 데이터 경제화의 핵심이다. 즉 우리의 삶에서 더 많은 영역이 생태계적 성공에 의존하게 될 것이며, 우리의 삶은 수많은 상품이 끊임없이 적합도 공간을 탐험하는 실험의 연속과 얽히게 될 것이다. "빨리, 스마트하게 실패하라(Fail fast and smart)"는 격언은 대부분의 산업영역과 우리의 삶 자체에 적용될지 모른다. 무엇보다도 점점 더 많은 영역에서 우리가 소비하는 재화의 생산은 사회적 생산 혹은 생태계적 생산 방식에 의해 결정될 것이다. 그럴수록 실패한 시도는 점점 더 필연적이 되며, 어떻게 하면 실패하더라도 계속 시도할 수 있는 여지를 줄 것인가, 즉 성공한 상품에 돌아오는 수익을 어떻게 생태계 전체에 분배할 것인가가 중요한 질문이 된다.

2) 초연결사회 재화의 연결재화

4차 산업혁명의 특성이나 속성이 무엇이냐는 아직 학문적으로 확립되거나 합의된 수준은 아니다. 따라서 세계경제포럼(WEF: World Economic Forum)에서 소개한 4차 산업혁명의 특성이 자주 활용되는데, 자주 거론되는 확실한 특징의 하나는 사물인터넷의 도래다(Schwab, 2017). 이러한 사물인터넷은 인간뿐 아니라 초연결사회를 구성하여 각종 테크놀로지를 구현하는 기기가 중요한 사회적 행위자로 편입시키는 과정을 가속화하고 그러한 기기들의 사용 흔적(digital foot-print)도 인간행위자 간의 소통만큼 중요하게 만든다. 이러한 변화는 생산의 사회화를 가속화하는데, 그 이유는 재화의 '연결재'적 특징을 가속화하는 한편 재화의 가치 생산의 주체가 인간행위자인지 사물행위자인지 점점 불분명하게 만들기 때문이다. 이러한 사회일수록 가치 생산의 주체를 특정 행위자보다는 사회 전체에 귀속시키는 것이 정당할 수 있고, 그런 의미에서 연결재적 생산활동은 사회적이다.

연결재(network goods)란 재화를 소비할 때 효용이 연결망 외부효과(network externalities)(Katz and Shapiro, 1985)의 영향을 받는 재화를 뜻한다. 즉 나와 연결되어 있는 타인과 함께 소비할 때 나의 효용도 증가한다. 전화기가 대표적인 예이며, 소셜 미디어(social media) 플랫폼도 대표적 연결재다. 연결되어 있는 타인이 추가될 때마다 나의 효용이 체감적이 아닌 체증적으로 증가하기 때문에, 일단 나의 소속집단이 어떤 재화를 사용하고 있으면 나 역시 그 재화를 구매하게 되는 대표적인 독점경쟁 시장을 형성한다. 일단 생산자가 독점적 위치를 확보하면 소비자는 알아서 모여들기 때문에 자본가는 높은 수익을 올리고, 그 재화가 플랫폼 형태일 때는 플랫폼 지대가 급격히 상승한다. 따라서 연결재 시장에서 생산자 간 규모의 쏠림은 별로 없지만 부의 쏠림현상은 심해진다. 전통적 생산 분야에서는 큰 부자기업이 많지만, 연결재가 발달한 정보·온라인 산업일수록 개인 억만장자가 많은 현상은 이러한 쏠림현상을 뒷받침한다.

관계재(relational goods)(Uhlaner, 1989)는 연결재와 동일한 네트워크 외부효과

표 5-1 연결재와 관계재 비교

	연결재(network goods)	관계재(relational goods)
재화의 특성	유형의 재화, 상품	상품이라기보다 무형의 재화
가치(효용)	소비 시 발생	참여 시 발생
가치 증폭	연결된 타인이 소비할수록 내 소비의 가치가 체증적으로 증가	집단적으로 향유될수록 가치가 체증적으로 증가
예	전화, 휴대전화, 타자 방식	공연, 집회, 투표 등
확대생산 방식	독점경쟁	집합행동
소유권	자본가와 토지 소유자	참여자
사회적 결과	부의 쏠림	사회적 자본 축적
초연결사회의 특징	소비활동이 정보자본으로 재구성되어 생산에 투입	참여활동이 정보라는 공공재로 축적 가능

를 갖지만 소비되는 유형의 상품(commodity)보다는 무형의 재화, 집단적으로 효용이 체험되는 공공재에 적용되는 용어다. 공연, 집회, 투표 등은 많은 사람이 참여할수록 그 효용이 체증적으로 증가하는데, 창출된 효용은 참여자 개인에게 환원되기보다는 참여집단 전체에게, 심지어 무임승차하는 사회 구성원 전체에게 돌아가기도 한다. 관계재는 그 소유권이 참여자 전체에게 있다고 볼 수 있으며, 이러한 관계재가 잘 창출될수록 참여자 간에 연대가 형성되어 간다고 혹은 사회적 자본이 축적되어 간다고 볼 수 있다. 표 5-1은 이러한 연결재와 관계재의 성격을 비교 정리한 것이다.

초연결사회에서는 더 많은 상품들이 연결재화된다. 페이스북, 카카오톡 같은 소셜 미디어 플랫폼이나 메신저의 발달만이 그 이유는 아니다. 그보다 더 중요한 것은 기존 상품의 소비활동이 디지털 데이터로 기록되고 다른 상품의 소비활동, 심지어 공공의 관계재 향유활동과 결합하면서 정보자본으로 재탄생해서 더 높은 이윤 추구의 기회를 열어주기 때문이다. 이러한 연결재의 폭증이 데이터 경제를 가능하게 하는 기반이며 생산자 간뿐 아니라 소비자 간에도 불평등을 가속화할 위험이 있다.

미국의 사례를 살펴보자면, 흑백 간 인터넷 가구 보급률의 격차가 2000년대 중반 이후 더 이상 줄어들지 않고 있다. 이는 인터넷 설치비용이나 사용방법의 흑백격차로는 더 이상 설명이 되지 않는데, 디마지오·가립(DiMaggio and Garip,

2011)은 연결재적 효용의 흑백격차를 해답으로 제시한다. 즉 인종 내 동종 선호 (homophily)적으로 형성된 연결망과 백인이 흑인보다 사회적으로 우월한 자원을 소유한 현실을 고려할 때, 인터넷을 활용해 얻을 수 있는 연결재적 효용이 백인보다 흑인 내에서 낮을 것이다. 즉 연결망이 계층 간보다 계층 내에 더 발달해 있다고 가정하면, 인터넷의 사회적 가치가 계층에 따라 다르게 활용되며 낮은 계층은 연결재의 활용을 배우는 비용은 높고 얻는 효용은 낮아 구매율이 낮을 수 있다. 이러한 기제는 비단 미국 내 인종 간 격차뿐 아니라 어떠한 사회 경제적 계층 간 격차에도 적용될 수 있다. 심지어 국가나 문화권 간 격차를 심화시킬 수도 있는데, 한국어권 사용자는 영어권 사용자에 비해 온라인 연결재 소비활동량의 한계가 분명하다. 특히 온라인 소통이 사용언어에 따라 동종 선호가 심한 경향을 고려하면 더더욱 그렇다. 그러한 소비량의 한계는 자본으로 재투입될 수 있는 데이터의 한계로 이어지고, 실현시킬 수 있는 효용의 한계를 더욱 가속화할 위험이 있다.

독립된 상품들의 소비활동이 연결되면서 정보가 자본화되고 관련 상품들도 연결재로 편입되어가는 현대 경제의 흐름은 재화의 사회적 가치를 증대시킬 공공재의 축적에도 시사하는 바가 크다. 기존의 공공재를 관계재로 편입시켜 확대 재생산하고 사회적 자본을 쌓기 위해서는, 어떻게 공공의 데이터를 활용할지에 대한 고민이 필요할 것이다. 그리고 이러한 고민을 해결할 혁신의 기반은 재화의 사회적 가치를 어떻게 실현할지에 대한 관심에서 출발한다. 현대 사회의 재화가 연결재화·관계재화되어 가치를 실현하는 방식이 점점 사회화된다면, 그에 수반되는 문제를 풀 혁신도 기술적이기보다는 사회적 영역에서 활성화되어야 한다. 즉 가까운 미래는 더 많은 사회혁신가들의 활동이 요구된다.

3. 데이터의 사유화 및 자본화

현 사회의 변화를 새로운 산업혁명의 도래라기보다 데이터 경제의 심화로 보는 것은 변화의 근본 속성이 기술적인 것이 아닌 사회적인 것에 있다고 파악하려는 시도다. 이처럼 과거와의 연속성 위에서 미래 문제를 바라보는 것이 변화에 대비하고 해결책을 모색하는 데 유리하다는 점은 앞서 언급했다. 여기서는 현 데이터 경제의 부상이 어떻게 과거의 경제제도, 특히 금융시장의 발달 및 문제점과 연결되어 있는지 핵심인물들을 통해 알아보려 한다.

데이브 쇼(Dave Shaw)라는 컴퓨터 과학자는 맵리듀스(MapReduce)라는 병렬연산 기법의 원형을 개발한 것으로 알려져 있다(카플란, 2016). 맵리듀스는 현재 빅데이터를 알고리즘으로 분석하는 데 넓게 사용되는 방식으로 비교적 단순한 데이터 구조를 잘게 쪼개서 빠른 시간에 처리한 후 다시 모아 통합 처리하는 방식이다. 그런데 쇼가 유명해진 것은 이러한 프로그램 개발자로서는 아니다. 그는 일찍이 데이터 기반 연산의 가능성을 금융시장에서 보았다. 모건 스탠리(Morgan Stanley)에 취직하여 자신의 능력을 발휘했지만, 시장분석뿐 아니라 투자결정까지 알고리즘으로 처리해야 한다는 믿음을 스스로 구현하기 위해 쇼 그룹(D. E. Shaw Group)이라는 회사를 창립하여 파생금융 상품의 일인자로 거듭났다. 이 회사의 거래방식은 알고리즘에 근거한 초단타매매(HFT: high frequency trading)다. 이 방식은 자료분석 속도는 물론이고 금융상품의 거래속도도 인간 투자가가 따라올 수 없이 빨라, 티끌 같은 시세차익(arbitrage)을 모아 태산 같은 수익을 누린다.

실물상품 중개자로서 티끌 같은 수수료로 거대이윤을 창출하는 기업이 우리 곁에 있다. 바로 아마존(Amazon.com)이다. 아마존의 진정한 강점은 소비자가 사고 싶은 물건을 무엇이든 찾아주는 검색능력이 아니라, 그 소비자가 싸다고 생각하는 범위 내의 가장 비싼 가격을 번개같이 제시하는 데이터 기반 알고리즘이다. 이 회사의 창립자인 제프 베조스(Jeff Bezos) 역시 컴퓨터 과학자인데 흥미로운 것은 그가 파생금융 회사인 쇼 그룹에서 커리어를 쌓기 시작했다는 점이다. 온라인 책 유통업체에서 출발한 아마존이 지금은 세상의 모든 상품과 자원, 심지어는 인간의 노동력까지 유통하고 있다. 쇼가 금융상품 거래에서 데이터의 중요성을 간파하고 알고리즘 거래로 그 잠재력을 꽃피웠다면, 베조스는 그러한 잠재력이 금융시장에 머물 필요가 없음을 깨닫고 실물상품 유통에서 알고리듬 거래의 꽃을 피웠다.

쇼나 베조스만큼 잘 알려지지는 않았지만 현대의 데이터 경제가 어떻게 금융시장 시절부터 연결되어 왔는지를 보여주는 중요한 인물로는 캐시 오닐(Cathy O'Neil)이 있다. 그는 하버드 대학교에서 수학박사를 받고 대학교수로 활동하다가 본인의 수학적 재능을 현실세계에서 활용하고자 취직했다. 그가 들어간 기업은 쇼 그룹이었다. 오닐은 업계 1위 기업에서 수리적 알고리듬이 어떻게 현실의 경제위기와 연결되어 있는지를 경험했다. 몸소 겪은 바에 환멸을 느끼고 인터넷 관련 분야 회사로 이직했지만 금융시장에서 위세를 떨치는 알고리듬의 활용방식과 문제점이 그곳에서도 고스란히 유효함을 깨닫는다. 결국 '월가를 점령하라' 운동에 참여하는 활동가로 변모한 그는 2016년 『수학살상무기(Weapons of Math Destruction)』라는 책을 출간해서 주목받았다. 그리고 현재는 사회운동가로 활발히 활동 중이다.

금융시장은 대표적인 자본시장이다. 그리고 이 시장은 패턴이 무엇인지 파악하기 힘든 수많은 숫자 데이터로 가득하다. 이 데이터들을 누구보다 빨리 분석해 인간이라면 알아차리지 못할 시세차익을 찾아내고 재빨리 자동으로 거래하기를 무한 반복하여 확률론적인 이윤을 현실로 만드는 초단타매매 기술은 이제 금융시장을 넘어 일반 시민이 일상에서 접하는 실물거래에도 적용되고 있다. 그리고 그러한 시민들의 거래활동을 데이터로 축적하여 정보자본으로서 생산에 투입하는 새로운 자본시장이 급부상하고 있다. 이것이 데이터 경제다. 구글이나 페이스북도 가능한 한 다양한 데이터를 수집, 결합, 판매해서 수익을 올린다. 사용자(user)의 발굴과 독점보다는 데이터의 독점에 집중하고 있는 것이다(Economist, 2017.5.6a). 생산에 투입되는 핵심자본이 금융에서 데이터로 옮겨가고 있는 것이다.

데이터가 자본시장을 형성한다면, 금융시장에서 파생상품의 작동이 실물경제와 괴리되면서 위기를 불러오는 문제가 데이터 경제에서도 생길 수 있다. 데이터 시장에서는 다양한 브로커들이 성장 중이고, 객관적인 예측력 평가기준을

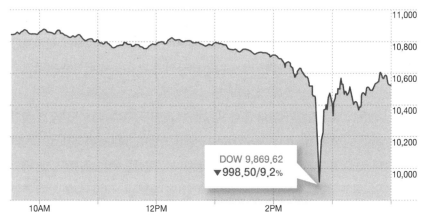

그림 5-1 2010년 5월 6일 다우존스 변화

DOW 9,869.62
▼998.50/9.2%

11,000
10,800
10,600
10,400
10,200
10,000

10AM　　　　　　12PM　　　　　　2PM

자료: *CNN Money*(2010.10.1).

잃은 파생 데이터들이 유통되고 있다(O'Neil, 2016). 이러한 경향이 심화된다면 어떤 위기가 올 것인가? 그에 대한 힌트를 금융시장의 역사에서 찾을 수 있다.

미국의 서브프라임 모기지 위기(subprime mortgage crisis)만큼 주목받지는 않았지만 2010년 5월 6일 오후 2시 42분에서 47분 사이 다우존스 지수가 폭락하고, 자산이 몇 천억 달러 이상 증발하는 사건이 발생했다. 그 당시 초단타매매 거래비율은 60%에 육박했는데, 관계자들이 손쓸 새도 없이 알고리듬 간 폭주하는 매도거래로 벌어졌던 이 위기는 번개 같은 붕괴(flash crash)라고 불린다(*CNN Money*, 2010.10.1). 그림 5-1은 당시 다우존스 폭락이 얼마나 극적이었는지를 분단위로 보여준다.

이 위기에 대해 5개월 이상의 조사로 밝혀낸 인과관계의 사슬은 불분명하다. 그 당시 실물경제 자체에 전혀 이상징후가 없었음은 분명하지만 초단타매매가 급락을 주도한 것으로 보이며, 무슨 일이 있었던 것인지 사후적 복기는 어느 정도 가능하지만, 향후 같은 문제가 언제 어떻게 일어날지 예측하는 데는 도움이 되지 않는다. 다우존스 수준이 복구되었다고 해서 중간에 손해를 본 투자금이 취소되는 것은 아니며, 더욱 중요한 점은 복구활동이 알고리듬으로 수행된 것이 아니다. 그 당시 이 위기를 지켜보던 시카고 상업거래소가 5초간 거래를 중지하고서야 복구가 가능했다(카플란, 2016). 이는 마치 내가 믿던 인공지능이 이상한 행동을 보이자 인공지능의 전원을 껐다 켜는 것과 마찬가지의 원시적인 복구방법이다. 인간은 알고리듬이 불러온 순간적인 위기에 이 이상으로 대처할 수 있는 방법을 아직 못 찾은 것 같다.

자본시장이 실물경제와 괴리될 때 발생하는 위기는 데이터 자본이라고 예외일 수 없다. 더구나 데이터로 평가하는 대상이 기업주가를 넘어서서 소비자의 신용상태, 근로자의 생산성, 투표권자의 정치적 성향 등 시민 개개인으로 확대되고 있기 때문에 그 위험성은 더욱 커지고 있다. 더구나 이러한 위험은 불평등의 심화로 이어질 수 있다. 앞서 말한 연결재적 특성에 따른 계층격차가 연결재 소비의 격차로 이어지고, 소비활동으로 축적되는 데이터의 양과 질의 격차를 불러오며, 그 격차가 다시 계층화된 상품이나 서비스의 질적 격차를 심화시킬 수 있다. 이러한 악의적 피드백 과정은 가난한 지역의 주민에게 더욱 가혹한 범죄예방 시스템을 가동시킬 수 있고, 경제적 사정으로 신용카드 지불이 연체된 사람이 자동차 보험료를 더 많이 물게 하여 개인경제를 더욱 악화시킬 수 있고, 근로자의 성격특성을 바탕으로 생산성을 평가하고, 교도소 수감자 시절 설문조사 기록을 활용해 무죄추정의 원칙에 어긋나는 판결을 도울 수도 있다(O'Neil, 2016). 이러한 예들은 그나마 악의적인 피드백 과정을 추적할 수 있는 경우이지만 금융시장의 번개 같은 붕괴가 언제 어떤 경로와 형태로, 그리고 얼마만큼의 규모로 벌어질지는 알기 힘들다. 분명한 것은 그 부작용이 금융자산의 증발보다 더 직접적이고 급격한 형태로서 일반 시민에게 영향을 미칠 가능성이 높다는 것이다.

알파고가 더 이상 바둑만 두지 않고 범용기술이 되어 우리의 일상에서 의사결정을 내려준다면 어떤 '새로운' 문제가 대두될지 많은 논의가 있다. 그러나 앞서 상술한 금융 자본시장과 데이터 경제의 연속성을 고려해볼 때 그런 문제는 사실 새로운 것은 아니다. 우리는 이미 금융 자본시장에서 의사결정권을 알고리듬에 양도하고 있고 부작용을 반복적으로 겪고 있다. 범용화된 알파고가 우리에게 심각한 위험을 초래한다면 그 이유는 위험이 완전히 새로운 종류이기 때문이라기보다는 현재도 유사한 위험을 방관하고 있기 때문일 가능성이 높다.

지금까지 현대 사회의 상품이 어떻게 사회적으로 생산(즉 생태계적 생산)되고 사회적으로 소비(즉 연결재적 재화의 소비)되는 방향으로 강화되었는지 살펴보았다. 그리고 그러한 생산과 소비 활동에서 나온 데이터가 어떻게 금융시장과의 연속선상에서 자본화되어 가는지 살펴봤다. 다음으로는 이러한 데이터를 생산하는 방식 자체가 얼마나 사회적인지를 전통적인 생산요소의 지속성 측면에서 살펴보려 한다. 이로써 데이터 자본을 생산하는 노동의 몫을 돌려받되 개별 노동자가 아닌 사회 전체의 몫으로 돌려받아야 한다는 것이 좀 더 분명해질 것이다. 그리고 데이터 경제 시대의 사회혁신은 바로 그러한 사회적 노동의 몫을 돌려받기 위한 활동이 되어야 함을 이어서 논하고자 한다.

4. 데이터 경제와 생산의 3요소

보통 생산의 3요소로 토지, 자본, 노동을 꼽는다. 공장이 들어설 토지, 생산에 필요한 각종 요소를 구입할 자본, 실제로 물건을 만들어내는 노동은 전통적으로 생산에서 필수적인 요소임에 틀림없다. 그러나 지식정보 산업이 성장하면서 이러한 3요소의 중요성은 감소한 듯 보이는데, 여기에는 그럴 만한 근거가 있다. 우선 온라인에서 창업은 물리적으로 한정된 토지에 얽매이지 않는다. 온라인 도메인은 누구나 거의 비용을 들이지 않고 만들 수 있다. 이러한 가상의 토지는 무한정 확장이 가능하다. 더구나 온라인에는 도메인을 사업 목적에 맞게 설계하고 운영할 수 있는 다양한 도구들을 거의 무료로 구할 수 있다. 수많은 무료 플랫폼이나 오픈소스 프로그램 등으로 사업을 운영할 수 있기 때문에 창업자본을 획기적으로 낮출 수 있다. 가장 중요한 점은 디지털 비트(bit)인 정보의 생산과 유통에 노동력이 거의 들지 않는다는 것이다. 가상의 토지에 플랫폼을 세우면 적은 노동력으로 정보를 끌어올 수 있을 뿐 아니라, 일단 이용자가

표 5-2 지식정보 산업의 발달에 따른 생산의 3요소 변화

생산의 3요소	지식정보 산업 확장기: 한계비용 제로	데이터 경제 도래: 데이터의 사유화, 자본화
토지	인터넷 도메인이 토지 대체	연결재로서 플랫폼의 독점화에 따른 지대 급등
자본	오픈소스, 무료 플랫폼 등으로 소자본 창업 가능	주요 자본이 금융에서 데이터로 변화
노동	정보의 생산과 복제는 고용노동이 거의 불필요	비고용노동이 데이터 생산

모여들면 그들의 활동을 자동으로 기록하여 정보를 생산할 수 있다.

정리하자면, 지식정보 산업이 경제성장의 주요 부문으로 등장함에 따라 자본주의적 생산방식에서는 토지, 자본, 노동이라는 모든 면에서 비용이 급격히 줄어든다. 소위 한계비용 제로 사회를 향해 나아가 자본주의적 경제가 공유경제로 대체되어가는 미래(리프킨, 2014)를 그리게 한다. 그러나 이러한 긍정적 전망은 비용을 계산하고 예측할 때 데이터 경제가 부상할 것이라는 점을 고려하지 못했다. 다시 말해 공유경제가 데이터의 자본화에 대처하지 못한다면 자본주의 경제와 겨룰 만한 비용을 감당할 수 없다.

데이터 경제의 부상은 다음과 같은 이유에서 전통적인 생산의 3요소가 사실상 여전히 중요함을 뜻한다. 우선 토지의 중요성에 대해 살펴보자. 온라인 도메인은 지대(rent)추구 행위가 더 노골적이라는 점에서 현실의 토지와 다르지 않다. 사람들은 온라인의 수많은 도메인을 골고루 돌아다니지 않는다. 남들이 모이는 곳에만 모인다. 연결재를 소비하려면 필연적으로 일부 가상공간에만 사용자들이 몰리게 된다. 그리고 그렇게 사람들이 모여든다는 이유 때문에 그 플랫폼의 가치는 폭등한다. 이처럼 사람들이 모여드는 플랫폼을 만들기 위해 온라인 도메인을 가꾸는 활동이 생산적 활동인지 지대추구적인 온라인 부동산 투기인지는 분명하지 않다. 분명한 것은 향후 더 많은 재화가 연결재로 바뀌면 많은 산업분야에서 플랫폼화를 추구할 것이므로 지대 추구는 지금보다 더 중요한 이윤 추구의 수단이 될 가능성이 높다.

자본의 중요성은 어떻게 변화했는가? 페이스북은 2012년 10억 달러를 들여

인스타그램(instagram)을 인수했고 2014년에는 무려 190억 달러에 왓츠앱(Whats-App)을 인수했다. 전자는 사진 중심의 소셜 플랫폼이고 후자는 일대일 메신저다. 페이스북은 두 플랫폼 모두를 페이스북에 통합하기보다는 독자적 형태를 유지하며 가치를 쌓아가도록 하고 있다. 구글이 2006년 당시 무려 16억 달러 이상을 주고 유튜브(YouTube)를 인수한 후 보인 행보는 더욱 분명하다. 구글이 이메일(gmail.com), 유튜브, 지도(google map), 저장공간(google drive), 소셜 미디어(google+), 운영체제(chrome) 등을 동일한 사용자 계정을 통해 연동시켜 운영하는 이유는, 각 플랫폼별로 사용자를 극대화하기보다는 각 플랫폼에서 수집한 데이터를 결합할 때 생길 가치에 주목하기 때문이다.

유튜브, 인스타그램, 왓츠앱 등은 모두 인수 당시만 해도 수익창출 모델이 불투명한 플랫폼이었다. 구글이나 페이스북이 이러한 서비스들을 엄청난 가격에 인수한 것은 플랫폼 자체의 수익 창출을 노리거나 경쟁대상을 내부화한 것이라기보다, 각 플랫폼에서 생산된 데이터를 결합해서 창출해낼 수 있는 가치를 염두에 두고 막대한 금융자본을 투자하여 데이터 자본을 증식하고자 한 것이라고 볼 수 있다. 사물인터넷의 발달로, 이러한 데이터 확보와 결합 경쟁은 오프라인 데이터로 확장되어 더욱 치열해지고 있다. 최근 소위 소프트웨어 중심 기업들이 하드웨어 분야에 진출하는 것은 이러한 데이터 확보 전쟁이 확대되는 양상을 잘 보여준다(≪한겨레≫, 2017.10.22). 정리하자면, 현대의 광범위한 정보산업 분야에서 자본의 중요성은 감소하지 않았다. 금융자본이 데이터 자본으로 옮겨가고, 독점적 토지(즉 온라인 플랫폼)나 금융자본의 소유가 데이터 자본의 축적을 위한 지렛대(leverage)가 되었다는 점이 중요하다. '소자본' 창업이라는 표현은 지식정보 산업에서 점점 더 불가능한 목표가 되어가고 있는지 모른다.

현대 경제에서 데이터 가치의 중요성이 급격히 증가하다 보니 노동의 가치에 대해서도 다시 주목하게 된다. 아마존, 구글, 페이스북 같은 거대 지식정보 산업 기업들은 기업가치에 비해 고용규모가 소박하다 보니 고용 없는 성장의 대표사례로 꼽히기도 한다. 그러나 이처럼 고용된 노동의 기여가 감소했다고 해서 경제적 가치 창출에서 노동 일반의 중요성도 줄어든 것은 아니다. 마이크로 소프트 소속 경제학자 글렌 웨일(Glen Weyl)은 "데이터는 노동이다"라고 지적했다(*Economist*, 2017.5.6b). 4차 산업혁명의 핵심이 기술혁신보다 데이터 혁신이며 데이터의 생산이 소비자와 시민의 노동의 산물임을 생각한다면, 앞서 언급한 기업들은 거의 무상으로 이 노동의 산물을 취해 자본으로 삼고 있다는 것을 알 수 있다.

우리가 생산한 데이터를 기업이 주요 자본으로 활용하여 고용 없이도 이윤을 창출할 수 있게 됨으로써 고용 불안정성이 높아지는 결과를 낳는 현 경제의 순환시스템을 생각한다면, 우리가 정보수집에 동의하고 소소한 혜택들을 누린다고 해서 기업이 정보수집의 대가를 온전히 지불했다고 생각하기에는 무리가 있다. 데이터를 생산하는 노동자와 이를 수집하는 기업 사이에 좀 더 공정한 거래를 가능케 하는 모델이 필요한 시점이다(Azevedo, 2017). 웨일도 좀 더 공정한 거래를 위해 개인이 데이터 생산에 기여한 정도를 측정할 수 있는 방법을 개발하려 한다. 그러나 데이터 노동의 개별적 기여를 측정하는 것은 한 기업이 고용한 노동자가 생산에 기여한 정도를 측정하여 임금에 반영하는 것보다 훨씬 어렵다. 앞서 상술한 것처럼 데이터가 가치를 창출하는 방식이 지극히 '사회적'이기 때문이다.

데이터의 가치는 서로 다른 출처와 형태가 결합했을 때 증폭된다. 이러한 결합은 온라인-오프라인 간에, 서로 다른 사용자 간에, 그리고 한 사용자 내에서도 서로 다른 생활영역이나 생애과정 간에 일어나고 증폭된다. 데이터의 전체 가치를 특정 개인, 특정 출처의 합으로 환원하기는 힘들다. 따라서 데이터를 생산한 노동에 대한 대가는 개인보다는 전체 사회에 지불하되 사회 구성원들이 공유하는 것이 더 적합할 수 있다. 이처럼 데이터 생산 노동의 가치를 사회적으로 환원하고 공유하도록 유도할 수 있다면 데이터 생산 노동의 궁극적 기여는 자본 창출을 넘어 사회적 가치 창출로 향하게 되어 사회적 혁신의 주요 방향이 될 수 있다.

그렇다면 그러한 사회적 혁신은 어떤 방식으로 구현 가능한가? 지금까지는 현대 사회의 경제적 가치의 실현방식이 어떻게 사회적으로 강화되었는지 살펴봤다. 요약하자면 재화의 생산이 생태계적으로, 재화의 특성은 연결재로, 그리고 데이터의 생산은 집합적 노동으로 변화되었다. 마지막으로 가치 생산의 결실을 사유화하기보다는 사회 전체가 향유할 수 있도록 사회화할수 있는 사회적 혁신의 방향은 무엇일지 모색해보려 한다.

5. 사회적 가치 실현: 기술혁신이 아닌 사회혁신의 시대

앞서 서술한 것처럼 금융시장의 폭발적 이윤 창출은 투자모형 자체의 혁신보다 데이터 처리의 혁신과 알고리듬에 의한 자동화된 투자결정을 결합하여 가능해졌다. 데이터 수집, 기계학습, 자율결정, 이 모든 인공지능의 특성은 이미 금융시장에서 구현되었고 지배적이 되었다. 이제 다른 영역에서도 디지털 정보의 축적에 힘입어 데이터 혁신과 자동화된 경제행위 결정이 퍼져 나가는 것이 데이터 경제의 핵심이다. 그렇다면 어떻게 데이터 경제의 위험을 제어할 것인가 하는 문제는 파생금융 시장을 어떻게 제어할 것인가 하는 질문과 같은 구조를 갖는다는 점에 착안하여 해답을 찾아볼 수 있다.

1) 데이터세

초단타매매에서는 한 번의 거래를 위해 수많은 시세정보를 조회한다. 증권거래소는 이러한 정보조회에 수수료를 매기지 않지만, 초단타매매가 실제로 수행하는 거래량이 엄청나기 때문에 거래당 붙는 약간의 수수료만으로도 큰 이익을 남긴다. 만일 거래소 간 합의로 시세정보 조회당 약간의 수수료를 청구할 수 있다면 알고리듬을 이용하는 투자자는 정보조회를 최소화하면서 이윤을 발생시키는 방법을 학습하는 수고를 해야 한다. 그래서 결과적으로 정보수집량을 줄일 수 있을 것이다. 한편 그렇게 걷은 수수료는 건강한 시장을 조성하는 데 사용될 수 있을 것이다(카플란, 2016).

이러한 방법을 데이터 경제에 적용시켜보자. 우리가 웹을 돌아다닐 때 그 웹에 연결된 수많은 제3자 알고리듬 혹은 데이터 브로커들은 우리에게 쿠키파일을 심어 무수한 정보를 수집한다. 그러한 쿠키파일 생성에 약간의 수수료를 청구한다면 무차별적인 정보수집을 억제할 수 있을 것이다. 이러한 수수료는 물론 가난한 창업자에게 다소 부담이 되겠지만, 쿠키수집 횟수에 누진제를 적용하여 부자 사업자와 가난한 사업자 간의 재분배를 도모할 수 있다. 또한 이러한 제3자의 정보수집을 허용하는 1차 웹페이지 제공자(즉 금융거래소의 역할)에게 수수료의 일부를 지불함으로써 수수료 청구 시스템을 확산시킬 수 있는 인센티브를 마련하는 것도 가능하다.

최근 급성장하는 데이터 경제는 실제로 어떠한 형태로든 새로운 반독점제도를 필요로 하고 있다(*Economist*, 2016.5.6a). 문제는 경제가, 특히 디지털 경제가 국가의 경계를 넘어 형성되어 있고 데이터의 유통 또한 그렇다는 사실이다. 피케티(Piketty, 2014)는 자본에 대한 수익률이 계속 증가하는 문제에 대처하는 방안으로 글로벌 자본세의 도입을 제안하고 있는데, 만일 자본에서 데이터가 차지하는 비중이 증가한다면 글로벌 데이터세를 부과하는 것도 같이 고려해봐야 할 것이다. 어떤 주체가 어떤 방식으로 세금을 부과하고 어떻게 분배하느냐는 쉬운 문제가 아니다. 더구나 데이터 자본의 규모나 데이터 자본에 대한 수익률을 기업별로 측정하는 것도 쉬운 문제가 아니다. 만일 이러한 과정을 단일 조직이나 정부가 수행하기 어렵다면, 기업별 데이터 자본의 규모나 수익률과 같은 정보를 하나의 파생 데이터로서 데이터 시장에서 유통될 수 있도록 유도하는 방법도 상상해볼 수 있다. 그렇게 되면 이러한 정보가 기업의 주가나 브랜드 파워에 영향을 미치는 사회적 책임 지수로 자리 잡게 될 것이다.

금융 자본시장에서 파생금융 상품이 발달하자 위험도 증가되어왔듯, 데이터 자본 시장이 발달하면서 각종 파생 데이터들이 증가하고 있다. 이에 맞설 수 있는 공익적 파생 데이터를 발달시키는 것, 예를 들어 데이터 자본세 징수와 재분배제도를 구축하는 기반을 마련하는 것은 데이터 시장에 관여하는 사회혁신가들에게는 흥미로운 영역이 될 수 있다. 데이터 경제가 국가나 글로벌 거버넌스

기구 밖에서 위세를 떨치고 있다면 그 해법을 국가나 국제기구에 맡기고 있을 수만은 없다. 근대 시장의 발달은 국가 밖 영역에서 일어났고 이러한 발달에 수반되는 문제를 논하면서 시민사회가 발달했다. 마찬가지로 데이터 경제의 발달에 대처할 세계 시민사회의 형성은 국가 밖 사회혁신에 달려 있을지 모른다.

2) 데이터 자본 시장의 감시

데이터세를 효과적으로 구축할 수 있는 전제조건으로서 자본시장의 효과적인 감시(audit)가 필요하다. 오닐(2016)이 지적한 파괴적인 알고리듬 작동방식의 세 가지 특징은 어떠한 측면에 초점을 맞춰서 감시를 진행해야 하는지 안내해 준다. 파괴적 알고리듬의 세 가지 특징은 예측하기 모호하고(opaque), 다른 분야로 확장 가능(scalable)하며, 자기강화적이라는 점이다. 인공지능이 공공선을 위해 제대로 작동하는지 감시하고자 한다면 이러한 세 가지 차원을 기준으로 할 수 있다.

우선 모호성에 대한 감시가 필요하다. 데이터 가공업체들은 원자료 데이터를 어떻게 가공하여 최종 예측을 도출하는지 밝히지 않는다. 심지어 그들도 정확히 모르더라도 예측결과가 이윤을 가져다준다면 그 알고리듬을 계속 작동시킨다. 감시작업을 통해 이러한 모호성이 갖는 위험을 밝히고 수정하도록 압박하지 않는다면 누군가는 교사로서, 사원으로서, 시민으로서, 피보험자로서의 자격을 의심받고 배제당하는 일이 계속 발생할 것이다.

다음으로 무차별적 확장을 막아야 한다. 인공지능에 의한 거래는 이미 파생금융 시장을 넘어 온라인 유통시장과 광고시장을 장악했으며 앞으로 더 확장될 것이다. 더욱 위험한 점은 시장이 아닌 영역도 데이터를 수집하게 되면 인공지능이 이를 시장화한다는 것이다. 각종 기록을 바탕으로 승패를 예측하거나 순위를 매기는 방식은 전 세계 대학의 질을 평가하고 순위를 매기는 방식에 적용되어 고등교육 시장에서 학비의 급등을 초래했다(O'Neil, 2016). 하지만 실제 경기의 승패를 준거로 과도한 예측(false positive)이나 누락된 예측(false negative)을 파악할 수 있는 스포츠 경기와는 달리, 알고리듬의 무차별적 확장에 따라 시장화되는 분야는 그러한 확실한 관찰결과(ground truth)가 없기 때문에 알고리듬이 편협한 학습을 계속할 위험이 있다.

마지막으로 기계학습이 자기강화적 피드백에 빠지면 인간사회의 편견이나 불합리를 강화하는 의사결정을 빈번하게 할 수 있다. 신용불량자의 정보가 보험회사에 넘어가 높은 자동차 보험료 산정으로 이어진다면 경제적으로 어려운 사람의 무면허 운전을 촉진하여 경범죄 체포의 위험을 높일 수 있다. 경범죄 정보와 보험정보가 다시 신용정보와 결합한다면 신용(credit)정보가 시민으로서의 신뢰(trust)도를 예측하는 정당한 데이터로 오용될 위험이 있다. 이처럼 사회적으로 불리한 조건에 있는 사람들을 불량시민으로 유인할 위험이 있는 데이터 학습을 포착하고 수정할 수 있어야 한다.

디지털 정보 감시는 아직 초기단계이지만 실제로 이루어지고 있다. 예를 들어 프린스턴 대학교의 웹 투명성 및 책임성 프로젝트(WepTAP: Web Transparency and Accountability Project)는 자동화된 추적 알고리듬을 통해 상위 100만 개 웹사이트에서 우리의 정보를 추적하는 제3자 회사들을 추적했다(Narayanan and Reisman, 2017). 그 결과 다양한 프라이버시 침해의 소지를 포착했고, 정보추적 회사들 간의 공조를 관찰하기도 했다. 그러나 모바일 웹과 사물인터넷이 발달할수록 여러 기기를 가로지르는(cross-device) 추적이 필요하기에 디지털 데이터 수집의 관행을 지속적으로 감시하는 것이 쉽지만은 않을 것이다.

데이터의 수집과 가공, 유통에 대한 감시는 범용 기술화될 인공지능 자체에 대한 감시로 확대되어야 한다. 인공지능이 인간이 생산한 데이터를 기반으로 학습을 진행한다면, 제대로 학습할수록 인간이 가진 편견도 같이 학습할 위험이 높다. 실제로 최근에 주목받는 정교한 의미분석 기법인 단어 배태법(word embeddings)의 경우 인종과 성차별적 편견을 학습할 수 있음이 확인되었다(Caliskan-Islam, Bryson, and Narayanan, 2016). 기계가 이러한 편견에 근거한 판단을 하지 않도록 계속 확인하는 활동은 앞으로 더욱 확장되어야 할 것이다.

3) 데이터의 사회적 소유

지난 2017년 10월 중 열린 대통령 직속 일자리위원회 제3차 회의에서는 '사회적 경제 활성화 방안'이 상정·의결되었다. 이 회의에서는 사회적 경제를 활성화할 수 있는 사회적 금융 기반의 취약함이 논의되었다. 그러나 사회적 금융의 직접적 확충은 예산에 따른 제약이 크며, 주요 자본이 금융에서 데이터로 이동하고 있음을 고려한다면, 사회적 금융에 대한 보완으로 사회적 데이터를 구축하는 것도 고려해볼 수 있을 것이다. 즉 자본으로 투입되는 데이터 측면에서 사회적 기업들로 하여금 어떻게 시장 내 일반 기업들보다 비교 우위를 점할 수 있을 것인가에 대해 고민하게 하고, 행정 데이터를 다른 데이터들과 결합하여 가치를 증가시키고 제공하게 하는 방안을 모색해야 할 것이다. 데이터 자본의 확보에 열을 올리고 있는 거대 지식정보산업 기업들에 맞서 이러한 사회적 데이터를 조성하는 일이 쉽지는 않을 것이다. 그러나 정부가 보유하고 있는 고유 데이터를 다른 소스와 결합시켜 가치 있는 정보를 창출한다면 다양한 사회적 경제 활성화에 유의미한 도움이 될 수 있다.

디지털 경제의 성장은 실물경제에 기반을 둔다. 구글과 페이스북도 실물광고를 기반으로 이윤을 창출하고, 아마존도 실물유통에 기반이 있어야 성장한다. 4차 산업혁명 시대에 경제성장을 기대하는 이유는 사물인터넷의 발달과 더불어 오프라인 정보가 온라인 정보와 결합하게 되면 디지털 경제와 실물경제가 더 밀착할 수 있기 때문이다. 비슷한 이유에서 사물인터넷의 활성화를 통한 사회적 경제의 활성화도 기대할 수 있다. 사회적 경제는 지역공동체 기반의 가치 창출이 필요한 경우가 많은데, 위치 기반의 디지털 정보가 늘어날수록 이러한 가치창출 기회도 늘어날 것이기 때문이다.

예를 들자면 서울시 곳곳에 재생된 도심은 소셜 미디어 정보를 통해 사람들을 모으고 활용을 극대화한다. 그 결과 홍대, 상수, 연남 등에 개인 카페들이 폭발적으로 성장한 덕에 2017년 초 서울에서 카페가 가장 많은 구는 마포구다. 이는 15년 전 프랜차이즈 카페 중심인 강남구와 종로구에 카페가 가장 많았던 것과 대조된다(≪한국경제≫, 2017.2.23). 이러한 개인 카페의 폭발적인 성장은 위치 기반 디지털 데이터를 공공재화할 수 있는 좋은 기회를 제공한다. 스타벅스와 같은 프랜차이즈 카페가 KT 등 통신사와 제휴해서 와이파이를 제공할 때, 서울시는 개인 카페에 어떻게 와이파이를 지원하고 익명화된 정보수집을 통해 사회적 데이터를 축적할지 상상력을 발휘해야 한다. 그렇게 축적한 데이터로 카페의 수익 향상과 카페 고객층의 복지 향상에 동시적으로 기여할 수 있다면 데이터 축적의 선순환을 이룰 수도 있을 것이다.

데이터의 가치를 발굴하는 창의적 활동에는 뛰어난 인재가 필요하다. 그러한 인재를 끌어들이기 위해서는 돈, 잠재력 있는 데이터, 일의 의미라는 세 가지가 필요하다. 돈이라는 유인책에서 사회적 경제는 확실히 지식정보 기업들이 지배하는 데이터 자본 시장에 비해 불리하다. 그러나 일의 의미라는 차원에서는 사회적 경제가 유리할 수 있다. 더구나 그러한 의미를 현실화할 수 있는 잠재력 있는 데이터가 있다면 더욱 유리하고, 국가가 보유한 고유 데이터를 통해 이러한 데이터 잠재력을 높일 수 있다. 재능을 유인하는 데이터 잠재력의 가치를 절대 과소평가해서는 안 된다. 세계 최고의 인재들은 돈 때문이 아니라 최고의 데이터에 대한 배타적 접근성 때문에 페이스북에 취직한다. 학계에 있는 인재들도 학계에서 인정받기 위해 페이스북에서 한 푼도 받지 않고 페이스북의 특성을 연구, 발표하여 사실상 페이스북 서비스의 향상을 돕는다. 이러한 인재들이 사회적 경제를 분석하고 축적하는 활동에 기여할 수 있도록 하기 위해서는 사회적 데이터를 축적하는 일에서 시작해야 할 것이다. 예를 들어 서울시 곳곳의 공공장소와 카페 등에 축적된 시민의 흔적을 분석해볼 수 있다면 뛰어난 인재들은 서울시를 찾아올 것이다.

4) 이윤의 사회화 운동: 사회적 노동의 비상을 향하여

경제가 성장할 때 실제 가치가 창출된다는 명제와 가치는 근본적으로 노동에서 창출된다는 명제를 받아들인다면, 4차 산업혁명 혹은 데이터 경제의 도래는 가치를 창출하는 노동이 일터의 임금노동에서 일상에서 데이터를 생산하는 노동으로 옮겨 감을 뜻한다. 그런데 데이터 자본 시장이 발달해도 이처럼 생산된 데이터의 사유화를 가속화할 뿐 노동에 대해 가치를 지불하지 않는다.

정치경제학적 측면에서 우려되는 4차 산업혁명의 특징은 경제적 가치가 점점 더 소수의 손에서 생산되고 승자독식적 소득구조가 형성될 것이라는 점이다 (Schwab, 2017). 그리고 이러한 우려의 기술적 근거는 극히 일부의 노동력만으로도 전체 인구에 필요한 가치가 충분히 생산될 것이라는 전망에 있다. 이러한 전망과 더불어 데이터를 생산하는 노동의 가치를 인정받지 못하는 상황을 고려해본다면 승자독식적 구조는 더욱 심화되지 않을까? 더욱 큰 문제는 그러한 노동의 가치를 인정한다 하더라도, 앞서 상술했듯이 사회적으로 생산된 가치 중에 개별 노동의 기여분을 평가하기 힘들다는 점이다.

이런 상황에서 사회적 가치 생산에 대한 대가를 사회 구성원 전체에게 돌려줄 수 있는 방법에 대한 모색이 시작되었고, 이는 미래 사회운동의 중요한 목표로서 언급되고 있다. 영국의 저널리스트 메이슨(Mason, 2017)은 자본주의적 이윤추구 방식이 현대 정보기술 발전을 온전히 구현하는 데 적합한 방식이 아니라며, 정보를 공유재로 복원시키는 경제체제를 건설해야 한다고 주장한다. 그리고 그런 사회건설의 주체는 정보화에 익숙한 일반 시민일 것이라 예측한다.

이러한 체제 변환까지 전망하지는 않지만 분배혁신에 대한 다양한 주장도 나오고 있다. 노동경제학자 리처드 프리먼(Richard Freeman)은 소수의 로봇(혹은 인공지능) 소유자와 대다수의 종속적 노동자 간의 소득격차를 우려한다. 그리고 이에 대한 해결책으로 기업 소유와 이익을 자본과 노동이 서로 나누는 방안들을 제시한다(≪한겨레≫, 2017.10.17).

기본소득은 자본과 노동 간 재분배보다 더욱 적극적인 분배방식의 전환을 요구하고 있다. 기본소득은 복지를 통한 재분배의 근본적 한계를 넘어서는 재분배체계를 목표로 한다. 복지가 아무리 보편적이라 하더라도 임금노동력의 유지나 향상을 기본전제로 한다면 "기본소득은 사회적으로 생산된 부의 보편적 몫(share)을 선언하는 것"(퍼거슨, 2017: 10~27)이다. 즉 생산방식이 사회적으로

될수록 기본소득은 설득력 있는 분배방식이 될 수 있으며, 그런 점에서 데이터 경제의 발달은 기본소득과 친화력을 가진다. 사회학자 이항우(2017)도 4차 산업혁명으로 대표되는 사회 변화의 문제를 풀기 위해서 기본소득을 해법으로 제안한다. 이항우의 논의가 지대추구행위 문제에 초점을 맞추어 기본소득의 필요성을 주장한다면, 이 장은 데이터의 자본화와 데이터의 사회적 생산 간의 괴리를 추가 근거로 더한다고 할 수 있다.

현실에서 벌어지고 있는 기본소득 실험은 아직 지식정보 산업이나 데이터 경제의 발달과 밀접히 연계해서 일어나고 있는 것 같지는 않다. 그보다는 복지 선진국이나 제3세계 국가들에서 대안적 시도로 탐색되고 있다. 프리먼이 주장하는 자본과 노동 간 재분배도 주요 기업들에서 성공적으로 수행되고 있는지는 미지수다. 또한 지식정보 사회의 심화에도 불구하고 우리는 아직 메이슨이 주장하는 자본주의 이후 체제로 변환하는 단계보다는 우려와 문제 증후를 인지하는 단계에 있는 것으로 보인다. 현대 데이터 경제 발전에 따르는 문제에 대한 해법이 무엇이건 현시대의 조건으로부터 자동적으로 미래가 도출되지는 않을 것이다. 그러나 적어도 그러한 문제에 대한 공감을 높이고 해법을 탐색하는 장으로 유능한 사회적 혁신가들을 끌어들일 만한 조건은 형성되어 있다. 해법은 결국 혁신가들의 끊임없는 운동의 집합적 결과로서 도래할 것이다. 그런 점에서 가까운 미래는 기술 결정의 시대가 아니라 사회운동의 시대가 될 것이라 전망한다.

제2부 사회적 가치의 한국적 실천

제6장

사회적 경제의 조건

원주와 홍성의 교훈

엄한진 (한림대학교 사회학과 교수)

1. 사회적 경제에 대한 평가

최근 사회적 경제 분야에서 평가에 대한 관심이 커지고 있다. 사회적 경제는 경제적인 가치와 함께 사회적인 가치를 창출하는 사회경제적 활동을 의미한다. 즉 이윤을 창출하는 것만이 아니라 지역에 도움이 되기도 하고, 환경에 도움이 되기도 하고, 약자에 도움이 되기도 하는 실천을 수행한다고 간주된다. 1970년 대 유럽에서 사회적 경제가 부상하게 된 이래로 한동안 이 새로운 경제에 대한 논의는 찬양 일변도였다. 자본과 국가라는 쌍두마차가 끌어오던 20세기 경제 가 위기에 봉착하면서 사회적 경제가 대안적인 모델로 각광을 받았던 것이다. 약간의 시차를 두고 한국에서도 유사한 기대가 나타났고 그에 따라 사회적 경 제에 대한 관심이 급증했다. 그런데 시간이 지나고 여러 경험들이 축적되면서 사회적 경제가 좋은 것이라는 규범적인 논의는 점차 약화되고 대신 냉정한 평 가에 대한 관심으로 이행하고 있다. 이미 경제활동 내에서 상당한 비중을 차지 하게 된 사회적 경제가 어느 정도 경제적·사회적 가치를 실현하고 있으며 지속가능성은 있는지 등에 대한 답변이 요구되고 있다. 특히 새로운 분야에 개입하거나 투자하고자 하는 정부나 투자자들에게는 사회적 경제가 창출하는 가치가 어떤 것인지, 동력이 뭔지, 실제 어떤 효과를 내는지, 잘 되는 곳은 왜 잘 되는 것인지 등에 대한 명확한 근거와 정밀한 분석이 요구되고 있는 것이다.

사회적 경제 분야의 하나인 박애와 기부의 양상이 변화한 것에서 이러한 흐름을 확인할 수 있다. 단순한 기부나 자선행위에서 본인의 기부가 어떻게 쓰이고 있는지에 대한 관심과 개입, 더 나아가 어떤 결과를 낳는지에 대한 관심과 개입으로 이행하고 있는 것이다. 한국의 경우를 생각해보면 사회적 경제의 기능 중 하나가 저성장·실업 등 사회경제적 문제에 대한 해결책이라는 점에서 이해가 되는 양상이다. 전통적인 재단과 달리 소위 '벤처 박애(Venture Philanthropy)'는 수혜를 받는 단체가 더 강화되도록 돕고 돈, 전문성, 사업 컨설팅 등 다양한 방식의 맞춤형 지원을 한다. 다양한 관련 기관과 연계해 여러 해에 걸쳐 단체나 기업의 성과를 주기적으로 측정하기도 한다. 이러한 적극적인 개입의 배경에는 자신이 지원하는 단체를 단기적이 아니라 장기적으로 키워갈 것인지에 대한 관심이 있는 것이다. 이 장은 원주와 홍성의 사례를 통해 사회적 경제의 조건, 즉 한국에서 사회적 경제가 존재하고 발전하기 위한 조건이 무엇인지 탐색해보는 것이다. 한국의 사회적 경제 분야에서 가장 오랜 경험을 가지고 있으며 성공적인 모습을 보인 사례를 통해 보편적 함의와 다층적 평가의 틀을 찾아보려는 것이다.

문제는 경제적인 실적을 측정하기는 쉬우나 사회적인 효과는 측정이 어렵다는 것이다. 평가는 필연적으로 표준화되기 쉬운데 이러한 형태의 평가가 모든 사업이나 조직에 적절한 것은 아니다. 게다가 표준적인 평가 시스템이 사회적 경제의 생명이라고 할 수 있는 다양성을 침해할 수 있다. 또 열악한 조건에서 활동하는 사회적 경제 주체들에게 추가적인 부담과 스트레스를 초래하며 열정을 감소시킬 수 있는 위험이 있다. 모든 사례에는 그 나름의 조건과 경험이 있으며, 특히 사회적 경제는 유니크한 각 지역의 역사와 현실에 토대를 두는 것이기 때문에 단일한 평가방식을 도입하는 데는 매우 신중해야 한다. 그런 의미에서 시빌 메르텐스(Syvile Mertens)는 사회적 효과에 대한 논의의 핵심인 '어떻게 측정할 것인가'에 대해 이를 측정하는 것은 거의 불가능에 가깝다고 우려를 표한다. 지역사회, 환경 등에 미치는 효과에는 매우 다양한 변수가 작용하며 효과를 가져온 주체를 파악하기가 힘들기 때문이라는 것이다(Mertens and Marée, 2015).

이러한 난점에 유의하면서, 사회적 경제의 다양한 성과와 문제들을 깊이 있게 분석하기 위해서는 사례에 대한 충실한 연구가 필요하다. 사회적 경제의 조건이라고 할 수 있는 경제적·사회적·환경적·정치적(민주주의) 요소가 어떻게 달리 작용하는지 사례연구에서는 반영할 수가 있다. 또한 사회적 경제가 존재하는 데 필요한 요건인 사회적 자본, 시민사회의 역량도 단순한 지표형태가 아닌, 실제의 생활영역에서 검토할 수 있다. 사회적 경제가 무엇보다도 의식적인 실천이라는 점에서 어떤 인간적 변수, 의식적 요인이 작용했는지를 사례를 통해 깊이 탐구할 수 있다. 이 연구에서는 원주와 홍성의 두 사례를 다룬다. 좁게는 사회적 경제 조직(홍성군 홍동마을의 사회적 경제 조직, 원주협동사회경제네트워크 소속 단체)을 다루지만 이 조직들이 속해 있는 마을(홍동면의 팔괘리, 운월리, 금평리, 문당리, 원주시의 일부 마을)이나 기초자치단체(홍성군, 원주시) 차원의 논의도 필요한 것이다. 또한 두 사례의 지리적인 범위가 크게 다른 점에도 유의해야 한다. 규모나 범위의 차이가 내용 면에서 차이를 가져온다는 점도 중요한 것이다. 규모 자체가 새로운 시도의 성패에 영향을 미치기도 하고 규모에 따라 그에 따른 방식이 요구되기도 하는 것이다. 원주 협동조합운동의 공간적 기반이 35만 명 정도의 중소도시라면 홍동마을 또는 풀무학교의 활동범위는 몇 천 명 정도의 면 단위에 불과하다. 또한 원주는 도시와 농촌 지역을 모두 포함하고 있는 도농복합도시이며 협동조합 역시 도시와 농촌 모두를 기반으로 하고 있다. 이와 달리 홍동의 사례는 '작은 것이 아름답다'는 경구를 떠올리게 할 만큼 그 범위가 작다. 한편 원주와 홍성 간의 직접적인 관계도 찾아볼 수 있다. 즉 풀무학교 출신으로 원주에서 활동하는 경우가 있으며 원주 협동조합의 활동가들이 홍동면과의 교류에 참여하기도 하는 것이다.

원주와 홍성, 더 정확히 말하면 원주 협동조합운동과 홍동마을 또는 풀무마을은 한국 사회적 경제의 모범사례이자 각기 다른 두 가지 방식을 보여준다. 두 지역은 이미 잘 알려져 있기 때문에 아래에서는 두 사례에서 중요하게 여기는 가치와 관점을 확인하고 이들이 오랫동안 성공적으로 유지될 수 있었던 비결을 중심으로 논의를 전개한다. 그리고 이를 기반으로 다른 지역에도 적용될 수 있는 보편적 함의를 도출하고자 한다.

2. 원주 협동조합운동

원주 지역에서 만들어져 온 사회적 경제는 다양한 용어로 표현되었다. 원주 협동조합운동, 협동운동, 협동기업운동, 생명협동운동, 생명·협동공동체운동, 협동사회경제와 같은 용어가 사용되었으며, 생명사상의 핵심가치를 나타낸 '모심과 살림'도 원주에 기원을 둔 한살림운동이나 원주 협동조합운동을 상징하는 용어다. 여러 표현에 공통적으로 들어 있는 단어가 '협동'이라는 점에서 협동, 공동체와 같은 요소가 원주 사례의 핵심이라는 것을 짐작할 수 있다. 원주 협동조합 세계의 정신적 지주라고 할 수 있는 무위당 장일순 선생에 관한 다음 언급에서 이 점을 확인할 수 있다.

선생님의 지론은 모두 협동운동으로 귀착되는 것 같다. 특히 이제까지 근대적인 산업사회가 생산력 중심의 성장주의 경제체제에 조응하여 경쟁과 이윤 추구로 왜곡되어버린 현실과 그간에 펼쳤던 협동조합운동과 반독재운동을 넘어서 생명과 농업·농촌을 중심에 놓고, 개체도 살고 전체도 크게 살리는 새로운 공동체 운동 (한살림운동)으로 나아가야 된다고 말씀하신다. 그것은 1977년 이전까지의 사회 운동과 삶에 대한 깊은 성찰과 고민 속에서 나온 것이며 방법론에 있어서도 대결적인 운동이 아니라 조화를 중심에 둔 운동임을 분명히 한다(김용우, 2013).

한국 협동조합의 역사는 일제시대에 농업, 축협, 수협, 소비조합운동, 생산자

협동조합 등이 생겨나면서 시작되었다. 대한민국 정부수립 이후에는 1961년 농협이 금융사업과 경제사업을 병행하게 되었고 1960년 부산 지역에서 신용협동조합이 탄생했다. 신협이 민간에서 시도된 것이라면 비슷한 시기에 등장한 새마을금고는 정부의 지원을 받는 변형된 협동조합이다. 협동조합의 가장 중요한 특징은 국가로부터의 자율성과 조합원들의 민주적 참여일 것이다. 이런 점에서 볼 때 농협은 멀게는 일제시대, 가깝게는 1960년대부터 국가의 영향력이 크고 조직문화 역시 일반 은행과 다르지 않은 관료제적인 구조였다는 점에서 협동조합 본연의 정신이 많이 퇴색되었다고 볼 수 있다. 한편 1990년대가 되면 소비자협동조합의 성격을 띤 생활협동조합이 발전하게 된다.

강원도의 경우에는 농협과 더불어 한살림생협 등 생활협동조합이 원주, 강릉, 춘천 등지에서 발달하고 있다. 생협회원의 현황을 보면 강릉과 원주의 한살림생협 회원이 각각 6000, 5000세대 정도고 기타 원주생협, 원주의료생협, 춘천생협에 각각 1000여 세대 정도의 회원이 있다. 농협을 제외하면 일자리 수나 매출액 등의 측면에서 지역경제에서 차지하는 비중이 아직 미약하지만 이 새로운 방식의 경제시스템에 참여하고 있는 주민들의 수, 그리고 실천과정에서 형성되는 혁신의 측면에서 보면 중요한 역할을 하고 있다고 볼 수 있다. 게다가 최근에는 먹거리 문제가 중요해지면서 생협 등이 중심이 되어 지역농산물을 지역에서 소비하는 로컬푸드운동이 대중적인 인기를 얻으면서 매출액, 직원의 규모도 커지고 있는 추세다.

인구 30만 명의 중소도시인 원주의 사회적 경제, 특히 그 주된 형태인 협동조합의 최근 양상을 이해하기 위해서는 역사적인 접근이 필수다. 1970년대에 민주화투쟁이 천주교 원주교구를 중심으로 활발히 전개된 이후 1980년대가 되면 광주 이후의 극한적 투쟁론을 비판하면서 운동방향의 전면적인 전환이 모색된다. 즉 투쟁과 저항에서 생명으로의 전환이 이루어진다. 물론 이러한 소위 '원주캠프'의 노선 전환에는 전국적 차원의 정치적 변화뿐 아니라 원주 천주교 그리고 원주 지역 자체의 역사적 경험이 그 바탕에 깔려 있다. 즉 1960년대에 시작된 가톨릭농민회 중심의 농민운동과 노동운동의 경험, 그리고 보다 직접적으로는 1968년부터 장일순 선생이 피폐해진 농촌과 광산촌을 살리고자 원주를 포함한 강원도 일대에서 전개한 신용협동조합운동이라는 역사적이고 지역적인 토대에 의해 뒷받침된 것이었다(원동교구 원동본당 100년사 편찬위원회, 1999: 140~144). 이 시기 장일순은 가톨릭 영성수련과 민초들의 삶을 위한 협동운동, 민주화운동을 도반인 지학순 주교와 함께했다. 또한 이때 많은 동지와 도반들을 만났으며 이른바 '원주캠프의 좌장'이라는 별칭도 얻었다. 먼저 1966년 원동성당 내의 원주신협(현 원주신협과는 다름)을 시작으로 협동운동을 시작했으며 1968년에는 동생 장화순이 교장으로 있는 진광학원에 협동교육연구원이 세워졌다. 1972년 남한강 유역의 대홍수와 지학순 주교의 막대한 외국원조 확보는 원주를 중심으로 한 영서지역을 비롯한 원주교구 관할구역에 본격적인 협동운동이 전개되는 계기로 작용했다. 이때 장일순은 늘 운동의 방향을 제시했으며 현장 활동가들과 함께 토의하고 고민하며 대안을 만들어냈다. 이 시기에 함께한 사람들은 김지하, 김병태, 이영희, 박재일, 김영주, 이경국, 홍고광, 김상범, 정인재, 박현식, 이한규 등이었으며 그 외에도 수많은 사람들이 원주교구의 재해대책사업위원회(사회개발위원회의 전신)에 드나들었다. 그 결과 많은 신용협동조합과 소비조합이 농촌과 광산, 어촌에 생겼으며 민간 자율협동운동의 모델이 되었다. 지학순 원주교구 주교의 반부정부패 선언과 함께 시작된 반독재민주화운동이 전개되기도 했다. 그 당시 인구 13만 명의 소도시 원주는 1970년대 민주화운동의 상징이 되었다(김용우, 2010). 그러다가 1977년 생명사상과 운동으로의 전환이 나타나면서 1983년에는 장일순 선생과 그의 영향을 받아 가톨릭에 입교했던 김지하 시인을 중심으로 생명운동의 전형이라 할 수 있는 도농 직거래 조직 한살림이 설립되었다. 한살림운동은 생명에 대한 우주적 각성, 자연에 대한 생태적 각성, 사회에 대한 공동체적 각성을 바탕으로 새로운 인식·가치·양식을 지향하는 생활문화운동이자 생명의 질서를 실현하는 사회실천활동을 표방했다(한살림, 1989).

1990년대 이후 원주 지역의 사회운동은 첫째, 1960년대 중반 이래 정의구현 중심의 민주화운동에서 인간과 자연, 인간과 인간, 도시와 농촌이 함께 살자는 생명운동으로 이어져 온 천주교의 사회참여 전통, 둘째, 1990년대에 등장한 신사회운동, 셋째, 본격적인 지방자치제의 실시 등의 요인이 결합되면서 "생명", "공동체", "자치(자율)"를 주요 상징으로 하는 환경운동, 협동조합운동, 농촌에서의 생태공동체운동, 주민자치운동이 주류를 형성했다(엄한진, 2004).

협동조합에 국한해볼 때 1990년대 원주 사회운동은 신협운동의 정체와 생협운동의 진전으로 특징지을 수 있다. 관제조합이라는 평가를 받아왔고 일반 은행과 유사한 모습을 보여온 농협 이외에 가장 잘 알려진 협동조합이 신용협동조합이다. 원주 지역 협동조합의 역사도 신용협동조합으로부터 시작되었다. 1970년대 초 신협운동은 천주교 원주교구의 재해대책사업과 결합하면서 자연스럽게 소비자협동조합운동을 탄생시켰다. 이는 당시의 재해대책사업이 서유럽의 원조 등으로 마련된 구호자금을 이재민에게 배분하는 단순한 구휼사업이 아니라 공동체나 협동조합 등을 통해 자립을 지원하는 방식으로 진행되었기 때문이다(조세훈·우영균, 2008). 그러다가 1980년대 후반부터 소비조합운동은 기존 농촌 소비자협동조합과 달리 농촌과의 연계를 추구하는 도시 생활협동조합이 중심이 되는 새로운 양상을 띠게 된다. 그리고 이러한 변화는 또다시 1970년대 신용협동조합운동과 농촌 소비자협동조합운동을 주도했던 원주에서 시작되었다.

2000년대에 들어 원주 협동조합의 특징은 이탈리아의 사회적 협동조합과 유사하게 지역사회에 대한 관심과 다양한 협동조합 간의 연계 강화였다. 이와 함께 의료생협 등 새로운 유형의 협동조합이 등장하여 이 영역이 다원화된다. 이 두 측면에는 상호연관성이 있다. 2002년 원주의료생협을 만드는 과정에 밝음신협, 원주한살림생협, 원주생협이 공동으로 참여한 것이 소위 '협동조합 간 협동'이 본격화된 계기다. 그리고 이를 위해 당시 협동조합운동 1세대를 계승하기 시작한 젊은 활동가를 중심으로 협동조합연구모임이 결성되고 2003년 6월 8개 단체가 모여 원주협동조합운동협의회가 창립된다.

2010년에는 이를 발전적으로 계승하는 '원주협동사회경제네트워크'가 창립된다. 2018년 현재 회원은 33개의 단체와 몇몇 개인이 있다. 협동조합법 제정 이후에 설립된 단체들이 절반에 달할 정도로 많은데 문화, 제조업, 신산업 등

표 6-1 원주협동사회경제네트워크 회원단체 현황

분야	회원단체	설립연도	활동내용
금융	원주밝음신협	1971년	신용협동조합사업
	갈거리사회적협동조합	2016년	전 갈거리사랑촌(1991년), 노숙인 등 어려운 이웃의 자조금융
생활	원주한살림	1985년	농업회사법인 (주)살림농산(기름가공)
	원주생협	1989년	농업회사법인 (주)원주생명농업
	상지대생협	2006년	대학생협
	원주푸드협동조합	2013년	전 친환경급식지원센터(2008년), '원주푸드운동'을 통한 지속가능한 '지역먹거리체계' 추구
	강원로컬푸드협동조합	2014년	로컬푸드와 공익상품 복합매장 운영
	더불어살림협동조합	2016년	전 남한강삼도생협(2003년), 남한강영농협동조합법인
농촌	원주생명농업	2004년	지역순환농업을 실현하는 생산자 조직
	토요영농조합법인	2009년	체험, 공연, 휴식을 겸하는 다목적 음식점
	(사)서곡생태마을	2011년	농촌마을공동체운동, 작은음악회, 대안학교, 자연누리숲 학교, 청소년여행협동조합 등 운영
사회 서비스	(사회적기업)원주의료생협	2002년	밝음요양보호사교육원, 밝음지역아동센터, WC '멋살림', 재가장기요양기관 '길동무', 위스타트 원주(태장) 마을센터, 원주주거복지센터
	(사회적기업)원주노인생협	2006년	노인생협
교육	소꿈마당	1999년	공동육아협동조합
	사회적협동조합 새움	2013년	대안적인 진로교육 기관
	토닥토닥맘협동조합	2015년	전 토닥토닥원주맘 온라인카페(2005년), 엄마와 예비엄마의 소통공간
	큰나무사회적협동조합	2016년	취약계층의 방과 후 교사 양성 및 저소득층 지원
복지	성공회 원주나눔의집	1999년	어르신문화프로그램(늘봄학교), 클라라공방, 건강교실, 햇살작은도서관, 무료반찬나눔 등 복지와 지역공동체를 위한 사업
	원주지역자활센터	2001년	간병사업단, 누리빨래방, 양곡배송, 약병재활용 등 10개 자활근로사업단 운영
	꿈터사회적협동조합	2014년	장애인 직업교육 단체
	두루바른사회적협동조합	2014년	언어재활사, 미술치료사 등 재활치료사들의 협동조합
	협동조합 허브이야기	2015년	허브티 중심의 자활 선도기업
문화	(사)한국전통예술단 아울	1994년	원주매지농악을 모태로 한 젊은 국악인 단체
	음악만들기앙상블	2012년	지역맞춤형 공연, 축제 콘텐츠 조사사업
	강원아카이브협동조합	2013년	사진 중심의 지역문화 아카이브 구축, 지역홍보책자 발간
	다모인협동조합	2013년	자판기 점주들의 협동조합
	지역문화콘텐츠협동조합 스 토리한마당	2014년	지역사회의 콘텐츠 수집 및 관광자원화를 시도하는 청년 사회적기업, 사회적경제 매거진 발행
	길터여행협동조합	2014년	공정여행, 나눔여행 등 청소년 대상 대안 여행사
	풍류마을협동조합	2014년	조합원의 가치 있는 삶 추구
환경	(유)다자원	2008년	재활용 분야 사회적 기업
	(주)노나메기	2009년	에너지 분야 노동자협동기업
제조업	(합)햇살나눔	2007년	친환경 농산물 가공업체
	(주)천지인초	2012년	건강식품회사, 상지대학교 산학협력단 산하 업체

* 개인 회원은 제외한 것임.
자료: 원주협동사회경제네트워크 내부 자료.

활동분야가 다양해지는 경향을 찾아볼 수 있다(표 6-1 참조). 이러한 단체들에 가입된 조합원 수가 3만 명 이상이며 네트워크 소속기관에 고용된 사람의 수도 500명을 넘어서고 있다. 보다 최근에는 사회적 일자리, 사회적 기업, 워커즈 컬렉티브, 사회적 경제 등과의 연관성이 고려되고 있다. 사회적 일자리 사업 초기부터 일부 생협이 참여했고 네트워크 회원단체 또는 연관된 기관이 건축, 재활용, 장애인, 주거복지 분야 등에서 정부의 사회적 기업 인증에 적극적으로 참여하고 있다. 정관에 협동사회경제네트워크의 영문 명칭이 'Wonju Cooperative Social Economy Network'인 것도 지역운동으로 자리매김하려는 노력의 일환이라고 볼 수 있다. 또한 다양한 공동체운동을 촉진시키기 위해 필요한 사업자금을 지원하는 협동기금의 조성을 시도하고 있다.

3. 홍성군 홍동면의 사회적 경제

한국의 대표적인 농촌 오지로 여겨졌던 충청남도 홍성군 홍동면의 사회적 경제 조직은 후술할 풀무학교가 모태라는 점 때문에 '풀무마을'이라고 불리기도 하는데, 이때 '풀무'는 홍성군 홍동면 팔괘리의 일부 지역을 가리키는 옛 지명이기도 하다. 또는 홍동면을 중심으로 한 마을이어서 홍동마을이라고 불리기도 한다.[1] 홍동면의 사회적 경제는 무엇보다도 오랜 마을공동체운동의 역사를 가지고 있다는 점이 특징이다. 당연히 오랜 경험은 다양한 조직을 만들어냈고 마을 내부적으로나 대외적으로 네트워크가 발달했다. 외부에는 홍성군이 원주, 팔당과 더불어 친환경유기농업의 선구적인 생산지로 알려져 왔다.

홍동면의 사회적 경제는 홍동면 팔괘리에 소재한 풀무학교를 중심으로 헌책

---

[1] 풀무는 녹슨 쇠붙이를 녹이고 정련하여 새로운 농기구를 만든다는 뜻으로, 성서에 등장하는 용어기도 하다. 게다가 이 용어가 교육의 중요성을 강조하고 있다는 점에서 무교회주의의 영향이 큰 이 지역의 공동체운동에 걸맞은 이름이라 할 수 있다.

방과 그물코 출판사, 갓골 작은가게, 재활용비누공장, 갓골 어린이집, 홍성풀무
농협, 풀무신협, 풀무환경농업교육관, 비료공장, 유기농우유목장 등이 모여 있
는 지역공동체의 형태를 띠고 있다. 홍성군 홍동면 운월리, 금평리, 문당리 지
역에 소재하고 있으며 홍동면 주민이 3800명 정도이고 핵심조직이라고 할 수
있는 풀무생협 조합원 수는 1300명 정도다. 그런데 풀무영농과 풀무생협이 분
리되고 생협의 거점이 홍성읍으로 옮겨졌으며 그에 따라 다른 지역에 거주하는
조합원이 늘면서 과거에 비해 풀무생협이 홍동면의 주민조직으로서의 성격을
잃어가는 경향이 있다.

풀무마을의 명칭부터 지금까지의 이력의 기원에는 풀무학교가 있다. 풀무학
교는 1958년 오산학교[2] 출신인 이찬갑 선생과 홍동면 출신 교육자인 주옥로[3]
선생에 의해 설립되었다. 풀무학교는 기독교 신앙과 생태적 가치를 지향하며
유기농업의 기술교육과 홍보를 담당해왔다. '기본학교', '근본학교'를 표방하며
'더불어 사는 평민'[4] 기르기를 교육목표로 삼았다. 운영에서도 학생 중심 운영,
민주적 운영을 추구했으며 평민, 즉 평범한 사람의 중요성을 강조했다(이은주,
2007). 학교 설립의 주된 배경은 당시 한국사회 농업분야에서 진행된 일련의 변

2 1907년 12월 평안북도 정주에 설립된 오산학교에는 이승훈, 조만식, 이광수, 김소월, 백석, 이중섭
  등이 참여했다. 남강 이승훈의 종손이었던 이찬갑은 해방 이전 정주 오산에서 오산학교를 중심으로
  하고 협동조합을 생활단위로 하는 오산 공동체를 만들어보고자 했으나 일제 말기의 압박과 연이은
  사회주의 정권 수립으로 인해 실패했다(김건우, 2015: 81~82). 이후 오산학교 출신 무교회 구성원들
  은 이찬갑을 중심으로 새로운 학교에 대한 논의를 시작하고, 오산학교의 정신을 이어받는 풀무학교
  를 설립한다(정해진, 2013: 237). 실제 함석헌의 무교회 성서모임에 참석했던 함석헌, 이찬갑, 최태
  사, 엄해식, 노정희 등이 풀무학교의 개교는 물론 운영과정과 역사에 깊이 관여하게 된다(고병헌 외.
  2009: 492; 정해진(2013: 236~237)에서 재인용].
3 주옥로는 1919년생으로 1949년 봄 함석헌의 YMCA 일요성서 강좌에 참석하여 무교회 신앙을 접하
  게 되었고 1953년 8월 이찬갑과 만나 1958년 충청남도 홍성 홍동면에서 풀무학교와 풀무공동체를
  만들게 된다.
4 개교 초기에는 '위대한 평민'이 교훈이었다가 '더불어 사는 평민'으로 바뀌었다고 한다. 홍순명에 따
  르면 모두가 위대한 평민이 되는 것은 어렵지만 더불어 산다는 것은 가능하고 위대하다는 의미가 담
  겨 있다(홍순명, 2017: 57, 61).

화였다. 1960년대 말부터 농업의 기계화와 산업화가 진행되었고 이에 대한 대안을 모색하고자 했던 것이다(최승호, 2009: 247). 이 점은 새마을운동을 중심으로 한 박정희 정권의 권위주의적인 농업 및 농촌 근대화에 저항했던 원주의 사례와 동시대적이고 유사한 대응이었다고 할 수 있다. 대안학교가 각광을 받으면서 풀무학교는 입시 위주의 교육에서 벗어난 전인교육의 메카로 평가되기도 했다. 1999년부터는 또 하나의 오랜 꿈이었던 고등교육 과정인 전공부를 설립하기 위한 논의가 본격적으로 시작되었고, 2001년 3월에 첫 입학생을 맞이한다. 이는 오산학교 시절 이승훈이 이루고자 했던 지역대학 설립의 꿈을 실현하는 의미가 있었다. 전문대학 과정인 풀무환경농업과 전공부는 환경농업 분야 전문대학이자 학생, 교사, 외부강사, 마을주민 등 30여 명이 참여하는 풀뿌리 주민대학이다. 풀무마을의 기반이 된 풀무학교는 지금도 몇 가지 중요한 기능을 수행한다. 무엇보다도 사람을 배출하는 역할을 하며 졸업생 중 일부가 지역에 머무르며 홍동면의 주민활동을 이끌어가고 있다. 두 번째 기능은 지역활동을 하는 많은 곳이 풀무학교 및 학교 소유의 공간을 이용한다는 점이다. 풀무학교가 만들어놓았는데 사용되지 않는 축사를 이용하기도 한다(2017년 10월, 정민철5 젊은협업농장 상임이사와의 인터뷰).

풀무학교와 함께 홍동면을 이끌어온 주역으로 풀무생협이 있다. 풀무생협은 현재는 풀무환경농업영농조합법인(이하 풀무영농, (구)풀무생협)이라는 이름을 가지고 있는 홍성의 대표적인 친환경 유기농업 생산자 조직을 말한다. 풀무영농은 풀무학교 내에 결성된 풀무협동조합에 그 기원을 두고 있다. 1959년 9월 6일 풀무학교에 문구류의 공동구매를 목적으로 한 소비조합 구판장이 만들어졌다. 이후 1980년 5월 20일 풀무학교 교직원과 졸업생, 홍동면 주민 등 27명이 소비조합을 계승해 풀무소비자협동조합을 창립하고 홍순명 풀무학교 교장을 이사장으로 선출했다. 한국의 지역 소비자협동조합 1호점이 만들어진 순간이

---

5 정민철은 풀무학교 전공부 교사였으며 젊은 귀농인들과 함께 '젊은협업농장'이라는 협동조합을 조직하여 활동하고 있다.

었다. 홍동면 지역 농민들의 생필품과 농자재의 공동구입을 위해 만들어진 협동조합이었다(≪홍성신문≫, 2016.7.1). 1984년 5월부터는 농산물을 서울 지역 소비자들에게, 주로 종교단체와 연계해 직거래하기 시작했고 당시 서울 수도권 지역에 소비자생활협동조합들이 생겨나면서부터 풀무소협 역시 1989년부터 한국여성민우회생협과 직거래를 시작했다. 그 당시에는 유기농 생산자가 전국적으로 매우 제한적이었던 시절이어서 풀무생협 생산자들의 역할은 절대적이었다. 2003년에는 풀무생협 산하에 환경농업영농조합법인을 설립하고 유기순환적 지역농업을 지향하면서 친환경 유기농 생산자 협동조합으로서의 정체성을 분명히 하게 된다. 또한 생협물류연합체 중 가장 급성장해온 생협연대와 전략적 파트너십을 형성하면서 풀무생협 역시 급속한 성장세를 경험했다. 그 배경을 보면, 홍성군 홍동면을 중심으로 인접 지역을 친환경농업벨트로 만들어가려는 지자체의 강력한 의지 아래 오리농법 쌀을 재배하려는 친환경생산농가가 늘어나고 이러한 생산농가들을 조합원으로 받아들이면서 비약적인 성장이 이루어졌다. 하지만 2005~2006년 사이에 정부의 쌀 수매정책 폐지와 친환경 쌀 생산지의 급증, 그리고 유기농 소비의 급감 등이 겹쳐지면서 유기농 쌀 파동이 발생했고 그 결과 풀무생협은 조직의 위기를 겪으면서 2007년까지 극심한 어려움을 겪게 된다(허남혁, 2009: 174~177).[6]

그 당시의 손실은 단기간에 회복되지 못하고 부실경영으로 적자가 누증되어 2008년에는 생산자 매입대금 결재가 지연되는 등 심각한 경영위기를 맞게 된다. 풀무생협은 2009년 생협연대에 경영위탁을 하게 되고 이후 3년의 위탁경영

---

6 허남혁은 풀무생협에 국한해 다음의 시기 구분을 제시한 바 있다. 1단계는 여성민우회생협과의 직거래가 시작된 1989년부터 1997년까지의 기간으로 유기농업생산자회가 결성되고 도농교류가 시작되는 등 토대가 형성되는 시기였다. 2단계는 1998년에서 2002년까지의 기간으로 친환경농산물 국가 인증제 도입, 생활협동조합법 시행 등 제도적인 기반이 만들어지면서 성장세를 보인 시기다. 3단계는 2003년 이후의 시기로 생산과 소비를 함께 담당하던 조직에서 생산자 조직으로 전환되고 가공 및 축산 분야로 확장하고 일반 유통도 겸하는 등 사업을 확장한 시기다. 이는 동시에 시장의 상황에 영향을 크게 받음으로써 위기를 겪었던 시기이기도 하다(허남혁, 2009: 179).

표 6-2 풀무생협 연혁

1958년	풀무학교(풀무농업고등기술학교, 개교 당시 명칭은 풀무고등공민학교) 설립
1960년	풀무농업고등학교 학생생협 설립
1980년	풀무소비자협동조합 설립(지역주민을 조합원으로 포함)
1984년	농산물 직거래 시작
1989년	여성민우회생협과 유기농산물 직거래 시작
1990년	주민생협 창립
1992년	풀무소비자협동조합 내부에 35개 농가가 참여한 풀무유기농업생산자회 결성
1993년	풀무소비자생활협동조합으로 개칭, 풀무유기농업생산자회가 국내에서 처음으로 오리농법 도입
1994년	소비자와 함께하는 오리입식 행사, 가을걷이 나눔의 잔치 시작
1995년	도시 소비자(주민생협)를 초청하여 오리입식 행사 개최, 도농교류캠프 창조학교 등 도농교류 시작
1999년	공산품 구판을 중단하고 친환경농산물 판매사업으로 전환
2000년	생협법상의 생활협동조합으로 재출범
2002년	홍동면 금평리 산지물류센터 준공
2003년	생협 산하에 풀무환경농업영농조합 설립, 쌀 건조보관센터 준공, 학교급식 사업 개시
2004년	생협연대와 업무협약 체결, 온라인 판매 개시
2005년	축산물 본격 출하 개시
2006년	친환경 쌀 파동으로 큰 적자를 봄
2007년	유기농 쌀 도정공장 쌀 센터 준공
2008년	축산생산관리 전담 풀무축산(주) 설립, 떡 가공공장 준공
2009년	생협연대에 물류 및 회계위탁 아웃소싱
2011년	환경농업생산자영농조합과 분리
2013년	홍성읍에 매장 마련, 친환경생활재 공급사업 재개(행복중심생협연합회 가입)
2014년	풀무매장 홍성읍 월산리로 이전

자료: 허남혁(2009: 178~179)을 토대로 필자 작성.

기간 동안 풀무생협과 풀무영농의 분리, 풀무영농을 주곡영농조합, 축산영농조합, 채소영농조합 등 3개 독립법인으로 분리하는 구조개선 작업과 기존의 부채 일부를 각 생산법인이 분담하는 자구노력을 통해 누증적자를 해소하고 경영정상화의 길을 걷게 된다. 2013년 아이쿱생협연합과 풀무영농은 생산소비협약을 체결하고, 공동투자로 홍성 아이쿱센터 건립 추진을 선포한다(≪코코뉴스≫, 2014. 10.8). 이런 과정을 거쳐 풀무영농은 경영위기를 극복하고 재활에 성공했지만, 군 지원금을 받아 건립된 건조 및 도정 시설 '풀무 쌀 센터' 등 풀무생협의 핵심 자산이 아이쿱생협연합에 이전되는 등 종속이 심화되었다.

외부에는 풀무학교와 풀무생협을 중심으로 한 유기농의 메카로 알려져 있지만 최근에는 특히 후술할 귀농·귀촌의 효과로 다양한 단체와 가게들이 만들어졌다. 근래 와서는 홍동마을이라는 명칭이 많이 사용되는데 이 지역에는 현재

표 6-3 홍동마을의 단체(괄호 안의 수치는 설립연도)

홍동초등학교(1922), 풀무농업고등기술학교(1958), 풀무신협(1969), 홍동농협(1970), 홍동중학교(1971), 정농회(1976), 풀무학교생협(1977), 평촌목장(1980), 풀무환경농업영농조합법인(1980), 갓골어린이집(1981)
은퇴농장(1995), 풀무농업고등기술학교 생태농업전공과정(2001), 그물코출판사(2001), 홍성여성농업인센터(2002), 하늘공동체(2002), 문당권역영농조합법인(2005), 홍성유기농영농조합법인(2005), 갓골목공실(2007), 홍성한우클러스터사업단영농조합(2008), 햇살배움터교육네트워크(2008), ㈜다살림(2009), ㈜홍성풀무(2009), 논배미(2009)
장곡신나는지역아동센터(2010), 꿈이자라는뜰(2010), 마을활력소(2011), 동네마실방 뜰(2011), 홍동밝맑도서관(2011), 원예조합 가꿈(2011), 할머니장터조합(2012), 얼렁뚝딱건축조합(2013), 젊은협업농장(2013), 오누이권역(2013), 씨앗도서관(2015), 귀농·귀촌인 임시거주 공간, 귀농인 장기체류 공간

자료: 마을활력소 마실이학교(2013).

30여 개가 넘는 풀뿌리 단체들이 활동하고 있다. 홍성에는 협동조합이 성숙해야 가능한 의료생협도 설립되었다. 주로 홍동면 소재지를 중심으로 단체들이 모여 있는 양상이다. 생산자 단체들, 농민단체들은 그 성격상 중심에서 조금 떨어져 있다. 그중에서도 풀무학교 설립자 이찬갑 선생의 호를 딴 밝맑도서관이 사람들이 많이 드나드는 홍동 지역 중심에 있어서 커뮤니티 공간으로서의 역할도 한다. 또한 마을의 원로인 홍순명 선생이 고령임에도 불구하고 이사장으로 재직하고 있기 때문에 강좌나 회의 등 모임이 도서관에서 많이 진행된다.

느티나무헌책방, 생각실천창작소, 사진관, 갓골작은가게, 마을뜸방 등 작은 단체들은 홍동면 소재지인 운월리 갓골, 밝맑도서관과 마을활력소 중심으로 모여 있어요. '마을 활력소'에 여러 단체가 들어가 있는데 그것도 밝맑도서관쪽이랑 멀진 않아요. 위치는 면사무소 위편인데요. 그쪽은 다 갓골이라고 부르거든요. 그리고 의료생협은 홍동면 소재지에 있던 약국과의 거리 때문에 조금 떨어진 금평리에 있어요. 금평리, 문당리 일대에는 풀무생협, 환경농업교육관, RPC 등 등 농업 관련 단체가 자리해 있습니다. 그리고 인근 장곡면 역시 젊은협업농장과 행복농장 등 조합방식으로 운영하는 농장 중심으로 사진작가 연구실이나 독립영화사 등 작은 단체들이 도산2리에 모여 있고, 장곡면 소재지 가까운 거리에 홍성유기농영농조합 같은 농업단체가 있습니다(2017년 10월, 신소희 마을학회 일소공도 활동가와의 인터뷰).

　최근에 이주해 온 청년들에 의해 운영되는 '젊은협업농장'과 '마을학회 일소
공도'도 그중 하나다. 2017년 4월부터 10월까지 홍성군농업기술센터 주관으로
협동조합 행복농장, 오누이친환경마을협동조합, 마을학회 일소공도가 함께 매
달 사회적 농업을 주제로 세미나를 진행했다. 그 중심에 외지에서 온 청년 농부
들이 있다. 협업농장은 꼭 학교를 거치지 않고도 청년들이 농업을 배우고 지역
과의 관계를 경험하고, 지역에 정착도 할 수 있게 하려는 교육적인 목적으로 설
립된 단체다. 마을학회는 마을에 대한 관심이 반영된 학습 및 연구 단체다.
2015년경부터는 지역사상사, 장곡배우기, 역사인문학, 독서인문아카데미(문학,
철학)와 같은 수업이 운영되기도 한다. 홍성과 홍동면에 대한 외부의 인식은 실
제 마을이 겪는 경로와는 다소 거리가 있기도 하다. 마을을 찾는 방문객들의 관
심은 그보다는 한국 사회의 사회적 경제 분야의 역사를 반영하는 측면이 크다.
예를 들어 2011년에 도입된 협동조합기본법이 협동조합 설립 붐을 가져왔지만
홍동면의 경우에는 거의 영향을 미치지 않았다. 이곳의 협동조합은 대부분 그
전에 만들어진 것이다.

　시기에 따라서 견학 오는 사람이 달라집니다. 2000년 이전에는 유기농업 때문
에 견학 많이 왔고, 2000년 초는 대체에너지, 2000년 중반 마을만들기, 2000년 후
반, 협동조합 사회적 경제, 사회적 기업. 2000년대 후반이 되면 거의 협동조합 내지
사회적 경제 때문에 찾아오고 … 우린 그때는 사회적 기업이 없었거든요. 사회적
기업 없다고 그러면, 당신들 하는 걸 이야기 해달라고. 그러면 뭐 빵집 이야기 해
주고 하면 그게 사회적 기업이라고. 그런데 똑같은 거 이야기하면 협동조합 이야
기 하는 사람은 그게 협동조합이라고 하고. 그런데 그쪽은 그런 활동이 자기들의
내부에 필요해서 한 것이지 사회적 기업을 해야 되겠다 해서 한 게 아닙니다. 내부
의 필요에 의해서 만들어지고, 정부에서 사회적 기업 하자 했는데 우리나라 사례
없어서 외국만 계속 다니다가 국내도 찾아보자 하면, 여기밖에 없네. 또 이러고.

이런 식으로 … 어떻게 청년들을 육성하고 어떻게 청년농부를 육성할까, 사회적 농업 … 뭐 이 주제로 요즘에는 많이 오고. 중심이 그렇다는 거고, 옛날 것 가지고 찾아오는 사람도 있죠. 옛날 10년 전 이야기를 듣고 찾아오시는 분도 꽤 많습니다 (2017년 10월, 정민철 젊은협업농장 상임이사와의 인터뷰).

4. 사회적 경제가 놓인 조건

이제 위에서 개괄적으로 소개한 두 가지 사례로부터 어떤 교훈을 얻을 수 있을지 고민해보자. 일반적으로 두 사례에 대한 평가는 매우 긍정적이며 사상적인 면에서나 실천에서 큰 의의가 있다고 여겨진다. 더욱이 최근 급성장한 사회적 경제 분야가 보이는 실망스러운 모습을 접하면서 이 분야의 선배격인 두 사례가 지닌 가치는 더욱 빛을 발하고 있다. 근대화 과정에서 왜곡된 경제와 지역사회의 재구성에 어느 정도 성공한 점이 높이 평가된다. 생명담론을 바탕으로 민주화운동과 협동운동이 재해석되고 재구성되었다는 평가는 원주의 경험에 대한 근거 있는 찬사이며 이는 사회적 반향은 상대적으로 작았지만 홍성의 사례에도 적용될 수 있을 것이다(유채원·구도완, 2015). 한국은 비록 유럽의 사회적 경제와 유사한 전통적인 시도들이 없지는 않지만 근대에 국한해볼 때 국가나 시장에 비해 경제에서 시민사회의 자발적인 시도나 공동체적인 시도들이 차지하는 비중은 극히 미약하고 그마저도 상당 부분 국가의 영향력 아래 있었다고 할 수 있다. 이런 점을 고려할 때 원주와 홍성은 자율성과 괄목할 만한 성취, 그리고 지속성을 보여준 드문 사례라고 할 수 있다. 위기나 어려움이 없지 않았으며 사회적 경제의 정신에 충실하지 않았던 점도 있었다. 외형적인 성장이 내부의 결속이나 민주주의를 훼손시키기도 하며 국가 및 자본으로부터의 자율성이 손상되는 등 사회적 경제의 근간이 흔들리는 모습을 보이기도 했다. 그러나 모범사례가 반드시 탄탄대로를 밟지는 않았다는 점을 생각하면 그리 실망스러운 것도 아니다. 특히 홍동면의 경우에는 2000년대 이후 경영과 관련된 생존의 위기와 이주민의 유입으로 인한 새로운 국면에 놓여 있다는 점에서 단선적인 진화의 틀로 설명되기 어렵다. 인간이 만드는 역사 일반이 그렇듯이 사회적 경제의 사례도 굴곡, 갈등, 변동으로 점철되어 있는 것이다. 이런 시각에서 이 절에서는 먼저 한국의 사회적 경제가 놓여 있는 어려운 조건을 두 사례를 통해 살펴본다. 시장 및 자본주의, 그리고 국가와의 관계가 그 중심에 있다.

2000년대 초 풀무생협이 경험한 경영위기는 한국에서 사회적 경제가 놓여 있는 조건을 상징적으로 보여주었다. 그 당시 관행화되고 거대 유통조직에 생산자들이 종속되는 현상에 대한 비판이 제기되었다. 생협과 생산자의 관계가 대등한 협력관계에서 벗어나 수직적 상하관계로 전환되는 경향을 우려한 것이었다(≪한국농정신문≫, 2014.9.21). 비판의 내용은 다음과 같았다. 풀무영농은 2003년 풀무생협 생산자들이 설립했으며 2006년 유기농 쌀 판매사업에 큰 타격을 입고 경영난에 시달렸다. 그 당시 유기농 쌀 생산량이 증가하며 소비가 이를 뒷받침하지 못한 게 원인이었다. 풀무생협은 적자 누적으로 경영난이 심화되자 2009년 생협연대에 물류 및 회계를 위탁한다. 그리고 신성식 대표가 경영이사로 취임해 경영개선 작업을 맡았다. 그 뒤 풀무영농은 2011년 별도로 만든 3개 생산법인(주곡·축산·채소)이 기존 부채 일부를 분담하는 등 구조개선 작업을 통해 경영정상화 수순을 밟았다. 그러나 이 과정에서 풀무영농 본부 건물과 주변 토지는 아이쿱생협 산하 물류사업체에 소유권이 넘어갔다. 풀무영농은 아이쿱생협에 판매 농산물 전량을 의존하는 상황이 되었다(≪코코뉴스≫, 2014.9.2). 이러한 맥락에서 소비자의 개인 욕구가 생산과 유통을 지배하면서 친환경농업 생산이 지나치게 상품화되고 있다는 비판이나, 친환경농업을 농업위기의 해법으로 정부 차원에서 집중적으로 육성하기 시작하면서 초창기 유기농업의 생태와 대안성 지향과는 달리 시장 메커니즘에 의해 통제되는 또 다른 관행농업이 되어가고 있다는 점이 지적되었다(김홍주, 2008: 46). 물론 이러한 비판에 대한 반론도 제기되었다. 즉 생산비 보장에서 소득 보장으로의 전환이 필요한 상황이었고 이 과정에 대한 반발이었다는 것이다. 생협연대는 2000년대 중반부터 농촌 생산자와 도시 소비자 간의 상생관계 아래 적정 가격을 보장함으로써 생산지의 활성화와 공동체화에 치중하는 한살림과 두레생협연합과는 달리 1차 농산물을 공급하는 농민들에게는 1차 농산물의 가격으로 생계를 보장하는 것이 아니라 농민과 생산자 조직이 생협연대의 물류 및 가공판매 사업에 출자함으로써 그 이익을 돌려받도록 한다는 정책, 즉 가격 보장이 아닌 소득 보장을 우선하는 정책을 폈던 것이다(허남혁, 2009: 190). 홍동면 사회적 경제의 핵심 활동가의 다음 회고에서 당시 분위기와 쟁점을 알 수 있다.

갈등은 풀무생협 내부의 문제였다. 그쪽으로 가자, 가지말자 논쟁. 내부 논쟁이었다. 그게 제가 판단할 때는 운동성과 경제성 중에 어느 것을 선택할 것인가? 협동조합 결사체, 경영체의 지도부의 입장은 운동성으로 갔다. 실제로는 운동성 강한 조직이 규모가 일정 규모 이상으로 넘어가버린, 너무 갑작스럽게, 급격하게 성장해버렸다. 2000년대에 들어오면서. 그분들은 운동성을 지속했다. 운동성이란게 다른 게 아니라 농민 생산단체의 자기 정체성은 지역의 발전과 같이 가야 한다. 그때 분란이 되었던 것 중의 하나는 대외적으로는 아이쿱으로 갈 것인가 말 것인가. 실제로는 농민단체가 경제단체인가 아닌가. 그쪽과 관계 맺으면서 현상은 경제적으로 안정되었다. 하지만 경제단체로 가버렸다. 농민단체가 가지는 지역사회 내의 역할이 축소. 생산 및 유통단체로 남아버렸다. 엄밀히 보면 이게 지역사람한테 좋은 일이었나 나쁜 일이었나? 경제적으로 안정되었으면 나아진 거라 할 수도 있고. 유기농업이 사회적 대안적 유통망이라거나 사회관계 체제라거나 하는 고민은 다 떨어지고 그냥 생산판매 유통. 그래서 지역관계가 없어져 버렸다. 그러면서 동네에 큰형님[풀무생협]이 없어져 버렸다. 큰형님이 동생들 좀 챙겨주다가 나도 먹고살기 힘드니 나 먹고살자(2017년 10월, 정민철 젊은협업농장 상임이사와의 인터뷰).

최근 홍동마을 주민들의 주된 관심에도 이러한 사회적 경제가 놓인 조건이 반영되어 있다. 소득이 낮고 불안정한 데다 최근 상황이 악화되는 것에 대한 고민이 큰 것이다. 이러한 상황의 원인으로는 농업투입비용 증가와 같은 원가 상승, 자녀 양육비 증가, 결코 오르지 않는 농산물 가격, 생산가와 판매가의 큰 격차, 농자재 및 시설비용에 대한 부담, 경기 불안정 등이 거론되고 있다.

원주 역시 규모화, 시장화에 따른 문제를 겪고 있다. 성장에의 압력에 대응하는 것 역시 주된 과제인 것이다. 웰빙 열풍과 함께 친환경 먹을거리에 대한 관심이 높아지면서 생활협동조합과 친환경농업도 비약적인 양적 성장을 이루었다. 그러나 원주의 운동가들은 이러한 외형적 성장이 가족 이기주의에 기반을 둔 웰빙 열풍, 친환경농업의 상업화 경향과 무관하지 않다는 고민과 함께 그동안의 생협운동이 과연 지역사회에 얼마나 기여했는지에 대한 성찰을 하게 되었다. 이러한 문제의식에서 시작된 것이 원주푸드운동이다. 원주푸드운동은 지역에서 생산된 먹거리를 지역에서 소비하도록 하는 운동이다. 그리고 이를 바탕으로 궁극적으로는 로컬푸드 지역체계를 구축하는 것을 목표로 한다(유채원·구도완, 2015).

사회적 경제가 발달한 유럽의 경험은 작은 단위의 중요성을 보여준다. 유럽의 경우 사회에서 사회적 경제 전체가 차지하는 비중은 우리보다 훨씬 크지만 이를 구성하는 부분들은 매우 작은 규모의 것들이 대부분이다. 소상인, 소지역 등 작은 단위의 경제활동이 잘 유지되고 있는 것이다. 또한 작은 단위의 경제활동에 가치를 부여하는 분위기가 조성되어 있다. 따라서 한국과 달리 규모화와 성과주의를 오히려 경계한다. 그보다는 사회적 경제의 개별 사례에 적절한 방법을 도출하는 것이 중요하게 평가된다. 평범한 사람들이 주체가 되는 분위기, 참여, 유대가 있는 공동체적인 문화, 합의, 일상적인 활동과 그 속에서 도출되는 지혜 등 민주주의적 조직문화, 그리고 사회적 경제가 토대를 두고 있는 지역사회에 대한 관심 등 사회적 경제의 정치적 측면을 강조하는 것도 비즈니스를 중시하는 한국 사회와 차이가 있는 부분이다.

허남혁 역시 풀무생협이 여전히 대안적인 면모를 유지하고 있는 배경의 하나로 규모의 문제를 언급하고 있다. 즉 풀무생협이 판로확대 과정에서 유기농 소생산자들의 급격한 대농화 현상을 크게 나타내지 않았던 이유로 풀무생협의 지역적 기반이라 할 수 있는 홍동면과 장곡면 지역의 지리적인 요인을 들었다.

이 지역은 대농이 나타나기 어려운 지형적인 조건을 가지고 있으며 또한 최근에는 자본이 부족한 귀농자 집단이 계속 유입되고 있어서 중소 가족농들의 협동조합이라는 정체성이 잘 유지되고 있다는 것이다(허남혁, 2009: 198~199).

이와 함께 국가 또는 중앙과의 관계에 대한 관심이 오래전부터 중요한 쟁점이었다. 홍동마을의 경우에는 공동체운동의 주된 사상적 기반이라고 할 수 있는 무교회주의에 국가중심주의에 대한 거부가 내재되어 있다. 교회, 그리고 그곳에서의 성례전이나 예배형식 등 제도에 대한 철저한 거부가 무교회주의를 무정부주의와 연결시키는 것이다. 무교회주의의 원조인 우치무라 간조(內村鑑三)의 개인적 행보에서부터 이 점을 확인할 수 있다. 러일전쟁을 반대하고 외적인 팽창보다 내적인 개혁을 주창함으로써 당시 일본의 강한 국가주의와 다른 입장을 표명했던 것이다(김건우, 2015: 74). 근본적으로 우치무라 간조 이후 무교회주의자들의 사상은 민간의 자발성을 중시했기 때문에 국가주의와 공존할 수 없었다. 이러한 전통을 계승한 '풀무'의 지역공동체 역시 무엇보다도 무교회주의가 가진 무정부주의적 속성을 가장 현실적으로 구현해내려 했다는 점에 의의가 있는 것이다. 이들은 '악마적' 자본주의와 국가주의 모두에 대항하는 보루로 자족적인 농촌공동체를 구상했던 것이다(김건우, 2015: 85).

원주는 홍성에 비해 공간적인 범위, 조합의 수, 조합원의 수 등 사회적 경제의 규모가 크다는 점에서 중앙정부와의 새로운 관계를 모색할 수 있는 더 유리한 조건을 갖추고 있다고 할 수 있다. 중앙정부에 의존하지 않을 수 있는 자생력을 어느 정도 갖추고 있으며 국가나 중앙정치와 무관하게 삶을 모색할 수 있는 가능성이 존재하는 것이다. 실제 원주의 경우 갈등의 중심 축은 국가와의 관계에 대한 입장 차이라고 할 수 있다. 국가주의 대 자율주의 또는 무정부주의와 같은 구도가 존재하는 것이다. 재정이나 인력의 측면에서 국가나 지자체와의 관계가 최근 강화되는 상황에서 이를 경계하는 목소리가 제기되어왔다. 한국과 같이 시민사회의 전통이 미약한 사회에서는 사회갈등의 억압적 해결(pacification) 기제로서의 위로부터의 사회통합과 사회적 경제가 강조하는 자율적인 사회적 유대 간의 차별성 확보가 용이하지 않은 것이 현실이다. 국가와의 관계에 대한 경계는 보조금과 같은 실질적인 문제와 함께 국가권력의 장악을 통한 변화라는 한국 사회의 주류적인 사고에 대한 비판도 포함하고 있다.

국가보조금 받는 거 별로 안 좋아해요 … 우리는 국가의 도움이 필요 없어요 … 시장의 도움도 필요 없지만, 자본주의를 우리가 할 거니까요. 원주는 반정부적이지만 사실은 무정부적인 겁니다. 권력 자체가 싫은 거예요(2017년 2월, 김용우 무위당 만인회 기획위원장과의 인터뷰).

사회적 경제를 평가하기 위해서는 협동조합을 평가하는 방식을 참조할 필요가 있다. 1995년에는 세계협동조합연맹(ICA)이 협동조합의 정의와 원칙 등을 새롭게 제시한 바 있다. 자발적이고 개방적인 조합원 제도, 조합원에 의한 민주적 관리, 조합원의 경제적 참여, 자율과 독립, 교육, 훈련 및 정보 제공과 같이 고전적인 협동조합의 원칙에 협동조합 간의 협동, 지역사회에 대한 기여라는 새로운 조건을 덧붙인 것이다. 보다 최근에는 사회적 기업의 부상을 배경으로 그것이 지녀야 할 조건이 제시되었다. 대표적인 것으로 유럽사회적기업네트워크(EMES)가 제시한 사회적 기업의 아홉 가지 기준이 있다. 여기에서도 당초 제시되었던 경제적 기준 네 가지와 사회적 기준 네 가지가 최근 경제적·사회적·정치적 기준 각각 세 가지로 수정된 바 있다. 첫째, 경제적·경영적 조건으로는 재화와 서비스를 생산하고 판매하는 지속적인 활동, 상당한 수준의 경제적 위험, 유급 일자리가 필요하며, 둘째, 사회적 조건으로는 지역사회에 이익이 되는 목적, 시민이나 자발적 결사체가 주도한 계획, 제한적인 이윤 분배가 제시되었고, 셋째, 운영방식과 관련해서는 높은 수준의 자율성, 자본 소유의 정도에 기반을 두지 않는 의사결정, 다양한 구성원을 포함시키는 참여방식이 사회적 기업의 이름에 걸맞은 조건으로 제시되었다(Defourny and Nyssens, 2013: 13~15). 이 중 최근에 새롭게 추가된 것이 바로 다양성에 관한 것이다. 협동조합의 원칙에서 다른 협동조합, 주변 지역사회와의 관계가 강조된 것과 유사하게 타자에 대한 관심이 커진 것으로 볼 수 있다. 물론 이것은 이주민, 동성애 등 소수자의 존재가 중요한 유럽의 맥락이 반영된 점이 있지만 한국의 경우에도 국내 이주민, 국제 이주민, 그리고 다양한 이질적인 존재의 중요성이 커지고 있다는 점에서 사회적 경제에 대한 평가에 고려될 수 있을 것이다. 특히 두 사례는 오랜 역사 못지않게 이러한 새로운 흐름을 반영하는 데도 선구적인 모습을 보이고 있다. 두 사례가 항상 성공적인 모습을 보이는 것은 아니고 갈등의 양상도 전개되지만 한국의 사회적 경제가 놓여 있는 조건, 그리고 사회적 경제가 가능하기 위한 조건에 대한 논의에 주는 함의가 크다고 할 수 있다.

5. 사회적 경제의 성공조건

사회적 경제가 갖추어야 할 조건은 사회적 경제가 놓여 있는 조건과 긴밀히 연관되어 있다. 자본주의나 중앙집권적인 국가 등 기존 체제에 대한 저항과 대안 모색은 사회적 경제가 추구하는 궁극적인 목적 중 하나다. 이런 의미에서 자본 및 시장과 국가로부터의 비판적 거리의 모색은 사회적 경제의 중요한 조건이 된다. 그런데 원주와 홍성의 사례는 이를 위해 사상, 의식, 교육, 전승이 중요함을 보여준다. 이와 함께 다양한 외부 또는 타자와의 관계가 사회적 경제가 풀어야 할 숙제임을 보여준다.

1) 의식

사회적 경제는 특정 시기에 주변적인 상황에 처한 지역과 집단이 객관적인 삶의 조건을 개선하기 위해 시도되는 것이다. 이러한 시도는 적대적인 조건을 극복하는 것으로서 의식적인 실천일 수밖에 없다. 사회의 주류적인 흐름에 동참하는 것이 아니라 새로운 길을 모색하는 것으로서 의식의 측면이 중요하고 의식을 고양시키는 교육이 필수적인 요소다. 그리고 일상적인 활동으로서의 교육을 이끌어갈 리더, 우수한 인적 자원이 요구된다. 바로 이 점에서 원주와 홍성은 다른 지역과 뚜렷이 구분된다고 할 수 있다. 혁신적인 사상과 지도자, 지속적인 교육을 통한 사상의 계승이 두 지역의 자산이며 성공요인인 것이다.

사회적 경제는 현대에 대한 거부로서의 유토피아[칼 만하임(Karl Mannheim)], 아직 도래하지 않은 것으로서의 유토피아[에른스트 블로흐(Ernst Bloch)]의 성격을 지닌다. 만하임은 당대 사회질서를 정당화하는 '이데올로기'와 대비되는 것으로서 당대 사회질서를 뒤흔드는 유토피아를 이야기했으며(만하임, 1991), 블로흐는 과거의 황금시대로의 회귀가 아니라 인간이 창조한 새로운 세계로서의 유토피아를 주창했다(블로흐, 2004). 이러한 논의를 고려하면 현재에 대한 거부이자 혁신을 통해 새로운 것을 창출하는 사회적 경제의 면모를 발견하는 것이 사회적 경제에 대한 평가에서 중요하다. 원주와 홍성의 사례는 이 점에서 의미 있는 경험을 가지고 있다.

원주는 역사적으로 중앙에 대안 저항의 거점 역할을 해온 지역이다. 그리고 과거의 교통여건을 고려할 때 중앙권력의 통제에서 벗어날 수 있으면서 동시에 반역을 도모할 수 있는 적절한 거리에 위치해 있다는 지리적 설명이 그 배경으로 제시되기도 했다. 홍성 역시 이런 점에서 유사성이 있다. 실제 두 지역에서 태동한 사회적 경제는 박정희 정권과 정권의 노선에 대한 거부에 다름 아니었다. 농업의 왜곡에 저항하고 박정희 사진을 걸지 않는 등 중앙권력을 무시했던 풀무학교의 면모나 새마을운동 등 박정희식 발전주의와 독재를 비판한 원주캠프의 저항에서 이 점을 확인할 수 있다. 초기에 지역운동에 참여한 사람들이 중도파 또는 6·3세대에 속한 점도 중요하다. 원주의 사례는 이 점을 잘 보여준다. 소위 '원주캠프'에는 6·3세대 지식인들이 대거 참여했다. 또한 원주의 경우 공동체운동, 협동조합운동, 생명운동에 참여한 사람들에게서 매우 다양한 사상적 스펙트럼을 발견할 수 있다. 원주의 협동운동에서 1.5세대라고 자신을 소개하는 김용우 무위당 만인회 기획위원장은 이 점을 다음과 같이 설명한다.

우리는 사상적으로 단일하다고 얘기하기가 쉽지 않아요. 원주는 기독교 정신은 아니야. 근데 기독교 정신이 없다고 할 수도 없어요. 왜냐하면 원주교구라고 하는 가톨릭 영향을 받았고 거기서 잉태해서 나온 게 맞고 실제 원주 협동운동이 상당한 리더들이 대부분 가톨릭 … 지금도 … 그런데 사상적으로 스펙트럼은 다양하다는 거지요. 장일순 선생님만 해도 77년에 생명운동을 했다고 얘기하자나요? 그럼 77년 이전은 무슨 생각이었을까? 사실은 내가 보기에는 인민주의적 사유와 사회주의적 사유를 다 했어요. 사회주의에 근접한 인민주의라는 … 인민에 모든 결정권을 맡기는 그리고 실제로 마오에 영향을 많이 받았어요 … 장 선생님이 좋아했던 사람이 여운형, 조봉암, 마오 이런 사람이거든요. 이념적으로 원주는 치열한 마르크시즘이나 이런 것도 아니고 그렇다고 또 기독교적인 이런 것도 아니지만 어떤 나름대로의 자기 노선을 가졌다고 볼까? [남한강 유역에] 홍수가 났을 때 장 선생님, 지 주교님 하고 원주에 모였던 사람들이 흔히 말하는 6·3세대예요. 1970년대 '원주캠프'의 실체를 보면 다 6·3세대 좌파 지식인들입니다(2017년 2월, 김용우 무위당 만인회 기획위원장과의 인터뷰).

두 사례의 공통점 중 하나는 사상적인 측면이 중요한 역할을 했다는 것인데 공히 이 사상에서 종교적인 요소가 차지하는 비중이 크다. 사회적 경제 영역은 태동기부터 종교가 중요한 역할을 해왔다. 몬드라곤이나 볼로냐의 가톨릭 교회, 벨기에나 프랑스의 가톨릭 단체나 신자들이 사회적 경제 영역에서 수행하는 역할, 한국 사회적 경제 영역에서 성공회가 수행하는 역할 등 많은 사례가 종교와 사회적 경제 간의 친화성을 보여준다. 그런데 두 사례 모두 구심점이 되어온 종교적인 측면이 겉으로 드러나지 않는 특징이 있다. 홍성의 경우에는 개신교, 그리고 그중에서도 무교회주의가 중요한 사상적인 기반을 이루고 있지만 실제 활동에서는 종교적인 면이 거의 드러나지 않는다.[7] 종교적인 공간도 아닌

---

7 홍동면은 기독교 환경주의, 기독교 공동체론을 주장하는 일본의 대표적인 단체이자 일본 유기농업의 시조라고 할 수 있는 애농회와 교류를 해왔다. 미에현(三重縣) 이가시(伊賀市) 벱부(別付)에 소재한 애농회는 하나님과 흙, 이웃을 사랑하는 정신으로 유기농업을 하는 일본 농민들의 단체다(정해진, 2013: 244). 일본이 2차 대전에서 패하자 당시 농민 지도자였던 고다니 준이치가 두 번 다시 전쟁

풀무학교라는 '세속적' 공간에서 진행되는 정기예배 정도가 유지되고 있을 뿐이다. 이러한 양상은 무교회주의 자체의 특징에 기인하는 것이기도 하다. 한국에서 무교회주의는 창시자인 우치무라 간조의 조선인 제자 김교신, 함석헌, 양인성, 류석동, 정상훈, 송두용 6명이 일본에서 돌아와 기독교 동인지 ≪성서조선≫을 창간(1927년 7월)하면서 시작되었다(김건우, 2015: 69). 한국의 무교회주의를 대표하는 김교신의 사상을 보면 그는 기독교 신앙에서 교회는 비본질적인 것이라고 생각했으며 생활 그 자체를 부단한 예배행위로 보고 모든 활동을 그리스도에 대한 봉헌이라고 간주했다. 따라서 예배행위와 일상생활의 구분이 없었다. 이는 역으로 실천이 없는 신앙을 거부하는 것을 의미했다(양현혜, 2015: 49~51). 김교신은 자신들이 루터의 정통 개혁신앙의 맥을 이을 뿐이라고 했다. 루터의 만인 사제론과 오직 성서(Sola Scriptura)의 신념에 따라 신과 개별 인간 사이에 어떤 제도적 매개자도 인정할 수 없다는 원칙을 지키는 것이라고 했다(김건우, 2015: 70).[8] 원주 협동조합 진영의 경우에도 대표적인 지도자였던 지학순 주교와 장일순 선생을 위시해 많은 인사들이 종교계 인물이었으며 교회가 중요한 실천의 토대였다. 그러나 이곳에서도 가톨릭을 포함해 특정 종교의 색채가 두드러지지 않았다. 특정 종교의 실천이라는 양상을 띠지는 않았지만 '종교적 인간'

을 일으켜서는 안 되겠다는 결의로 1946년 농민의 자주독립운동으로 시작한 단체다(홍순명, 2015: 55). "1975년 고다니 준이치 선생이 풀무학교를 방문하여 식민지 통치에 대해 사죄하면서 유기농업을 전파했고, 그 이듬해 생긴 전국 규모의 단체가 '정농회'이다. "학교만은 교류가 있고요. 1970년대 중반에 애농회에서 풀무학교를 방문하면서 … 이 지역 사람들도 포함되어 있지만 전국적인 조직으로서 유기농 단체로부터 정농회가 있고요. 그 기독교와 유기농업을 하는 정신으로 두 단체는 계속 연결이 되고 있고 … 풀무학교 차원에서도 애농회나 애농학급, 일본의 애진학교 독립학원들과 자매결연을 맺어서 학생들이 왔다 갔다 하고 교류는 계속 이어져 오고 있어요. 그런데 아직은 학급, 지역전체, 지역 차원이라기보다는 풀무학교와 정농회라는 조직의 교류 차원에서 [진행되고 있지요]"(2017년 10월, 신소희 지역학회 일소공도 활동가와의 인터뷰).

8 김정환은 무교회 정신을 다음의 세 가지로 정리하고 있다. 무교회란 첫째, 교회를 없앤다는 것이 아니라 교회 밖의 순수한 신앙생활을 한다는 뜻이다. 둘째, 경직되고 생명력을 잃은 교회의 굴레를 벗는다는 뜻이다. 셋째, 껍질만 남은 교회에 저항한다는 뜻이다[김정환, 1994: 33; 정해진(2013: 239)에서 재인용].

의 모습은 발견할 수 있다.

이러한 강력한 사상을 체득한 인적 자원이 두 지역을 이끌어가는 원동력이 되어왔다. 홍성의 풀무학교나 원주의 무위당을 기리는 모임과 같은 제도적인 장치가 초기의 사상을 전승하는 역할을 해왔다. 홍동마을은 풀무학교 출신의 마을 리더들에 의해 발전되어 왔다고 할 수 있다. 풀무학교의 이념에 따라 유기 농업을 실천하고 있는 생산자들이나 지역단체 활동가 중 상당수가 풀무학교 졸업생들인 것이다. 풀무학교 졸업생 중 약 5분의 1 정도가 지역에 남거나 일정 기간 후 귀향을 한다. 풀무학교 교사와 졸업생들이 뭉쳐 지역에 신용협동조합을 만들었고 이후 다양한 협동조합이 생겨났다.

[풀무학교 설립자] 이찬갑 선생은 학교가 지역과 함께 가야 한다고 생각했어요. 그런 바탕에서 기둥이 된 것이 생활협동조합과 신용협동조합인데 졸업생들이 거기에서 일을 하고, 그것들을 키워나가는 역할을 하고 있습니다. 이사회의 3분의 2가 졸업생이죠(홍순명 풀무학교 교장, ≪프레시안≫, 2007.9.4).[9]

지역을 이끌 인적 자원을 지속적으로 공급하기 위해서는 교육과 일자리가 필요하다. 홍성의 경우 대안고등학교인 풀무학교, 대안대학교인 풀무학교 전공부, 그리고 마을의 교육공간으로서의 밝맑도서관이 교육을 담당해왔다. 귀농자들이 다른 농촌에 비해 많은 이유 중 하나도, 상당히 규모가 작은 지역인데 각급 교육기관을 다 갖추고 있기 때문이다. 어린이집부터 대학까지 다 있으며, 초등학교와 중학교는 공립이긴 하지만 유기농 급식과 친환경 교육활동을 해왔다. 이러한 토대가 존재함으로써 지역에서는 일상에서 학습을 실천하는 분위기가 조성될 수 있었다. 지금도 주민들이 축산, 씨앗, 경제공동체, 땅 등 당면한 사안

---

9 월남 지식인들은 대개 기독교인이었으며, 많은 이들이 도산 안창호의 '실력양성론'을 받아들이고 있었다. 이런 지향은 사립학교 설립을 통한 교육사업으로 구체화되었다(김건우, 2017: 14~15, 38~40). 홍동면의 사회적 경제 조직이 농업과 함께 교육을 강조하는 것에서 이 같은 전통을 확인할 수 있다.

을 고민할 때면 어김없이 강연과 토론의 장이 열린다고 한다. 지식이 중요하고 지식이 실천과 결합되어야 한다는 사고가 배경에 깔려 있는 것이다. 협동조합이 바르게 운영되기 위해서는 조합원 교육이 무엇보다도 중요하듯이 홍동면에서도 지식 및 교육이 중요하다는 사고가 존재했으며 이것이 오랜 기간 공동체가 유지될 수 있었던 비결이라고 할 수 있다.

원주에서는 생명사상을 만든 무위당 장일순 선생을 기리는 무위당 만인회를 중심으로 그의 삶과 사상을 계승하기 위한 다양한 활동들이 이루어지고 있다. 특히 2001년 5월에 열린 무위당 7주기는 단순한 추모행사를 넘어 침체기에 빠진 원주 협동운동의 부흥기를 여는 계기가 되었다. 그 결과 소식지가 발행되기 시작했고 이를 기점으로 여러 행사와 모임이 만들어졌다. 이러한 활동 이전에 장일순과 지학순 두 지도자의 영향력은 그들이 떠난 지 이미 20여 년이 지났음에도 불구하고 여전히 원주 협동조합운동을 이끄는 원동력이 되고 있다. '내 이름으로는 아무것도 하지 말라'는 장일순의 유언이 있었지만 그를 그리는 사람들의 마음이 자연스럽게 정신의 계승을 이끌어낸 것이다.

원주의 경우는 내부에서의 교육과 함께 외부로부터의 인적자원 유입이 두드러졌다. 원주 협동조합운동의 지도자와 활동가들은 정신적 지주였던 지학순 주교를 위시해 1960년대 이후 원주로 이주한 사람들이 많았다. 초기에는 타지에서 온 비판적인 지식인이 중심이었다면 점차 원주에 있는 대학을 다닌 학생운동권 출신 인물들이 이들을 대체하게 된다. 원주가 인적 자원을 국가나 시장에 빼앗기지 않는 전통과 능력을 보여주었다면 그 비결 중 하나는 원주의 협동조합운동이 지닌 매력이었을 것이고 다른 하나는 사람들이 머무를 수 있는 제도적 기반, 즉 일자리였다. 현재 원주지역 사회적 경제 조직들을 아우르고 있는 협동사회경제네트워크 회원단체에서 고용하고 있는 유급직원의 수가 500명에 이른다. 게다가 이들 대부분이 사상의 세례를 받은 지역운동권 출신이다. 원주의 협동조합과 시민사회가 살아 있는 이유는 바로 시민사회의 핵심자원을 고용할 수 있기 때문인 것이다.

예전에는 아니었지요. 떠나는 사람도 많았고 고용능력이 없어서 1세대들은 80년대 중반이 되면 다 떠나요. 나이가 들어 다시 돌아오기도 했지만. 만약에 원주가 고용을 못하면 우리는 식물사회 … 그냥 무너지는 거지요. 원주가 유명한 것은 시민사회가 살아 있는데 시민사회가 살아 있는 이유는 딱 하나예요. 원주가 시민사회의 핵을 고용하고 있고 핵을 중심으로 협동조합이 모이는 거예요(2017년 2월, 김용우 무위당 만인회 기획위원장과의 인터뷰).

2) 유기적 연대

원주와 홍성은 공히 단일한 조직을 넘어 지역사회의 다양한 세력과 역량을 결집시키는 데 성공했다. 농민운동, 신용협동조합, 민주화운동, 대안농업이 모이고 마을공동체, 민간단체, 종교, 학교 등 다양한 행위자들을 아우르는 시민사회 차원의 현상인 것이다. 그러면서도 여전히 구심점을 유지하고 있다. 다양하고 이질적인 요소들이 유기적으로 연계되어 있는 상태는 다름 아닌 근대 사회가 추구했던 이상 중 하나라고 할 수 있다. 그리고 사회학자 에밀 뒤르켐의 '유기적 연대'의 개념이 이런 사고를 담고 있는 대표적인 사례일 것이다(Durkeim, 1991).

서구 사회의 사회적 경제를 접하면서 느끼는 강한 유대관계가 바로 이러한 유기적 연대의 대표적인 사례일 것이다. 우리는 그간 사회적 경제 분야의 외국 사례를 접하면서 왜 그들은 성공했고 우리는 그렇지 못한가에 대한 생각을 많이 해왔다. 그들과 우리의 차이를 설명하는 요인 중 하나가 바로 인간형에 관한 것일 수 있다. 그들은 어떻게 협력할 수 있고 신뢰할 수 있는 것일까? 그에 대한 답은 우리보다 그들은 사회적 자본이 강하고 협동과 상생의 경험이 많다는 것이었다. 그런데 이들을 결합시키는 기제는 전통적인 '기계적' 성격의 연대보다는 근대적인 '유기적' 연대에 가깝다고 할 수 있다. 물론 전통적인 공간과 문화가 상대적으로 잘 유지되고 있는 지역의 경우 연대의 주된 기반이 가족, 종교 등 전통적인 요인일 수 있다. 그렇지만 의식이 근대화되고 인구의 이동이 이루어짐에 따라 이질성이 커지게 되었고 이러한 조건에 적합한 새로운 방식의 연대가 발달한 것이다.

그런데 이 새로운 사회적 유대가 쉽게 만들어지기 어렵고 자본주의 체제에서 깨어지기 쉬운 것이기 때문에 서구 사회 역시 사회적 유대의 형성과 재건에 큰 관심을 기울여온 것이다. 한국이 부족하다고 이야기되는 부분이 바로 이 새로운 유대의 부재일 것이다. 원주와 홍성의 사례에서 우리는 바로 이러한 유기적 연대가 생성되는 과정을 확인할 수 있다. 위에서 살펴본 두 지역의 경험은 바로 급속한 자본주의화, 근대화를 거치면서 상실한 기계적 연대를 대체할 새로운 유대의 모색이라고 해도 과언이 아닐 것이다.

유기적 연대의 개념에서 주목할 만한 것은 연대를 통한 통합도 있겠지만 집단을 구성하는 부분의 다양성과 이질성일 것이다. 사회적 경제 역시 전통사회의 산물이 아니라 자본주의가 먼저 발달한 19세기 유럽에서 생겨난 근대적인 현상이다. 따라서 상호 이질적인 집단 간의 공존의 문제는 사회적 경제의 핵심적인 과제라고 할 수 있다. 물론 근대화가 덜 진전된 시기의 사회적 경제는 전통적인 유대를 기반으로 사회문제에 대응하는 측면이 컸지만 점차 사회적 경제를 구성하는 요소들의 이질성이 심화되었다. 사상적인 면에서도 다원주의적인 입장은 사회적 경제의 핵심요소다. 사회적 경제는 경제의 주체가 단지 기업만이 아니라 다양한 조직들이며, 각 사회의 상황이 다양하고, 사회나 경제를 바라보는 시각 또한 다양하다는 점에 기반을 둔다. 자본주의 경제에 비해 자발성이 충분히 발현되는 것을 더 중시한다는 점 역시 다양성을 긍정적으로 바라보는 기반이 된다. 또한 다양성이 높게 평가되는 사회적 경제 영역의 조직들은 각기 독특한 모습을 보일 가능성이 높은 것이다.

다양한 계층이 공존하는 사회적 혼합(social mix), 세대 간 혼합(generation mix), 문화·인종 간 혼합(cultural and ethnic mix)은 사회적 경제가 추구하는 사회적 유대의 필수조건이라고 할 수 있다(http://regiesdequartiers-npdc.fr/index.php). 그런데 유럽 사회적 경제와 한국 사회적 경제의 차이점 중 하나가 바로 인종과 이주 문제다. 이주민의 통합을 지원하는 활동이 유럽에서는 사회적 경제의 중요한 부분이며 이를 배경으로 앞서 언급한 유럽사회적기업네트워크의 사회적 기업의 기본요소 중 하나로 최근에 다양한 구성원을 포함시키는 참여방식이 새로 포함된 것이다. 한국의 경우도 국제 이주민의 통합이 중요한 문제이지만 적어도 현재로서는 토박이 한국인들 간의 차이와 이질성의 문제가 더 시급하다고 할 수 있다.

원주는 사통팔달의 지리적인 특성으로 인해 전통적으로 외지인의 비율이 높고 외지인의 통합이 수월한 개방적인 문화를 가진 지역으로 알려져 있다. 앞서 언급한 대로 실제 원주 협동조합운동의 주된 자산 중 하나는 바로 의식적으로 이주해 온 외지인들이었고 원주는 이들이 잘 통합될 수 있는 용광로(melting pot)였다. 다만 원주의 경우에는 외지인과 토박이 간의 갈등보다는 세대 간 차이와 갈등이 두드러진다고 할 수 있다. 지학순 주교와 장일순 선생을 중심으로 형성되었던 소위 '원주캠프'의 구성원들인 1세대와 최근 한국 사회에서 협동조합의 붐이 일면서 활동이 두드러졌던 2세대 간에는 당연히 각기 놓여 있는 조건이 다르고 생각도 다를 것이다. 반면 홍성의 경우에는 세대와 함께 토박이와 이주민 간의 차이가 부각된다. 교회와 외부세계의 경계를 설정하지 않는 무교회주의의 전통을 지닌 홍동마을의 개방성은 최근 들어 다른 지역에 비해 이주민의 유입이 많아짐에 따라 더 두드러지게 나타난다. 다양한 유형의 사람들과 다양한 직종이 있는 마을로 자리매김하고 있으며 다양성이 연대의 토대가 되고 있는 것이다. 홍동에는 과학자도 있고, 출판사도 있고, 작곡가도 있고, 의사도 있고, 건축가도 있고, 사진가도 있고, 목수도 있고, 주점도 있고, 빵집도 있고, 만화방도 있고, 장애인과 함께하는 농장, 은퇴자들을 위한 농장, 젊은이가 중심이 되는 농장도 있다고 이야기한다. 이렇게 다르니까 상생과 연대가 가능하다고 할 수 있다. 그리고 이는 다양한 삶의 모습을 존중했던 풀무학교의 정신에 부합하는 현상이다.

이제 기뻐하라. 즐거워하라. 우리 전부를 받아 환영하는 새 세계의 문이 열렸나니. 옳다. 거기는 기이하게도 이상주의자도 현실주의자도 다 환영한다. 시인도 음악가도 환영하는가 하면, 소설가도 평론가도 물론이려니와 천문학자, 지질학자, 또 철학자, 과학자를 얼마나 즐거이 환영할까. 그 자연계의 전부를 들어 환영하는 것이다. 거기는 경이롭게 부지런한 자, 게으른 자, 재자, 둔재, 인텔리와 무식자, 개척자와 추종자, 강자와 약자, 우직자와 꾀자를 모두 차별 없이 환영하지 않는가. 그리해 모두 환영해서 자연스럽게 우주적 조화를 이루어 피안을 향해 가는 것이다 (풀무학교 설립자 밝맑 이찬갑 선생, 1951년 신문 스크랩 자료).

귀농·귀촌이라는 이름의 국내이주 현상이 가져온 변화도 홍성의 사례를 설명하는 중요한 요인일 것이다. 대략 2000년대부터 홍동면에는 젊은 귀농·귀촌 인구가 꾸준히 유입되었다. 이들은 도시에서 생활한 상대적으로 젊은 층이다 보니 여러 측면에서 참신한 면모를 보였다. 전통적인 성역할을 거부하는 태도를 보이고 어린 자녀들이 있는 경우가 많다 보니 교육에 대한 관심이 특히 크다. 이들 중에는 지역주민의 자녀들이 다시 고향을 찾는 경우도 많다(이환의, 2015: 146). 이들의 이주시기가 마침 사회적기업법과 협동조합법이 제정되고 이에 대한 관심이 커지고 있던 시점이어서 사회적 경제에서 큰 역할을 하기도 했다. 홍성환경농업교육관이나 풀무생협, 풀무학교생협, 홍성여성농업인센터, 지역 카페뜰, 의료생협, 젊은협업농장, 밝맑도서관이나 느티나무 헌책방 등과 같은 농업 및 사회적 경제 조직들의 실무자 역시 절대 다수가 귀농·귀촌인이다. 홍성에서 이주민들은 '공모사업 유치의 귀재'로 평가된다. 문당권역 마을종합개발사업, 홍성한우클러스터 사업, 홍동길 보행환경 개선사업 등 사업비가 수십 억원에 이르는 사업의 유치와 진행을 주도하는 이들의 상당수가 2000년대 이후의 귀농·귀촌자라는 것이다. 또한 "행사와 축제가 있는 곳에 귀농·귀촌인이 있다"는 말이 나올 정도로 마을 일에 적극적이다.

이와 함께 '사상적 젠트리피케이션'이라고 부를 만한 양상이 나타나고 있다. 풀무학교를 거점으로 지역에 확산된 기존의 사회적 가치에 이주민들의 존재로 인해 만들어지고 있는 새로운 성격의 사회적 가치가 더해지는 형국이다. 그리고 이 양자의 공존은 경쟁과 갈등을 유발하기도 한다. 여기에 앞서 언급한 풀무생협을 둘러싼 갈등에서 드러난 경제적 가치의 비중까지 더하면 풀무학교가 시발점이 되어 형성되어온 사회적 가치, 경제적 가치, 그리고 이주민들이 만들어가고 있는 새로운 유형의 사회적 가치 간의 공존과 경쟁이 현재 홍동마을의 모습이라고 할 수 있을 것이다. 홍성사람에 대한 하나의 이미지가 있는데 내부는 이제 매우 다양하고 이질적인 양상을 띠는 것이다.

홍동면에 이주민들이 통합되는 것은 국제 이주민들이 한국 사회에 통합되는 것과 유사한 문제다. 이는 중요한 문제이며 쉽지 않은 문제이기도 하다. 이주민의 존재에 대해서는 상반된 입장이 존재한다. 그리고 모든 사회현상에 대해 여러 입장이 있을 수 있듯이 이는 당연한 현상이다. 최근 귀농·귀촌으로 들어오는 외지인의 섣부른 행동들로 인해 토박이와 이주민 간에 갈등이 유발되기도 한다. 도시에서 온 여유 있는 이주민에게 토박이는 식민지 시대의 원주민과 유사한 존재로 여겨질 수도 있는 것이다. 낡은 가치관과 관습에 젖어 있어 새로운 흐름을 따라가지 못하는 답답한 존재일 수 있는 것이다. 과거 식민지의 지배자들처럼 농촌을 개조해야 할 오리엔트로 여길 수 있는 것이다. 반면 현지인의 입장에서는 현지 사정을 잘 모르면서 섣부르게 행동하는 외지인이 신뢰하기 어려운 어수룩한 존재이며, 이를 입증하듯 외지인들은 많은 시행착오를 겪고 있다.

사회적 경제에게 중요한 타자나 외부는 바로 지역사회일 것이다. 자신이 토대를 두고 있는 기반이자 자신들과는 다른, 많은 경우 적대적인 타자들의 세계이기도 한 것이다. 바로 이러한 맥락에서 협동조합의 기본원칙에 지역사회와의 관계가 새로 추가된 것이다. 이 글에서 살펴본 두 사례의 경우에도 지역사회와의 관계는 점점 더 중요해지는 사안이며, 공히 지역사회와의 관계를 강화하는 지역화 전략을 자신들이 처한 문제를 해결하는 방안으로 채택하고 있다. 이러한 경향은 최근 사회적 경제가 전통적인 사회적 경제 영역 외부와의 연계 및 혼합이 심화되는 양상을 보이는 것과 연관성이 있다고 할 수 있다. 사회적 경제 조직이 국가와 자본과 협력하고, 상호적 이해(mutual interest)뿐 아니라 공익(general interest)이나 자본주의적 이해(capitalist interest) 등 세 유형의 이익과 그것이 실현되는 영역 모두에서 형성되는 추세를 보이는 것이다(Defourny and Nyssens,

2017). 이는 사회적 경제의 선진국이라고 할 수 있는 서유럽에서 나타나는 현상이지만 동시대적으로 서구의 경험을 참조하는 한국의 경우에서도 찾아볼 수 있다. 실업문제 등 국가 차원의 과제에 사회적 경제 조직이 참여한다거나 조합의 범위를 넘어서 지역사회에 기여하는 공익적 활동을 수행하는 것은 2000년대 한국 사회에 사회적 경제가 부상하던 초기부터 나타난 양상이었다. 자본주의적 기업과의 연계나 시장에서의 생존에 대한 관심 역시 한국 사회적 경제의 핵심적인 요소라고 할 수 있다. 사회적 경제는 독립적으로 존재하지 않고 다른 공공, 민간, 지역 지자체와 접점을 갖고 있으며 이들과의 연계를 바탕으로 자신을 유지한다. 예를 들어 1990년대 새로운 사회적 경제의 대표주자였던 이탈리아의 사회적협동조합은 조합원뿐 아니라 지역사회 등 외부의 이해를 고려하는 새로운 성격을 보여주었다. 주로 중앙정부가 손을 뗀 대인서비스 분야에서 발전한 이탈리아의 협동조합을 '사회적' 협동조합이라고 부르는 것은 바로 지역사회에 개방하고 봉사하는 점 때문이었다. 최근 한국의 사회적 경제 역시 취약계층을 대상으로 하는 일자리와 서비스 제공만이 아니라 농촌사회 개발, 낙후지역 개발, 지역사회와의 연계 강화에도 관심을 보이고 있다. 시민사회단체를 지방정부의 유용한 파트너로 만든 지방자치제도 협동조합운동의 지역화를 촉발시킨 요인이었고 중앙 중심의, 시민 없는 시민운동의 한계를 극복하고자 했던 시민운동 내부의 문제의식도 지역화 경향을 촉진시킨 한 요인이었다. 최근 각광을 받고 있는 도시재생 또는 지역사회 재생은 경제주체로서의 지방의 회복, 새로운 사회적 유대의 창출, 민주적 문화의 도입 등의 내용을 포함하는 것이다.

원주의 경우 다양한 사례가 지역사회와의 보다 적극적인 관계를 보여주고 있다. 친환경농업육성지원조례, 학교급식지원조례, 보육조례, 원주푸드조례 제정 등 조례제정운동이나 화상경마장 반대운동, 골프장 반대운동 등 지역현안에 개입하며, 먹거리를 넘어서 지역주민들의 사회서비스로 활동영역을 넓힌다거나 하는 것들이 그 예다. 최근에는 로컬푸드의 일환인 '원주푸드', 그리고 '지역식량계획'과 같은 용어가 지역 전체 차원의 운동으로 자리매김하려는 원주 협동조합운동의 전망을 잘 보여준다. 홍성 역시 '지역화'로 위기 극복을 시도하고 있다. 홍성군 소재 19개 어린이집에 식자재를 공급하고 홍성군학교급식지원센터에 70여 품목 150가지 친환경농산물 가공식품을 납품하는 등 지역기관과 밀착 운영한다. 환경운동, GMO 식품 반대, 평화의 소녀상 건립 등 지역운동에도 적극 참여하고 있다(≪홍성신문≫, 2016.7.1). 2000년부터 생활협동조합법이 시행되고 풀무생협도 생협법상의 생협으로 등록되면서 홍성지역 내 소비자들을 조합원으로 확대하고 풀무생협이 기반을 두고 있는 홍동과 홍성의 지역운동을 활성화하고자 했다. 생활공동체, 아름다운 마을 만들기 같은 표현이 등장하고 홍성 읍내에 생협매장을 개설하고 홍성 한바구니 회원을 모집하여 홍성 읍내 소비자들을 상대로 유기농산물 판매와 각종 강좌 및 강습, 여성·어머니학교, 독서모임 등을 통해 유기농 이념과 생협운동을 전파하고자 했다. 지역사회와의 관계는 무교회주의 사상에서 비롯된 지역이 학교이고 학교가 지역이라는 인식과 일맥상통하는 것이다. 홍동면은 지역, 학교, 교회가 분리되지 않은 상태를 추구해온 것이다. 학교가 곧 마을인 '학교농촌', 학교를 중심으로 한 농촌을 이상으로 설정한 것이다.

6. 맺음말

마을, 지역, 국가는 각기 당면한 문제나 이를 해결하기 위해 동원할 수 있는 자원이 다를 수밖에 없다. 따라서 모든 개별 사례는 그만의 특징을 가진 유니크한 것이다. 특히 이 글에서 살펴보고 있는 두 지역의 사례는 한국의 다른 지역에서는 찾아보기 어려운 예외적인 면들을 지니고 있다. 이런 예외적인 면을 고려하면 보편성을 도출해 확산가능성을 모색하는 것이 매우 어려워 보이기도 한다. 그래서 본문에서 살펴본 구체적인 내용, 즉 이들이 당면한 구조적인 문제나 이들의 성공요인과 함께 두 사례가 다른 지역에서 찾아볼 수 없는 충분히 오랜 경험을 가지고 있다는 점도 고려해야 할 것이다.

한국의 경우 대부분의 지역이 매우 짧은 사회적 경제의 경험을 가지고 있다.

자본주의와 달리 속도나 양보다는 다양한 가치를 중시하는 사회적 경제의 본성을 고려할 때 별 생각 없이 이야기하게 되는 짧은 시간에 이룬 놀라운 성취에 관한 찬사는 적절치 않은 것이다. 더욱이나 우리와 달리 오랜 경험을 가진 외국과의 비교는 매우 신중해야 할 것이다. 다른 경험을 아는 것은 필수적인 것이지만 다른 사례를 대하는 방법 역시 고민해야 할 것이다.

제7장

창조성과 공공성의 긴장

문화예술협동조합의 사례

조형근 (한림대학교 일본학연구소 HK연구교수)

1. 들어가는 말

2012년 12월 1일, 일반법으로 협동조합기본법이 입법된 후 한국에서는 수많은 협동조합이 생기고 소멸하고 있다. 2012년 시점에 협동조합의 수는 불과 52개에 그쳤지만, 2017년 1월 13일 기준으로는 무려 1만 2603개의 협동조합이 등록되어 있다. 이 협동조합들은 총 21개 업종으로 분류되는데 그중 문화예술협동조합을 포함하는 예술, 스포츠 및 여가 관련 서비스업 협동조합은 1102개를 차지한다.[1] 이 글은 이들 문화예술협동조합 중 일부를 사례분석 대상으로 삼아 그 조합원들이 추구하는 창조적 욕망과 사회적 가치 실현 간의 갈등과 양립의 가능성, 그것을 위한 조건들을 검토하고자 한다.

---

[1] 인가취소 현황이 즉시 반영되지 않기 때문에 완전히 정확한 통계라고 볼 수는 없다. 관련 현황은 다음에서 확인할 수 있다. 한국사회적기업진흥원 홈페이지(http://www.coop.go.kr/COOP/state/guild-Establish.do).

통상 협동조합은 이윤 추구를 일차적 목적으로 삼는 일반적인 자본주의적 기업과는 달리 구성원 상호 간의 호혜와 지역사회에 대한 기여를 설립 목적으로 삼고 있다는 점에서 본질적으로 경제적 가치와 사회적 가치를 동시에 추구하는 조직으로 간주된다. 물론 협동조합 또한 자본주의 시장경제의 경쟁 압력으로부터 자유로울 수 없고, 이익 달성이라는 경제적 목적을 외면할 수도 없다. 협동조합의 생존과 유지에서 경제적 가치와 사회적 가치 사이의 균형이 종종 논란이 되는 것도 이러한 이유 때문이다.

이런 점에서 문화예술협동조합은 매우 흥미로운 사례라고 할 수 있다. 문화예술활동은 직업으로서 독립성과 자율성을 확보한 바로 그 시점부터 시장과의 관계에서 가장 모순적인 관계에 빠져든 직종이기 때문이다. 예술가들이 길드와 교회라는 후원자로부터 독립성과 자율성을 확보할 수 있었던 것은 부르주아라는 새로운 후원자를 얻은 덕분이었다. 예술가들은 신분적 자유를 얻은 대신, 시장의 요구라는 익명의 힘 앞에 노출되었다. 천재적 개인의 창조성에 대한 강조와, '예술을 위한 예술'이라는 슬로건은 이 익명의 힘에 맞서려던 예술가 집단의 욕망을 대변한다.

이런 역사적 맥락을 고려하면 문화예술협동조합은 문화예술활동의 새로운 흐름을 보여준다. 첫째, 개인적 활동방식을 지향하는 작가로서의 문화예술활동가들이 협동조합의 조합원으로서 집단적 활동을 선택하게 되었다는 점이다. 둘째, 문화예술의 창조성에 대한 욕망을 곧잘 창조성과는 대립된다고 여겨지는 공공성이라는 사회적 가치의 틀 속에서 실현하고자 한다는 점이다.

이 같은 새로운 흐름의 과정과 특징, 그 함축과 과제를 분석하기 위해 이 연구는 서울시 성북구 정릉동을 기반으로 활동하는 문화예술협동조합 '성북신나'를 사례연구의 주대상으로 삼아 주요 활동가들을 대상으로 심층면접을 실시했다. 또한 이해의 폭을 확장시키기 위해 같은 서울시 성북구의 미아리 지역을 기반으로 한 연극협동조합 '고개엔마을', 인디 뮤지션이 중심이 된 '자립음악생산조합', 서울 홍대지역을 기반으로 한 문화예술활동가들의 사회적 협동조합 '홍대 앞에서 시작해 우주로 뻗어나갈 문화예술 사회적 협동조합'을 쟁점에 대한 비교대상으로 선정하고 역시 조합원들을 면접했다. 더불어 좀 더 총체적이고 전문적인 시야를 확보하기 위해 문화예술정책 분야에 종사하고 있는 전문 연구자와도 면접을 실시했다.[2] 연구자의 선입견을 최대한 배제하고, 면접 대상자들의 자유로운 구술을 얻기 위해 질문은 협동조합 설립의 동기와 과정, 현재의 구성, 활동내용, 좋았던 점과 나빴던 점, 자신이 생산하는 사회적 가치에 대한 생각으로 개방적으로 구성했다. 또 구술 중에 연구자의 개입을 최대한 억제하고자 했다.

이 글은 먼저 문화예술의 창조성과 그것의 사회적 가치, 공공성에 대한 이론적 논의들과 역사적 흐름을 탐색한다. 이를 통해 예술가-문화예술활동가와 시장, 정부·지자체 등 공공부문, 그리고 대중 사이의 복잡한 관계변화 양상을 추적한다. 둘째, 문화예술협동조합 현장의 목소리를 통해 문화예술활동의 사회적 가치에 대한 이들의 생각과, 창조성과 사회적 가치 사이의 갈등관계를 탐구한다. 셋째, 이 갈등의 극복 전망과 여전히 남는 한계들에 대해 숙고하고자 한다.

2. 문화예술과 사회적 가치의 관계

1) 사회로부터 독립한 예술: 예술을 위한 예술

문화예술활동과 사회의 관계, 문화예술활동이 사회 속에서 갖는 가치라는 주제가 중요한 의미를 갖게 된 배경에는 유럽 근대의 사회경제적 변화와 사상적 변화가 자리 잡고 있다. 자본주의 시장경제의 발전과 함께 나타난 예술가의 지위 변화, 예술가와 후원자의 관계 변화 등이 문화예술활동의 사회적 역할과

---

2 구체적인 면접 대상자들은 '성북신나' 사무국장과 조합원, '고개엔마을' 조합원, '자립음악생산조합'의 조합원이자 전 운영위원, '홍대 앞에서 시작해 우주로 뻗어나갈 문화예술 사회적 협동조합'의 이사, 문화예술운동과 문화정책을 오랫동안 연구해온 연구자로 선정했다.

가치에 대한 인식의 변화를 초래했던 것이다.

주지하다시피 중세 오랫동안 유럽의 예술가들은 길드 소속의 장인이었고, 교회를 비롯한 권력에 예속되어 있었다. 예술은 전수될 수 있는 기예로 간주되었고, 교회, 국왕과 영주, 자치도시의 지배층과 같은 후원자의 주문사항에 맞춰 제작되는 생산물로 간주되었다. 예술창작은 신의 영광의 현시나 세속권력의 정당화를 위한 수단으로 여겨졌다. 예술의 독자적·내재적 가치나 예술가의 창조성이 인정될 여지는 없었다.

후원자의 주문에 종속된 장인이라는 지위에 근본적인 변화를 초래한 요인들 중 무엇보다도 시장의 부상이라는 사회경제적 변화를 주목하게 된다. 경제력을 갖추고 문화적 표현의 욕망을 갖게 된 부르주아들이 새로운 주문자가 되면서 예술가들은 기존의 후원자들로부터 자립할 수 있게 되었다. 더불어 표현의 자유 또한 점차 증대하게 되었다. 동시에 다수의 부르주아들로 이루어진 시장과 취향, 유행이라는 익명의 힘이 예술가들의 자유로운 창작을 제약하는 새로운 압력으로 등장하게 되었다. ·

독일 관념론에서 발전한 자율미학은 이런 사회경제적 변화와 새로운 모순에 조응하고 대응하는 시도였다. 이마누엘 칸트는 예술에 가르치고 배울 수 있는 일정한 규칙이 있다는 생각을 부정했고, 진정한 예술은 "목적 없는 합목적성"을 지녔다고 강조했다(울리히, 2013: 34, 180). 프리드리히 셸링 역시 예술가를 자율적 존재로 정의했다. 예술에는 어떤 외부적 목적도 없으며, 따라서 어떤 유용성이나 정당성을 입증할 필요도 없이 스스로의 목적만을 지니고 있다는 생각이 부상했다. 어떤 의미에서 예술의 사회적 가치는 오히려 이 무용성에 있으며, 바로 여기서 이 '예술을 위한 예술'이야말로 현재에 대한 구원의 기관이나 혁명의 어머니가 된다는 역설적 결론이 도출된다. 반면 '예술을 위한 예술'이라는 슬로건의 고향인 프랑스의 사정은 비슷하면서도 약간의 차이가 있었다. 혁명을 실제로 경험하고 시장경제가 확장되고 있던 프랑스에서 '예술을 위한 예술'은 독일식 낭만주의보다 좀 더 현실적이고 비판적인 태도를 지향했다. 예술을 제약하는 시장의 압력에 대한 비판정신이 강조되었다. 물론 예술이 사회로부터 독립된 자율적 존재라고 주장한 점에서는 공통적이었다(울리히, 2013: 180~184). 이러한 태도는 모더니즘 미학으로 수렴되어갔다.

모더니즘과 자율미학의 이상 아래 예술가의 창조성, 개인적 천재성에 대한 강조도 부상했다. 칸트는 예술가를 '타고 나는 존재'로 정의했다. 예술가는 규칙의 결과물이 아니면서도 합목적적인 어떤 것을 창조할 수 있는 천성을 내면에 지니고 있는 존재다. 이로부터 천재 개념이 등장한다. 천재는 "일정한 규칙에 따라 배울 수 있는 것을 능숙하게 습득하는 기질이 아니"며, 천재 자신도 "어떻게 자신이 그 작품을 만들어냈는지 묘사할 수도, 학문적으로 논증할 수도" 없다. "천재는 천부적 재능이며, 자연은 천재를 통해 예술에 규칙을 부여한다"(울리히, 2013: 34~35).

이제 창조성은 곧잘 예술의 가장 본질적인 능력, 특질의 지위를 차지하게 되었다. 나아가 예술은 사회의 여러 제도들 중 가장 창조적인 역할을 수행하는 것으로 종종 이해되곤 한다. "오늘날의 예술 창조에 대한 지배적 관점"은 "예술은 근본적으로 재능에 달렸고, 그 재능은 일부 특정인들에게만 주어지는 신의 선물이라는 관점"이며, "모든 위대한 예술은 천재성의 산물이라는 것"이다(베일즈·올랜드, 2006: 18).

2) 문화의 민주화와 문화민주주의

자율미학의 '예술을 위한 예술'론은 제2차 세계대전 이후 서구에서 진행된 일련의 문화정책들 속에서 힘을 잃게 된다. 제2차 세계대전 이후 프랑스를 비롯한 유럽 정부들의 문화정책은 '문화의 민주화'라는 기조에 기초했고, 경전격의 주요한 예술작품들을 경제적·지적 여력이 없는 이들이 감상할 기회를 제공하는 데 초점을 두었다(Evrard, 1997: 167~168).

1960년대 이후에는 문화의 민주화를 비판하는 '문화민주주의'가 제시되면서, 문화예술의 향수자·수용자인 대중과, 문화예술제도 및 정치권력의 역할이 본격적인 논의대상이 되었다. 문화민주주의의 관점에 따르면 문화의 민주화 정책은 이미 문화에 친숙한 사람들에게만 효과가 있었던 탓에 소기의 목적을 달성하는 데 실패했다. 문화의 민주화가 전제하는 주요한 작품들이란 결국 지배적 가치와 취향에 부합하는 고급문화의 산물을 의미했다. 하나의 사회에는 주어진 단 하나의 문화만 존재한다는 숨겨진 가정에 기초하면서, 스스로의 상징과 의례를 지닌 다양한 하위 문화의 존재와 가치를 부정했다는 것이다. 따라서 문화민주주의는 단순한 정책의 변화를 넘어서 문화에 대한 사유 자체의 변화를 요구하는 정책기조였다. 문화는 보수적인 단일체가 아니라 생성하고 발전하는 것이며, 문화정책은 개별적인 하위 문화의 표현에 기초해야 하고, 이 하위 문화들이 커뮤니케이션 매체를 통해 서로 접촉하게 해야 한다는 목표가 부과되었다. 1970~1980년대를 거치면서 문화정책은 복지국가의 통합적 일부가 되었다(Langsted, 1990: 53). 이제 문화민주주의의 문제의식에서는 단지 예술작품에 대한 평등한 접근권만이 아니라 문화적 생산수단과 분배에서의 평등한 접근권이 중요시되며, 나아가 문화적 포용성과 다양성의 추구가 의제화된다(김인춘, 2017: 121).

한편 1990년대 이후 부상한 거버넌스 개념과 실천은 문화정책의 영역에 많은 영향을 미치게 된다. 중앙정부와 지방정부, 창작자와 활동가, 기업, 대중 등 공유되거나 상호의존적인 목표를 지닌 다수준의 사회적 행위자들이 존재하지만, 이들 중 어느 누구도 권력과 자원, 정보를 독점하지는 못한다. 따라서 이들 사이에서 조정(coordination)의 문제가 발생한다(Krahmann, 2003). 문화의 민주화와 문화민주주의가 모두 특정한 결과를 얻고자 하는 정책목표들이라면, 이 정책목표의 달성에 실제로 중요한 것은 다수준의 사회적 행위자들 사이의 거버넌스를 통해 정책목표들과 접근들이 확인되고 선택되며 실행되는 정책과정들에 있다는 접근이 부상하게 되었다(Gattinger, 2011: 3~4).

3) 공공미술과 새 장르 공공미술, 그리고 커뮤니티 아트

문화의 민주화와 문화민주주의 논쟁이 주로 문화정책의 관점에서 논쟁을 형성했다면, 공공미술(public art)과 새 장르 공공미술(new genre public art), 그리고 커뮤니티 아트(community art)는 문화정책과 도시공간 정책, 그리고 미학의 관점들이 융합되고 경합하는 과정에서 등장하게 되었다.

문화의 민주화와 문화민주주의 논쟁이 벌어지는 동안, 도시공간의 문제 해결을 위한 접근 패러다임 또한 1950년대의 재건축(reconstruction), 1960년대의 활성화(revitalization), 1970년대의 수복(renewal), 1980년대의 재개발(redevelopment), 1990년대 이후의 재생(regeneration) 등으로 개념을 달리하며 지속적으로 변화해왔다(김권수, 2014: 68).

문화정책의 측면에서 예술의 사회적 가치에 대한 주목과, 도시의 공간적 재구성에 대한 관심이 결합되는 지점에서 공공미술이 등장하고 패러다임의 변화를 겪게 된다. 공공미술의 등장과 함께 문화예술활동에서의 사회적 가치는 대체로 '공공성'과 관련해 논의되어왔다. 공공미술이 처음 등장하고 부상한 1960년대 중반부터 1970년대 사이의 지배적 패러다임은 '공공장소에서의 미술'이었다. 미술작품의 공공성은 작품의 특정한 미학적 양상과는 무관하게 작품이 놓이는 장소의 공공성, 즉 접근성이나 상징성의 관점에서 이해되었다. 작품은 공공장소를 위한 '장식물'로서 장소와의 관계가 아니라 자율적인 심미적 기준을 따랐다. 심지어 공공장소에 설치된 기념 조형물이 국가의 이데올로기 선전이나 기업의 홍보수단으로 변질되었다는 비판을 불러일으키기도 했다(마일스, 2000: 105~108). 1980년대가 되면서 공공미술의 장소 특정성을 강조하는 '공공공간으로서의 미술' 패러다임이 부상했다. 접근성의 측면에서만이 아니라 작품 자체가 사회적 책임이 있는, 즉 공공성을 가지는 것으로 간주되었다. 하지만 이 패러다임은 공공미술을 도심의 환경미화 관점에서 바라보는 건축결정론으로 귀결되었고, 공공미술의 심미적 가치를 사용-가치로 환원하고, 도시계획의 일부로 통합하는 기능주의 사조라고 비판받게 된다. 1990년대에 들어 부상한 '지역·공동체 기반의 공공미술'은 작품의 의미나 가치가 대상/조각에 존재하는 것이 아니고 미술가와 지역공동체 사이의 상호작용을 통해 시간이 흐르면서 발생하는 것이라는 믿음에 기초한다. 공공미술의 가치는 지역공동체의 주민들이 '보는' 주체임과 동시에 '생산하는' 주체가 되는 데 있다는 것이다(권미원, 2009: 177~185).

지역-공동체 기반의 공공미술의 흐름에 중요한 역할을 수행한 수잔 레이시(Suzanne Lacy)에 따르면 기존의 공공미술에 비해 자신이 제안하는 새 장르 공공미술은 형식과 의도 모두에서 차별적이다. 기존의 공공미술이 공공장소에 조각이나 설치물을 배치하는 데 그친 반면, 새 장르 공공미술은 전통적인 매체와 비전통적 미디어 모두를 적극적으로 활용하면서 다양하고 폭넓은 대중의 삶과 직접 관련된 문제에 관해 의사소통하고 상호작용한다. 무엇보다도 새 장르 공공미술은 참여에 기초한다. 결과적으로 다양한 질문들이 생산된다. '공공'이라는 단어는 장소의 특징인가, 아니면 작품의 소유권이나 접근성과 관련되는 것인가? 혹은 청중의 성격과 관련되는가? 혹은 예술가의 의도나 청중의 관심과 관련되는가?(Lacy, 1994: 19~20). 공동체 기반의 공공미술, 새 장르 공공미술 등의 흐름과 맞물리면서 커뮤니티 아트에서는 기존 고급예술의 수혜자가 아니었던 해당 지역사회 주민들의 '존재'와 '참여'가 핵심적 요소가 된다(조숙현·윤태진, 2015: 106).

3. 사례 분석: 문화예술협동조합 '성북신나'

예술가의 창조성과 문화예술활동의 사회적 가치에 대한 논란은 이렇게 예술가의 완전한 자율성에 대한 강조로부터 대중, 시장, 공공부문과의 복잡한 관계 설정의 문제로 변화해왔다. 한국의 경우 이 과정은 −1980년대 순수미술과 민중미술간의 논쟁을 일단 제외한다면− 크게 세 갈래로 나누어 살펴볼 수 있다. 우선 2000년을 전후하여 공공미술이 본격적으로 문화예술계와 공공부문의 관심이 되기 시작했다. 또 하나는 도시재생사업의 맥락으로, 2013년 12월부터 시행된 '도시재생 활성화 및 지원에 관한 특별법'에 따라 공공미술, 커뮤니티 아트 등이 도시행정의 일부로서 제도적으로 통합되기 시작했다. 끝으로 IMF 이후부터 지속적으로 심화된 실업난 극복의 맥락에서 시작된 일련의 일자리 창출 사업들을 들 수 있다. 실업극복국민재단이 2004년에 고정적 수입이 없고 취업이 어려운 문화예술인들에게 공공 일자리를 제공하는 한편, 취약계층에게 문화예술서비스를 제공한다는 취지에서 '문화예술 공공적 일자리 사업단'(잡아르떼)을 지원하기 시작한 것을 최초의 시도로 볼 수 있다(이은진, 2012: 70). 이들 중 일부 지속 사업은 2007년 사회적기업육성법 제정에 따라 사회적 기업으로 전환했고 새로운 문화예술 부문 사회적 기업들도 등장했다. 2009년에는 문화예술산업 발전 방안의 하나로 문화체육관광부와 고용노동부 사이에 업무협약(MOU)이 체결되었다. 이후 많은 문화예술단체들이 사회적 기업으로 조직 운영의 형태를 바꾸었다(권혁인·김아리, 2014: 32). 물론 결정적인 계기는 2012년 협동조합기본법의 제정이었다. 2013년 기준 59개로 파악된 문화예술협동조합은 협동조합의 폭발적 증가와 함께 지금은 정확한 수를 세기가 어려울 정도로 증가했고, 적어도 수백 개 이상에 달한다고 볼 수 있다.[3]

이 많은 문화예술협동조합 중 이 글은 서울시 성북구 정릉동을 주된 활동지역으로 삼는 '성북신나'를 주된 사례로 검토한다. '성북신나'는 2014년 2월에 창립했다. 지역재생과 청년 일자리 생태계 복원을 사업 목적으로 내걸고 있고, 지역 아카이빙, 지역재생 솔루션 개발, 교육·사례 공유 사업, 지역 브랜딩과 제품 제작 등을 사업내용으로 하고 있다. 현재 4명의 상근자와 100여 명의 청년세대(주로 20대 중반에서 30대 중반) 조합원으로 구성되어 있으며, 성북구 산하 성북문화재단 등과 긴밀한 협력 아래 활발하게 사업을 전개하고 있다.

---

3 협동조합 관련 통계에서 문화예술협동조합은 별도 범주로 분류되지 않고 예술·스포츠 및 여가 관련 서비스업에 포함되어 있다. 협동조합기본법 제정 초창기이던 2013년 말 한 현황 조사에 따르면 예술·스포츠 및 여가 관련 서비스업종의 협동조합 수는 103개였고, 그중 59개가 문화예술협동조합으로 분류되었다(권혁인·김아리, 2014: 34~35). 전술한 바와 같이 2018년 1월 예술·스포츠 및 여가 관련 서비스업종의 협동조합 수는 1102개에 달한다. 2013년에 비해 11배 가깝게 증가했다. 협동조합들의 구체적 활동사항을 일일이 확인할 수 없다는 한계가 있지만, 문화예술협동조합이 적어도 수백 개에 달하리라는 추정이 가능하다.

'성북신나'를 대표사례로 삼게 된 이유는 지금까지 검토해온 주요한 흐름들이 합류하는 지점에서 이 조합이 탄생했기 때문이다. '성북신나'는 한편으로 문화민주주의, 공공미술, 도시재생, 커뮤니티 아트 등 문화예술의 사회적 역할, 가치에 대한 의식적 노력의 흐름 속에서 탄생했다. 서울시와 성북구라는 지방정부의 공공 프로젝트가 이 협동조합의 탄생과 지속에 중요한 계기이자 자원이 되었다. 이런 공공적 관심이 문화예술활동가들의 창조적·능동적 활동에 대한 주체적 요구와 만나게 된 것이라고 하겠다. 더불어 이들 청년세대 문화예술활동가들의 심각한 일자리 상황 또한 협동조합의 탄생에 중요한 요인이 되었다.

1) 창립의 계기와 활동상황

'성북신나'의 발단은 2013년에 시작된 서울시 청년허브 혁신일자리사업이었다. 이들은 성북문화재단에 소속되어 11개월간 전통시장 활성화, 각종 지역프로젝트, 문화다양성사업 등을 진행했다. 11개월간의 지원이 끝나자 이들은 기존의 활동을 이어가기 위해서 협동조합을 창립하기로 하고 이듬해 2월 '성북신나'를 창립해 지금까지 활동을 이어오고 있다.

발단은 지자체의 일자리사업이었지만, 협동조합 창업의 직접적 동기는 참여주체들의 경제적 비관과 창조적 욕망이 결합되어 있다. 대부분 인문계와 예술계 출신인 혁신일자리사업 구성원들은 문화예술활동으로는 안정적인 수입의 확보가 거의 불가능하리라는 비관적 전망과, 이왕이면 내 콘텐츠를 만들고 싶다는 창조적 욕망이 결합되어 문화예술협동조합을 시작하게 되었다.

> 저는 좀 비관적 전망이 셨어요. 뭘 해도 안 되니까요. 진로도 모르겠고, 이거(혁신일자리사업) 끝나봐야 또 1, 2년짜리 비정규직이니까요. 그렇다고 프리랜서하기에는 전문성도 떨어지고. 혼자는 무서운데. 참여한 선배세대 문화재단 상임이사님의 요구도 있었고. 어차피 뭘 해도 안 될 것 같은데 창업 한 번 해보자 이렇게 된거죠. 시기적으로도 맞물린 게 우선 창업 붐이 있었고, 특히 협동조합 창업 붐이

있었어요. 그런 흐름이 있었습니다. 그래서 거부감이 덜 했죠. 개인적 정서로는 장
미빛 전망도 없었고, 비장하지도 않았고, 비관적이었어요. 한 1년간 동료들도 있
고, 선배들도 도와준다 하니까 시작했죠. 세대 감수성인지 멤버들 특성인지… 자
기 걸 해보고 싶다는 생각이 강해요. 내 걸 해보고 싶다, 내 콘텐츠, 내 기획, 내 가
게를 해보고 싶다는 생각이죠 … 내 콘텐츠라는 게 두 가지로 볼 수 있는데, 우선
꼭 내 창작활동을 하겠다는 게 아니라, 남이 시키는 게 아니라 주도적·능동적으로
내 일을 하고 싶다는 거죠. 또 하나는 조직문화와 관련되요. 위계적이고 수직적인
문화 대신 수평적이고 서로 배려하는 문화 속에서 일하고 싶은 거죠. 그런 면에서
는 반쯤 성공한 듯해요. 그래도 아쉽죠. 그런 콘텐츠로 돈을 제대로 벌어본 건 아
니니까요.[4]

이들이 창립 이후 지금까지 수행한 사업은 매우 많고 다양한 영역에 걸쳐 있
다. 사업영역을 크게 나누어보면 전통시장 활성화, 청년네트워크 조직, 지역자
원 조사, 연구출판, 미디어, 교육의 여섯 가지로 나눌 수 있다. 전통시장 활성화
사업의 경우 성북구 정릉동의 아리랑시장과 정릉시장, 돈암시장 등에서 다양한
활동을 진행하고 있다. 시장에 상인과 주민들이 모일 수 있는 공유카페를 만들
고, 아침 출근길 주민들에게 시장 상인들에게서 구입한 밥과 먹거리를 제공하
고, 시장탐사 지도를 만들고, 축제를 함께 기획하는 등 참신한 아이디어들이 돋
보인다. 청년네트워크 조직사업은 지역에 대해 상대적으로 무관심하기 쉬운 청
년들을 대상으로 지역 청년생태계를 만드는 사업이다. 사업의 성과로 '성북청
년회'가 조직되어 함께 교육, 강연, 연구 사업을 진행하고 있다. 지역 자원조사
사업은 지역의 사라져 가는 것들, 잘 알려지지 않은 자원들을 함께 조사하고 이
에 대한 정보를 공유하는 사업이다. '성북마을여행', '즐거운 산책, 성덕정길',
'리얼성북탐험프로젝트' 등 다채로운 마을여행 및 탐사 코스를 개발하고, 이를

---

4 이하 면접의 인용은 '조합원', '연구자', '고개엔' 등의 별도 표기가 없는 한 모두 '사무국장'의 것이다.
또한 의미의 명확성을 기하기 위해 인용자가 덧붙인 부분은 괄호 안에 표기했다.

통해 축적된 정보를 기반으로 다음카카오의 지원을 받아 웹서비스 썸맵(some map.kr)을 개발, 서비스하고 있다. 연구출판사업으로는 성북의 공유공간/사회적 경제에 대한 아카이브북 『성북사용설명서』 3권을 출판했고, 정릉동 이야기를 다룬 미디어 웹진 '신나지'와 '간판왕' 등을 운영하며, 다큐멘터리 〈성북동 비둘기〉를 제작하기도 했다. 또 교육사업으로는 지역에 거주하는 다양한 직업군의 연사들이 등장하는 '달달한 포럼', 지역 내의 대학 재학생들을 대상으로 한 청년기획자 양성프로그램 '삼미교실' 등이 있다. 활발한 활동에 힘입어 성북구를 넘어서 서울과 다른 지자체의 사업들도 종종 수행하고 있다.

2) 경제적 어려움과 공공부문과의 관계

'성북신나'는 문화예술협동조합으로서는 매우 성공적인 사례로 꼽히고 있고, 실제로 아주 많은 사업을 진행해왔지만 경제적 어려움은 여전하다. 상근자 4명의 인건비를 포함하여 조합을 운영할 수 있는 안정적인 수익구조를 유지하는 것은 매우 어렵다. 많은 사업을 진행하지만 개별 사업규모는 평균 1000만 원 내외이며, 많아도 2000만 원 정도에 불과하다. "1년을 돌리려면 연 1억 5000만~6000만 원은 벌어야 재정규모가 유지되는데 그게 참 힘듭니다. 조합원들도 있고 네트워크도 있어서 (꽤 많은 일을 받고 있고) 전문가까지는 아니어도 이 바닥에서는 퀄리티를 내는 조직인데 그래도 힘든 거죠."

그런데도 어떻게 조합이 유지가 될까? 우선 100여 명의 조합원이 내는 조합비가 기초가 된다. "조합원 월회비가 100만 원이라고 해도 CMS 수수료 떼고 가끔씩 안 들어오는 돈도 있고 월 80만 원 정도 되요. 이건 월세 내고 점심값 내면 끝이죠. 그래도 그게 있으니까 월세는 내는 거죠." 월세와 밥값 이상의 안정적인 경제적 수입의 확보는 거의 불가능하지만, "다 창업자라 그 정도는 감내하고 사는 것"이라고 한다. 요컨대 창업자로서의 소명감, 책임감으로 낮은 경제적 보상을 감내하고 있다는 것이다.

이런 사정은 조합원의 눈에도 마찬가지로 비친다. "문화예술 하는 게 돈을 벌기는 쉽지 않아요. '성북신나'도 자체사업이 없고 지원사업으로 유지하는 거죠. 사회적 기업이라든지 사회적 가치를 추구하는 단체나 기업들이 지속하기 어렵다기보다는, 경영화된 기준이나 잣대로 평가하면 긍정적이지 않은 것 같아요"(조합원).

'성북신나'의 가장 중요한 수입원은 성북구, 서울시, 문화부 등 지자체와 정부의 용역사업이다. 용역사업이라고 해서 콘텐츠 내용의 자율성이 제약되지는 않는다. "비교적 자율성이 있지만, 엄밀히 말해서 내 콘텐츠인가는 사실은 잘 모르겠어요." 공공부문의 용역사업을 진행할 때 우려되는 자율성의 상실 우려에 대해서는 선을 긋고 있다. 그렇다면 내용의 자율성이 보장되는 데도 내 콘텐츠가 아니라는 느낌은 어디서 비롯되는 것일까?

이에 대해서는 생산되는 콘텐츠의 내용 자체보다는 정부·지자체의 용역사업이 선정되고 관리되는 방식에 중요한 문제가 있다는 지적이 제기된다. 우선 선정방식부터 살펴보자. 대부분의 용역사업은 문화예술활동가들이 스스로 주제를 선정하고 주도하는 것이 아니라, 정부·지자체의 필요와 판단에 따라 주제가 정해지고, 응모에 따라 선정하는 방식을 취한다. 즉 주제의 범위가 이미 위로부터 특정된다는 것이다. 처음부터 자기주도적으로 만들어낸다는 의미에서 '내 콘텐츠'는 아닌 것이다.

공공지원에 일부 의존할 수밖에 없는 사람들은 어떻게 자발성을 유지할 수 있을까요? 창작지원을 늘리는 게 제일 중요한데, 서울문화재단만 해도 1년 예산이 500억, 600억 원이 되요. 그중에 창작지원금은 2012년의 경우를 보면 46억 원이었어요. 너 하고 싶은 거 마음대로 해라, 이런 예산이 많아져야 되는데, 점점 줄어들고 있죠. 문화예술위원회 예산이 연간 2800억 원 정도인데, 순수하게 창작지원을 하는 건 10%가 안 됩니다. 단체장, 기관장이 꽂는 사업, 원하는 사업들, 차상위계층에 대한 사업, 문화소외 (해소) 사업 등등… 보도나 통계가 나오면 계기적으로 하는 사업들이 주된 거죠. 예술가들에 대한 창작지원이 늘지 않는 것은 사회문제가 안 되니까 그래요. 누가 굶어 죽었다는 등 복지문제가 되면 오히려 예산이 (잡히죠)(연구자).

더불어 용역과제의 예산집행과 관리시스템 또한 문제가 된다. 정부·지자체의 입장에서는 공공예산이 지원되니 원칙에 입각해서 철저하고 투명한 집행과 관리를 요구하는 것이 당연하다. 문제는 이 과정에서 현장의 문화예술협동조합의 처지에 맞지 않는 비합리적인 기준과 무리한 요구들이 부과된다는 데 있다. 용역과제 지원에서부터 관리, 정산에 이르기까지 정부·지자체가 요구하는 기준과 절차에 맞추어야 하는데, 인력과 전문성이 부족한 문화예술협동조합에게는 매우 버거운 문제가 된다.

가장 전형적인 문제는 인건비 확보 문제다. 용역사업의 경우 인건비 책정을 할 수 없거나 매우 낮게 책정되는데 이는 공공지원에 주로 의존하는 문화예술협동조합의 입장에서는 매우 치명적인 문제다. "인건비를 책정을 못하니까 문제죠. 사업비로는 쓸 수 있는데. 제일 많이 나가는 돈이 인쇄비니까 이렇게 이야기하죠. 우리 이거 하지 말고 차라리 인쇄소나 하자고요." 이런 문제는 같은 성북구에서 활동하는 '고개엔마을'의 경우도 마찬가지다.

> 얼마 전 구 행사 하나 위탁받아서 했는데 … 요즘 견적 잡을 때 어떻게든 이윤을 잡으려고 노력을 해요. 결국 마이너스 53만 원으로 끝났어요. 이윤은커녕. 여러 이유가 있는데, 기본적으로 지역에서 하는 문화기획이나 행사에 대한 기준이 모호해요. 없어요. 이 정도 규모, 이 정도 행사를 한다면 이 정도 예산이 필요한데, 주최 측은 싸게 하는 게 좋다고 생각해요. 협동조합, 사회적 경제 파트너들과 하는 사업의 경우에 입찰방식에 대한 고민도 있어요. 공개입찰 등에 대한 기준이 있지만, 결국 기준은 가격 하나고 누가 싸게 하느냐가 됩니다. 사회적 경제가 경제적 가치도 있지만, 사회적·공공적 가치도 있는데, 이 파트너들과 하는 게 지역주민들에게 어떤 가치가 있느냐도 근거가 되어야 하는데 오직 가격만 기준이 되죠. 심지어 구에서 위탁받아서 하는 일조차도 일을 하면 졸지에 을이 됩니다. 견적이 들어가면 무조건 네고를 해옵니다(고개엔).

예산을 절약하기 위한 최저가 입찰제도는 종종 논란의 대상이 되고 있지만, 특히 문화예술협동조합의 경우는 생산물이 대부분 경제적 가치를 매기기 어려운 무형적 형태를 취한다는 점에서 더욱 어려운 상황에 빠지게 된다. 문화예술협동조합이 생산하는 사회적·공공적 가치는 거의 고려되지 않는 가운데, 결국 정부·지자체와 갑을관계에 놓이게 된다.

예산관리 차원에서 야기되는 문제 또한 적지 않다. 용역과제의 지원·선정에서부터 최종 정산에 이르기까지 정부의 시스템에 따라야 하는데, 투명성 확보라는 정당한 취지에도 불구하고 문화예술협동조합의 현장과는 괴리감이 크다.

> 지원부터 정산까지 기재부가 만든 e나라도움 결제시스템을 써서 온라인 입력 등 수고를 해야 해요. 보조금을 받았으면 이 시스템대로 하라는 게 기재부의 요구죠. 그런데 매우 까다로워요. 수십 억 원도 아니고 많아야 수천 만 원 받는데… 기존 시스템보다 훨씬 어려워요. 평가시스템이 예술가들에게 도움이 되기는커녕 방해만 됩니다. 정부 지원인데 정산이 없을 수는 없지만, 1000만 원 이하는 차라리 정산을 없애자, 떼먹어 봐야 얼마나 떼먹겠나? 이런 생각이 들죠. 공연 아예 안 한 거면 몰라도. 그 이상의 금액이라면 정산을 해야 하고 교육이라도 제공해야 합니다(연구자).

3) 문화예술협동조합이 창출하는 사회적 가치

지역사회에 터를 잡고, 지자체와 거버넌스 관계를 이루면서 협동조합 형태로 활동하는 '성북신나' 구성원들의 경우 자신들이 창출하는 사회적 가치에 대해 매우 의식적이고 심도 깊은 고민을 보여주었다. 그것은 자기 활동에 대한 정당화나 합리화의 차원을 넘어서 있는 반면, 그만큼 대책 없는 낙관주의도 벗어나 있다. 이들이 느끼는 감정은 지역사회 속에 있으면서도 느끼는, 나쁜 의미만은 아닌 '고립감'이다.

우리가 그들만의 리그 같다는 생각을 하게 되요. 나쁜 의미는 아닙니다. 사회와 소통하고는 있지만 약간 퀘이커교도 같은 느낌이랄까. 저런 삶도 가능하겠구나 하는 메시지를 주고 있다는 느낌이죠. 대중을 만나보면 DNA가 있는 것 같다는 생각이 들어요. 이런 감수성을 타고난 사람들이 열 명 중에 한 명, 백 명 중에 한 명 정도 있다는 느낌이죠. 처음에는 성북구만 해도 인구가 45만 명, 20대~30대가 십 몇만 명 되니까 우리 활동에 공감하고 동참하는 사람이 냉정하게 따져서 1/10, 1/100만 되도, 만 명이 넘을 테니 엄청나다고 생각했죠. 사실은 그만큼도 안 되는 거죠.

이 고립감이 초래되는 요인은 다양하겠지만, 가장 중요한 요인은 지역주민들과의 관계 설정에서 비롯되는 것처럼 보인다. 우선 '성북신나'의 활동가들이 체험하고 있는 어떤 일방성의 경험에 대해 들어보자.

지역주민과 관계도 우리가 여기서 일하고, 주민은 여기 사는데 마치 주종관계(처럼) 받들어야 하는 건 아니지 않은가? 그들도 한 표, 나도 한 표, 그들도 한 마디, 나도 한 마디 (할 수 있어야죠). 싸울 땐 싸우고. 지역주민에게 서비스하고 받들어야 하는 게 너희들의 사회적 책무야, 이건 가혹한 것 같아요.

지역주민들과의 관계에서 일방성을 체험하게 되면, 협동조합 참여 당시에 품었던 자신의 문화적 욕망, 창조적 꿈과의 괴리가 심해지게 되고, 심한 경우 활동으로부터 이탈하는 계기가 되기도 한다.

보통 문화기획 하는 사람들의 이직률이 높다고 생각해요. 왜 떠나는지… 아예 다른 분야로 가는 거라면 문화예술 기획하는 사람들의 상황이 유쾌하지 않은 것이죠. 어떻게 보면 나도 떠나온 건데요.[5] 그냥 거기서 소모되듯이 일하는 게 너무 힘

---

5 이 조합원은 상근자가 된 적은 없지만, 서울시 혁신일자리사업부터 함께한 핵심활동가였고 조합설립 이후에도 아리랑시장 프로젝트의 책임자로 활동한 핵심조합원이다. 지금도 여전히 조합원이고

들었어요. 계속 백 프로 쏟아내야 하고, 내 삶의 모든 것을 해야 했는데 그게 너무 힘들었죠. 내가 만들었던 문화들을 내가 누리고 있다는 생각이 안 들어서. 어쨌든 제3자의 역할이 되더군요. 내가 만들어낸 것이지만, 그 모든 걸 누리는 건 주민, 상 인들이고. 내 걸 하고 싶었어요. 나는 어떻게 보면 좋게 온 케이스라고 생각해요. 이런 현장에서 상처받고 떠나는 문화기획자, 청년들도 상당히 많아요(조합원).

협동조합의 문화예술활동가들은 자신이 지역주민에게 봉사해야 하는 존재 가 되었다고 느끼게 되면서, 자기가 만든 문화생산물을 스스로는 누리지 못하 는 역설을 체험한다. 이는 경제적 재생산의 어려움과는 별개로 지역에 근거하 는 문화예술협동조합이 주민과 어떤 관계를 맺어야 할지에 대한 매우 근본적인 문제를 제기한다. 자신들의 활동이 지닌 공공성을 매우 뚜렷하게 인식하고 있 지만, 그것이 자기 활동의 자율성, 창조성과 대립할 수 있다는 것이다.

그럼에도 이들은 여전히 자신들의 활동에 어떤 '사회적 가치'를 부여하고 있 다. 그것은 우선 내향적·간접적인 것처럼 보인다. 자기 활동의 사회적 가치가 지역사회의 실제적인 변화에 있다기보다는 자신들이 참여하는 '작은 생태계'를 만드는 것, 나아가 "저런 삶도 가능하겠구나"라는 메시지의 전달, 즉 다른 삶을 상상하게 만드는 자극제나 역할모델로 작용할 수 있겠다는 생각이다.

모든 사람이 동참하는 공동체는 불가능하다고 생각해요. 작은 생태계를 만드는 게 그 자체로 의미 있죠. 너희들끼리 즐거운 거 아니냐? 하고 비판할 수도 있지만, 그것도 의미 있는 거 아니냐? 기대했던 것보다는 많네. 여전히 대다수 청년들은 우 리가 지향하는 가치에 동의하지 않을 가능성이 더 크다고 생각해요. 그래도 이만 큼은 많네, 비슷한 길을 걷는 사람들이. 생각보다는 많지 않은데 기대보다는 많다 는 느낌이죠.[6]

활동에 참여하지만, 인근에 동업으로 식당을 개업하여 어느 정도는 거리를 두고 독립적으로 활동하 고 있다.

그렇다고 해서 이들의 지향이 전적으로 내향적인 것은 아니다. 활동과정에서 지역주민들과 구체적이고 장기적인 관계를 맺은 경험은 이들에게 의미 있고 보람찬 것으로 다가온다.

(전통시장 활성화 사업을) 하면서 상인들과 관계 맺었고 재미있었어요. 지역사람들과 만나고 같이 문화를 만들어나가는 게 재미있었습니다. 그걸로 시장이 활성화된지는 사실 잘 모르겠지만, 그런 활동으로 인해 상인들 매출이 늘고, 주민들이 시장에 많이 가고, 시장 이미지가 개선된 건지는 잘 모르겠어요. 단 거기 참여하는 상인들이 만족하고 즐거워했던 게 (전통시장사업을) 하면서 개인적으로 뿌듯했던 성과였습니다. 정릉시장 멤버를 꾸릴 때도 아리랑시장 때의 그런 계기로 참여하고 책임졌던 거죠. 정릉시장에서는 개울장, 마을장터 축제를 하면서 상인들을 계속 만나고, 특히 젊은 상인들, 주민들과 만나고 많이 친해지고 그 분들이 좋아했어요. 마음이 맞아서 처음에 정릉시장에서 이 가게(현재의 식당)를 시작했던 거죠(조합원).

지속적으로 함께 일을 하면서 만나게 된 주민들, 정확히는 상인들과의 소통과 상호작용은 활동가에게 '뿌듯한' 성과로 기억되었고, 이후 자신의 사업을 시작할 때까지 그 인연이 이어졌다. 이 조합원은 무엇보다도 '참여하는 상인들이 만족하고 즐거워했'다는 사실에 기뻐했다. 경제적으로 얼마나 도움이 되었는지, 매출이 얼마나 올랐는지 등 경제적 가치와는 별개로 함께 문화적 활동을 하면서 누렸던 호혜적 즐거움에 만족감을 보이고 있는 것이다.

동시에 '성북신나'는 동종업계에 대한 책임감도 보였다. 이 책임감은 지역의

6 면접 대상자가 한 언론에서 제기한 내용도 비슷한 취지를 담고 있다. "저희가 하고 있는 활동, 저희가 하려는 활동은 사실 거창한 게 아니에요. 세상을 바꿔야지, 지역을 바꿔내야지, 지역을 재생해내야지 이런 거라기보다는 그냥 우리가 할 수 있는 선에서 어떤 대안적인 삶의 형태, 일의 형태가 가능할지를 한 번 실존적으로 그걸 증명해내는 것. 근데 그것이 증명이 되면요. 이게 어떤 공공에서도 설득력을 가지더라고요. 그거를 만들어나가는 작업이지 않을까 싶습니다"(≪한겨레≫, 2016.1.29, "정치BAR_유쾌한 지역협동조합 '성북신나'".

공공문화기획이라는 사업영역에서 선발자로서 누리는 이점을 독점하지 않고 나누겠다는 지향에서 드러난다. 즉 자신들도 "이제는 후발그룹에 비해 기득권, 정보나 경험의 격차가 있"어서, "우리도 모르는 사이에 기득권이 되고 있다는 생각"을 하고 있다. "기득권이 되었는데, 경계하고 정보를 어떻게 나눌 것인가? 지금 단계에서 경계하지 않으면 똑같아질 것 같다"는 고민을 하고 있다. 대안을 위한 방법론으로 자신들의 사업과정에 대한 정보공개를 구상하고 있다. 어떤 일을 하고 있는지, 어떻게 회계를 진행하는지 등을 투명하게 공개해서 다른 곳에서도 이용할 수 있도록 하겠다는 것이다.

4. 자립과 공공지원 사이에서: 비교사례들

1) 연극협동조합 '고개엔마을'[7]

연극협동조합 '고개엔마을'은 '성북신나'에서 조금 떨어진 서울시 성북구 미아리 지역을 근거지로 한, 20여 명으로 이루어진 문화예술협동조합이다. 지역사회의 문맥에 입각한 연극 제작·공연, 다목적 커뮤니티 공간인 '미인도'의 공동운영, '미아리고개예술극장'의 공동운영 등이 주된 사업내용이다. 2017년 초에 설립되었지만, 활동의 연원은 2014년의 '공유성북원탁회의'(이하 '원탁회의')로까지 거슬러 올라간다. 이 '원탁회의'를 매개로 '성북신나'와도 협력관계를 맺고 있다. '성북신나'가 서울시의 혁신일자리사업이라는 공공 프로젝트로부터 기원했다면, '고개엔마을'은 '원탁회의'를 통한 자발적 사업 진행 도중 문화공간('미인도')의 위탁운영 문제로 협동조합으로 전환했다는 차이점이 있다.

'원탁회의'는 "성북지역에서 활동하는 사람(모임, 단체)들 사이의 호혜와 우정

---

7 큰따옴표 안의 인용문과 별도 인용문 모두 '고개엔마을' 조합원의 면접을 인용한 것이다. 별도로 표기하지 않는다.

의 관계망을 형성하고, 이를 기반으로 지역문화생태계의 공존 및 협력을 위해 더불어 활동하는 커뮤니티"를 지향하는 네트워크 조직이다. 2014년 초동모임 이 구성되어 워크숍을 시작했고, 성북문화재단과 협력체계를 구축했다. 2015 년에 운영위원회를 구성하고, 주요 활동의제별 워킹그룹을 구성했으며, 성북구 청, 성북문화재단 등과 거버넌스를 구축하여 지역축제 등을 시범운영하기도 했 다. 2016년에 이르러 조직 공식화와 안정적인 운영기반의 구축을 시도하면서, 주요 의제그룹들이 협동조합으로 전환했다(권경우, 2016: 62~63).

'고개엔마을'의 활동방식이 보여주는 가장 큰 특징은 개인이나 단체의 개별 적 활동이 아니라 '원탁회의'와 원탁회의 내의 워킹그룹의 논의, 활동을 통해서 사업을 만들고 실행한다는 것이다. 즉 "구체적으로 현장에서 볼 때, 지역에 사 는 예술가들이 주민과 만나고 교류 협력하며, 일하고 창작과 생계를 함께할 수 있는 플랫폼"을 만드는 것이 중요하다는 문제의식에 입각해 있다.

'고개엔마을'의 특성을 가장 잘 보여주는 사례로 지역에 존재하는 미아리점 복촌을 서사화한 시각장애인 연희극 〈어화 봉사 꽃 주까〉의 제작 및 공연을 들 수 있다. 2015년 말에서 2016년 상반기에 처음 연구가 시작, 진행되었다. 면접 대상자가 이 시범사업의 총괄 매니저로 활동했다. 미아리 지역은 조선시대부터 이어지는 유명한 점복촌이지만, 막상 지역주민들은 그 유래와 현황을 거의 모 른다는 문제의식 아래, "〈심청전〉을 모티브로 하여 지역 동네 이야기를 스토리 로 발굴한 것"이다. 가상의 캐릭터들을 만들고, 그 캐릭터들이 지역주민들을 만 나서 이야기하는 형식의, 어른들을 위한 동화책으로 구성했다. 커뮤니티 아트 의 맥락에서 매우 전형적인 작업으로 볼 수 있다.

'고개엔마을'이 운영하는 다목적 커뮤니티 공간 '미인도'의 사례는 도시재생 에 기여하는 문화예술활동의 역할이라는 관점에서 흥미롭다. 이 공간은 당초 고가도로 밑, 쓰레기 승하차 장비를 모아두던 공터였다. 어둡고 지저분한 곳인 데다 범죄에 취약해서 주민들의 인식도 나쁜 곳이었다. 자연스레 '원탁회의'의 워킹그룹 활동과정에서 이곳을 바꿔야 한다는 인식이 생겨났다. 2015년에 성 북문화재단과 논의를 시작하여 일본 요코하마의 고가도로 밑 집창촌 고가네초의 지역재생사업 등 해외사례까지 검토하여 이곳을 문화적으로 재생하고 활용할 방법을 고민하게 되었다. 그 결과 같은 해 다목적 커뮤니티 공간으로서 '미인도'가 탄생했다. 성북구 소유인 이 공간은 성북문화재단에서 2016년까지 위탁운영을 하다가 2017년부터는 성북문화재단과 '고개엔마을'이 공동운영 협약을 맺고 공간운영 및 대관 업무를 진행하고 있다.

이 이야기가 중요한 이유는 "바로 여기서 협동조합을 만들 필요가 생겼"기 때문이다. 현재 '고개엔마을'의 구성원들은 당초 지역에서 자발적으로 "이것저것 활동"하던 다양한 사람들이며, "살면서 일하면서 활동도 하면 좋지"라는 정도의 생각을 가진 느슨한 네트워크였다. 그런데 막상 커뮤니티 공간을 운영하려다 보니, "안정적으로 일할 수 있는 구조"가 필요하게 된 것이다. "우리의 철학, 관계, 방식에 맞는 건 협동조합이 아닐까? 경제적으로 큰 이득이 생긴다는 생각은 안 해도, 만남을 통해서 관계가 서로 친한 친구 이상의 뭔가가 되었으면 좋겠다. 일, 삶에서 뭔가 도움이 될 수 있는 사람. 그 틀로 협동조합이 어떠냐?" 이런 과정을 거쳤다는 것이다. 공적 기관과 정식계약을 맺고 일을 하게 된 상황에서 "서로의 책임을 분명하게 하려면 개인이 아니라 협동조합"이 필요하다는 생각에서 '고개엔마을'이 만들어지게 된 것이다.

'미인도'가 가장 주력한 사업은 마을장터의 개설이었다. "동네장터 마켓이 돈이 된다고 생각하지는 않았"지만, "동네 사람들이 교류하고 만나는 장으로서 가치 있다고 생각했"다. "동네에 공방도 많고 젊은 창업자도 많고, 젊은 신혼부부도 많"은데, "그런 사람들이 만날 수 있는 플랫폼으로 장터가 되어서 사람들이 연결되는 장이 되면 좋겠다"는 생각에서 2016년에 시범사업으로 장터가 시작되었다. 그 해 가을에 또 한 번 장터를 진행한 다음 2017년부터는 상설화하기로 하고 다섯 차례 개최했고, 서울시민시장협의회에 등록도 했다. 상당히 안정화가 되어서 이후에도 계속 진행하기로 계획하고 있다.

'고개엔마을'의 경우도 여전히 많은 어려움을 겪고 있다. 특히 경제적 안정성은 가장 큰 장애로 여겨진다. 이윤의 적립은커녕 상근직을 둘 수 있는 인건비의 확보도 역부족인 상태다.

협동조합이라는 구조가 경제적으로 안정적인 틀은 아닌 거잖아요. 저희도 계속 사업을 하지만, 그 안에서 일하는 사람에게 인건비 정도를 만들 수 있는 구조인지. 이윤 적립, 직원 채용, 상근직을 둔다든가는 아직 역부족이죠. 즉자적으로 그때 그 때 받아서 하는 구조예요. 조직, 미션, 활동이 계속 안정적으로 성장해야 되는데, 그게 어렵습니다. 문화예술협동조합들은 대부분 그런 고민이 있을 거예요 … 예전에 문화예술협동조합 자바르떼에서도 활동했는데 거기도 마찬가지였어요. 우리도 고민되는 것이 사람들에게 기회를 만들어주려면 사업 중심이 되어야 하고 (그러다 보면) 하는 사람만 하게 되고. 협동조합을 장기적으로 하려고 만들었는데 정말 장기적으로 갈 수 있을지 고민이 됩니다.

'성북신나'와 마찬가지로 '고개엔마을'의 활동가도 문화예술활동을 통한 경제적 자립에 대해서는 비관적이었다. "사회적 경제 파트에서 만드는 것과 우리가 만든 협동조합은 성격이 달라서, 경제적 관점에서 확실한 목표와 계획을 갖는 게 아니"라는 근거도 제시된다.

지자체 등 공공영역과의 관계에 대한 생각도 상당히 비판적이다. "장기적으로는 제도적 변화가 있다는 믿음이 있어야" 하는데, 그렇지 않다면 "구청장 바뀌고 재단대표 바뀌면 그동안 들인 공이 사라진다"는 불안감이 있다. 자율성의 제약도 중요한 문제가 된다. 성북문화재단과 공동운영하고 있는 '미인도', '미아리고개예술극장'의 경우 운영은 자신들이 하지만 대관료 책정은 기관에서 정한 기준을 따라야 한다. 규정이 그러니 어쩔 수가 없다. "정보와 프로세스를 투명하게 하는 게 중요한데, 이게 충분히 공유되지 않으면 민간주체들은 장밋빛 꿈만 가지고 무게와 책임을 모르고 뛰어들었다가 낭패를 겪게" 된다.

공공용역사업에서 인건비를 인정하지 않는 것에 대한 문제의식도 상당했다. "인건비를 인정하지 않는 것도 마찬가지죠. 이건 주민들이 자발적으로 하는 것이라는 프레임(이죠). 이건 예술가를 직업으로 보지 않는 것과도 유사합니다. 우리 사회에서 경제적이든 사회적이든 가치를 생산한다는 게 회사, 공장에서 생산하는 게 아니라 변화하고 있다고 생각하는데, 변화하는 것이 어떤 틀에 담기는지 보는 게 중요하다고 생각해요."

지자체 등의 공공영역에서는 사회적 기업 몇 개를 만들었다는 식의 성과주의에 사로잡혀 있지만, 중요한 것은 지역에서 사회적 가치를 발견하고 활성화하며, 나아가 순환시키는 것이라는 문제제기도 유의할 만하다. 면접 대상자는 자신이 생각하는 문화예술활동의 사회적 가치에 대해 "동네, 지역에서 공유지를 발견하고 그걸 통해 지역성들을 발산하게끔 하는 활동"이라는 점을 강조했다. "도시라서 안 돼가 아니라, 도시의 어떤 공간과 어떤 사람, 관계를 주목하느냐에 따라 다른 공간이 만들어질 것"이라는 주장이다. 나아가 이런 사회적 가치가 인정되고 순환될 수 있는 구조를 만들어야 한다는 문제의식도 제기했다.

사회적 경제라는 게 정책적으로는 존재하는지 모르지만, 지역에 와 보면 존재하는 건가 하는 느낌이 들어요. 순환되는 구조가 안 보입니다. 막말로 지역화폐라도 만들고, 사회적 가치 활동에 대한 마일리지라도 적립해줘야 하는 거죠. 학생들은 봉사하면 봉사점수라도 주는데. 참여주체들에게 공적 영역에서 어떤 보상을 하고, 교환할 수 있게 할까? 그냥 주는 건 경제는 아니지 않은가? 이런 고민이 있습니다.

'고개엔마을'의 면접 대상자는 꽤 이론적인 관점에서도 자신들이 생산하는, 혹은 생산해야 하는 사회적 가치에 대해서 문제를 제기했다. 즉 자신들이 할 일은 "장르적 예술로서의 예술이 아니라, 규범의 공동체로서의 문화를 고민"하는 것이며, "마을, 문화가 지역에서 서로 함께 살아가는 원리가 되도록 하"는 것이라는 생각이다. 요컨대 "예술마을 만들기라는 방식으로 문화민주주의"를 실현하는 것을 목표로 삼고 있다는 것이다.

이런 이론적 주장이 그저 추상적으로 들리지 않는 것은 이들의 활동이 관념적 구상에서 출발했다기보다는 지역 예술가, 활동가들의 느슨한 자발적 활동에서 시작했고, 직접적인 내용의 제시보다는 지역주민들의 '플랫폼' 구축에 주력하고 있다는 점에 근거한다. 이들이 2015년에 처음 시작한 활동은 예산 지원이 전혀 없이 미아리고개에 관심 있는 사람들 십여 명이 모여서 함께 밥을 먹고 동네를 산책하는 일이었다. 이렇게 삶의 구체성에 입각하여 시작한 활동이 우연한 계기를 만나 협동조합으로 전환했기 때문에, 경제적 난관과 거버넌스의 어려움에도 불구하고 지속성을 유지하고 있는 것으로 보인다.

2) 자립음악생산조합[8]

2011년 8월에 설립된 '자립음악생산조합'(이하 '자립음악')은 '성북신나', '고개엔마을'과는 달리 정부·지자체 등 공공부문과의 거버넌스를 고려하지 않으며, 반자본주의·탈자본주의 지향을 뚜렷이 하고 있는 음악 생산자들의 협동조합이다. 상호협업을 통해 음악 생산자들이 자본과 권력으로부터 경제적·가치적·사상적 자립을 지향한다는 의미에서 이러한 명칭을 선택했다. '자립음악'은 홍대 앞 철거반대 농성장 '두리반'—2009년 12월에 시작되어 531일간 지속되었다—에 집결한 일부 인디 뮤지션들의 모임에서 시작되었다. 널리 알려진 것처럼 홍대 앞은 한국에서 젠트리케이션(gentrification)에 대한 사회적 인식을 불러일으킨 대표적인 지역이며, '두리반' 사태는 그 상징이었다. "예술과 창의성이 동네를 미학화하면 그 미학을 이용해 이윤을 추구하는 특수한 형태의 자본이 그 장소에 진입"하고, 그 결과 지대의 상승으로 창의성을 발휘한 예술가들은 추방되는 사태가 홍대 앞 젠트리피케이션의 본질이었다(신현준·이기웅, 2016: 37). 인디 뮤지션들은 홍대 앞 젠트리피케이션의 피해 당사자로서 '두리반' 투쟁에 동참했다.

'자립음악'은 단체의 대표자가 따로 없이 조합원들이 투표로 선출한 운영위원회가 조합을 운영하는 좀 더 강화된 민주주의 운영원리를 지향했다. 조합에는 통일적인 사업계획도 존재하지 않으며 뜻이 맞는 조합원들 간의 프로젝트성 협업 방식을 취했다. 조합은 창작의 자유에 전혀 개입하지 않으며, 프로젝트 진행에 필요한 부분들, 예를 들어 공연공간, 녹음 장비와 시설, 음반 제작 등에 필

---

8 큰따옴표 안의 인용문과 별도 인용문 모두 '자립음악생산조합' 전 운영위원의 면접을 인용한 것이다. 별도로 표기하지 않는다.

요한 전문인력의 제공, 홍보와 유통 등을 지원하는 방식으로 결합하고 있다. 이런 조합의 목표와 운영원리, 작업방식은 소속 기획사나 레이블이 없는 인디 뮤지션들, 혹은 처음으로 음악을 시작하는 개인이나 밴드에게 매력적이다. 참여자들은 금전적 보상보다는 음악적 성취를 통한 보상을 중시하기 때문에 프로젝트 기획자의 경제적 부담도 줄일 수 있다. '최소한 손해를 보지는 않도록 한다'는 원칙 아래 프로젝트가 진행되기 때문에 실패의 부담이 적지만, 확실한 수입전략이 부족하고, 생계도 보장되지 않는다(박선영, 2014: 190~191).

'자립음악'은 경제적 성공을 지향하는 음악활동을 거부하지 않는다. 다만 경제적인 목적은 다양한 선택지 중 하나일 뿐, 그 선택을 창작자들이 스스로 결정할 수 있게 하고자 한다. '자립음악'은 경제적 자립을 넘어선 가치적 자립, 사상적 자립을 포괄하는 넓은 의미의 자립을 지향하고, 다양한 자립들의 선택권을 창작자들이 가질 수 있는 삶의 자립을 만들고자 한다(박선영, 2014: 193).

'자립음악'의 경우 설립의 발단이 된 젠트리피케이션 반대운동인 '두리반' 철거반대 모임에서부터 매우 뚜렷한 사회적 지향성, 목적지향성을 보여주었고, '성북신나', '고개엔마을'보다 훨씬 분명한 자본주의 시장경제에 대한 비판의식을 보여준다. 면접 대상자는 이를 인디 뮤지션들의 특성으로 설명한다.

인디 뮤지션들은 기본적으로 좌경화가 되어 있어요. 하지만 모일 일은 없었죠. 두리반에서 2010년 5월 1일에 메이데이 큰 공연 해보자. 3월쯤에 논의를 시작했죠. 핵심멤버들이 회기동 단편선, 한받, 밤섬해적단, 박다함 등이었죠. 두리반 전에도 안면 정도는 있었죠. 친한 경우도 있었고요. 음악적으로는 서로 달랐습니다 … 대부분은 (대중적) 인지도가 높지 않았어요. 처음 씬에 들어와 있던 상태였죠. 기존 인디 씬에 대해서는 부정적인 생각이 강했습니다. 시스템 자체가 이미 만들어져 있는 상태였고, 인디 씬도 2000년대 중반에 이미 산업화되었다고 생각했죠. 근대화가 된 상태였죠. 시스템이 짜여져 있는 것에 대해 재미없다, 지루하다고 느끼던 중이었죠. 두리반을 계기로 51개 밴드가 모여서 하자(고 결정했습니다). 120주년 메이데이 격문을 만들어서 메일을 돌렸어요. 유명한 3호선 버터플라이 정도까지도 참여하겠다고 연락이 왔어요. 실제로는 70개 이상 밴드가 모여서 공연을 했죠.

문화산업의 논리에 맞서 활동하는 인디 뮤지션들은 기본적으로 체제비판적이다. 이런 비판의식에도 불구하고 뿔뿔이 흩어져 활동하던 인디 뮤지션들이 뭉치게 된 계기가 '두리반' 철거반대 투쟁이었다는 점은 시사적이다. 성공적인 메이데이 공연을 계기로 이들은 두리반을 근거지로 삼아 장기공연을 진행하게 되고, '두리반' 문제를 사회적 이슈로 만드는 데 성공한다. 그리고 협동조합에 대한 고민이 시작되었다.

협동조합이 된 건 자본에서 벗어나려면 우리가 자본을 만들어내야 한다, 사업을 해야 한다, 그렇다면 생협을 하자. (이렇게 된 거죠). 네트워크는 기본적으로 시민단체 같은 것이어서 어젠다, 이슈를 던지고 하는 것인데, 우리는 장사를 하자, 왜냐하면 기본적으로 콘텐츠를 만드는 게 업인 사람들이니까, 이렇게 생각했죠. 음악이란 게 마피아하고 비슷해요. 근대화하기 어려운 면이 있습니다. 음악인 누구하고 친하냐 안 친하냐가 중요해요. 인적 네트워크가 매우 중요하거든요. 개개인의 맨파워에 의존하게 되는 구조가 있습니다. 정보가 안에서만 도는 게 있어요. 업계에서만 아는 정보가 있습니다. 일반인은 모릅니다. 공개 안 되는 우리 레시피가 경쟁력이죠. 그때 생각은 그런 것도 공개, 공유하자. 예를 들면 자기 집 마이크는 좋은 거 쓴다, 그럼 공유하자. 공연장도 공유하고. 어떤 사운드도 있어요. 베이스 음 같은 것, 이런 효과를 만들려면 어떻게 해야 한다, 이런 걸 알고 있는 거죠. 혼자만 갖고 있는 것보다 이런 노하우도 공유하자. 이런 생각에 기반을 두고 조합을 만들기로 했죠.

'성북신나'와 '고개엔마을'과 비교할 때 '자립음악'의 경우 협동조합 구성원 간 호혜적 지향이 매우 뚜렷하게 드러난다. '성북신나', '고개엔마을'의 활동에서는 상대적으로 지역주민, 정부·지자체와의 관계가 고민이 되는 반면, '자립음악'은 인디 뮤지션 서로 간의 호혜가 일차적 과제로 간주되었다. 이는 앞의 두 협동조합에 비해 '자립음악'이 분산된 창작자들 사이의 연합으로 출발했기 때문일 것이다.

'자립음악'은 '자립'의 기치에 따라 —내부적으로 논란이 있기는 했지만— 결국 어떤 공공 프로젝트의 지원도 받지 않고, 자립성을 유지하는 길을 선택했다. 이런 자립성은 대다수의 문화예술협동조합이 공공 프로젝트의 지원으로 활동하는 것과 대조적이다. 하지만 면접 대상자는 이런 선택과, 그에 따른 나름의 성공이 역설적으로 '자립음악'의 쇠퇴를 가져왔다고 진단한다.

> 협동조합 방식으로 보면 망한 조합이죠. 결과적으로 수익성을 못 만들었죠. 우리가 하던 음악들은 대중음악이라기에는 많이 팔리는 음악이 아니었습니다. 협동조합이라면 사업성이 있어야 하고, 사업답게 해야 하는데, 매일 이상한 걸 만드니까. 이상한 걸 하려고 조합 만든 거라 사업이 굴러가지 않는 거죠. 연대사업으로 출발해서 매일 데모하다 보니… 방식도 혁신적이었어요. 춤추면서 음악과 함께 데모하는 거죠. 사업에 무슨 도움이 되겠어요. 돈만 쓴 거죠. 하지만 비평적으로는 꽤 성공했어요. 새로운 방식에다 간지나고 힙하고… 음악계 논리로 보면 꽤 성공했어요. 저도 한국대중음악상을 받았지만, 멤버들 여럿이 한국대중음악상을 받았어요.

'자립음악'은 그 출발이 연대투쟁사업에서 비롯된 만큼 활동의 상당 부분을 연대투쟁에 할애했다. 그 결과 당초 조합활동의 중심으로 설정되었던 조합원들의 자체적인 공연, 음반제작 지원 등의 사업은 부차적으로 밀려나게 되었다. 하지만 상업적 실패에도 불구하고 음악적으로는 상당한 성공을 거두게 된다. 면접 대상자를 비롯하여 여러 멤버들이 인디 씬에서 가장 권위 있는 상으로 여겨지는 한국대중음악상을 수상하고 인지도를 높이게 되었던 것이다. 역설은 오히려 이 음악적 성공에서 찾아왔다.

핵심멤버들이 음악적으로 능력 있는 친구들이었고, 처음에는 별로 유명하지 않았는데 인기라는 게 생긴 거죠. (성공하게 되니까) 본인 자체가 너무 바빠져서 조합활동 하기가 어려워집니다. 조합에 몸을 담아서 잘 되고, 다 행복해진 것인데, 개개인으로 행복할수록 조합은 망해가는 악순환의 반복이 생긴 겁니다. 후반부에 나도 (운영위원을) 그만두기 전에 안에서 짜증나는 부분이 있었어요. 음악은 잘 되고 있는데, 조합에서는 매일 어디 가서 투쟁해야 한다는 거죠. 나는 돈 벌려면 사업도 해야 한다, 월급도 만들어야 되고 상근자도 만들어야 되고 (이렇게 생각했죠). 한쪽에서는 우리는 부름에 응답해야 한다. 음악 열심히 하는 친구들은 음악하려고 하는 건데, 상황이 진절머리가 나게 된 거죠.

애당초 개인의 예술적 성공과 사회적 가치(연대투쟁)를 동시에 실현하고자 시작한 사업이었지만, 개인의 예술적 성공은 사회적 가치의 실현과 곧잘 상충했다. 사실 '자립음악'의 활동은 그 나름대로 큰 사회적 반향을 불러일으켰다. 특히 젠트리피케이션 비판을 담은 일련의 음반제작과 반대투쟁의 결합은 음악활동의 사회적 가치를 분명히 입증한 사례로 볼 수 있다. 하지만 그 방식이 협동조합이어야 했는지에 대해서는 적어도 두 가지 측면에서 숙고의 여지가 있다.

우선 '자립음악'의 구성원 상당수가 경제적 재생산에 대한 분명한 문제의식이 없었다는 점이다. 세대적으로 20대 중반에서 30대 초반에 집중되어 있었고, "직장 경험도 없고 알바해본 경험밖에 없었"다. "다 가난했"지만 "전혀 문제가 안" 된 것은 "실물경제에 대해 아무런 생각이 없었"기 때문이다. 콘텐츠 창작자니까 사업형식을 취하자는 의욕에서 협동조합을 시작했지만, 그 성격이 실제로는 사회운동 네트워크에 가까웠던 것이다.

다음으로 정부·지자체 등 공공부문과의 관계 설정이라는 문제도 숙고할 필요가 있다. 자본주의적 문화산업이 지배하는 현대의 문화예술계에서, 공공부문이나 기업의 지원이 없는 독립적 문화예술활동은 문화예술시장의 규모나 다양성이 큰 서구에서도 매우 어렵다. 문화예술협동조합 상당수가 공공 프로젝트의 지원을 기반으로 활동하게 되는 이유다. '자립음악'의 경제적 실패 원인을 단지 경제적 무개념으로만 설명할 수는 없는 이유다. 스스로 급진적인 반자본주의 정체성과 권력으로부터의 자립을 내세운 이상, 공공부문과의 거버넌스 관계를 거부하는 것은 당연한 귀결이었다. 공공지원을 받는 문화예술협동조합의 경우 불충분하고 불분명하나마 그들이 생산하는 사회적 가치에 대한 경제적 보상을 받지만, 거버넌스의 외부에 있는 경우 그에 대한 보상은 불가능하다. 요컨대 사회적 가치의 생산 여부를 인증하는 주체가 국가권력(정부·지자체)인 이상, 여전히 국가가 사회를 규율하는 형식이 지속된다는 것이다. 이는 사회적 경제 영역이 국가와 맺는 관계라는 측면에서 문제적 상황이 될 수 있다.

3) 홍대 앞에서 시작해 우주로 뻗어나갈 문화예술 사회적 협동조합[9]

'자립음악'과 비교할 때 '홍대 앞에서 시작해 우주로 뻗어나갈 문화예술 사회적 협동조합'(이하 '홍우주')의 사례는 확실히 대조적이다. '홍우주' 역시 홍대 앞을 근거지로 삼고 있고, 젠트리피케이션 현상을 주된 비판의 대상으로 하고 문화예술인들의 자립적 생태계를 꿈꾼다는 점에서 '자립음악'과 지향점이 매우 유사하다. 하지만 '홍우주'는 '자립음악'과 달리 처음부터 사업지향성을 분명히 했고 지자체와의 거버넌스 구축에도 적극적이다.

'홍우주'는 2014년 8월에 설립되었다. 설립의 계기는 '자립음악'과 유사하면서도 차이가 있다. 서울시가 마포구로부터 무상임대하여 창작공간으로 제공해오던 서교예술실험센터(옛 서교동 주민센터)가 2013년, 무상임대기간 종료를 맞아 문을 닫게 될 처지에 놓였다. 마포구는 이 건물을 디자인/공예공방으로 용도 전환하여 임대할 계획을 세웠다. 당연히 문화예술인들의 강력한 반발이 잇따랐다(≪경향신문≫, 2013.10.29). 적지 않은 시간의 갈등과 논의 끝에 결국 무상임대 기간이 5년 연장되면서 현재에 이르고 있다.

---

9 큰따옴표 안의 인용문과 별도 인용문 모두 '홍우주' 이사의 면접을 인용한 것이다. '홍우주' 이사는 '자립음악' 전 운영위원과 동일 인물이다.

그 당시 사태에 개입했던 홍대 앞 문화예술활동가들 중 일부는 일회적인 투쟁을 넘어서 좀 더 구조적이고 상시적인 지역 문화생태계의 구축이 필요하다고 생각하게 되었고, 이것이 '홍우주'로 이어졌다. '홍우주'의 구성원들 대다수는 문화생태계를 구축하려면 젠트리피케이션의 주체인 자본에 대항할 힘이 절실하며, 그것을 위해서는 정부·지자체 등 공공부문의 힘이 필요 불가결하다고 인식하고 있다. 이는 이 지역에서 축적된 경험에 기인한다. 서교예술실험센터 폐쇄 논란이 있기 전인 2012년부터 센터를 운영하던 서울문화재단과 홍대 앞 예술인들 사이에는 민관 거버넌스가 구축되기 시작했고, 폐쇄 논란을 거치면서부터 공동운영단이 만들어졌다. 예산편성 단계에서부터 공동협의가 이루어졌다. 이런 경험들이 공공부문과의 거버넌스 구축에 대해 우호적인 태도를 취하게 했을 것이다(오마이뉴스, 2013.11.16).

'홍우주'는 서울시의 '사회적 경제 예비특구 사업'에 마포구의 민간주체로도 참여하고 있다. 2015년의 준비사업부터 시작하여 2016년부터 2018년까지 3개년에 걸친 사업이다. '홍우주'는 이 사업을 통해 지역 문화예술생태계의 공공성을 실현하고, 분산된 여러 문화예술자원들을 엮는 플랫폼을 구축하는 한편, 궁극적으로 지역의 문화적 자치권을 확보하고자 한다.

'홍우주'는 무엇보다도 협동조합조직으로서 사업에 대한 의지가 확고하다. 사업들은 지역의 문화예술활동가들에게 실질적인 도움을 주는 데 집중되어 있다. 그래야 지역의 문화생태계가 구축될 수 있다고 믿기 때문이다. 강연과 워크숍 같은 교육 프로그램, 출판사업, 홍대 주변 투어 프로그램 운영 등이 주요 사업내용이다. 가장 많이 하는 일은 강연과 워크숍인데, 일반인 대상의 강좌가 아니라 산업예술인, 문화단체활동가들을 위한 실무교육 프로그램의 성격을 지니고 있다. 사업상으로 실질적 도움이 되는 저작권 교육이나, 소속사 없는 뮤지션들을 위한 공연, 장비 대여, 음반 제작, 인스타그램 관리 등에 대한 전반적인 방법을 안내하는 교육 같은 것들이다. "맛이 간 친구들이 많아서", "문화예술계 비지니스인들이 비지니스적으로 자기 자신을 잘 챙길 수 있도록, 자기 자신을 잘 지킬 수 있게 해주는" 마인드 AS 프로그램도 진행한다.

물론 '홍우주' 역시 경제적으로는 여전히 어렵다. 수익은 회원들의 조합비와 사회적 경제특구사업에서의 지원, 그리고 프로그램 참가자들이 내는 비용으로 이루어지지만, 아직까지는 정착단계에 이르지 못하고 있다. 특히 사회적 경제특구사업과 관련해서는 여전히 거버넌스 구조상의 문제가 드러난다.

> 아직은 수익성이 너무 안 나요. 마포구 사회적 경제특구사업하고 같이 하는데, 예산분배 등이 엉망진창입니다. 가을이나 되어야 사업비가 들어오는데 2~3개월 내에 하라고 해요. 아무리 (미리) 준비를 하더라도 밀어내기식으로 하게 됩니다. 소모적이죠. 특구사업하면서 비지니스 모델을 찾아야 하는데, 1년에 사업을 2~3개월밖에 못하니. 이유는 모르겠습니다. 매년 반복되요. 올해가 마지막인데…

'홍우주'는 정부·지자체와의 거버넌스에 매우 적극적인 태도로 임하고 있지만, 갈등도 존재한다. 예를 들어 마포구가 추진하는 관광특구사업에 대해서는 적극적으로 반대해왔다. 특히 초기에는 그런 경향이 더욱 두드러졌다. 하지만 근년에는 사업에 좀 더 주력하는 쪽으로 방향을 전환했다. 거기에는 자신들의 활동이 갖는 사회적 가치에 대한 판단이 담겨 있다.

> 협동조합은 협동조합을 잘 하는 게 사회적 가치에 기여하는 거라는 생각이죠. 협동조합으로 건전하고 충실한 것. 협동조합은 민주적인 구성을 가지고 조합원들이 경제적 이익, 부수적으로 사회적 이익을 나누는 체계잖아요? … 조합이 조합답게 사업 잘 하는 게 조합원의 복리후생에 기여하는 것이죠. 그게 기본이 되어야 한다. 조합원들이 나눌 파이가 많아지고, 수익 낮은 문화예술인들이 자기 가치를 체현하도록 돕는 것이 협동조합의 일차적 임무(라고 생각해요) … 생업으로서 사회적 가치를 실현하는 방법이 된다고 본 것이죠.

사회적 가치에 대한 '홍우주'의 접근방식은 '자립음악'과 대척점에 있는 것처럼 보인다. 무엇보다도 조합원의 복리후생에 기여해야 하고, "생업으로서 사회

적 가치를 실현하는 방법이 된다"는 인식이 확고하다. '자립음악'이 조합원들의
자립보다도 젠트리피케이션에 맞선 연대투쟁에 사회적 가치를 두었다면, '홍우
주'는 수익 낮은 조합원들의 자기가치 실현이야말로 가장 중요한 사회적 가치
라고 보는 것이다.

5. 결론: 창조성과 공공성 사이의 협곡을 가로지르는 길

지금까지 살펴본 문화예술협동조합의 사례들을 보면, 문화예술협동조합을
통한 창조성과 공공성, 즉 사회적 가치의 조화로운 양립은 매우 어려운 일처럼
보인다. 두 가치를 양립시키면서 안정적인 경제적 재생산에도 성공한 사례는
찾아보기 어렵다. '자립음악'의 경우 사회적 가치에 대한 헌신을 우선시한 조합
의 방침과 조합 구성원들의 개인적인 음악적 성공의 욕망이 부딪히면서 활동이
쇠퇴했다. 반면 '홍우주'의 경우 조합원의 경제적 안정이 곧 사회적 가치라는 동
의에서 출발했지만, 그래도 여전히 경제적 안정이 요원하다. 그나마 '성북신나'
의 사례는 "물질적 토대, 재생산에 대한 고민도 하면서, 지자체 사업에 완전히
휩쓸려 가지 않도록, 자생적 공동체로서 유지되려고 애썼던 게 나름의 성공을
거두었다"는 평가를 받는다(연구자). 그럼에도 '성북신나' 구성원들의 경제적 안
정은 여전히 어렵고, 조합원 개인의 창조적 욕망과 공공성 실현 사이의 긴장 또
한 사라지지 않고 있다.

두 가치 사이의 긴장을 완전히 해소하는 것은 어쩌면 불가능한 미션일지도
모른다. 하지만 긴장의 해소까지는 아니라도, 완화를 모색할 방법조차 없지는
않다. 첫째, 무엇보다도 공공부문의 지원에서 문화예술활동가들의 자기주도성
을 확대하고 보장하는 것이 필요하다. 주제와 사업의 틀이 정부·지자체로부터
하향식으로 결정되는 한, 실행과정에서의 자율성이 담보된다 하더라도 활동가
들이 "내 콘텐츠"라는 자부심을 갖기는 어렵다. 창조적 욕망의 실현은 보장되어
야 한다. 당사자들이 행복하지 않은 공공성의 실현은 무의미하다.

둘째, 자기주도성을 통해 문화예술활동가들의 창조적 욕망을 보장한다면, 이제 중요한 것은 지역에서 문화예술활동이 산출하는 사회적 가치가 도대체 어떤 것인가가 논점이 된다. 문화예술활동가들의 자기주도성 보장이 곧 '예술을 위한 예술'과 같은 자율미학 원리로의 회귀를 의미하지는 않는다. 이런 주장은 이미 오래전에 설득력을 잃었고, 문화예술협동조합 구성원들도 동의하지 않을 것이다.

문화예술에 대한 대중의 접근성 강화(문화의 민주화)를 문화예술활동의 공공성, 사회적 가치로 간주할 수도 있다. 하지만 앞에서 살펴본 것처럼 문화의 민주화 맥락에서 이루어진 문화정책들은 이미 문화예술에 친숙한 사람들에게 더욱 유리하며, 지배문화의 가치만 더 공고히 한다는 비판을 받아왔다. 유사한 맥락에서 공공장소에서의 미적 체험의 제공이나 도시건조 환경의 기능적 통합에 대한 기여를 문화예술활동의 사회적 가치로 보는 시각 또한 부적절하다. 이런 시각에서는 문화예술활동이 다른 종류의 가치 실현을 위한 수단으로 간주되며, 문화예술활동가들의 참여동기는 약화된다.

여기서 '성북신나'의 경험을 되새겨본다. 활동가들이 느낀 보람이나 자부심은 주민, 상인 들과 함께한 공동의 문화체험에서 비롯되었다. 그것은 활동가들과 주민의 상호작용, 소통의 과정이었고, 주민이 사업의 대상이 아니라 주체로 변화해간 과정이기도 했다. 또는 이미 만들어진 콘텐츠의 감상주체에서 함께 생산하는 주체로 변화해간 과정이기도 했다.

문화예술활동을 통한 주체화가 어떤 사회적 가치를 가질까? 문화예술활동은 개인과 집단의 정체성을 형성하고, 사회의 문화적 다양성을 확보하며, 소통과 관계 맺기라는 본원적·사회적 욕망을 실현하며, 나아가 문화민주주의를 실현하는 일련의 과정들로 이해될 수 있다. 이런 맥락에서 제기되는 가장 근본적인 사회적 가치 개념으로서 '문화권(Cultural Rights)'을 주목할 수 있다(Stavenhagen, 1998). 이는 자유권적 기본권, 사회적 기본권에 이은 기본권 개념으로서 인권의 개념을 확장시킨 것이라고 할 수 있으며, 앞에서 열거한 일련의 욕망과 활동 등을 기본권의 차원에서 접근하려는 개념이라고 할 수 있다. 문화예술협동조합들이 지역공동체에서 주민들과 상호소통하며 만들어내는 문화예술적 체험들은 그 자체로 우리 사회의 문화권 향상에 이바지한다고 할 수 있다.

그럼에도 불구하고 하나의 문제가 남는다. 그것은 공공부문과 거버넌스를 구축하지 않는, 혹은 그것을 거부하는 문화예술활동의 사회적 가치를 어떻게 볼 것인가라는 문제다. '자립음악'이 그 길을 걸었다. 이들은 최소한 협동조합으로서는 실패한 것으로 보인이지만, 이들이 제기한 문제는 상당한 사회적 반향을 일으켰다. 게다가 상당한 음악적 성과도 남겼다. 이들만이 아니라 한국 사회의 수많은 갈등현장에 직접 결합하는 문화예술활동가들은 적지 않다. 이들은 누구의 지시도 받지 않은 채 스스로를 현장에 파견한다는 의미에서 '파견예술가'로 자신들을 정의한다. 2004년 대추리 미군기지 반대운동에서부터 콜트콜택의 노동자파업 현장, 파인텍의 굴뚝농성 현장에 이르기까지 이들은 등장하고 작업하고 연대한다. 이들의 작업장은 자본과 공권력에 의해 삶이 파괴된 재난의 현장이다(이동연, 2007).

문화민주주의와 지역-공동체 기반 공공미술, 커뮤니티 아트 등이 추구하는 문화적 생산수단과 분배에서의 평등한 접근권, 문화적 포용성과 다양성, 문화적 소통과 주체화와 같은 가치들은 이 적대적 갈등의 현장들과 쉽게 조화되지 않는다. 이 프레임들에서 문화예술활동은 여전히 다양성이 공존하는 조화로운 공동체의 모습들이다.[10] 반면 적대적 갈등의 현장들에서 문화예술가들과 공공부문 사이의 거버넌스가 작동할 여지는 거의 없다. 그렇다고 해서 이들의 활동에 아무런 사회적 가치가 없는 것일까? 문화예술활동의 사회적 가치를 공적으로 보상한다는 원리는 거버넌스 안에 들어오는 경우에만 해당되며, 그 너머는

---

10 한 미술평론가는 2000년대 이후의 공공미술 담론에 대해 "신자유주의가 야기하는 사회 갈등과 분열을 봉합하기 위해서 만들어낸 위장된 공공미술의 개념"이라고 비판하면서, "누가 더 공공성을 창조적으로 발휘하는가에 있는 것이 아니라 정책적으로 발명된 공공성이 어떻게 사회와 예술가들에게 위장의 공공성을 발명하도록 강요하는가에 있다"고 지적한다. 하지만 그럼에도 불구하고 거기에 어떤 의미가 있다. "2000년대 공공미술의 확대는 작가들로 하여금 지역과 공공성에 대한 새로운 경험을 돌출시켰던 것도 사실이다"(김장언, 2013: 4).

측정되지 않는다. 다른 길이 있을까? 다른 길을 찾는 것은 아주 어려운 숙제일 것이다. 어쩌면 문화예술협동조합을 넘어서 사회적 경제활동 자체의 사회적 가치를 평가하는 데서도 쉽사리 풀리지 않는 여백일 수 있다.

제8장

사회의 혁신과 세대의 역할

이원재 A (한국과학기술원 문화기술대학원 교수)

사회혁신(social innovation)에 대한 연구는 주로 경영학, 예술, 지역개발, 그리고 정치학과 행정학의 영역에서 이루어져 왔다(Moulaert, 2016). 각 분야에서의 고유한 문제의식에도 불구하고 이들은 공통적으로 실패의 위험을 감수하고 새로운 시장을 개척하는 기업가주의를 통해 개인과 집단, 사적 이해와 공공선 사이의 간극을 해소하는 것에 주된 관심을 두고 있다.

이와는 달리 혁신에 대한 사회학적 관심은 혁신의 설계보다 혁신이 일어나게 되는 역사적이고 구조적인 조건들에 집중해왔다. 이 글은 혁신의 사회학이 "사회혁신"보다 "사회의 혁신(innovation of society)"에 더 치중할 수밖에 없는 이론적 이유를 제시하는 것으로 시작한다. 혁신은 이질적 사회집단들의 접합을 통해 이루어지고, 그 결과 전체 사회구조의 변화를 수반하기 때문이다.

이 같은 이론적 틀에서 출발하여, 우리 사회에서 세대가 사회의 혁신에서 한 축으로 작용할 가능성에 대한 몇 가지 경험적 근거들을 제시하고자 한다.

1. 혁신에 대한 사회학적 해석: 제품혁신, 사회혁신, 사회의 혁신

1) 제품혁신

혁신(innovation)은 일차적으로 제품혁신(product innovation)을 가리킨다. 애플과 삼성, 구글과 페이스북은 새로운 제품과 서비스 출시를 통해 혁신의 대중적 아이콘으로 자리 잡았다. 이때 혁신의 사전적 정의는 "창의적 생각, 행동을 선택하거나 기존 관행을 새롭게 하여 유용한 제품, 서비스 및 운영방법으로 전환시키는 과정 및 결과"이다(최재성, 2016).

사회학에서 제품혁신은 조직이론과 경제사회학이 다루어왔다. 제품혁신은 조직이 시장, 기술, 경쟁과 같은 변화하는 환경적 요인들에 대응하면서 시작된다. 그 결과 만들어진 새로운 제품을 성공적으로 시장에 안착시키고, 시장에서의 반응을 수용하여 생산성을 높이는 선순환 구조를 달성했을 때 제품혁신은 완성된다. 사회학적 제품혁신 이론은 이 일련의 과정이 자연스럽고 효율적으로 이루어지는 조직형태를 탐구해왔다. 제품혁신에 이상적인 조직이란 주어진 환경 변화에 맞추어 내부의 자원 흐름을 조절하고, 최선의 관행을 즉각적으로 받아들일 수 있는 구조적 유연함을 골자로 한다. 즉 '적응(adaptation)'력이 제품혁신에 능한 조직형태의 중요한 조건들 중 하나다(Dougherty, 2006).

하지만 적응력이 혁신의 충분조건은 아니다. 선택된 혁신을 구체화하고 시장에 내놓을 수 있기 위해서는 내부의 강력한 의사결정 구조도 함께 요청된다. 따라서 혁신적 제품을 만들고 이를 시장에 성공적으로 전파할 수 있기 위해서는 유연함과 결단력이라는 두 모순적 능력을 함께 가질 수 있어야 한다(Saloner, Shepard, and Podolny, 2001: 344). 결과적으로 제품혁신의 사회학은 성공적 혁신의 처방을 제시하지 않는다.

2) 사회혁신

제품혁신이 사기업의 이익 극대화를 목표로 삼고 있다면, 사회혁신은 사회적 공공성을 목표로 하는 일체의 개인적·조직적 활동을 대상으로 한다(UNESCO, 2015). 그러나 목표의 공공성과는 별도로 투자와 이익 실현을 위한 수단은 사기업의 형태를 따른다. 즉 사회혁신 조직은 가치합리적 목적과 도구합리적 수단의 결합으로부터 시작한다. 사회적 기업가, 사회적 경제와 같은 표현의 이면에는 이 가치합리성과 수단합리성의 결합이 자리 잡고 있다. 따라서 사회혁신은 자체의 이윤 창출과 따로 떼어 추구될 수 없다. 사회혁신은 일방적 시혜(charity)가 아니다. 이윤을 통해 지속가능성을 확보해야만 공적 목적을 추진할 수 있다. 따라서 사회혁신은 외견상 사적 이익과 공적 이익의 조화를 추구한다고 할 수 있다.

이를 가능하게 만드는 조직형태는 일반적인 회사가 아니라, 기존의 시장과 경제가 포착하지 못한 기회들을 빠르게 찾아내어 실현시키는 '기업가주의(entre-preneurship)'에서 찾을 수 있다(이해진, 2015). 사회적 기업가주의는 사적 이익에 기반을 둔 시장경제라는 우리 안의 "철둑(railway embankment)"을 무너뜨리는 모험심과 이에 수반하는 위험을 감수하기 위한 심리적 소양을 근간으로 한다(Schumpeter and Opie, 1934: 84). 그리고 이 지점에서 사회혁신의 어려움이 드러난다.

사회혁신이 필요한 이유는 기존의 사회체계 혹은 자본주의적 시장질서가 공공선의 달성에 적합하지 않다고 보기 때문이다. 그러나 이 문제의식은 제한적이다. 왜냐하면 문제의 근원을 사회구조 자체에서 찾는 것이 아니라, 사회가 돌아가는 방식에서 찾기 때문이다. 따라서 사회혁신가들은 시장질서 내에서 공공선을 달성할 수 있는 기제를 구축하는 것이 가능하다고 본다. 사회혁신 이론은 이기적 개인들의 공평한 권위 이양(토머스 홉스)이나, 불편부당한 주시자를 통한 시장의 자기 규제(애덤 스미스)와 같은 고전적 자유주의 이론으로부터는 한발 물러나지만, 개인들의 이기심이 어떻게 조직화되느냐에 따라서 사적-공적 이익의

표 8-1 사회 속 개인의 대안적 적응 방식들

	문화적 목표(Culture Goals)	제도화된 수단(Institutionalized Means)
I.순응(Conformity)	+	+
II.혁신(Innovation)	+	−
III.의식(Ritualism)	−	+
IV.후퇴(Retreatism)	−	−
V.반역(Rebellion)	±	±

자료: Merton(1938: 676).

갈등이 해소될 수 있다고 생각한다는 점에서 근본적인 "사회변동(social change)"
으로부터도 거리를 둔다. 사회혁신은 존재하는 사회구조의 틀 안에서 작동하는
것이다(최재성, 2016).

　　그러나 혁신에 대한 사회학적 이해는 사회 자체의 변화를 배제하지 않았다.
여러 고전적 예들 중 하나로 로버트 머튼(Robert Merton)의 아노미 연구(1938)는
체제 내의 변화와 체제 자체의 변화 여부를 구분하여 혁신을 파악했다. 머튼의
일차적 목적은 제대로 기능하지 못하는 사회구조와 그 안에서 벌어지는 범죄를
유형화하는 것이었지만, "체제 내/체제 자체"의 구분을 통해 오늘날 혁신에 대
한 사회학적 이론화에 매우 중요한 출발점을 제공해준다.

　　이 분류에 나타나는 "II.혁신"은 원래 범죄(crime)를 유형화한 것이다. 사익의
추구는 문화적 목표로 받아들여질 수 있지만, 그 수단이 사회적으로 수용할 수
없는 것일 때 범죄가 된다. 따라서 이 분류에서 사회혁신은 "I.순응"에 포함되어
야 한다. 공공의 이익을 기업가적 경제활동을 통해 달성한다는 것은 다원화된
사회에서도 충분히 받아들여질 수 있는 목표와 수단이다.

　　문제는 머튼 스스로도 변화의 축이 되는 목표와 수단에 도덕적-사회적 바람
직함을 전제하기를 주저했다는 점이다. 왜냐하면, 현대 사회에서의 문화적 목
표란 상대적이며 서로 모순될 수 있기 때문이다. 예를 들어 사회적 기업의 조직
적 효율성은 이들이 추구하는 사회적 이상과 충돌할 수 있다. 물질적 이해의 확
충이 기존의 도덕적 경제관을 돌파하여, 세속적 성공이라는 새로운 도덕을 만
들어낼 수 있다(Merton, 1938: 673). "V.반역"이 체제 내 변화를 넘어 체제 자체의

변화를 의미하는 범주이면서, 목표와 수단 모두 양과 음의 부호를 갖게 되는 이유가 여기에 있다.

탈콧 파슨스(Talcott Parsons)도 같은 이론적 입장을 가지고 있었다. 그에 따르면 기존의 문화적 목표에 잘 맞추어진 개인이 항상 혁신에 이상적인 것은 아니다. 일반적인 문화적 목표로부터 크게 벗어나 사회 구성원 일반에 반하는 가치를 추구하더라도, 신념과 이를 추구하는 과정에서 고도의 일관성을 보이는 사람들이 있다. 이들이 자신이 속한 사회체계의 측면에선 매우 불안정해 보이지만, 이것이야말로 진정한 사회혁신을 만들어내는 이유이기도 하다. 그리고 그 혁신의 좋고 나쁨은 누구도 미리 판단할 수 없는 것이다(Parsons and Shils, 1951: 353~354).

3) 사회의 혁신

이 같은 문제의식 아래, 혁신에 대한 사회학적 연구들은 구조나 체제 자체의 변화를 배제하지 않는다. 이들에게 사회혁신이란 사실상 사회 자체의 혁신, 즉 사회의 혁신을 가리키는 말이다. 사회의 혁신이 기존의 사회 구조/체계를 흔들수밖에 없는 이유는 다음과 같은 특징들 때문이다.

첫째, 사회의 혁신이 추구하는 문화적 목표는 미리 규정할 수 없다. 사회의 혁신 이론들은 혁신 자체의 문화적 목적에 대해 괄호를 치는 것으로 시작한다. 현대 사회, 혹은 현대성(modernity)의 역사적 특성은 상대주의다. 머튼의 분류에서 "혁신"과 "후퇴"의 경계가 모호해지는 것은 현대 사회에는 양립 불가능한 문화적 목표들이 혼존하기 때문이다(Berger and Kellner, 1981: chapter 3). 이 같은 생각은 혁신의 목표와 수단에 대한 선험적 규정이 무의미하다는 자세로 이어졌다. 에버렛 로저스(Everett Rogers)에 따르면, 혁신의 전파와 수용이 항상 바람직할 것이라는 생각을 버려야 한다. 도덕적으로나 경제적으로 유해한 혁신이 있을 수도 있으며, 한편에게 유익한 혁신이 다른 한편에게는 해로운 것일 수도 있다. 농업분야의 기술혁신은 항상 이 같은 딜레마를 수반한다(Rogers, 1983: 12).

가치의 모호함은 혁신의 예측 자체를 불가능하게 한다. 따라서 혁신을 이해하기 위해서는 혁신의 내용이 아니라 혁신이 가능하게 되는 사회적 조건을 찾아내는 것이 훨씬 유용하다.

혁신이란 새로운 것의 출현을 가리킨다. 새로운 것이란 우리의 역사적·현세적 경험 밖에 있는 것이다. 이 사전적 정의가 주는 개념적 제약 때문에 어떤 것이 혁신적인가를 예측하기란 쉽지 않다. 우리가 알 수 있는 것이라면 그것은 새로운 것이 아니기 때문이다. 우리는 종종 혁신의 '기원'을 설명할 수 있다고 생각하지만 다윈의 '종의 기원'에서조차도 기원 자체에 대한 논의는 거의 이루어지지 않고 있다(Padgett and Powell, 2012: 1~2). 소위 '창조적 파괴(creative destruction)'는 공업의 단절을 가져오는 신기술들을 지시해주지만, 이것이 실제 변화를 일으켰는가는 또 다른 경험적 질문이다(Padgett and Powell, 2012: 438).

둘째, 혁신의 내용을 예측하는 것은 어렵지만, 혁신 자체가 주는 최초의 인상은 역사적 경험을 통해 충분히 예상할 수 있다. 혁신은 대개 남사스럽다. 혁신가들은 대체로 기존의 주류사회 바깥에 존재해왔다. 이 경계인들이 실질적인 결과를 낳는 사회적(또는 과학적) 혁신을 주도했을 때(Becker, 1970: 268), 이 혁신이 기존의 문화적 방향성과 취향에 어긋나는 것은 매우 흔한 일이었다. 이런 의미에서 20세기 초반의 혁신적 예술가들에게 스캔들은 일종의 집단정체성 같은 것이었다(Hobsbawm, 1994: 179~180). 이는 대부분의 혁신이 등장 초기에 환호보다는 애증병존(ambivalence)을 불러일으키는 이유이기도 하다. 혁신 전파의 결정적 단계는 명망가들이 수용하는 순간이지만(Knoke, 1990: 110), 이 명망가들의 제1원칙은 "일찍 그러나 너무 일찍은 아닌(early but not too early)" 수용이다(White, 1992: 92). 혁신의 수용은 도덕적 위험을 수반하기 때문이다.

셋째, 이 같은 이유로 혁신에 대한 조직사회학적 연구들은 혁신을 둘러싼 사회적 관계들의 이질성, 이질적인 관계들의 접합에 관심을 기울여왔다(Burt, 2004; Uzzi and Spiro, 2005; Vedres and Stark, 2010). 사회적 집단의 내적 동질성이 심해지면 정보의 고갈, 또는 정보의 실패가 일어난다. 이를 해결하는 방법은 다른 집단과의 연결선을 확보하는 것이다. 새로운 생각을 통한 혁신의 발생과 이를 통한 사회의 진화는 바로 이질적인 집단과의 관계를 확장하여 새로운 정보를 확충하는 데 달려 있다(Knoke, 1990: 70).

따라서 사회적·조직적 혁신은 창조되는 것이 아니다. 혁신적 조직은 설계되는 것이 아니라 조립되는 것이다. 그 부속은 이미 우리 주변에 있는 사회집단들이다. 이들을 통해 일어나는 혁신이란 이들 사이의 새로운 조합을 통해 일어난다. 따라서 혁신의 기원은 혁신의 내용을 정의하는 것을 통해 파악할 수 없다. 혁신의 시작은 이질적 집단 사이의 관계 형성으로부터 추적해 들어가야 한다. 사회적 혁신에 대한 이해는 이 이질적 집단의 존재 유무로부터 시작한다(Padgett and Powell, 2012: 2~3).

이질적 집단 사이의 관계가 형성된 다음의 단계는 이 집단 간의 조합 내부에 소통(feedback)기제가 형성되는 것이다. 세력 간 의사소통이 일상화되고 소통의 연결이 촘촘해질 때, 이질적 조합의 혁신주체로의 "전환(transformation)"이 완성된다(Padgett and Powell, 2012: 439~440).

2. 이질적 사회집단으로서의 세대

이질적 사회집단 사이의 연결과 결합이 사회혁신의 사회학적 조건이라고 할 때, 이를 우리 사회의 현실에 적용하기 위해서는 먼저 이질성의 경계선을 찾아야 한다. 현대의 한국 사회를 가로지르는 구분선은 매우 복잡하다. 더욱이 1990년대 이후 우리 사회는 소유와 노동, 민족과 국가 등의 고전적 틀을 벗어나, 성과 성적 정체성, 종교와 문화, 정치와 참여 등의 영역으로 사회적 구분선을 확대해왔다. 인구학적 세대는 그중 하나이며, 오늘날 우리 사회에서 가장 주목받는 사회적 구분선 중 하나가 되었다.

1) 한국 사회 세대론

사회적 주체로서의 세대에 대한 관심은 1990년대 중반 'X세대론'으로 시작되었다. 1990년대 학번이자 1970년대생에 대한 평가는 386에 비해, '현실냉소적인 탈정치 세대'(임민, 1996), '낮은 투표참여율'(이원태, 1997), '탈이념적인 중도층'(정진민·황아란, 1999)이라는 것이었지만, 이들이 향후 선거정치를 통해 우리 사회의 이행에 중추적인 역할을 할 것이라는 평가도 있었다(김영경, 1999).

1970년 이후 출생자들에 대한 평가가 급격하게 달라진 것은 2002년 대선을 지나면서였다. 노무현의 당선이라는 극적인 사건을 접한 후, '세대'는 '학력, 소득'보다 선거결과에 더 큰 예측력을 가진 변인으로 평가받기 시작했다. 기존의 학력, 소득의 효과가 사라졌다기보다 세대와 학력, 소득 사이의 상관성이 급격히 높아졌기 때문이다(이내영, 2002; 이내영·신재혁, 2003). 이는 1970년대 이후 출생자들의 자기정체성이 '계급과 지역'을 대체할 정도로 뚜렷해졌다는 평가로까지 이어졌다(정한울, 2011; 홍성태, 2004).

2002년 대선을 통해 인터넷으로 무장한 1970년대 이후 출생자들의 정치적 위력을 경험하자(이현우, 2005), 보수와 진보 언론이 보인 세대론은 자못 흥미롭다. 보수언론은 당시 출범한 진보정권이 인터넷을 통해 젊은이들을 선동하고, 세대 간 갈등을 불러일으켰다고 비판한 반면, 진보언론은 수구언론이 세대 간 차이와 갈등을 과장했을 뿐, 1970년대생의 정치적 선택은 이전 386의 연장선에 있다고 주장했다(최세경, 2003). 기실 보수와 진보 언론 모두 새로운 세대의 이질성을 인정하지 않은 것이다.

하지만 1990년대 X세대론에서도 나타났듯이, 1970년대 이후 출생자들의 문화적 독자성과 이전 세대와의 이질성은 부인할 수 없을 정도로 뚜렷하다(이동연, 2003). 그리고 이는 정치적 주체로서의 386세대와의 대비에서 더 확실해진다(김세균, 2010; 박병영, 2006).

이명박 정권 이후 등장한 세대론은 소위 IMF세대에 대한 관심으로 이어졌다. 학창 시절 IMF를 겪은 세대나 그 이후 세대(1980년대 이후 출생자)에 대한 관심은, 공교롭게도 1990년대 X세대에게 드리워졌던 정치적 보수주의로부터 시작했다. 하지만 2000년대 1970년대생들의 정치적 선택에 비추어 볼 때, 이들이 30~40대로 진입했을 때 어떤 변화의 양상을 보일지는 섣불리 판단할 수 없다. 오히려 현재 20대는 과거에 비해 좀 더 많은 정보를 가지고 정치적 선택에 나서며(김사과 외, 2010), 이는 북한에 대한 유보적이거나 비판적인 자세로 이어진다(최유정·최샛별, 2013). 같은 이유로 사회적 발언과 의제에 대한 내부의 분화가 매우 활발하게 나타나기도 한다(정원옥, 2016).

2) 한국 사회의 세대 간 이질성

1990년대 이후 각 시기별 20대에 대한 평가들은 외견상의 다양성에 불구하고 한 가지 공통점을 가지고 있다. 그 당시 젊은 세대의 정치적 지향성을 당대의 선거결과와 연결지어 판단한다는 것이다. 1990년대 X세대론이나 이명박·박근혜 정권 시기의 20대 보수화론은 당시의 선거결과와 관련이 있다.

2017년 대선은 그런 의미에서 또 다른 전환을 예고한다. 표 8-2는 250개 시군구에서 각 후보들의 특표율을 예측한 회귀모델 결과다.

이 모델들은 지역적 특성을 고정한 후에 각 지역의 학력, 소득 수준(부동산 가격, 평균 보험료), 연령의 효과를 따로 추정했다. 많은 연구에서 언급되었듯이 한국의 연령은 학력, 소득과 강한 상관관계를 가지고 있기 때문이다. 표에는 생략되었지만 광역시도의 지지 정도는 지역주의에 대한 일반적 이해와 일관성 있게 나타났다. 홍준표·유승민은 영남의 지지를, 문재인·안철수·심상정은 호남과 수도권의 지지를 더 받았다.

여기서 유의할 점은 젊은 세대의 진보성이 노무현 당선 이후 확장된 것이 아니라는 사실이다. 정치적 선호를 둘러싼 세대 사이의 이질성은 상당 부분 긴 시간에 걸쳐 유지, 진행되어왔다. 성균관대학교 사회조사센터가 주관하는 한국일반사회조사(KGSS) 데이터를 분석해보면, 일부 시기를 제외하고 386 이후 세대와 이전 세대 사이의 정치적 지향성은 항상 통계적으로 유의미한 차이를 나타

표 8-2 2017년 제19대 대통령 선거 250개 시군구의 후보자별 특표율 예측 회귀모형 결과

	문재인	홍준표	안철수	유승민	심상정
평균 연령	-0.999*** (0.060)	1.302*** (0.069)	0.053 (0.046)	-0.220*** (0.015)	-0.195*** (0.012)
평균 학력	2.442*** (0.203)	-3.168*** (0.243)	-0.261* (0.132)	0.708*** (0.040)	0.460*** (0.041)
부동산 가격	0.007** (0.003)	-0.009** (0.003)	-0.002 (0.001)	0.004*** (0.001)	0.001 (0.001)
평균 보험료	0.000*** (0.000)	-0.000*** (0.000)	-0.000*** (0.000)	0.000*** (0.000)	0.000*** (0.000)
광역시도 고정효과 사례 수	포함 250	포함 250	포함 250	포함 250	포함 250

주: 연령, 학력, 부동산, 보험료를 각각 독립된 회귀로 측정한 결과임.
자료: 중앙선거관리위원회, 오마이뉴스닷컴.

그림 8-1 세대별 정치적 성향

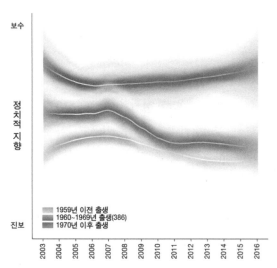

자료: KGSS 2013-2014, 2016.

냈다(그림 8-1).

이 같은 중장기적 추세를 두고 봤을 때, 향후 우리 사회의 정치적 지형이 어떻게 재편될 것인가는 쉽게 예측할 수 있다. 보수와 진보로 극명하게 나뉜 제도권 정치 지형이 현 상태를 유지하고, 세대별 정치적 선호가 생물학적 연령 증가

그림 8-2 북한에 대한 자세

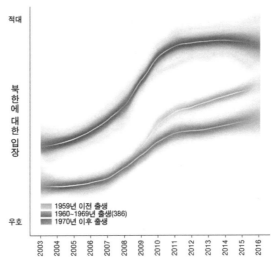

자료: KGSS 2013-2014, 2016.

에 상관없이 고정되어 있다면 향후 현재 보수정치권이 집권할 가능성은 매우 적다고 할 수 있다. 왜냐하면 현재 진행되는 인구고령화에도 불구하고, 이를 출생집단 기준으로 치환해 생각하면 우리 사회는 저령화되고 있기 때문이다. 386 이전 세대는 자연사망 등으로 인해 인구가 계속 줄지만 386 이후 세대는 지속적으로 인구를 충원받고 있다.

그럼에도 불구하고 젊은 층 내부의 정치적 분화도 무시할 수 없다. 특히 386 과 1970년대 이후 출생자들 사이의 북한에 대한 자세 차이가 가장 흥미롭다. 천안함-연평도 사건을 거치면서 1970년대 이후 출생자들은 북한에 대한 자세가 급격히 보수화되었다(그림 8-2). 이는 표 8-2의 결과와도 일맥상통한다. 젊고, 소득이 높으며, 고학력인 지역에서 더 많은 표를 받은 후보군에 문재인, 심상정과 더불어 유승민이 있다는 사실에 주목할 필요가 있다. 반면 안철수는 홍준표와 더불어 노령층의 지지를 더 받았던 것으로 나타난다.

정치적 선택을 둘러싼 이 같은 세대별 변화 양상이 향후 한국 정치에 미치게 될 영향력과는 별도로, 우리는 민주정치 제도 아래 한국 사회의 큰 방향성이 세대 간 차이, 나아가 이렇게 이질적인 세대 사이의 갈등과 연대를 통해 결정될 것이라는 점을 예측할 수 있다. 그렇다면 이 시나리오는 얼마나 현실성이 있는 것일까?

3. 세대 연합을 통한 사회혁신

실제로 우리 정치권에는 젊은 세대가 유입되고, 세대 연합이 일어났다. 1990년대 이후로 현재 집권당인 더불어민주당에는 386 정치 엘리트들이 지속적으로 수혈되었고, 제20대 국회에 이르러서는 그 비율이 50%를 넘었다. 그러나 이 같은 세대 연합이 실제 정치사회의 혁신을 일으켰는가에 대해서는 회의적이다. 소위 젊은 정치 엘리트들의 사회구조가 구세대의 그것과 다르지 않기 때문이다.

서로 다른 집단들이 결합하더라도 이들이 서로 위계적으로 조직화되면 혁신과 같은 새로운 현상은 나타나기 어렵다(Nowak and Highfield, 2011: 246~247). 한국 사회의 네트워크 데이터들을 분석해보면 행위자들 사이의 위계적인 조직화가 세대를 불문하고 일반적인 것을 알 수 있다.

표 8-3은 최재석(1972)이 남겨놓은 1972년 경주 양동마을 촌락 네트워크 데이터와 2015년 수집된 공동거주 생활공동체 네트워크 데이터를 비교 분석한 것이다(이원재, 2015). 이 분석의 결과 두 공동체 모두 위계적으로 구성된 삼각형들이 늘어나면서, 각 삼각형들 사이의 관계는 분절화되는 것으로 나타났다.

이 같은 생활세계 내의 위계화, 파편화는 새로운 정보들이 소통되는 것을 어렵게 하는 것은 물론, 새로운 생각들이 발생할 여지도 줄이는 결과를 가져온다. 그리고 이 같은 위계적 특징이 세대를 불문하고 계속 유지되고 있다는 사실이 매우 흥미롭다. 이런 구조적 특징은 좀 더 다른 맥락의 분석과 밀접히 연결된다.

표 8-4는 1995~2015년 사이 한국 3대 문예지(창작과비평, 문학과사회, 문학동네)에 발표된 모든 평론을 텍스트 분석하여 나온 결과다. 여기서 우리는 주요인 분

표 8-3 공동체 연결망 p* 분석 결과

	모형 4	모형 5
호명하기	-2.88***	-3.23***
서로 호명하기	-0.39***	-0.46***
친구의 친구와 친구 되기	0.59***	0.74***
친구의 친구와 친구 될 가능성	0.18***	0.2***
일반화된 친구 관계	-0.44***	-0.54***
	영향력 있는 마을 사람 성인 17 경상북도 월성군 강동면 양동마을 여강 이씨 1971.12~1972.5	친구관계 성인18 수도권 생활공동체 2015.5

*p⟨0.05, **p⟨0.01, ***p⟨0.001

자료: 이원재(2015).

표 8-4 평론의 개성을 예측하는 회귀모델

시기	(1) 1995~2001	(2) 2002~2007	(3) 2008~2015	(4) 1995~2015	(5) 1995~2015
연령 (등단연도; 출생연도)	0.005*** (0.000)	0.006*** (0.000)	0.009*** (0.000)	0.024*** (0.000)	
편집위원직 수	0.722*** (0.003)	0.399*** (0.014)	0.509*** (0.006)	0.751*** (0.003)	0.278*** (0.013)
절편	17.231*** (0.182)	17.304*** (0.738)	22.533*** (0.438)	54.191*** (0.125)	4.925*** (0.075)
사례수	63	42	97	202	202
비평가 고정효과	미포함	미포함	미포함	미포함	포함

*** p⟨0.001, ** p⟨0.01, * p⟨0.05

주: 평론의 개성은 평론가가 사용한 단어 구성에서 전체적인 평균으로부터 벗어나 있는 정도를 수치화하여 측정했다.
자료: 김병준·전봉관·이원재(2017).

석(Principal Component Analysis)을 실시했는데, 각 평론가들은 이 점수에 따라 2차 평면에서 한 위치를 부여받게 된다. 가장 중심이 되는 [0, 0]에 가까울수록 가장 평균적인 단어 사용을 한 것이고, [0, 0]에서 멀리 벗어날수록 개성적인 단어 사용을 한 것이다. 이를 종속변수로 하여, 21년 전체, 그리고 각 유력한 시기 구분에 따라 평론가의 연령 등이 어떤 영향을 미쳤는지를 측정한 회귀모델의 결과는, 나이가 많고, 편집위원직을 많이 가지고 있을수록 개성적인 단어 사용을 많이 하는 것으로 드러났다. 여기서 흥미로운 사실은, 나이가 적더라도 편집위원 직함을 가지고 있다면 상대적으로 더 개성적인 단어 사용을 했다는 것이다.

이 결과에 대해서는 세 가지 해석이 가능하다. 첫째, 젊은 세대와 선배세대가 하나의 문화적 장 안에 함께 있을 경우, 이질적 세력의 "접합"보다는 위계적으로 "통합"된다. 둘째, 나이의 압력을 벗어나 젊은 세대가 선배세대와 동등한 활동을 할 수 있는 가능성은, 이들이 해당 사회 내에서 특정한 지위를 부여 혹은 보장 받았을 때다. 셋째, 그러나 특정한 지위에 힘입어 나름의 목소리를 얻게 된 젊은 세대가 전체 사회의 혁신을 유도할 가능성은 적다. 왜냐하면 이들의 지위를 부여한 주체가 바로 혁신의 대상이 될 가능성이 높기 때문이다.

이 두 가지 경험적 분석 결과는, 이질적 세대들 간의 접합을 통한 사회혁신의 전망을 어둡게 한다(조선령, 2009). 외형적으로 나타나는 정치적·문화적 차이에도 불구하고 하나의 공통된 목표로 세대들이 결합했을 때, 차이를 통한 풍부함이 발현되기보다 상대적으로 권력이 더 많은 집단의 위계 안으로 흡수되어 버리는 것으로 나타났기 때문이다. 그리고 이 같은 동형화의 압력은 세대를 불문하고 동일하게 나타나는 작은 세계의 위계성 때문에 더 효과적으로 작용한다.

우리 사회의 세대 간 결합이 사회혁신으로 이어지지 못하는 또 다른 이유는 "선도자(anchor tenant)"의 부재다(Foucault, 2008: 242~243; Padgett and Powell, 2012: 438~439). 이질적 세대들이 혁신적으로 접합하기 위해서는 일방적으로 한쪽에 흡수되지 않고, 각자의 개성과 새로운 생각들을 유지할 수 있도록 조절하는 역할을 하는 주체가 필요하다. 그러나 정치적-문화적으로 투쟁적인 상황에 놓인 세대 간 갈등은 이 같은 정당성 있는 조절자의 출현을 어렵게 한다. 386 정치인과 평론가의 예는 권력 있는 이전 세대에 의해 선별적으로 선택된 젊은이들의 선발과 수급이 우리 사회에서 작동하는 세대 간 접합의 유일한 통로라는 것을 보여준다.

4. 세대 교체를 통한 사회혁신

네트워크/조직 사회학자들이 네트워크의 접합과 재구성을 통해 혁신의 사회적 위치와 공간을 추적할 때, 반테제로 가정한 것은 조지프 슘페터의 세대론이었다. 슘페터의 창조적 파괴는 사실상 '젊은 세대가 노년세대를 대체(out with old people and in with new ones)'하는 것이다(Padgett and Powell, 2012: 267). 유기적 공존보다 일방적인 동형화 압력이 강한 한국 사회의 세대관계를 두고 봤을 때, 세대를 통한 사회혁신은 이질적인 세대가 이전 세대를 생물학적으로 대체하는 것을 통해서만 가능할지 모른다.

이 가능성은 현재 젊은 세대의 '남사스러운(scandalous)' 측면에 주목할 때 가시권에 들어온다. "일간베스트"는 외견상 반문화적이고 비윤리적인 인터넷 담론 생산지다. 그런데 이 같은 가치판단의 차원을 차치했을 때, 우리가 주목할 만한 구조적 특성들이 있다. 그림 8-3은 2012년 대선 직후 3일 동안 다음 아고라와 일간베스트의 정치 게시판들에서 나타난 댓글 네트워크 분석 결과를 시각화한 것이다. 분석을 통해 발견한 것은, 일간베스트의 경우, 집단 내의 관계 강화와 리더의 출현을 의도적으로 억제하는 소통규칙이 존재한다는 것이다. 이는 소통 네트워크 안에서 위계와 파벌이 나타나는 것을 억제하는 효과가 있다. 그림에서 나타나듯이 클러스터(파벌)와 각 클러스터를 선도하는 허브(위계)가 뚜렷한 다음 아고라에 비해 일간베스트는 훨씬 잘게 분산되어 있다.

일간베스트의 이 같은 소통규칙에는 기실 좀 더 광범위한 배경이 있다. 소위 '닉밴(상대방의 이름을 부르지 않기)'과 '친목밴(서로 몰려다니지 않기)' 같은 게시판 문화는 역설적으로 해당 인터넷 게시판의 수명과 효용을 높이는 작용을 한다. 이는 유년기부터 인터넷 소통을 해온 젊은 세대에게는 매우 익숙하고 자연스러운 규칙인데, 이들은 경험을 통해 인터넷 소통의 효용성과 지속성이 이상의 두 가지 규칙을 통해 확장된다는 것을 체득해왔다. 특정 개인을 전면에 드러내지 않고 파벌을 만들지 않는 방식은 '아이돌 팬클럽' 같은 오프라인 조직에서도 발견된다. 이는 선글라스와 마스크를 쓰고 소녀시대의 노래를 불렀던 이화여자대

그림 8-3 다음 아고라와 일간베스트 댓글 네트워크 시각화

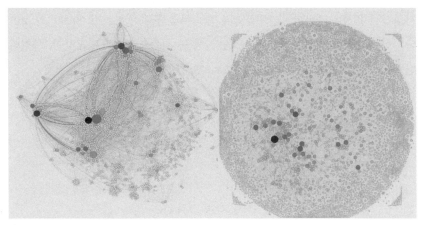

자료: Wi and Lee(2014).

학교 학생들의 저항운동이 사회운동으로까지 확장되는 데서도 목격된다.

관계를 맺는 방식으로서의 사회기제는 쉽게 변하지 않는다. 45년의 시차를 넘어 동일하게 관찰되는 위계적 사회구조는 이런 점에서 당연할지 모른다. 따라서 세대 간 타협이나 결합을 통해 특정한 정치적 어젠다가 관철되는 '동원'이 가능하다고 해서, 그것을 전체 사회구조가 변하는 '혁신'이라고 부를 수는 없다.

일간베스트와 아이돌 팬클럽에서 나타나는 사회구조적 의외성은 그래서 주목할 만하다. 이 같은 구조적 변화가 국면적 유행이 아닐 가능성 때문에 더욱 그러하다. 왜냐하면 이는 인터넷이라는 보다 광범위한 기술적 플랫폼의 영향을 받아 태어난 것이기 때문이다. 우리는 당장 일베, 인벤, 메갈, 오유의 젊은 시민들이 정치적-문화적 기성세대와 접합될 계기를 상상하기 어렵다. 이들을 통해 일어나는 사회혁신은 이 출생집단이 이전 출생집단을 인구학적으로 대체했을 때 비로소 나타나게 될지 모른다.

우리는 생물학적 세대 교체를 통한 변화 또한 '혁명'임을 상기할 필요가 있다(Kuhn, 1962). 사회적 정당성을 얻기 전의 진리는 '남사스러움'을 넘어 '종교적 이단'으로 배척당하곤 했다. 인터넷 세례를 받은 세대가 보이는 '남사스러움' 너머의 구조적 특성에 주목할 때, 그리고 이들이 달성하고 있는 반위계적 관계의 사회적 효용성에 주목할 때, 에밀 뒤르켐의 다음 구절이 비로소 이해가 될 것이다: "범죄자가 도저히 함께할 수 없는 기생충, 짐승으로부터 탈피하여, 사회의 번듯한 일원이 될 수 있다"(Merton, 1938: 673).

제9장

지방정부의 사회적 가치 확산

서울시의 의사소통형 정책 거버넌스의 사례

이원재 B (LAB2050 대표)

한국 사회가 고도화하면서 사회문제 역시 함께 고도화하고 있다. 특정 문제에 대한 이해관계자는 더 늘어나는데, 의사결정을 내릴 수 있는 힘을 가진 집단은 점점 더 분산되고 있다. 이런 가운데 4차 산업혁명 등으로 사회문제의 양상이 근본적으로 변화할 가능성이 높아졌다. 지금이야말로 새로운 문제해결 방식을 찾아나서야 할 때다. '사회혁신'은 이런 환경에서 새로운 문제해결 방식으로 등장했다.

이 장에서는 서울시가 2011년 이후 '사회혁신'이라는 이름으로 시민과의 의사소통을 통해 추진한 두 가지 정책사례를 살펴본다. '원전 하나 줄이기'와 '찾아가는 동주민센터'가 그것이다. 이 정책들이 어떤 사회적 가치를 추구하고 있는지 살펴보고, 또한 이런 사회적 가치를 달성하기 위해 어떤 방식의 정책 거버넌스를 기획했는지 살펴본다.

결론적으로 이런 정책을 통해 추구하는 가치가 새로운 환경에서 사회문제 해결과 어떤 관련을 맺으며, 이들을 보편화하려면 어떤 제도적 변화가 필요한지 살펴보고자 한다.

1. 사회혁신과 정책윤리

1) 정책수행 과정의 윤리적 평가기준

정책수행 과정과 그 결과는 한 사회 공동체 전반에 영향을 끼치므로, 경제적 효율성뿐 아니라 윤리적 정당성을 얻는 것이 필수다. 즉 해당 정책이 왜 옳은가에 대한 논의가 필요하다는 이야기다. 대체로 정책윤리란 '올바른 정책이 갖추어야 할 원리나 기준 및 올바른 정책결정 절차'(문태현, 1995)라 정의한다. 정책윤리와 관련해서 기존의 논의 가운데 대체로 한국 사회에서 적실성을 갖는 것은 공리주의적 접근과 의무론적 접근의 두 갈래다.

'쾌락'을 핵심공리로 본 제레미 벤담(Jeremy Bentham)과 '행복'을 핵심공리로 본 존 스튜어트 밀(John Stuart Mill)의 공리주의는 공통적으로 정책의 결과에 초점을 둔다. 어떤 과정을 통해 결정되었든지 관계없이 결과적으로 공동체의 이익을 증진시켰다면 그것은 옳은 결정이라는 논지다.

이를 정책결정 과정에 대입해본다면, 전문가들과 행정조직이 과학적 합리성을 지니고 최대한의 이익이 날 수 있는 정책을 결정하고 수행한다면 그것이 가장 정당하다는 논리가 도출된다.

의무론은 이마누엘 칸트(Immanuel Kant)의 '선의지'와 '정언명령'에서 그 뿌리를 찾는다. 선의지란 어떤 행위를 그것이 옳다는 이유만으로 선택하는 것이다. 정언명령이란 진정하게 옳은 행위는 행위의 결과에 상관없이 선험적으로 옳다는 개념이다. 다만 그 '옳음'이란 규칙으로 드러나야 하고, 그 규칙은 보편적으로 적용 가능해야 하고, 사람을 목적 자체로 대해야 하며, 각자의 의지에 의해 자유롭게 부과되는 것이어야 한다.

이를 정책결정 과정에 대입해본다면, 한 사회의 시민들이 보편적으로 받아들일 수 있으며 사람을 목적 자체로 대하는 것이어야 올바른 정책이라 할 수 있다. 이에 따라 정책결정 과정은 전문가나 행정조직보다는 시민들이 주도해 끌어나가야 한다.

현실적으로 한국 사회에서 정책결정 과정의 주류는 공리주의를 채택하고 있다. '비용편익분석'이라는 도구가 공리주의를 구체적으로 구현하는 방식이다. 그런데 비용편익분석은 한국 사회 대부분의 주요 정책결정에서 정당성을 확보하는 방식으로 굳어져 있다. 비용편익분석은 정책의 결과를 계량화하여 측정해야 하므로, 필연적으로 행정조직과 전문가 그룹이 주도하게 된다.

한국 사회에서 정책윤리의 또 다른 축은 사실 의무론에 기반을 둔 시민사회의 옹호운동이다. 이들은 '다음 세대의 가치'를 주장한다거나(환경운동), '목소리 작은 이들의 권리'를 주장한다거나(인권운동), 더 보편적이며 더 많은 시민을 목적 자체로 존중하는 선험적 윤리를 제시한다. 그러면서 행정과 전문가 집단의 비용편익분석을 반박하며 시민단체가 주도하는 옹호운동을 벌이며 이에 기반을 두고 정책대안을 제시한다.

'의사소통적 접근'은 공리주의와 의무론 양자를 통합하며 극복하는 새로운 접근으로 제시된다(문태현, 1995). 의사소통적 윤리는 위르겐 하버마스(Jürgen Habermas)의 의사소통 이론에 기대고 있는데, 이해관계와 의견의 다양성을 전제하고 다른 의견 사이에 합리적 소통과정이 일어나게 만드는 정책결정 과정에서 정당성이 확보된다는 접근법이다.

의사소통적 접근을 따른다면, 중요한 정책방향을 행정조직과 전문가 집단이 결정해서는 안 된다. 또한 선의를 지닌 시민사회 대표자들이 도덕적 대안을 구성하는 것만으로도 정당성을 확보하는 데 충분하지 않다. 정당성은 서로 시민들이 충분히 참여해 정책방향에 대해 논의하는 데서 확보된다.

의사소통적 접근을 공리주의와 비교하자면, 이 접근은 공리주의 윤리의 핵심인 '계산'의 주체를 뒤집는다. 결과의 예측은 여전히 전문가들이 하겠지만, 전문가들 사이에서 의견 차이가 나타날 때 최종 판단을 내리는 주체는 시민들이어야 한다.

의사소통적 접근을 의무론과 비교하자면, 이 접근은 '선의지'와 '정언명령'의 중요성을 인지하나 그 다양성 역시 인지한다. 즉 서로 다른 이해관계를 가진 시민들 사이를 관통하는 절대적 보편성은 찾기 어려우며, 대부분 정책사안은 다른 이해관계를 조정하며 방향을 잡아나갈 수밖에 없다는 현실을 인정한다. 따라서 다른 의견 사이의 충분한 토론과정을 거치는 것이 핵심이다.

또한 의사소통적 접근과 의무론 사이의 차이는 정책수행 과정의 시민참여 여부에도 있다. 의사소통적 접근은 정책결정 과정뿐 아니라 수행과정에서의 시민참여를 중요시한다. 보편적 선의지를 담지한 정책결정이 이루어지고 나면, 정책수행은 다시 행정조직에 맡겨지는 의무론적 접근과 차이가 드러나는 대목이다.

이 장에서 사례로 삼는 서울시의 두 가지 정책사례는 의사소통적 접근에 가까운 것으로 판단된다.

2) 사회혁신과 정책의 사회적 가치

서울시는 2011년 '서울시 혁신기획관'이라는 직제를 새로 설치하고 '사회혁신'을 주요 정책방향 가운데 하나로 채택했다. 시민참여를 통한 정책결정은 주로 이 '사회혁신' 정책 과정으로 여겨진다. 이를 통해 새로운 사회적 가치를 시정에 반영하고자 했다.

그런데 사회혁신은 어떤 정책윤리에 근거하고 있을까? '사회혁신'의 개념은 사회적 경제와 사회부문의 발전 역사가 오래되었고 유럽연합 차원에서 사회혁신을 주요 어젠다로 제시하고 있는 유럽에서 연원을 찾는 경우가 많다. 따라서 유럽연합의 사회혁신 연구로부터 정책윤리의 근거도 찾아보기로 한다.

유럽연합의 사회혁신 연구 프로젝트 TEPSIE 보고서가 밝힌 사회혁신의 요소들은 다음과 같다(Caulier-Grice, Davies, Patrick, and Norman, 2012).

1. 사회적 욕구 충족(Meeting a Social Need)
2. 혁신성(Novelty)
3. 효과성(Effectiveness)
4. 아이디어의 실행(Moving from Ideas to Implementation)

5. 사회의 행동역량 강화(Enhancing Society's Capacity to Act)

다섯 가지 요소가 내포하고 있는 정당성의 내용을 뜯어보자면 세 종류로 분류할 수 있다. 첫째, 풀려고 하는 문제와 그 해법의 사회적 맥락과 관련된 정당성이다. 둘째, 과업 수행의 효과성과 관련된 정당성이다. 셋째, 사회 전체에 변화의 영향을 주는 임팩트와 관련된 정당성이다.

첫째, 사회적 맥락과 관련된 정당성은 '1. 사회적 욕구 충족'과 '2. 혁신성'에서 드러난다. 이 두 요소는 사회혁신으로부터 특정한 시공간과 관련된 가치를 뽑아낸다. 사회혁신은 '사회문제 해결을 새로운 방식으로 추구하는 활동'으로 정의할 수 있다. 그런데 해결해야 할 사회문제는 시공간을 초월한 것일 수 없으며, 해당 사회의 맥락에 맞게 정의되어야 한다는 것이 이 요소들이 내포하고 있는 정당성 확보 논리다.

또한 문제해결 방법상의 새로움도 중요하다. 특정 사회문제에 대해 이미 공공부문이나 사회부문이 문제 해결을 위한 논의와 시도를 진행 중인 경우가 대부분일 것이다. 따라서 방법론상의 새로움이 사회혁신의 주요 요소가 된다.

특히 이 경우 주로 공공의 문제를 푸는 데 민간의 방법을 채용하거나, 또는 공공, 민간, 사회 부문 중 두 부문 이상이 협업하며 새로운 해법을 찾아내는 데서 나타난다. 전통적으로 세 가지 부문은 경직되어 협업하지 않은 경우가 많기 때문이다.

둘째, 과업 수행의 효과성과 관련된 정당성은 '3. 효과성'과 '4. 아이디어의 실행'으로 드러난다. 이들 요소에서는 사회혁신이 '기존의 문제해결 방법보다 더 나은 문제해결 성과를 가져오는 방법론'이라는 시각을 보이고 있다.

이를 위해 기능적으로 더 나은 성과를 내야 하며, 이를 판단하기 위해 비교 가능한 성과를 내는 것이 중요해진다. 아이디어 수준에서 그치지 않고 실행단계까지 가서 성패를 판단할 수 있어야 사회혁신 활동이라고 일컬을 수 있게 되는 것도 비교 가능한 성과를 내야 하기 때문이다. 따라서 목표 달성의 효과가 높아야 한다는 점과 아이디어에서 그치지 않고 실행으로까지 이어져야 한다는 점을 강조한 것도 그 때문이다.

셋째, 사회 전체의 변화에 영향을 주는 임팩트와 관련된 정당성은 '5. 사회의 행동역량 강화'에서 드러난다. 따라서 사회혁신의 성과는 특정한 문제 해결 그 자체에 그치지 않으며, 사회 전체가 개입 없이도 문제를 해결할 수 있도록 행동 능력을 증진시킨다는 점이 사회혁신의 요소로 포함되었다.

사회혁신은 주로 거시적인 문제해결 활동이기보다는 미시적인 문제해결 활동으로 여겨진다. 사회부문이나 공공부문의 미시적인 영역에서 문제해결 사례를 만들어, 시민사회 또는 다른 공공부문으로 확장(scale-up)되는 문제해결 과정을 지향한다.

따라서 사회혁신 활동의 결과로 사회 자체가 문제해결 능력을 갖도록 만드는 일이 매우 중요해진다. 궁극적으로 시민사회의 역량을 키우는 일이 중요한 사회적 가치가 된다.

3) '시민사회 문제해결 역량 강화'와 '의사소통 모델'의 만남

유럽연합 TEPSIE의 사회혁신 요소들을 살펴보면, 여전히 공리주의적 접근법이 강하게 반영되고 있다는 점이 눈에 띈다. '사회혁신은 사회문제를 해결하는 새롭고 효과적인 방법'이라는 점이 강조되고 있다.

다만 강조된 요소 가운데 시민사회의 행동역량 강화는 단순히 특정한 문제해결의 효과성을 넘어서는 논리로 확장이 가능해진다. 이를 확대하면 의사소통 모델과 연결할 수 있게 된다.

특히 명백하게 공리주의적 관점을 지니고 있는 '1. 사회적 욕구 충족'과 '2. 혁신성'과 '3. 효과성'은 다른 방법론에 견주어 사회혁신이 더 효율적으로 결과를 낼 수 있는 방법론이라는 점을 강조한다. 여기 대비되는 요소가 '5. 사회의 행동 역량 강화'다. 해당 문제 해결의 효율성을 강조하고 있는 것이 아니라 시민사회 전체의 문제해결 능력 향상을 추구하는 보편적 가치를 담고 있기 때문이다.

이런 맥락에서 시민들의 참여를 기반으로 자치와 민간협력을 통해 문제를 해결하는 것이 사회혁신 정책의 중요한 사회적 가치라고 할 수 있다. 다시 말해 정책적 측면에서 볼 때, 사회혁신 활동의 사회적 가치는 해당 정책이 특정 사회문제를 해결하기 위한 시민사회 역량을 얼마나 키웠는지 판단하는 것이 중요하다는 이야기다.

그런데 시민사회 역량 강화는 사실 시민사회 내부의 의사소통 과정을 통해 이루어진다. The Hope Institute(2017)가 한국 사회혁신의 주요 사례로 언급한 홍성 풀무학교와 원주 사회적 경제 네트워크는 '사회의 행동역량 강화'의 사례이기도 하다. 이 두 사례는 '사람 중심의 발전'으로 언급되는데, 다시 말해 이들 활동이 해당 사회문제를 일회적으로 해결하는 것을 넘어서 지역 시민사회의 사회문제 해결 역량을 키운 사례로 여겨진 것이다.

그런데 이 역량은 적극적인 의사소통 과정을 통해 만들어진 것이다. 홍성의 경우 풀무학교의 '교육'이라는 과정을 통해, 원주 사회적 경제 네트워크의 경우 협동조합이라는 민주적 경제조직을 형성하는 과정을 통해 역량이 키워진 것이기 때문이다. 지역사회운동의 방향을 정하고 과업을 수행해가는 과정 자체가 긴 민주적 의사소통 과정이었음을 알 수 있다.

앞서 우리는 의사소통 모델을 통해 공리주의와 의무론의 통합가능성을 찾았다. 그리고 의사소통 모델의 결과로 시민사회의 문제해결 역량 강화를 들었다.

결국 의사소통 모델의 공리주의적 효과는 시민사회 역량 강화를 통해 더 지속적이고 효율적으로 달성할 사회문제 해결 성과가 된다. 또한 의사소통 모델의 의무론적 요소는 민주주의다. 시민들 사이의 자유롭고 평등한 의사소통을 통한 공동체의 의사결정은 그 자체로 선의지를 전제하고 있으며 그 자체로 옳은 정언명령이기도 하다. 바로 이 지점에서 의사소통 모델은 시민사회 역량 강화라는 사회혁신의 한 요소를 통해 공리주의적 접근과 의무론적 접근을 통합하며 새로운 정책윤리로서의 가능성을 보여준다.

구체적인 정책을 놓고 뜯어보면, 사회혁신 정책에서 시민사회 역량 강화는 두 가지 차원에서 나타날 수 있다. ① 정책결정 과정에서 시민사회를 참여시키는 거버넌스 차원, ② 정책실행 과정에서 다수 시민들이 참여해 성과를 함께 내도록 유도하는 실천 차원이다.

서울시가 '사회혁신'이라는 새로운 사회적 가치를 정책수행 과정에서 구현하
겠다고 천명했을 때, 특히 강조되었던 요소는 '시민' 또는 '주민'의 참여였다. 역
시 TEPSIE의 다섯 가지 사회혁신 요소 가운데 접점을 형성하는 대목은 '5. 사회
의 행동역량 강화'다. 따라서 서울시의 사회혁신 정책수행 과정이 시민사회의
행동역량 강화와 어떻게 연결되는지 살펴봄으로써 의사소통 모델과의 접점을
찾을 수 있을 것이다. 앞서 거버넌스 차원과 참여적 실천 차원의 활동도 함께
찾을 수 있을 것이다.

2. 한국에서 사회혁신의 정책적 맥락

1) 한국적 맥락에서의 사회혁신과 시민참여의 가치

오랜 권위주의 정부 통치가 마무리되면서 한국 사회에는 '정책결정 과정, 실
행과정, 평가과정에 대한 시민의 참여'를 지향하는 흐름이 형성되었다(Lee, 2017:
16~17). 이는 시민과 밀착되어 있는 지방정부 행정에 먼저 반영되며, 1995년부터
등장한 선출직 지방자치단체장들은 시민참여를 정책과정에 공식적으로 반영하
는 방향으로 정책 틀을 변화시키기 시작한다.

서울시는 이런 흐름을 적극적으로 이끌었다. '서울시 혁신기획관'이라는 직
제를 신설하고 100여 명의 인력을 배치해 다양한 정책영역에서 정책과정 변화
를 지원하는 일을 실무적으로 맡도록 했다(Lee, 2017: 18~19).

2) 서울시 혁신정책과 사회적 가치

서울시 혁신정책은 앞서 정리한 TEPSIE의 사회혁신 정의와 방향성에서 대체
로 일치하는 듯 보인다.

전효관 서울시 서울혁신기획관은 연구과정에서 진행한 인터뷰를 통해 "사회혁신은 '사람들이 느끼는 절실한 문제'에 대한 혁신적 해법을 내놓는 것이다. 그 문제해결 과정을 표현한 것이 협치인데, 협치 역시 사회혁신의 한 요소다"라고 말했다.

이 진술에서 전 기획관은 TEPSIE가 제시한 사회혁신의 요소 가운데 공리주의적 요소, 의무론적 요소, 의사소통모델 요소를 동시에 표현하고 있다. '사람들이 느끼는 절실한 문제'(1. 사회적 욕구 충족)에 대한 '혁신적 해법'(2. 혁신성)이 사회혁신 정책이라는 인식을 보여준 데서 공리주의적 시각이 드러난다. 그러나 '협치 역시 사회혁신'이라는 대목은 의사소통 모델을 내포하고 있다. 협치를 선험적으로 옳은 것으로 보는 의무론적 시각과, 협치를 통해 문제 해결 효과성이 높아질 수 있다는 공리주의적 시각을 통합하고 있기도 하다.

실제로 서울시의 원전 하나 줄이기, 찾아가는 동주민센터, 사회적 경제 등 중요한 서울시 혁신정책을 뜯어보면 '협치'와 '참여'를 중요한 가치로 제시하고 있다. 이는 의사소통 모델을 적극적으로 채택하고 있음을 보여준다.

이들 정책을 상세히 살펴봄으로써 서울시 혁신정책이 지향하는 사회적 가치를 찾아내고, 이런 가치가 어떤 협력구조를 통해 정책으로 구현되었는지를 알아내는 일은 중요하다. 이를 통해 서울시의 의사소통 모델이 다른 정책 당국에서 상이한 정책들에까지 광범위하게 적용되려면 어떤 제도적 보완이 필요한지 찾아낼 수 있기 때문이다.

3. 정책사례 1: 원전 하나 줄이기

1) 원전 하나 줄이기 정책 개요

(1) 정책의 맥락[1]

한국 사회에서 지방정부 수준의 에너지 정책은 1996년 정부가 지역 에너지 정책을 시행하면서 시작되었다. 이에 따라 서울시의 첫 에너지 정책은 1997년 수립한 지역 에너지 계획이라고 할 수 있다. 그러나 이때까지도 여전히 독립적인 에너지 정책 수립 및 시행에는 이르지 못했다.

서울시 에너지 정책이 독립적 정책으로서 정체성을 갖게 된 계기는 2007년 오세훈 시장의 친환경 에너지 선언이다. 그 당시 오 시장은 서울을 에너지 저소비형, 에너지 순환형, 에너지 복지도시로 만들겠다는 목표를 설정하며, 또한 친환경 에너지 산업의 성장가능성을 언급했다. 이에 따라 서울시 에너지 정책의 목표가 큰 틀에서는 방향이 잡혔다고 할 수 있다.

이때 서울시 내부에 '맑은환경본부'라는 조직과 에너지정책담당관 직제가 신설된다. 또 에너지, 산업, 환경 정책이 융합되며 신재생에너지 보급, 에너지 효율화, 기후변화 대응 등 에너지 정책 목표가 대체로 정립되었다. 이상은 '신재생에너지 보급 확대 및 에너지 이용 합리화'라는 성과목표 내 23개 세부사업을 통해 집행된다.

2011년 10월 취임한 박원순 시장은 에너지 소비도시인 서울의 책임을 강조하며 에너지 정책 패러다임을 한 차례 더 전환한다. 2012년 맑은환경본부는 기후환경본부로 개편되며, 기존에 있던 신재생에너지 보급 확대 등 공급 측면의 정책에 더해 수요관리 정책도 펼치기 시작했다.

그러나 서울의 전력소비는 전국 소비량의 10.3%를 차지(2011년 기준)하는 반면, 에너지 생산은 극히 미미해 전력자립률이 4.2%에 불과했다. 이를 변화시키기 위해 서울시는 다양한 에너지 소비 감축 및 신재생에너지 생산량 증대 정책을 펼치는데, 원전 하나 줄이기는 이런 맥락에서 등장한 정책이다.

(2) 정책목표

서울시는 '원전 하나 줄이기 정책의 비전'을 다음과 같이 밝혔다: "원전 하나

---

1 이 부분은 이주헌, 「대안적 에너지정책에 대한 탐색: 서울시 원전 하나 줄이기 정책과 거버넌스의 역할」, 의정연구(한국의회발전연구회), 23(1)(2017), 153~185쪽을 참조했다.

줄이기 사업은 신재생에너지 생산과 사용 효율화에 의해 에너지 수요를 감축함으로써 사회적 갈등의 핵(核)이 되고 있는 원전건설을 억제하는 데 기여하고자하는 포괄적 함의가 내재된 정책임." "원전 하나 줄이기 사업은 에너지자립률을제고하고 모든 시민들이 절약과 친환경적 생활문화를 체화할 수 있도록 기반을조성시킴으로써 지속가능한 도시로서의 생명력을 활성화화는 비전을 지향하고있음."

이에 따라 구체적인 목표는 '2012~2014년 동안 원전 1기(200만 TOE)의 82%에 상응하는 164만 TOE를 감축 또는 신규 생산해 달성'하는 것으로 설정된다. 목표의 세부 내역은 다음과 같다.

= 신재생에너지 생산 15만 TOE

   ▸ 태양광 및 연료전지 발전시설과 바이오가스 열병합발전 등 신재생에너지 생산 11만 3천 TOE

   ▸ 건축물의 신재생에너지 생산 의무화로 39천 TOE 생산

= 에너지 사용 효율화 시스템 구축 65만 TOE

   ▸ 신축건물의 에너지 사용기준 설정, 시행으로 228천 TOE 에너지 수요 감량

   ▸ 대형 건물 및 주택 부분 BRP 시행으로 130천 TOE 절약 시스템 완료

   ▸ 카셰어링 및 시내버스 운행효율 개선 등 수송분야 166천 TOE 절감

   ▸ 고효율 LED 조명 및 옥외조명 심의관리 118천 TOE

= 에너지 절약 실천활동 및 문화 정착으로 84만 TOE 절약

   ▸ 에코마일리지 운영 및 활성화로 140만 명 가입에 따라 366천 TOE 절약

   ▸ 냉·난방온도 제한과 공공기관 에너지절감목표 관리로 368천 TOE 절약

   ▸ 폐기물 재활용 및 음식물 쓰레기 감량화 등 시민들의 실천활동으로 104천 TOE 절약

2) 원전 하나 줄이기 정책과정의 특징

(1) 정책목표 달성경로 변화

총론적으로 볼 때, '원전 하나 줄이기' 사업의 정책목표는 이전 오세훈 시장 시절 시작한 '신재생에너지 강화' 때와 유사하다고 할 수 있다. 그러나 정책목표를 달성하는 경로로 '수요관리'가 추가되었다는 점이 차별점이다.

수요관리 정책은 광범위한 시민참여 기반이 없으면 성공하기 어렵다는 점에서, 시민참여를 어떻게 이끌어내느냐가 정책의 성패를 가르는 중요한 요인으로 떠오른다. 이를 한 단계 더 발전시켜, 서울시는 원전 하나 줄이기 정책 거버넌스를 처음부터 시민사회와 공동으로 짜고 정책 결정 및 실행 과정에 시민사회 의견을 실질적으로 반영한다.

(2) 정책 거버넌스

'원전 하나 줄이기' 사업은 정책의 의사결정 및 집행 체계를 서울시 행정과 시민사회 영역의 수평적 협력으로 수립했다는 것이 가장 큰 특징이다. 이를 위하여 서울시는 원전 하나 줄이기 시민위원회를 구성하고, 박원순 서울시장과 민간(손경식 대한상공회의소 회장, 신인령 이화여자대학교 교수)이 공동위원장을 맡았다.

또 상층 위원회에 민간 위원들이 포진해 있지만 실행단위는 기존 행정조직이 맡는 전형적인 정부위원회 거버넌스와는 달리, 시민위원회 산하 실행조직 격인 추진본부 역시 민관이 균형을 맞춰 선임했다. 추진단은 실행위원회와 추진단으로 나뉘어 있는데, 실행위원회는 서울시 기후환경본부장 및 시민사회 대표가 공동위원장을 맡았다. 추진단장은 서울시 기후변화정책관이 맡았으나, 추진단 조직은 다시 민관 합동으로 구성했다.

실행위원회는 종합대책 실행을 책임지며, 원전 하나 줄이기 추진상황을 점검하고 구체적인 활성화 방안을 짰다. 반면 추진단은 실무를 담당했는데, 추진단 조직 중에는 총괄 팀 5명뿐 아니라 에너지시민협력반 10명이 배치되어 시민참여를 계속 추진했다. 이를 뒷받침하기 위해 서울시 의회는 '서울특별시 에너지 조례 개정'을 통해 제도적 기반을 마련하기도 했다.

원전 하나 줄이기는 정책결정 및 세부의사결정 과정에도 민관 협치를 시도하지만, 정책실행 과정에도 광범위한 시민참여가 필수적인 사업 틀을 갖추고 있었다. 이에 따라 에너지 절감 실천에 시민들이 참여하도록 인센티브 제공 등 다양한 프로그램을 만들어냈다. 예를 들어 140만 명이 가입한 에코마일리지는 대표적인 인센티브 제공을 통한 시민참여 유도 프로그램이다.

원전 하나 줄이기 정책의 특징은 정책 진행이 새로운 거버넌스 시스템과 시민참여 틀을 통해 이루어졌다는 것이다. 그리고 상당한 수준의 의사소통 모델이 채택되었다는 점을 알 수 있다.

다만 정책평가 변화는 뚜렷하게 일어나지 않았다. 자체 발표한 성과에서도 '원전 1기 분량의 에너지를 감축했다'는 점이 주로 강조되었으며, 의사소통 모델 자체가 시민사회 역량 강화 등의 자체 성과를 냈다는 점은 상대적으로 적게 강조되었다. 따라서 기존 정책평가 틀로 평가하면 과정에서의 변화가 제대로 평가되지 않을 우려가 있으며, 새로운 정책평가 틀을 개발할 필요가 있다.

4. 정책사례 2: 찾아가는 동주민센터

1) 찾아가는 동주민센터 정책 개요

'찾아가는 동주민센터' 사업은 행정서비스 제공을 주업무로 하던 기존 행정동 주민센터를 보건, 복지, 마을 등 다양한 행정을 전달하는 플랫폼으로 전환하는 정책이다. 이를 위해 보건, 복지, 마을의 세 정책요소를 행정동 주민센터를 기반으로 융합했다.

구체적으로는 복지분야에서 복지 플래너를 동주민센터에 배치하고, 동단위 사회복지 사례관리를 보강하기 시작했으며, 우리동네주무관 제도를 통해 동의

그림 9-1 서울시 원전 하나 줄이기 정책 거버넌스

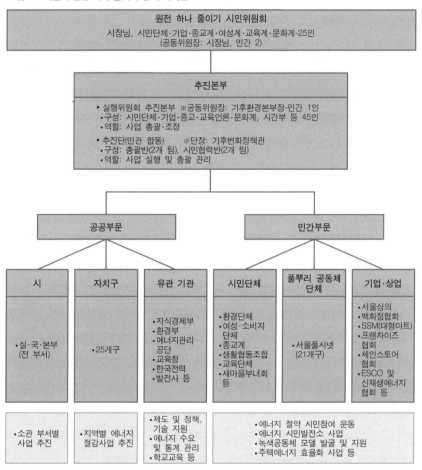

자료: 서울시 원전 하나 줄이기 종합대책(2012), 서울시 정보소통광장.

전 직원이 지역을 구분해 책임지는 방식으로 행정체계를 변화시켰다. 찾아오는 주민들에게만 제공하던 기존 행정서비스를, 주민들을 찾아가서 필요한 서비스를 발굴하는 체제로 바꾸겠다는 이야기다. 즉 훨씬 더 능동적이 되겠다는 의미인 것이다.

특히 마을공동체 관련 정책이 여기에 결합되면서 의사소통 모델의 특징이 더 강화된다. 단순히 과거 동사무소(현재 행정동 주민센터)의 서비스를 새롭게 디자인하는 일을 넘어서서, 궁극적으로 주민들이 복지와 관련된 세부 정책 의사결정 및 집행에 참여하는 틀을 만들어가는 경로이기 때문이다. 장기적으로는 공공자원뿐 아니라 민간자원까지도 지역의 사회문제 해결에 자발적으로 나서 지역복지를 강화하는 방향으로 행정 패러다임을 전환하는 데 온 힘을 기울이고 있는 것으로 보인다.

2) 정책목표로서의 시민사회 역량 강화

찾아가는 동주민센터는 정책 거버넌스를 지역주민들이 참여하는 방식으로 변화시킴으로써, 향후 아래로부터의(bottom-up) 정책 형성 및 민간 스스로의 자립적 문제해결 틀이 생기도록 기반을 형성하는 게 목표다. 이를 위해 주민이 자발적으로 마을계획을 수립하고 수행하도록 하며, 마을기금을 조성하고 운용하도록 지원하는 등 자치역량 강화에 초점이 맞춰져 있다.

이 경우 정책목표 자체가 시민사회 역량 강화에 해당해, TEPSIE 사회혁신의 요소 가운데 시민사회 역량 강화에 직접적으로 연결된다. 또한 의사소통 모델에 가장 순수하게 부합하는 형태의 정책이기도 하다.

이 작업은 사실 복지, 건강 등의 정책영역에서 새로운 거버넌스 시스템을 짜기 위한 기반을 다지는 거대한 작업의 출발점이다. 국가가 정한 복지를 주민들에게 효율적으로 전달하는 데 초점이 맞춰져 있는 기존 공리주의 시각의 복지정책을, 주민들이 필요한 복지를 스스로 찾아 정의하고 국가는 이를 지원하도록 하는 의사소통 모델을 전면 도입하는 방향으로 전환하겠다는 이야기다.

이런 정책목표에 대한 성과지표는 아직 명확히 제시되기 어렵다는 우려도 나올 수 있다. 기존 행정의 주요 정책평가 틀은 비용편익분석이라는 공리주의적 틀이며, 목표를 정하고 빠르게 달성하는 데서 가치를 찾고 있기 때문이다. 전통적 성과지표로 정책을 평가하면 낮은 평가를 받게 될 수 있다. 거꾸로 기존 틀에서 높은 평가를 받기 위해 자발적이지 않은 주민들을 동원하여 성과를 억지로 만들어내는 과정이 생기며 왜곡될 우려도 있다.

5. 의사소통 모델 확산을 위한 제도보완 방향

1) 협력구조

'원전 하나 줄이기'의 경우, '탈원전'이라는 정책목표를 두고 지방정부와 시민사회가 협치모델로 사업을 진행했다. 정책의 성과는 명확하게 정의되어 있으며, 행정과 시민사회의 대등한 협치로 이를 추진했다.

'찾아가는 동주민센터'의 경우, 관리/규제자로서의 행정을 주민 거버넌스 구축을 위한 촉진자로서의 행정으로 탈바꿈시켰다. 협력의 대상이 될 수 있는 '마을' 구성을 목표로 삼은 정책이다.

'찾아가는 동주민센터'는 정책추진 과정에서의 협력구조(거버넌스)가 '협치자문관실'의 구성을 통해 일어났으나, 시민사회 및 마을활동가들이 행정에 인적으로 결합한 사례로 보인다. 전반적으로 체계적 민관 거버넌스는 발견하기 어렵다. 결국 '찾아가는 동주민센터'는 정책의 과정보다는 성과가 거버넌스이며 의사소통 모델인 정책이라고 볼 수 있다.

2) 제도보완 방향

앞의 두 사례를 통해, 의사소통 모델을 채택한 정책 형성이 확산되려면, 이를 중심에 둔 정책평가 틀이 필요하다는 점을 발견했다. 비정형적 사회적 가치인 '협치'를 성과로 받아들일 수 있는 평가 틀이 필요하다고 볼 수도 있겠다. 또한 협치의 주체를 발굴 및 육성하는 노력을 다양하게 펼칠 필요가 있다는 점도 알 수 있었다. 이를 통해 시민사회 스스로의 문제해결 역량을 강화하는 한편, 의사소통 모델의 주체가 될 수 있는 시민을 찾아내는 성과도 거둘 수 있을 것이다.

특히 협치의 주체 발굴 및 육성과 관련해서는 행정이 민간에게 일정한 수준의 자원을 제공할 필요가 있다. 이때 행정이 민간에 문을 열어젖히는 체계를 마련하기 위해, 공유자산 활용 등과 관련된 제도적 보완이 필요하다. 이는 전효관 서울시 서울혁신기획관 인터뷰에서도 드러난다. "구체적인 제도 설계가 필요하다. 행정이 민간에 문을 열어젖히는 데 걸림돌이 많다. 자산관리, 입찰, 감사, 기금 등을 구체적으로 들여다볼 전문적인 연구 틀을 마련해야 한다. 사회적 가치를 평가 보상하는 체계가 없다. 무조건 최저가 입찰, 최고가 입주 원칙이 되어버린다."

행정조직이 사회적 가치를 창출하기 위한 사업을 위탁하거나 그런 조직에 공간을 임대하면서 최저가 입찰, 최고가 입주 원칙을 경직되게 적용한다면 애초 목적한 결과를 얻기 어려울 것이다. 정책기획은 의사소통 모델에 따라 해두고 실행단계에서 공리주의적 틀을 적용하면 곤란하다.

현재 행정시스템은 자치의 원리를 따르지 않으며, 시민과 행정을 엄격하게 분리한다. 행정의 다양한 자원을 시민과 공유하는 작업이 부정부패나 특권으로 이어지지 않도록 감시하는 데만 초점이 맞춰져 있는 시스템이다. 따라서 행정관료 입장에서 행정자원을 시민과 공유하는 작업에는 인센티브가 없고 제약만 있다. 강력한 정치적 의지를 가진 선출직 공무원만이 이 작업을 진행할 가능성이 있다. 감사 등 행정감시 시스템이 이를 강화하고 있다.

결론적으로, 향후 제도보완 방향은 ① 사회적 가치로서의 '협치' 및 '참여'가 정책성과로 평가될 수 있는 평가 틀이 마련되어야 한다. ② 협치의 주체를 발굴 및 육성하기 위한 다양한 프로그램이 개발되어야 한다. ③ 시민과 행정자원을 공유할 수 있는 제도적 틀이 마련되어야 한다.

제3부 사회적 가치와 다면적 사회혁신

제10장

공공가치 융합시대의 사회혁신*

장용석 (연세대학교 행정학과 교수)

황정윤 (연세대학교 박사과정 수료)

1. 들어가며

현대 사회에서 나타나는 중요한 변화 중 하나는 효율성과 책임성의 공존, 이성과 감성의 조화, 창의와 규율의 결합 등 다양한 상충적 가치가 동시에 수용되는 방향으로 조직과 사회의 운영원리가 변화하고 있다는 점이다(정재호, 2013; 칼레츠키, 2011). 기존의 경영 패러다임이 효율성과 성과를 극대화하기 위한 수단적 성격의 과학적 관리론과 인간관계론을 보편적 운영원리로 받아들인 반면, 현재의 경영 패러다임에서는 효율성 외에 책임성, 복지, 정의, 공동체, 감성 등의 다양한 가치가 반영된 경영원리가 주를 이루고 있다. 이분법적으로 확연하게 구분되어왔던 효율과 책임, 성장과 복지, 경제발전과 환경보호 등의 서로 다

---

* 이 장은 장용석·조문석·정장훈·김용현·최정윤(2011), 장용석·조희진(2013), 장용석·정장훈·조승희 (2014), 장용석·김회성·황정윤·유미현(2015), 조희진·장용석(2016), 황정윤·장용석(2017)의 내용을 재구성·보완한 것이다.

른 논리들이 균형과 조화를 이루어 결합하게 된 것이다. 발전(development)과 정의(justice)라는 큰 틀의 보편적 규범이 광범위하게 확산되면서 이제 경제적 가치만을 중시하던 기존의 시장질서가 아닌 '따뜻한 성장, 다 같이 행복한 성장'을 추구하는 자본주의 4.0, 협력과 경쟁의 조합인 협쟁(copetition) 등으로 패러다임의 변화가 시작되고 있다.

이러한 바탕에는 세계화라는 중요한 배경이 자리하고 있다. 세계화로 인해 국가, 기업, 시민사회 간 상호작용이 증가하면서 특정 국가나 지역 등의 범위를 넘어선 보편적 사회운영 원리들이 논의되기 시작했다(Meyer, Drori, and Hwang, 2006). 이는 국가의 독점적 권위를 상대적으로 약화시키고 조직이나 개인이 역능적 행위자(empowered actor)로 인정받는 결과를 초래했다(Brunsson and Sahlin-Andersson, 2000). 보편적 규범의 확산과 행위자성의 확대라는 새로운 추세는 조직, 나아가 사회 전반에도 큰 영향을 미쳤다. 과거 국가 및 귀속집단의 '대리인(agent)'에 불과했던 기업, 학교, 공공기관 등은 행위자로서의 지위를 가진 '조직(organization)'으로 전환되었으며, 이들은 이제 사회 전반에 걸친 '보편적' 운영원리를 바탕으로 자신들의 주체적인 역량을 발휘하고 있다(Drori, Ramirez, and Schofer, 2003; Meyer et al., 2006).

조직 및 사회 운영의 목표와 스펙트럼이 확장되고 복수의 가치들이 다양한 영역에 걸쳐 요구됨에 따라 현재 두드러지게 나타나고 있는 사회운영 패러다임의 특성과 변화는 한마디로 규정하기 어려워졌다. 이는 하나의 가치를 추구하던 단선적·선형적 관리(simple administration)에서 다양한 가치들을 동시에 수용해야 하는 역동적 관리(dynamic management)로 공공-민간 부문 운영원리의 성격 자체가 변모했음을 시사한다. 과거에 비해 사회운영에 필요한 목표와 스펙트럼이 확장되면서 다양한 가치들이 다양한 영역에 걸쳐 요구되기 시작한 것이다.

이 장에서는 현대 사회의 운영 패러다임이 서로 다른 가치가 공존·혼합되는 방향으로 전환되고 있음에 주목한다. 그에 따라 사회운영 패러다임의 변화현상을 종합적으로 고찰하고, 이것이 우리 사회에 미치는 영향과 함의에 대해 파악하고자 한다. 또한 융합 패러다임에 효과적으로 대응하기 위한 방안으로 사회적 혁신 생태계 조성을 전략적 과제로 설정하고, 그 내용과 함의에 대해 제시한다. 마지막으로 사회적 혁신 생태계를 조성하기 위해 어떠한 노력이 필요한지 살펴보는 것이 이 장의 주요 목적이다.

2. 공공가치 융합시대의 도래와 도전

1) 융합가치 도래의 배경

제2차 세계대전 이후 근대 국민국가들이 경험한 가장 영향력 있는 사회변동은 세계화(globalization)라고 해도 과언이 아니다. 세계화는 국가 간의 경제활동 범위와 정치적 협력의 경계를 불분명하게 만들었을 뿐만 아니라, 국가, 기업, 시민사회 간 상호작용을 증가시켰다. 또한 특정 국가나 지역 등의 범위를 넘어선 보편적 사회운영 원리들에 대한 논의를 촉발했다(Meyer, Drori, and Hwang, 2006). 경쟁과 협력의 범위가 확장되고 불확실성이 높아짐에 따라 그에 효과적으로 대처할 수 있는 조직구조나 복잡한 문제를 해결할 수 있는 역량이 더욱 필요해졌기 때문이다(Meyer, 2002). 이는 일반적으로 적용 가능한 경영상의 모범사례와 원칙(best practices and principles), 이른바 보편적 규범(universal norms)의 확대를 가속화했다(Jang, 2006; Mendel, 2006; Meyer, 2002).

보편적 규범의 확대와 더불어 역능적 행위자성(empowered actorhood)의 증대 또한 주목할 만하다. 역능적 행위자성이란 "사회에서 주체로서의 역할을 충실히 할 수 있는 역량과 어떠한 일을 자율적으로 결정할 수 있는 권한이 주어져 행위자로서의 지위를 갖는 것"을 의미한다(Frank et al., 1995; Meyer, 2000; Meyer and Jepperson, 2000). 이성과 합리주의가 지배하던 근대 산업사회에서는 국가의 독점적 권위 아래 많은 조직이나 개인들이 국가의 하위 집단, 수탁자, 혹은 대리인(agent)으로서 기능했다. 그러나 현대 사회에서 공공기관, 기업 등 국가 및 귀속집단의 '대리인'은 이제 행위자로서의 지위를 가진 '조직(organization)'으로 전환됨에 따라 많은 주체들이 자신들의 지위를 외부로부터 인정받거나 스스로 구축해나가기 시작했다(Meyer et al., 1997; Jefferson and Meyer, 2000). 개별 조직이나 개인들이 귀속집단의 대리인이 아닌 자율성과 책임을 지닌 행위자(actor)로 변모하면서, 사회에서 주체로서의 역량과 어떠한 일을 자율적으로 결정할 수 있는 권한을 부여받은 주체로 인정받게 된 것이다(Brunsson and Sahlin-Andersson, 2000). 과거 집합적 범주인 '국민'으로서 취급되던 행위자 개념을 넘어서 주권을 가진 '개인'에 대한 중요성을 강조하는 규범이 제2차 세계대전 이후 전 세계적으로 확산되고, 개인의 인권과 권리를 보장하는 정책들이 급속히 증가한 것은 이러한 보편적 규범 및 역능적 행위자성 확대를 보여주는 단면이다(Frank and Meyer, 2002).

글로벌 스탠더드나 표준화된 가이드라인과 같이 사회적으로 이미 정당화된 보편적 규범은 정부, 기업, 대학, 시민단체 등 다양한 조직들로 하여금 그에 대응해 운영 원리나 구조를 수정하는 계기를 마련했다(장용석·송은영, 2008). 이에 더해 역능적 행위자성의 확대와 보편적 규범의 증가는 개별 조직의 변화를 넘어 사회의 운영원리 또한 바꾸고 있다. 일례로, 과거 한국사회의 운영원리는 주로 경제적 가치, 즉 발전 측면에만 집중되었다. 하지만 최근 들어 국민이 더 나은 삶을 영위해갈 수 있도록 복지나 사회서비스가 확장되는 추세다. 환경보호 노력을 확대하는 것이 성장과 발전의 가치 못지않게 중요해졌으며, 이와 관련된 사회적 갈등도 크게 증가했다(조희진, 2014). 결국 이러한 변화들은 사회 전반에 다양한 가치들을 동시에 수용하는 것, 즉 공공가치가 융합되는 방향으로 공공-민간 부문을 운영하는 원리의 성격이 변모했음을 시사한다.

2) 융합시대의 주요 변화

공공가치 융합 측면에서 봤을 때 현대 사회에서 나타나는 사회질서 패러다임 변화의 가장 큰 특징 중 하나는 바로 효율성과 책임성의 공존이다. '경제성장 vs. 환경보호', '발전 vs. 정의', '효율성 vs. 형평성', '이윤 추구 vs. 자선' 등의 대척적 가치 중 한 가지가 중심이 되고 여타 가치는 차선이 되어야 한다는 것이 지금까지의 보편적 논리였다(Battilana and Dorado, 2010; Scott, 1994). 발전(progress)과 정의, 경제적 가치와 사회적 가치, 효율성과 형평성 중 하나를 우선적으로 추구하다 보면, 다른 하나는 포기해야 하거나 아니면 서로 공존할 수 없는 별개의 가치처럼 받아들여진 것이다. 그에 따라 대부분의 조직에서 사회적 가치를 증진시키고 이윤을 극대화하기 위한 노력은 전략적 측면에서 상호유기성이 적었다. 예를 들어 기업의 자선활동이 그들의 핵심사업이나 전략과 별개로 이행되어오거나, 비정부 조직들이 재화나 서비스 제공을 통해 이윤을 높이는 행위 자체가 그들의 핵심사업이나 본질과 관련이 없다고 인식되어온 것이다 (Battilana et al., 2012; Foster and Bradach, 2005).

그러나 최근 전 세계적으로 경제위기와 환경파괴, 불평등, 분쟁 등의 국제적인 난제들을 여러 차례 겪으면서 지속가능한 발전을 위해 경제성장, 사회발전, 환경보호 간의 균형, 효율성과 형평성의 조화, 발전과 정의의 통합적 접근의 필요성이 대두되었다(Sachs, 2015). 또한 '경제 vs. 사회', '발전 vs. 정의', '효율성 vs. 형평성'에 해당하는 각각의 다양한 논리들(logics)이 공존 가능하다는 것 또한 여러 연구에 의해 입증되고 있다(Battilana and Dorado, 2010; Marquis and Lounsbury, 2007; Reay and Hinings, 2005).

이분법적으로 확연하게 구분되어왔던 효율과 책임의 원리가 이제 공존함에 따라 그에 바탕을 둔 성장과 복지, 경제발전과 환경보호 등 서로 다른 원리들도 균형과 조화를 이루어 결합한 형태로 진화하고 있다. 이러한 변화는 비단 어느 한 부문에 국한되지 않으며, 정부를 포함한 공공부문부터 비영리 조직·기업 등을 포함한 민간에 이르기까지 모든 영역에 걸쳐 나타나는 상황이다. 특히 다양한 영역의 조직들이 본연의 목적에 해당되는 가치와 상충되던 서로의 가치를 동시에 받아들임에 따라 이전과는 다른 새로운 가치가 더욱 부각·강조되고 있다. 정부나 비영리 조직은 기존의 책임성을 유지하면서 그에 더해 효율성을 강조하는 반면, 기업은 효율성을 유지하면서도 새롭게 책임성을 강조하는 것이다. 이처럼 각각의 조직들이 기존에 추구하던 가치를 넘어 배타적이라고 여겨졌던 영역의 가치를 받아들이는 공공가치의 융합적 전환(paradoxical hybridization)이 나타나고 있다.

공공부문을 한번 살펴보자. 그간 정부가 추구하는 가치는 민주성, 평등성, 정의, 공정성 등 대부분 효율성에 반하는 것으로 인지되었다(Dicke and Ott, 2002; 원구환, 2008; 조희진, 2014). 그러나 이제는 효율성 증대를 강조하는 신공공관리 (new public management)에 기반을 둔 성과평가, 성과급, 민영화, 민간위탁 등의 다양한 시장원리가 일반화된 경영원칙으로 받아들여지고 있다(Brown and Potoski, 2003; Dahlström and Lapuente, 2010). 시민이나 서비스 수혜자 등이 기대하는 공공조직과 정책에 대한 책임성, 투명성 수준이 높아짐에 따라 이를 반영한 각종 평가 및 감사 또한 증가하고 있다(Power, 2000).

반면, 민간기업에서는 각종 사회봉사, 사회공헌 활동 등을 통한 사회적 책임 실현이 중요한 경영전략이 되었다. 과거에는 상충적이라 여겨졌던 발전과 정의, 경제발전과 환경보호 및 복지가 동시에 추구되면서, 기업경쟁력을 확보하기 위해서는 단기적 이익 극대화에서 벗어나 법적·윤리적 책임을 다해야 한다는 인식이 확대되었기 때문이다. 기업의 사회적 책임(CSR)이 장기적으로 부를 창출하기 위한 경영원리의 일환으로 강조되고, 기업경영에서 인권, 노동, 환경, 반부패 원칙을 준수하는 것이 무엇보다 중요해졌다(Eccles et al., 2011). 사회윤리와 국제환경을 개선하고 지속가능발전을 실현하기 위해 시작된 자발적 이니셔티브인 글로벌 컴팩트(global compact)에는 2019년 기준으로 160개 국가에서 1만 3000개가 넘는 기업이 참여하고 있다(국제연합 글로벌 컴팩트 홈페이지 발췌).

대학들도 세속과는 분리된 상아탑으로서 학문탐구의 기능만 수행하던 과거의 모습에서 교육·연구 역량 강화와 함께 사회봉사, 취업지원, 그린 캠퍼스 조성 등을 통해 수월성과 책임성을 동시에 추구하는 조직으로 변모했다. 이에 더해 대학을 경영하는 데에도 비전과 목표를 세워 전략적으로 접근하는 것이 중요해졌다(Altbach and Knight, 2005; Shin and Jang, 2013). 마찬가지로 비영리 조직 역시 효율성을 높이기 위해 다양한 시장원리들에 주목하고 있다. 사회공헌의 기조가 개인적 이타심에 근거한 '자선'에서 '박애'로 전환되면서 사업의 성과가 중시되는 등 효율성이 더해진 책임성이 중시되고 있기 때문이다(삼성경제연구소, 2013). 비즈니스 스쿨 등 전문 경영인 과정을 거친 인력들을 관리자로 채용하거나 기금모금 과정에서 전략적 계획이나 평가를 도입하는 등 비영리 조직 전반에도 민간기업의 경영모델이 적용되고 있다.

이렇듯 사회 전반에서 각 영역이 고유하게 추구했던 것과는 상충되는 가치들을 동시에 추구하는 경향이 발견된다. 이는 공공기관, 대학, 민간기업 등의 기관들이 '조직'으로 변모해가는 과정에서 발전과 정의라는 보편적 규범에 대응하면서 나타난 결과다. 결국 현재 나타나고 있는 전 세계적 변화를 효율성과 책임성 중심의 공공가치 측면에서는 융합적 전환으로, 정부와 기업이라는 조직(actor) 측면에서는 역할의 재정립(reorientation)으로 이해할 수 있다(조희진, 2014).

기업, 공공부문, 비영리 조직, 대학, 병원 등 다양한 형태의 조직, 심지어 국정운영 원칙에서 자주 강조되는 있는 감성경영 역시 이성과 감성을 융합한 경영 패러다임의 산물로 이해할 수 있다. 자본주의 경제체제 내에서는 이성적·합리적 관리기법만이 정당화되었다(박통희·이현정, 2011; Ashforth and Gibbs, 1990). 그러나 세계화, 민주화, 지방화로 인해 개인의 역능적 행위자성이 확대되면서 조직의 일부 구성원이었던 개인들도 주체로서의 권위를 부여받으면서 인적 자원(human resources) 이상의 인적 자본(human capital)으로서 의미를 지니게 되었다. 조직의 성과를 극대화하기 위한 수단이던 직원 교육훈련 프로그램이 '개인의 발전' 그 자체를 목적으로 하는 형태로 변화한 것이다. 그에 따라 조직 구성원들의 감성을 고려하고, 이들을 인격체로 존중하는 경영방식이 크게 확대되는 상황이다.

효율성과 책임성을 바탕으로 한 공공가치 융합이 강조되는 중요한 예는 바로 사회적 기업에서 찾아볼 수 있다(장용석 외, 2015). 사회적 기업은 1970년대에 발생한 유럽의 경제불황에 따른 고실업 문제를 극복하기 위해 모색되었다. 현대 사회의 다양한 경제적·사회적 조건의 변화 속에서 종래 조직들의 한계를 뛰어넘는 혁신적 요소를 강조하면서 등장한 개념인 사회적 기업은 기업지향적 성격을 지니면서도 창출된 이익을 지역사회나 소외된 자들을 위해 사용함으로써 사회적·환경적·윤리적 목적을 동시에 지닌 조직을 의미한다. 즉 사회적 기업은 사회적 연대 강화에 초점을 둔 사회적 경제 개념에 입각하여 보편적 이익을 도모하려는 목적을 지닌다(Dart, 2004; 김경휘·반정호, 2006; 조영복·양용희·김혜원, 2008). 이처럼 사회적 기업은 '사회적 가치'와 '착한 이윤'을 동시에 추구하는 특수한 조직형태라 할 수 있다(≪조선일보≫, 2012.11.24).

사회적 기업의 폭발적인 확대현상 이면에는 배타적인 것으로 간주되어왔던 사회적 가치 및 경제적 가치의 조화를 중시하게 된 배경이 자리하고 있다. 앞서 언급한 공공가치 융합시대의 도래 이전까지 경제적 발전(progress)과 사회적 정의(social justice), 경제적 가치와 사회적 가치, 효율성과 형평성 등은 동시에 추구할 수 없으며 상충하는 관계로 여겨져 왔다. 과거 다양한 사회문제의 해결은 정부 고유의 영역으로 취급되어왔고, 기업은 이윤 추구의 목적만을 강조해왔다. 그러나 이제 기업은 단순히 수익 창출이라는 고유의 역할을 넘어 사회적 책임의 실천과 새로운 사회적 가치의 추구를 요구받고 있다. 이러한 배경에서 경제적 가치와 사회적 가치라는 서로 상충되는 가치들을 동시에 추구할 수 있도록 고안된 조직형태가 사회적 기업이다. 즉 사회적 기업은 기존 자본주의의 핵심 가치인 이윤 극대화와 시장원리에 더해 사회적 목적과 민주적 가치가 함께 융합된 개념인 것이다.

이상에서 살펴본 것처럼 국가, 정부, 비영리 조직, 기업은 효율성과 책임성이 융합된 새로운 패러다임의 등장과 함께 성장과 분배, 발전과 보존, 이성과 감성, 창의와 규율 등 상충된 가치의 동시적인 실현을 다방면으로 요구받고 있다. 이는 발전과 정의라는 보편적 규범이 전 세계적으로 확산됨과 동시에 국가, 정부, 기업, 비영리 조직, 개인들이 역능적 행위자로서의 지위를 얻으면서 나타나게 된 현상이다. 또한 이는 공공부문뿐 아니라 민간영역에 이르기까지 그 운영원리를 근본적으로 변화시키고 있다.

3) 공공가치 융합의 의미와 도전

공공과 민간을 막론하고 사회에서 요구되는 다양한 가치들을 동시에 추구하는 공공가치의 융합현상은 이제 주지의 사실이다. 발전과 정의에 관한 보편적 규범이 전 세계적으로 확산되고 개인에게로까지 역능적 행위자성이 확대된 결과, 다양한 경영원리가 등장했고 때로는 이런 경영원리와 가치 간에 충돌이 발생하기도 한다. 효율성과 책임성의 융합을 기본으로 이성과 감성의 공존, 창의와 규율의 결합 등 상충된 가치들을 동시에 추구해야 하는 상황에 직면하게 된 것이다.

그렇다면 다양한 가치의 융합을 통한 사회운영 패러다임의 변화는 어떠한 효과를 가져올 것인가? 공공가치 융합이 조직, 그리고 사회 전반에 지니는 의미는 과연 무엇일까?

먼저, 공공-민간 영역에서 공공가치 융합 패러다임이 개별 조직수준에 미치는 영향을 생각해보자. 융합가치 패러다임은 조직으로 하여금 다양한 가치와 새로운 관리 패러다임을 선도적·전략적으로 수용하게 함으로써 조직의 성과를 향상시키고 생존가능성을 높이는 등 여러 긍정적 효과를 가져올 수 있다. 반면 조직관리 패러다임이 변화하고 다양한 가치가 공존한다는 점은 의사결정에서 고려해야 할 사항이 다양해지고, 절차적 정당성을 확보하기 위한 시간이나 노력이 추가로 소요된다는 의미이기도 하다. 특히 조직 변화에 대한 구성원의 수용성이 낮거나 충분한 합의가 없을 경우 변화에 대한 저항을 촉발하거나, 조직 내 구성원 간의 긴장과 갈등이 고조될 수도 있다. 조직에 대한 구성원들의 충성도나 일체감이 낮아지는 의도치 않은 결과가 발생할 수 있는 것이다.

공공가치 융합은 사회 전체의 수준에서도 다차원적인 결과를 낳을 수 있다. 다양한 가치와 원리의 공존을 통해 사회시스템이 진화·발전할 수 있다는 점은 융합 패러다임이 가져올 긍정적 효과이다. 그뿐만 아니라 조직 및 사회 변화를 위한 자원의 수요가 증가됨에 따라 관리 패러다임의 변화에서 중심적 역할을 담당하는 전문가 집단이나 자율적 결사체 등 새로운 사회집단 유형의 성장을 촉진하는 부차적인 효과도 존재할 수 있다. 그러나 조직경영에 관한 사회의 요구와 압력이 다양화되고 그 기대수준이 높아짐에 따라 상시적 변화 요구에 따른 개혁 피로증이 발생할 수 있으며, 조직 변화의 의도된 결과가 기대에 미치지 못하는 일이 반복적으로 나타날 경우 사회적으로 냉소주의가 확산되는 등의 부작용 또한 없지 않다.

다양한 가치의 융합적인 동시 수용은 고비용을 수반하게 되므로 조직들이 다각적이고 때로는 상충되는 가치를 포괄하는 경영원리를 모두 내재화하는 것을 꺼릴 수 있다. 효율성과 책임성 등 상충되는 가치가 동시에 추구되다 보니 이들 간의 완전한 결합이 이루어지지 않는 한 조직의 근본적인 목적, 존재의 가치를 상실할 수도 있다. 또한 융합 패러다임을 수용하여 여러 관리기법의 개혁을 실시했다고 하더라도 실제 기대했던 효과가 발휘될 것이라고 장담하기 어렵고, 그 효과가 발휘되기까지는 상당한 물질적·시간적 비용이 소요될 수 있다(조희진, 2014).

실제 효율성과 책임성, 성장과 배분, 발전과 보존, 이성과 감성, 창의와 규율 등의 상충적이며 상반된 가치를 수용하는 과정은 다양한 이해관계자들의 의견을 조율하는 다각적인 노력을 필요로 한다. 사회 구성원들이 추구하는 가치의 스펙트럼이 넓기 때문에, 어느 한쪽의 입장만을 수용하는 것이 불가능한 까닭이다.

이는 공동체적 관점을 바탕으로 조직을 둘러싼 사회 전반을 함께 발전시킴으로써 공통의 가치를 창출하려는 '공생'의 노력이 융합가치 시대에 매우 중요하게 작용할 수 있음을 시사한다(Porter and Kramer, 2011). 다양한 가치를 수용함으로써 영역 간의 차이를 줄이고 서로 융화됨으로써 정부, 시장, 사회가 함께 어우러져 공동의 문제를 해결해나갈 수 있기 때문이다. 장기적 측면에서 융합가치 패러다임이 지닌 잠재력과 긍정적 효과를 이끌어내기 위해서는 발전과 정의라는 두 보편적 규범이 조화된 공생가치가 무엇보다 중요하다. 공생가치의 강조는 산업사회에서 지식사회로, 권위주의 시대에서 수평적 네트워크 시대로 변화하면서 거버넌스, 즉 정부, 시장, 사회와의 협력·협치가 중요해진 것과 맞물러 그 의미가 더욱 크다.

3. 융합에 따른 대응: 사회적 혁신 생태계

1) 융합시대에서 '공생'과 '협력'의 의미

융합사회는 근대 산업사회에서 흔히 발견되는 명확한 경계 설정, 분리와 배제, 표준화를 지양한다. 근대 산업사회의 발전동력이 일원화된 구조와 갈등의 배제를 통한 효율적 추진체계에 있었다면, 융합사회에서는 탈중심성에 기반을 둔 다양성의 인정, 상충적 가치의 동시적 추구, 갈등 수용을 통한 진화라는 새로운 틀을 허용한다. 따라서 융합사회에서는 동일한 현상과 행태에 대한 다차원적인 규정이 가능하다. 근대 산업사회에서 '발전'과 '보존'이 서로 합치되기 어려운 개념이었으나 오늘날 '지속가능한 발전'과 같이 새로운 개념으로서 재구성되는 것처럼 말이다. 근대 사회의 폐쇄적인 위계구조는 현대 융합사회의 개방적인 네트워크를 통한 소통으로, 현실과 이성을 강조하던 일원적 발전기제는 이제 가상성과 감성을 수용하는 다원적 발전기제로 확대되었다(장용석 외, 2011).

효율성과 책임성의 융합으로 공익 실현의 주체가 공공부문에서 민간부문으로까지 확대되고 정부와 시장 간의 상호작용이 활발해짐에 따라 공공-민간 부문의 구조나 관리방식, 정책수단의 성격 등은 급격히 변화하는 상황이다. 주목할 만한 사실은 이렇듯 여러 가치가 동시에 수용되고 공존함에 따라 '공생'과 '협력'의 중요성이 확대되고 있다는 점이다. 공생이란 '둘 이상의 조직이 어떤 매개의 수단으로서 연결되기보다는 호혜적인 차원의 진정한 협력을 바탕으로 공동의 노력을 기울이는 상태'를, 협력이란 '둘 이상의 조직 혹은 개인 등이 공통의 목표를 향해 함께 힘을 모으는 것'을 의미한다(장정주·조헌진, 2005).

국가의 권위가 약해진 반면 개별 조직과 개인들의 영향력은 강해지면서 사회를 둘러싸고 있는 핵심주체들이 서로 어우러져 협력하는 공동의 자세가 그 어느 때보다 요구되는 상황이다(Knill and Lehmkuhl, 2002; Kooiman, 1993; Pierre, 2000). 그간에는 많은 기업들이 가치창출 범위를 좁게 인식하여 단기 재정성과를 증진시키는 데 몰두하다 보니 고객, 자연자원, 주요 공급자 및 지역공동체 등 조직의 지속가능한 성공을 이끄는 다양한 요인들이 간과되는 측면이 있었다(Porter and Kramer, 2011). 그러나 세계화로 인해 전통적인 강대국가, 거대기업, 엘리트만 보유했던 실질적 권위와 역능성(empowerment)이 군소국가, 일반 조직, 시민을 비롯한 여타 행위자들에게로 확대되고 조직을 둘러싼 다양한 이해관계자들의 가치가 격상됨에 따라 주주, 고객, 직원, 전문가, 지역사회, 정부 등과 함께 나아갈 길을 모색하는 협력의 과정이 요구되기 시작했다(Davis, Whitman, and Zald, 2008; Hwang, 2006; Meyer, 2002). 예컨대 비공식적인 산업규범이나 관행, 사회규범, 환경규약 들을 시행하고 전파하는 데서도 국제기구와 기업, 비영리 조직 등 과거 서로 다른 영역으로 취급되던 주체들 간의 연계는 점차 강화되고 있다(Cutler et al., 1999; 조희진, 2014). 최근에는 협력의 시대라고 일컬어질 만큼 다양한 조직 영역 및 이슈들에서 상호협력의 형태가 빈번하게 나타나고 있다(Murphy, 1998; Pattberg, 2005).

협력이 강조되는 현상은 정부, 시민사회, 기업 간 협치를 의미하는 거버넌스 개념에서 확인할 수 있다. 현대 사회에서 발생하고 있는 문제들은 매우 복잡다기하기 때문에 정부의 독자적인 노력만으로는 해결하기 어렵다. 또한 시민들의 영향력이 커지면서 사회를 둘러싼 모든 이들과 함께 사회문제를 해결해야 한다는 의식이 생겨나기 시작했다. 이에 "사회의 다양한 이해관계자들이 공동의 문제를 해결하기 위해 상호 협력, 경쟁, 또는 대립하는 과정"을 의미하는 거버넌스가 미래지향적 시스템으로 받아들여지고 있다(강황선, 2003; Pierre, 2000; Rhodes, 2000). 시민과 정부, 기업이 파트너가 되어 서로의 가치를 인식하고 함께 협력하는 공생의 원리가 강조되고 있는 것이다(Stoker, 2006).

2) 생태계적 접근의 필요성

공공가치의 융합을 실질적으로 수용하고 이행하기 위해서는 공생의 가치를 바탕으로 한 다양한 행위자들 간의 상생과 협력을 촉진하는 변화가 수반되어야 한다. 이때 비로소 융합가치 패러다임의 긍정적 효과들, 즉 융합시대의 이상 (ideal)을 실현하고 변화에 적극적으로 대응할 수 있다. 우리는 공공가치 융합이 긍정적으로 기능하고 그 효과를 발휘하기 위해서는 다양한 주체들이 유기적으로 연결된 '생태계'적 관점의 접근이 필요하다고 생각한다.

사회과학에서 '생태계'란 개별 조직뿐 아니라 이들을 둘러싼 활동조건 혹은 서식조건을 포괄하는 개념이다. 생태계라는 단어는 1930년대에 영국의 식물생태학자인 아서 탠슬리(Arthur Tansley)가 살아 있는 유기체들이 상호작용하는 지역적 공동체와 이를 구성하는 환경을 가리키기 위해 만든 것에서 출발했다(Kelly, 2015). 생태계의 유기체들은 서로 간에 상호적으로 작용하며 주변 환경과 영향을 주고받는데, 각각의 개체들이 서로 경쟁하면서도 동시에 협조하고, 자원을 공유하며 창조하고, 공동으로 진화한다는 점을 특징으로 한다. 또한 외부의 교란요인들로부터 영향을 받는 경우 이에 대응해 함께 적응한다.

흔히 잘 알려진 비즈니스 생태계를 생각해보자. 기업들은 새로운 혁신을 중심으로 역량을 공동 진화시킨다. 그들은 신제품을 지원하고, 고객의 니즈를 충족시키며, 궁극적으로 다음 단계의 혁신을 구현하기 위해 협력적이면서도 경쟁적으로 함께 일한다(Moore, 1993).

과거 단일 사고체계나 가치로 설명되었던 사회운영 원리는 이제 점차 복잡해지고 있으며, 이때 생태계적인 사고는 경제와 사회를 둘러싼 근본적인 변화를 포착할 수 있는 새로운 관점을 제공한다. 생태계는 다양한 규모의 조직과 개인 등 여러 주체가 참여하며, 협력과 경쟁을 기반으로 상호작용한다. 이렇듯 '공생'에 기반을 둔 생태계를 통해 다양한 주체들은 공동의 혜택을 실현할 수 있다.

융합시대에 경제적 가치와 사회적 가치를 함께 추구하고, 효율성과 책임성이 효과적으로 공존하기 위해서는 그에 따른 제도적인 조직화가 뒷받침되어야 한다. 물론 현대 사회에서 경쟁은 여전히 필수적이지만, 과거와 달리 지속가능한 융합 패러다임의 구현에서 유일한 요인은 아니다. 기존과 같이 경제와 사회 영역을 분리하는 관점보다는 이를 연결시켜 통합적으로 바라보는 관점이 필요하며, 이는 특정 주체나 영역에 초점을 맞추기보다 사회 전반에 걸친 다양한 주체들을 상호보완적으로 바라보는 것에서 비롯한다(김영춘, 2016). 즉 공공가치 융합시대에서 정부와 시장, 공공과 민간, 시민사회 등 여러 주체들 간의 연계를 유기적으로 가능케 하는 생태계적 관점의 접근(사회적 혁신 생태계)이 요구되는 것이다.

3) 사회적 혁신 생태계의 의의

기존의 비즈니스(산업) 혁신 생태계는 기업의 경영전략 관점에서 '주어진 경제·산업 환경과 특정 공간 또는 입지에서 상호작용하는 혁신주체들의 동태적 공동체, 또는 기업의 혁신을 촉진시키는 상호작용 요소들의 결합체'를 의미한다. 이런 의미에서, 기업들이 자신들의 개별 제품과 서비스(offerings)를 고객 지향의 솔루션으로 결합해내는 협력적 연관관계(arrangement)를 비즈니스 혁신 생태계의 핵심이라고 볼 수 있다(Adner, 2006). 그에 따라 비즈니스 혁신 생태계에서는 혁신과정의 참여자를 기술 개발의 내부 주체, 즉 기업, 대학 및 연구소 등 혁신활동을 수행하는 경제주체 중심으로 규정한다. 또한 비즈니스 혁신 생태계에서의 혁신은 "① 수많은 기관(제도)들과 개별 주체들이, ② 수평적 혁신을 통해, ③ 빠르게 변화하는 시장수요에 맞추어 새로운 제품과 새로운 서비스를 목적지향적으로 창출하는 메커니즘을 제공하는 것"으로 이해할 수 있다(김영수 외, 2015).

반면 사회적 혁신 생태계는 단순히 기업 차원에서의 생태계가 아니라 경제·사회 전반에 걸쳐 개인, 조직, 국가 등 보다 넓은 범위를 포괄하는 개념이다. 우리가 제안하는 사회적 혁신 생태계는 '효율'과 '책임', '경쟁'과 '협력'의 원리를 바탕으로 상호 협력하고 교환하는 능동적인 행위자들을 기반으로 한다. 즉 사회적 혁신 생태계는 '사회 전반에 걸쳐 경제적·사회적·환경적으로 상호작용하는 다양한 주체들의 동태적 공동체, 또는 (단순히 기술적 측면의 혁신이 아니라) 사회 전반의 경제적·사회적 가치를 창출할 수 있는 사회적 혁신을 촉진시키는 상호작용 요소들의 결합체'로 정의할 수 있다. 즉 사회적 혁신 생태계란 일종의 유기적 환경체계로서, 다양한 이해관계자들이 공생과 공존의 선순환 관계를 형성하는 네트워크 체계에 해당한다.

그 때문에 사회적 혁신 생태계에서 혁신활동을 수행하는 주체는 비단 경제적·기술적 관계에 국한되지 않으며, 사회적 혁신 생태계는 사회적·환경적 관계를 포함한 제도, 사회적 상호작용과 문화와 같은 비경제적 요소를 포괄하는 공동체로 묘사될 수 있다(Mercan and Goktas, 2011; Durst and Poutanen, 2013). 혁신과정의 참여자 또한 기술 개발의 내부 주체뿐 아니라 개별 조직을 넘어 국가, 타 조직, 시민사회, 사회혁신가 및 개인에 이르기까지 확대된다. 능동적인 행위자들을 바탕으로 한 이 사회적 혁신 생태계 시스템은 '협동'과 '경쟁' 등 다양한 가치에 기반을 두고 생존과 발전 원리를 찾고, '사회적 혁신'을 통해 지속가능하다. 사회적 혁신 생태계에서 다양한 개인, 조직을 포함한 행위자들 간의 상호작용, 제도, 협치(governance) 등이 주요 초점을 이루는 것은 바로 이 때문이다(강민정, 2017).

비즈니스 혁신 생태계에서 기술혁신이 가능하려면 여러 혁신주체와 더불어 다양한 혁신주체들의 지식 교환 및 연계 등 질적인 상호작용, 그리고 효과적인 거버넌스 구조가 뒷받침되어야 한다. 이와 더불어 자금의 흐름, 정부 지원 및 관련 서비스의 제공 등을 뒷받침하는 혁신인프라(연구소, 기술지원센터, 연구장비, 산학융합지구 등) 또한 잘 작동해야 혁신의 성공을 기대할 수 있다. 마찬가지로 사회적 혁신 생태계에서도 정부, 기업, 비영리 조직, 시민사회, 사회적 혁신가 등을 포함한 다양한 혁신주체들의 역량, 이들 간의 효과적인 상호작용, 이들 간의 조율과 협력을 촉진하기 위한 거버넌스, 다양한 정책적 지원을 바탕으로 한 제도라는 요소가 잘 어우러져야 한다(장용석 외, 2015).

지금까지 배타적인 것으로 간주되어왔던 가치들의 조화를 중시하게 된 사고

체계의 변환은 행위주체를 둘러싼 환경의 개념과 범위를 확대하고 이에 속한 여러 이해관계자들과의 상호작용을 증가시켰다. 다양하고 상충되는 가치의 실질적인 수용과 그로 인한 발전은 정부, 기업, 시민사회 등 다양한 행위자로부터의 적극적인 협력과 제도적인 뒷받침이 기반이 된다. 사회적 혁신 생태계의 조성을 통해 정부, 시민사회, 기업 등 다양한 행위자들이 협력하고 활발히 상호작용하며, 이로써 사회 전반에 긍정적인 변화가 나타날 수 있다.

4. 사회적 혁신 생태계 조성을 위한 노력

사회적 혁신 생태계를 구축하는 데 있어 가장 중요한 것은 생태계의 지속가능성을 확보하는 것이다. 그렇다면 생태계의 지속가능성을 확보하고 공공가치 융합에 대응하기 위해서는 어떤 노력이 필요한가? 정부, 지자체, 기업, 민간재단, 시민단체 등 다양한 주체들이 어울려 시너지 효과를 낼 수 있는 상호협력 모델은 무엇인가? 우리는 그에 대한 해답으로 플랫폼의 설계, 분산형 혁신 거버넌스의 구축, 그리고 규칙과 인식의 변화를 제안하고자 한다.

1) 플랫폼의 설계

먼저, 공공가치 융합에 적절히 대응하고 사회적 혁신 생태계를 조성하기 위해서는 정부, 기업, 비영리 조직 등 각 행위주체들의 혁신역량을 증진하는 동시에 이들 간의 상호작용을 촉진하려는 노력이 필요하다. 다양한 가치의 동시 수용은 대개 고비용을 수반하므로 조직들은 융합 패러다임에 기반을 둔 운영원리의 수용을 꺼릴 수 있다. 다양한 조직들이 본연의 목적을 유지하면서도 그와 상충된 가치를 유연하게 받아들이기 위해서는 가치들 간의 완전한 결합과 공존이 이루어질 수 있는 일종의 틀이 필요하다. 소수의 혁신가에 의지하기보다는 사회 전반에 걸쳐 행위자들 간의 가치가 공유될 때 더욱 긍정적인 사회 변화가 가능하다.

생태계 전반의 혁신역량과 상호작용을 증진시키기 위해서는 무엇이 필요할까. 바로 '플랫폼'의 역할이 필수적이다. '플랫폼'은 '커뮤니티가 특정한 목적을 달성할 수 있도록 상호작용할 수 있는 기술적이고 조직적인 환경'으로 정의되는데, 막대한 수의 다른 참가자들을 끌어들이도록 의도적으로 설계된 일종의 생태계적 기반이다(Kelly, 2015). 최근 들어 주목받고 있는 '공유경제' 또한 이러한 플랫폼에 기반을 두고 있다. '공유경제' 플랫폼은 과거 교환·거래가 불가능하던 수많은 행위자들을 연결시키고 이들로 하여금 유휴자산을 공유하게 함으로써, 그 과정에서 상당한 경제적 가치뿐 아니라 사회적 가치 또한 함께 창출하고 있다.

그렇다면 플랫폼을 통한 주요 기대효과는 무엇일까. 먼저 플랫폼은 기존에 중요하게 고려되지 않았던 행위자들, 특히 소규모 조직과 개인의 참여를 일상화함으로써 사회적 행위자의 범위를 크게 확대하고 이들 간의 연결을 가능케 한다. 수많은 조직과 개인이 역능적 행위자성을 통해 자율성과 권한을 부여받고, 경제적 가치와 사회적 가치, 효율성과 책임성이 융합되어 새로운 패러다임이 부각되는 현재 상황에서 정부나 대기업과 같은 사회 내 기존 주요 행위자들에게 모든 역할을 기대하는 것은 현실적이지 않다.

그러나 플랫폼을 통해 계층과 세대, 규모와 분야를 막론한 수많은 행위자들이 유입되고 공존하게 되면 다양한 관점, 접근, 실험이 뒤섞임에 따라 새로운 형태의 융합가치를 기대해볼 수 있다. 예컨대 최근 각광받는 사회문제 해결형 기술혁신이나 리빙랩(living lab) 등은 기존의 R&D나 과학기술을 사회적 가치와 결합시킨 새로운 융합적 요소이며, 이 또한 시민사회 조직과 과학기술 그룹의 연계에 기반을 두고 있다(송위진, 2017). 플랫폼의 구축은 적은 자원으로도 사회적 혁신을 가능케 하며, '협력'과 '공생'을 바탕으로 하는 사회적 혁신 생태계에서 가치 융합 패러다임을 구현하는 데 중요한 기반을 제공할 수 있다. 이는 곧 시장에서의 경쟁력을 손상시키지 않고도 사회적 가치를 추구함으로써 공공가치 융합 패러다임을 구현하는 데 기여할 수 있다. 플랫폼은 기존에 주요하게 인식되지 못했던 수많은 행위자들의 참여를 가능케 하며, 융합가치를 실질적으로 구현할 수 있는 기회를 마련한다는 점에서 상당한 의의가 있다.

둘째, 플랫폼은 정책적으로 생태계의 행위자들을 참여·연결시키는 것에서 나아가 공동의 학습과 혁신이 가능한 일종의 장을 마련해준다. 가치 융합을 통한 지속가능한 발전이 가능하려면 각각의 행위주체들이 단순히 '공존'하는 것만으로는 부족하다. 다양한 행위자들이 연계되어 공생·발전한다는 것은 단순히 생태계 내에 여러 행위자들이 동시에 '존재'하는 것을 의미하는 것이 아니라, 그 과정에서 서로에 대한 '학습'을 통해 각자의 역량을 강화시킨다는 더 확장된 의미를 지닌다.

앞서 말했던 것처럼 효율성과 책임성, 경제적 가치와 사회적 가치라는 상충된 원리의 결합과 구현은 기존에 비해 많은 노력과 자원을 필요로 하며, 그 효과 또한 다차원적이다. 개별 조직, 나아가 사회 내에서 다양한 조직들이 융합가치를 구현하면서 나타나는 과정이나 결과 등이 충분히 공유되지 않는다면 융합가치를 실제 구현한다 하더라도 긍정적인 효과보다는 부작용에 직면할 가능성이 크다. 그러나 플랫폼은 성공과 실패의 경험을 공유하고 다양한 행위자 간 상호학습을 위한 통로로 기능할 수 있다. 경험을 공유해 공통의 지식과 아이디어를 축적함으로써 다양한 주체들은 융합가치 구현의 어려움과 문제점에 대해 공동으로 해결전략을 마련할 수 있고 그 과정에서 역량의 증진 또한 기대할 수 있다. 이는 곧 생태계 내의 신뢰를 확보하고 지속가능성을 확보하는 지름길이 된다.

2) 분산형 혁신 거버넌스의 구축

사회적 혁신 생태계의 조성은 융합가치 패러다임을 구현하고 사회가 당면한 제반의 문제를 해결하는 데 주요한 역할을 할 수 있으며, 이는 정부와 기업 등 공공-민간 영역에 걸쳐 유기적인 파트너십이 구축될 때 효과적으로 실현될 수 있다. 그러나 융합가치의 수용이 단순히 조직들의 역량과 상호작용의 증진만으로 이루어질 것이라고 기대하는 것은 바람직하지 않다. 사회적 혁신 생태계의 진화를 위해서는 주요 행위자들 간의 조율과 협력이 강화되어야 함은 물론 이들 간의 자율성을 높여 활발히 생태계 내에 참여할 있도록 도움을 주어야 한다. 즉 기업, 개인 등 다양한 민간주체의 역할을 재정립하고 생태계 내의 유연성과 자생력을 높일 수 있는 시스템을 구축하고 추진해야 한다.

이런 점에서 기존의 거버넌스 모델로부터 탈피한 새로운 혁신 거버넌스가 필요하다. 기존의 정부 주도 모델은 정부를 중심으로 비영리 조직, 사회적 기업, 민간기업, 대학 등 여러 행위자들의 협력과 파트너십을 확장하는 데 중점을 두고 있었다. 그러나 우리는 다양한 행위자들을 조화시키고, 생태계의 지속가능 발전을 도모하기 위해서는 협력의 개념보다 더 발전된 형태의 모델이 필요하다고 생각한다. 경제적 가치와 사회적 가치를 동시에 달성하고, 지속가능한 혁신과 변화를 위해서는 다양한 행위자들의 역할과 정체성을 재정립하고 이들 간의 협력과 혁신경쟁이 동시에 일어나야 한다. 그리고 이러한 혁신 거버넌스가 사회적 혁신 생태계 내부에 견고히 구축될 때 생태계의 발전 또한 기대할 수 있다 (장용석 외, 2015).

혁신 거버넌스의 구축은 '자율'과 '분산' 전략으로 대변될 수 있다. 즉 생태계 내에서 융합가치의 구현과 사회 변화를 위한 중심역할은 기업, 비영리 조직, 사회적 기업, 개인 등 민간부문의 주체들이 담당하도록 하고, 정부는 중장기적인 목표 설정과 그에 대한 지원을 담당하는 정도로 역할을 한정하는 것이다. 다양한 사회적 행위자에 대한 정부의 지원 또한 직접적·물질적인 형태에서 벗어나 간접적인 형태로 바뀌어야 한다. 사회적 혁신과 가치의 융합이 이루어지는 과정에서도 정부가 이들에 대한 규제를 통해 목적을 실현하는 것은 바람직하지 않다. 오히려 이들의 활동과 내용에 대해서는 각 행위자의 재량에 맡기되, 적절히 목적을 실현하도록 방향을 유도하고 사회적 합의를 높이는 방식으로 거버넌스의 내용이 바뀔 필요가 있다(정한울, 2017; World Bank, 2013).

이를 위해서는 무엇보다 공공부문의 역할과 기능에 대한 재정립이 필요하다. 즉 정부는 현재와 같이 기획, 집행 등의 모든 역할을 독자적으로 담당하는 것이 아니라 생태계 각 부문에서 자율적이고 분산적으로 변화가 촉진되도록 도움을 주는 일종의 사회적 촉매제(social driver) 역할을 담당해야 한다. 정부는 각종 사회 이슈나 문제에 대해 해답을 제공(providing solution)하기보다는 다양한 사회 내 행위자들을 역능화(empowering)하고 이들이 사회적 혁신과 발전을 도모할 수 있도록, 조력자(enabler)로 정체성을 바꾸는 것이 필요하다(Eggers and Macmillan, 2015).

기업, 시민사회 등 다양한 행위자들의 협력에서도 정부는 이들의 물리적·강제적 협력을 꾀하기보다, 서로가 배타적인 '경쟁자'가 아닌 사회와 더불어 성장을 꾀하는 동반적 협력자라는 인식을 널리 확산시키는 전략을 취할 필요가 있다. 예컨대 기업이 다른 조직과 파트너십을 맺는 경우를 생각해보면, 과거에는 기존의 재무적 관계(financial relationship)에 치중한 연계가 중심이었다. 그러나 이제는 공통의 정체성과 목표에 기반을 둔 관계(identity relationship)로 연결의 범위를 확장함으로써 협력의 형태를 전환하는 것이다.

결국 분산형 혁신 거버넌스에서 정부는 더 이상 연결의 '주도자'가 아니다. 분산형 혁신 거버넌스에서 정부는 '조력자'로서 외부의 파트너 및 행위자들이 지식, 기술 등을 공유하고 공동의 경제적·사회적 가치를 창출(co-creation)할 수 있도록 환경적 기반을 마련해주는 역할을 수행해야 한다.

3) 규칙과 인식의 변화

마지막으로 규칙과 제도, 인식의 측면에서 융합 패러다임의 수용을 이끌어내고 사회적 혁신 생태계의 조성을 촉진하기 위한 방안에 대해 생각해볼 수 있다. 지속가능한 사회를 구현하기 위해서는 기업과 국민의 인식을 변화시키고 사회적 책임이 자발적으로 이루어질 수 있는 기회구조의 구축이 선행되어야 한다. 이는 경제적 보상이나 네트워크의 장, 교육, 홍보 등을 통해 기존의 관성에서 벗어나 사회 구성원들의 인식을 제고하고 여러 정책적 인센티브를 제공하는 것에서 출발할 수 있다.

먼저 경제적 가치와 사회적 가치의 동시 달성을 위해 사회적 가치에 일종의 보상을 실시하는 정책이나 제도를 고민해볼 수 있다. 지금까지 시장원리가 경제성에 기반을 둔 채 운영되고, 책임성보다 효율성이 강조되어온 것은 경제적 가치와 달리 사회적 가치에 대한 보상이 거의 전무했기 때문이다. 사회적 가치 창출이 비용으로 인식되는 지금의 관행은 사회적 가치를 창출하기 위해 경제적 가치를 포기해야 한다고 생각하도록 만들 수 있다.

하지만 공공가치의 융합적 전환과 함께 경제성과 효율성에 더해 사회성과 책임성의 가치가 더욱 중요해짐에 따라, 장기적인 사회적 혁신 생태계의 지속가능성을 확보하기 위해서는 사회적 가치와 경제적 가치, 즉 융합가치 간의 연결고리를 긴밀히 만드는 것이 필수다. 융합 패러다임의 실현과 그 긍정적 효과를 확대하기 위해서는 다양한 행위자들의 '사회적' 역할에 대한 일종의 보상과 인센티브가 필요하다. 예를 들어 실제 사회적 후생에 기여한 부분에는 조세 감면 등의 인센티브를 제공함으로써 사회적 후생을 고려한 기업활동이 이루어지도록 이들의 유인구조를 변화시키는 노력이 일종의 대안이 될 수 있다(최태원, 2014). 현재의 정부재정 투입이나 성과관리도 투입(input) 대비 얼마나 많은 산출(output)이나 결과(outcome)를 냈는가보다는 투입 대비 얼마나 많은 임팩트(impact)를 창출했는지 고려하는 방식으로 바뀌어야 한다.

공기업이나 민간기업의 경우 경제적 가치와 효율성을 중시하고 형식적으로 사회적 책임을 실천하는 것에서 벗어나 실질적인 사회적·환경적 책임을 이행하는 것이 필요하다. 만일 개별 조직들이 발생시킨 사회적 가치가 구체적으로 얼마의 화폐가치를 지니는지 측정·평가하고 그 결과에 대해 경제적으로 보상한다면, 사회적 성과 창출에 투입되는 비용 자체를 줄일 수 있을 것이다. 이는 사회적 가치와 경제적 가치 간, 그리고 효율성과 책임성이라는 이질적 가치의 융합을 더욱 공고하게 하며, 경제적 가치와 사회적 가치 간의 간극을 줄이고 사회적 혁신 생태계 내에서 자원이 선순환되도록 도움을 줄 수 있다. 나아가 사회문제 해결 등을 통한 사회적 가치 창출이 경제적 성과의 창출과 직결된 사회적 기업가 정신을 함양시켜 보다 다양한 사회문제 해결에 뛰어드는 등 부차적인 사회 변화 또한 기대할 수 있다.

그리고 다양한 조직과 개인, 특히 민간영역의 대표적 주체인 기업의 사회적 역할 확대를 둘러싼 우호적인 문화와 공감대를 형성하는 것이 필요하다. 사회적가치연구원의 「2016 사회적가치 서베이」 조사결과에 따르면 시민들의 절반 이상이 기업의 사회적 가치 창출 노력에 대해 긍정적으로 평가하면서도, 이들의 사회적 책임 활동에 대해서는 부정적으로 인식하는 경향이 높았다. 특히 기업의 사회적 가치 창출 과정에서 나타나는 자기이익 추구나 정부 또는 비영리 조직 등과의 갈등에 대해 많은 우려를 보이고 있었다. 사회적 혁신 생태계에서 기업을 주요 행위자로 참여시키고 이들이 사회적 가치를 지속적으로 창출할 수 있게끔 만드는 동인(motive)을 제공하려면, 기업의 확대된 사회적 역할에 대해 인식을 제고해야 한다. 따라서 기업의 사회문제 해결과 사회적 책임 활동 확대에 대한 사회적 지지와 합의를 높일 수 있는 인식 전환을 꾀하는 것이 요구된다.

5. 결론

다양한 가치를 융합적으로 수용할 경우 개인의 존엄성 확대, 삶의 질 향상, 조직의 장기적인 경쟁력 확보를 비롯하여 사회의 지속가능한 발전에도 기여할 수 있다(Frank et al., 1995). 이는 환경보호, 복지, 사회정의, 공동체적 가치 등을 실현함으로써 개인과 조직의 안정성 및 성장잠재력을 키우고 국가와 사회의 질적 성장, 지속가능한 발전으로까지 이어지게 하는 일종의 로드맵 역할을 한다. 또한 다양한 가치의 동시 수용은 행위주체를 둘러싼 환경의 개념과 범위를 확대하고 이에 속한 여러 이해관계자들과의 상호작용을 증가시켜 서로 간의 신뢰를 높인다. 이를 통해 사회의 다양한 구성원들을 아우르고 통합하는, 좋은 사회(good society)로의 발전을 가능케 할 수 있다(Galbraith, 1996).

중요한 것은 다양한 인센티브 제도를 설계함으로써 효율성과 책임성이라는 상충된 가치의 간극을 줄이고, 그 연결고리를 긴밀히 하려는 노력을 마련하는 것이다. 가치융합적인 태도를 바탕으로 상충되는 가치들을 유기적으로 연계할 때 경제적 성과와 사회적 성과가 선순환한다는 연구결과는 공공가치의 융합이 지닌 긍정적인 측면을 단적으로 보여준다(조희진·장용석, 2016). 융합적 운영원리를 받아들이는 데는 많은 비용이 소요되지만, 이것이 의례적인 몰입에 그치는 것이 아니라 실질적으로 이행된다면 훨씬 더 큰 편익을 기대할 수 있다.

효율성과 책임성의 융합이 패러독스의 상황으로 끝나지 않고 좋은 사회로의 발전, 국가의 번영으로 이어지도록 하기 위해서는 생태계적 관점의 노력이 그 무엇보다 핵심적이다. 성숙한 사회적 혁신 생태계의 조성을 통해 정부, 시민사회, 기업 등 다양한 행위자들이 협력하고 활발히 상호작용하며, 이를 통해 사회 전반에 긍정적인 변화를 가져올 수 있다. 이를 위해서는 플랫폼의 활용을 통해 상호 의존하는 다양한 행위주체들의 혁신역량을 강화하고, 이들 간에 협력과 학습의 장을 형성하는 것이 무엇보다 중요하다. 특히 민간부문의 자율성을 촉진하는 동시에 이들이 공공부문과도 유기적인 협력을 이루도록 분산형 거버넌스 모델을 구축해야 한다. 더불어 이들의 새로운 정체성과 사회적 역할을 재정립할 수 있도록 제도적 지원이 이루어져야 한다. 사회 전반에 걸쳐 지속가능한 사회적 혁신 생태계를 구축할 수 있도록 인식의 변화와 규칙의 변화 또한 이어져야 한다.

다양한 가치들을 조화롭게 수용하고 이행할 수 있도록 여러 제도적 장치를 마련하고, 이를 위한 생태계적 기반을 구축함으로써 사회의 발전과 변화에 대응하려는 전략이 그 무엇보다 필요한 때다.

제11장

기업활동의 사회적 가치 측정*

화폐가치 환산을 중심으로

라준영 (가톨릭대학교 경영학부 교수)

1. 들어가며

전 세계적으로 기업활동의 규모와 영향력이 급격히 커지면서 시장실패로 인한 사회문제의 심각성과 복잡성이 증가하고 있다. 그 결과 기업의 사회적 책임 (CSR: corporate social responsibility)과 사회적 가치 창출에 대한 사회의 기대도 높아지고 있다. 학계에서도 기업은 주주의 소유물이 아니라 다양한 시장·비시장 이해관계자 간 계약의 결합체(nexus of contract)라는 시각(Bainsbridge, 2002)이 지지를 얻으면서 기업의 사회적 역할에 대한 인식도 달라지고 있다. 기업의 사명이 주주의 목적인 이윤 극대화가 아니라 다양한 이해관계자에 대한 책임을 다하고 사회적으로 필요한 가치를 창출하기라는 것이다.

2008년 국제 금융위기 이후 세계 경제는 급격히 주주 자본주의에서 이해관

---

*이 원고는 필자와 공동 연구자가 발표한 관련 연구논문, 연구 보고서, 사례연구 등을 모아 수정·보완·재구성한 후 필자가 공동 연구자를 대표하여 작성한 것임을 밝혀둔다.

계자 자본주의로 진화해가는 듯한 양상을 보여주고 있다. 기업사회에서 기업의 이해관계자 관리 성과를 강조하는 CSR 활동이 보편화되면서, 기업의 ESG(environmental, social, and governance) 성과를 고려하는 사회책임투자(SRI: socially responsible investment)의 비중이 10년 사이에 전체 자본시장의 7%에서 30%로 성장한 것이 대표적인 예다(연합뉴스, 2017). 최근에 기업의 경제적 가치 창출과 함께 사회적 가치 창출도 가능하다는 공유가치창출(CSV: creating shared value)이 주목받는 것도 같은 맥락이다(Porter and Kramer, 2011).

비영리·사회 부문(social sector)에서도 실제 창출된 사회적 가치를 중시하면서 시장과 기업 운영원리를 이용해 사회문제를 효과적·효율적으로 해결하는 사회적 기업이 시장·정부·비영리 실패를 극복하는 새로운 대안으로 주목받고 있다. 아울러 사회적 가치를 창출하는 사회적 목적 조직을 대상으로 금융시장의 기제를 활용하여 자금을 제공하는 사회적 금융도 활성화되고 있다. 이처럼 그 동안 상충관계(trade-off)로 여겨졌던 경제적 가치와 사회적 가치를 시장원리와 기업활동을 활용하여 동시에 추구할 수 있다는 시각이 보편화되고 있다.

그러나 여전히 이론적으로 사회문제는 시장이 해결할 수 없기 때문에 시장실패가 불가피하다는 것이 정설이다. 그리고 현실적으로는 시장실패의 결과가 사회문제이기도 하다. 이는 무엇보다 기업활동을 통해 발생한 사회적 편익과 비용이 시장의 가격기구에 반영되지 않아 효율적인 자원 배분이 일어나지 않기 때문이다. 결국 이 문제는 기업이 창출한 사회적 가치를 측정하여 시장의 가격기구에 내재화함으로써 해결할 수 있다. 이를 통해 시장이 기업의 사회적 가치 창출 활동을 보상하고 사회적 가치가 시장의 선택 압력으로 작용하게 하여 자원 배분의 효율성을 높일 수 있다. 그 결과 생산자와 소비자 후생뿐만 아니라, 사회적 가치도 시장을 통해 극대화될 수 있다.

일반적으로 기업이 창출한 경제적 가치는 기업회계를 통해 측정할 수 있다. 측정된 회계정보는 가격기구가 시장에서 정상적으로 작동할 수 있는 기반을 제공한다. 그러나 기업회계는 기업이 창출한 사회적 가치를 대부분 인식하지 못한다. 이 장에서는 기업회계에 사회적 가치를 반영할 수 있는 기반을 마련하기 위하여 기업활동의 사회적 가치와 사회성과 측정에 관한 기본적인 논의를 간단히 정리하고, 사회적 가치를 화폐가치로 환산하여 측정하는 방법론을 소개하고자 한다.

2. 기업활동과 사회성과 측정

1) 사회적 가치와 사회성과 측정

사회적 가치의 개념적 정의는 크게 사회학적 관점과 경제학적 관점에 따라 다르다. 사회학적 관점에서는 가치를 인간 삶에서 궁극적으로 바람직하며 타당한 것으로 정의하며, 정의·공정·평등·관용·참여·공존·연대·협력·호혜성 등 규범으로서의 사회적 가치를 강조한다. 이러한 사회적 가치에 대한 이해는 '사회문제론'으로 이어져 '사회의 가치, 규범, 윤리 등에 비추어 바람직하지 않아서 시정이 요구되는 사회현상'을 사회문제라고 하고(김종일, 2005), 사회문제를 해결하는 것이 사회적 가치라고 본다. 사회문제는 크게 개인복지, 사회평등, 사회제도, 삶의 질을 위협하는 문제로 구분한다(Parrilo et al., 1999; 박용순 외, 2012). 이러한 문제를 해결하여 사회의 다수가 바람직하다고 생각하는 방향으로 사회를 변화시키는 것이 사회적 가치이다.

경제학적 관점에서는 가치를 사람들의 욕망, 필요, 효용으로 이해하고 생산물로서의 사회적 가치를 강조한다. 정부, 기업, 비영리조직 등 사회의 모든 조직을 사회가 필요로 하는 가치를 창출하는 생산조직으로 이해한다. 이러한 가치는 재화와 서비스의 형태로 구현되어 사회적 필요를 충족한다. 대부분의 사회적 수요는 자원 배분의 효율성이 가장 높은 시장기제를 통해 충족되지만, 외부성(Buchanan, 1962), 공공재(Samuelson, 1954), 가치재(Musgrave, 1957) 등의 시장실패 요인 때문에 사회적으로 필요한 양만큼 공급되지 못하는 경우도 많다. 이러한 수요를 해결하는 것을 경제학에서는 사회적 가치라고 이해한다. 특히 사회 구성원이 중시하는 가치이지만 시장의 가격기구에 반영되지 않아 시장이 제대로 작동하지 않는 가치 창출에 주목한다.

조직활동의 결과물로서의 사회적 가치를 '사회성과'라고 한다. 기업회계에서 사회적 가치 측정은 결국 조직활동의 성과인 사회성과를 측정하는 것이다. 사회성과는 기업활동의 경제적 결과물인 재무성과에 상응하는 회계적 개념이다. 따라서 사회성과는 기업활동을 통해 발생한 사회적 편익과 비용의 차이로 측정할 수 있다. 이때 사회성과의 기준은 사회학적 관점에서 사회문제와 관련이 있고 경제학적 관점에서 시장의 가격기구에 반영되지 않은 가치여야 한다.

사회성과는 그림 11-1과 같이 논리모형(logic model)에 따라 크게 투입(input), 과정(process), 산출(output), 결과(outcome), 영향(impact)으로 구분할 수 있다 (Wholey, 1979). 사회성과는 사회에 가져온 궁극적인 변화를 의미하는 '영향'을 측정하는 것이 바람직하다. 그러나 사회적 영향은 중장기적인 결과로서 측정하기가 어렵고, 측정하더라도 기업활동과의 인과관계가 복잡하여 해당 기업의 기여분을 객관적으로 파악하기가 어렵다. 다양한 조직과 이해관계자의 상호작용의 결과로 사회적 영향이 만들어지기 때문이다. 그래서 대규모 개발 사업의 정부 인허가 과정에서 사업의 중장기적인 사회적·환경적 영향을 평가하는 환경영향평가, 사회영향평가를 제외하고, 조직단위의 사회성과를 평가하는 경우 대

그림 11-1 논리모형과 사회성과의 측정

사회성과 유형	정의	측정지표의 예
투입 (input)	기업활동에 사회적 가치 창출을 위한 투입물	장애인 근로자에게 지급한 임금
과정 (process)	기업의 활동과정에서 발생한 성과	장애인 고용 및 노동 과정에서의 인권 존중
산출 (output)	기업 생산활동의 결과물과 관련한 직접 성과	장애인 고용인원 수
결과 (outcome)	기업과 관련된 사회적 수혜자의 개인적 삶에 일어난 변화	고용된 장애인에게 일어난 삶의 질의 변화
영향 (impact)	기업활동의 결과 사회적으로 일어난 변화	장애인 고용의 사회적 확산

부분 '결과' 위주의 측정을 하고 있다. 결과의 측정이 어려울 경우 차례로 산출, 과정, 투입을 대리지표로 측정하기도 한다.

2) 사회성과의 측정도구

표 11-1과 같이 조직활동의 사회성과를 측정하는 도구는 지난 20년간 시장 부문인 제2섹터와 사회부문인 제3섹터에서 동시에 개발·활용되어왔다. 제2섹 터에서는 대기업의 CSR, 지속가능경영(business for sustainability) 등이 강조되면 서 투자자를 비롯한 외부 이해관계자에게 기업의 사회·환경 성과를 보고하는 다양한 가이드라인이 발표되었다. 또한 투자 의사결정에서 기업의 재무적 가치 와 함께 ESG 성과를 고려하는 SRI 시장이 주류 시장화됨에 따라, 투자자에게 관련 정보를 제공하는 다양한 지수(index)와 가치평가도구(analytics)가 개발·활 용되어왔다.

제3섹터에서도 투입과 과정 중심의 평가를 벗어나서 결과(outcome) 위주의 성과관리가 강조되고, 정부의 비영리 위탁사업 등에서 사회성과와 인센티브를 연계하는 성과보상제(payment by results) 등이 도입되면서, 다양한 형태의 사회 성과 측정도구가 개발되었다. 사용 목적에 따라 회계, 전략계획, 가치평가, 성 과보고서 작성용 등으로 나눌 수 있으며, 환경, 공동체, 고용, 빈곤, 지역경제 활성화 등 특정 분야용 성과측정 도구도 개발되었다. 양 섹터 모두 사회성과 측 정에 사용되는 측정지표는 크게 정량적·정성적 지표로 구분할 수 있고, 설문조 사에 사용되는 등간지표(Likert-scale)도 있다. 측정대상도 정책, 과정, 결과 평가 로 나눌 수 있다.

아직까지 단일한 측정표준은 존재하지 않지만 시장부문에서는 1997년 설립 된 GRI(Global Reporting Initiatives)의 ESG 가이드라인에 따라 기업의 지속가능 성보고서(sustainability report)가 작성·발간되어왔고, 이것이 다양한 평가도구의 기반이 되고 있다(GRI, 2018). 2018년 3월 현재 2만 9399개 조직이 이 가이드라 인에 따라 보고서를 작성·발간하고 있다. GRI 가이드라인은 6세대까지 진화하

표 11-1 사회적 가치 측정 및 평가 도구

부문	분류	평가도구	평가대상			측정지표		
			정책	과정	결과	정량	정성	등간
제2섹터	ESG Guideline	GRI(Global Reporting Initiatives) Standards	O	O	O	O	O	
		ISO26000	O	O				
		AA(AccountAbility) 1000 Assurance Standard	O	O			O	
		IIRC(International Integrating Reporting Council)	O	O	O	O	O	
		SASB(Sustainability Accounting Standards)	O	O	O	O	O	
	ESG Index	DJSI(Dow Jones Sustainability Index)	O	O	O	O	O	
		FTSE4Good Index	O	O	O		O	
		MSCI KDI 400 Social Index	O	O	O		O	
		Davos Global 100(Corporate Knight)	O	O	O	O		
		기업지배구조원 ESG 평가	O	O	O		O	
		표준협회 지속가능성지수	O	O	O		O	O
	ESG Analytics	Vigeo EIRIS	O	O	O	O	O	
		Thomson Reuters Asset4	O	O	O	O	O	
		Sustainalytics	O	O	O	O	O	
		Ecovadis	O	O	O	O	O	
제3섹터	회계	SROI(Social Return on Investment)			O	O		
		Social Accounting		O	O	O		
	전략경영	Social Enterprise Balanced Scorecard	O		O	O		O
		Social Firm Performance Dashboard				O		O
		Sigma Scorecard	O	O	O		O	
	Analytics	ACAFI(Atkisson Compass Assessment for Investors)	O	O	O	O	O	
		IRIS/GIIRS/B Analytics			O	O	O	
	특정 분야 측정도구	Local Multiplier 3		O	O	O		
		ABCD(Achieving Better Community Development)			O			O
		KSCPI(Key Social and Co-operative Performance Indicators)			O	O		
		Eco-mapping		O	O		O	
		Prove it!			O		O	O
	도구모음	OASES(Outcome Assessment for Social EnterpriseS)	O	O	O	O		
		The Sigma Guideline	O	O	O		O	

여 최근에는 GRI Standards라는 이름으로 새롭게 갱신되었다.

반면 사회부문에서는 사회적 기업 등 사회영향(impact)이 큰 사회적 목적 조직에 투자하는 사회영향투자(impact investing) 시장을 중심으로 IRIS(Impact Reporting and Investment)와 GIIRS(Global Impact Investing Rating System) 시스템이 가장 주목받고 있다(GIIN, 2018). IRIS는 미국 록펠러재단(Rockefeller Foundation)의 후원을 받아 B Lab과 어큐먼펀드(Acumen Fund)가 2010년 개발했으며, 사회성과의 측정 및 보고 가이드라인과 지표은행(indicator bank)을 제공한다. 사회성과 지표는 크게 생산·운영 과정에서 창출한 사회성과와 제품·서비스를 통한 사회성과로 구분되며 농업, 교육, 에너지, 환경, 금융, 보건, 주택, 수자원, 범용지표 등 사회문제 유형별로 지표 후보군을 구성하여 필요에 따라 선택적으로 조합하여 사용하도록 하고 있다.

GIIRS는 IRIS를 기반으로 조직의 사회성과를 측정하여 데이터베이스에 축적한 후 개별 조직의 사회성과 등급을 부여한다. 기업 신용등급 평가와 같은 문제의식에서 사회영향 투자자에게 사회적 가치가 큰 사회적 기업이나 프로젝트에 대한 정보를 제공하는 것이 목적이다. 사회성과의 평가 차원은 크게 거버넌스, 고용, 공동체, 환경으로 구분하며 각 차원별로 비즈니스모델과 성과를 동시에 평가한다. 작은 조직이 많으므로 미래 예상되는 사회성과를 비즈니스모델로 추정하는 것이다. 최근에는 B Lab이 운영하는 B-Analytics로 통합되었는데 B Lab이 축적한 4만여 개 조직의 사회성과 데이터를 활용하여 개별 조직의 사회성과를 점수와 등급으로 평가하고 있다(B Lab, 2018).

3) 사회성과의 유형 구분

사회성과는 그림 11-2와 같이 GRI 가이드라인에 따라 환경(E), 사회(S), 거버넌스(G)로 구분하고, 다시 기업활동에서 가치가 창출되는 위치에 따라 제품·서비스, 내부 가치사슬(공정), 외부 가치사슬(네트워크)로 구분하여 분류할 수 있다. 그 결과 환경성과는 제품·서비스 및 가치사슬 전체 영역에 걸쳐 발생하는데 크게 자원 절감과 환경오염 저감 성과로 나눌 수 있다. 절감한 자원과 저감한 오염물질의 양을 측정한다.

다음으로 사회성과는 가치가 발생하는 위치에 따라 성과유형과 측정방식이 달라진다. 먼저 제품·서비스의 사회성과는 주로 구매자 또는 이용자의 삶의 질이 개선된 효과를 의미한다. 광의의 사회적 서비스로서 복지, 보건, 교육, 문화 분야의 사회성과를 포함한다. 물론 구매자 또는 이용자가 사회적 약자이거나 사회문제와 직접 관련된 계층이어야 한다. 빈곤층, 노인, 장애인, 위기 청소년, 이주민, 탈북민 등이 모두 포함되고 보건의료, 안전, 범죄예방 등 관련 집단을

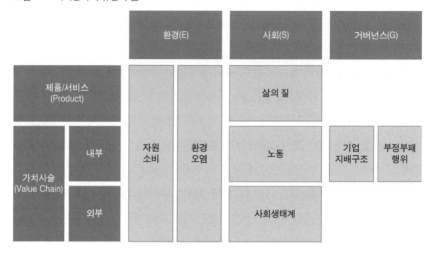

그림 11-2 사회성과의 유형 구분

특정할 수 없는 경우는 서비스 전체의 편익을 사회성과로 인정할 수 있다. 다음으로 노동, 고용, 인적자원관리 등과 관련된 사회성과는 주로 조직 내부에서 발생한 성과다. 현재 한국 사회의 심각한 문제 중 하나인 간접고용과 비정규직 문제 해결, 조직 내 여성, 학력, 연령, 지역, 성소수자 차별 해소 등의 사회성과가 포함된다. 사회생태계 성과는 외부 가치사슬이나 지역사회에서 발생하는 사회성과로서 공정무역, 공정여행, 소농·소상공인 지원 등을 통한 빈곤지역의 경제 활성화와 빈곤층의 소득개선 효과가 대표적이다. 또한 양의 외부성을 띠는 사회문화적 자산의 증대, 기부생태계의 활성화, 참여민주주의 시민역량 강화 등의 사회적 가치도 사회생태계 성과로 분류된다.

마지막으로 거버넌스(G) 성과는 기업 지배구조의 투명성과 부정부패 행위와 관련된 사회성과로서 가치사슬 내부의 성과다. 지배구조가 우수한 기업은 이해관계자에 대한 사회책임 경영에도 적극적이라는 점에서 사회성과로 분류할 수 있다.

4) 사회성과의 화폐가치 환산

기업의 본원적인 활동은 주로 시장을 통해서 이루어진다. 시장의 효율성에 대한 설명은 애덤 스미스의 '보이지 않는 손'이 유명하지만, 최근 진화경제학에서는 시장은 생명세계처럼 변이, 선택, 복제의 진화원리가 작동하는 일종의 디자인 규칙이자 솔루션 알고리즘이라고 한다(Beinhocker, 2006). 시장은 새로운 기술, 제품, 서비스가 끊임없이 출현했다가 사라지는 혁신의 전시장으로서 새로운 가치 창출에 가장 효과적이다.

이러한 시장의 효율적인 자원 배분과 혁신 능력은 시장에서 가격기구가 작동하여 공정한 경쟁이 펼쳐지기 때문이다. 즉 시장가격이 거래과정에서 교환되는 가치에 관한 정보를 모두 담아내기 때문이다. 시장에 참여한 거래주체들은 가격이라는 정보에 반응하며 자신의 편익-비용을 최대화하는 의사결정을 한다. 사실상 가격이 '보이는 손'의 역할을 하는데, 문제는 사회적 가치가 큰 기업활동의 경우 그 과정에서 발생하는 다양한 사회적 편익과 비용을 가격에 제대로 반영할 수 없다는 점이다. 그 결과 사회적으로 바람직한 편익(예: 윤리적 제품)은 가격보상이 일어나지 않아서 사회적으로 필요한 양만큼 충분한 공급이 일어나지 않고, 해로운 것(예: 환경오염)은 그 비용을 지불하지 않기 때문에 지나치게 많은 양이 공급되는 결과를 빚게 된다. 이러한 시장실패를 극복하기 위해서는 사회적 편익과 비용을 가격기구에 내부화(internalize)하는 노력이 필요하다(Tresche, 2008). 결국 기업활동이 창출한 사회성과를 화폐가치로 환산하여 가격기구에 통합하기 위한 노력이 필수적이다.

사회성과를 화폐가치로 환산하면 사회적 가치를 제품과 서비스의 가격에 반영할 수 있을 뿐만 아니라 기업가치 평가에 반영하기가 용이해 사회적 제품시장과 함께 사회적 자본시장도 활성화될 수 있다. 또한 다양한 유형의 사회성과를 동일한 기준으로 비교 평가할 수 있으며, 측정방법의 반복 적용이 용이해 신뢰성을 확보할 수 있는 장점도 있다. 기업활동뿐만 아니라 사회정책의 타당성 및 실제 성과를 평가할 때도 비용·편익분석이 용이하여 활용도가 매우 높다.

그 동안 개발된 조직단위 사회성과 측정법 중 사회성과를 화폐가치로 환산할 수 있는 방법론은 SROI(Social Return on Investment)가 거의 유일하다. 2000년 미국의 사회적 기업 투자 재단인 REDF(Roberts Enterprise Development Fund)가 개발했으며(REDF, 2000), 현재 미국과 유럽의 사회영향 투자자를 중심으로 SROI를 활용하는 사례가 늘어나고 있다. 그러나 실무적으로 개발된 방법론이어서 이론적으로 여러 약점이 있다. 무엇보다 구성개념과 측정방법에서 타당성과 일관성이 떨어진다. 그 예로 투자의 개념이 불명확하며 사회적 회계의 기준이 일반 기업회계의 개념적 논리와 무관하게 적용되고 있다. 시장실패와 이해관계자 관점의 부족으로 사회적 편익 계산에서 중복회계의 우려가 높고, 사회적 비용의 개념이 자의적이며 측정이 매우 복잡하다(이승규·라준영, 2010).

필자는 그 동안 외부성과 이해관계자 회계의 원리를 기준으로 SROI를 개념적으로 재구성하고, 기업이 창출한 사회성과를 화폐가치로 환산하기 위한 연구를 수행해왔다(이승규·라준영, 2010; 라준영·김수진·박성훈, 2016). 최근에는 사회적 기업의 사회성과를 측정하여 현금으로 보상하는 사회성과인센티브(SPC: social progress credit)[1] 제도를 운영하기 위한 사회성과 측정체계를 개발했으며, 현재 이를 바탕으로 일반 영리 대기업이 창출한 사회성과를 측정하는 DBL(double bottom line) 프로젝트를 진행하고 있다. 이 두 프로젝트를 통해 그림 11-2의 체계를 따르는 사회성과 유형별 표준식을 개발했다. 표준식은 유형별 사회성과를 측정하는 원칙(principle)이자 기본 계산식으로, 측정지표(indicators)와 기준값(proxies), 함수(functions)로 구성된다. 개별 사회성과 지표는 대체로 유형별 표준식을 따르되 실제 상황에 맞게 측정지표와 기준값을 변형하여 사용할 수 있다. 표준식을 직접 적용하기 어려운 경우 표준식의 원리는 유지하되 측정방법

---

[1] 사회적 가치를 보상하는 인센티브이자 거래 가능한 유가증권을 의미한다. 기업이 창출한 사회적 가치에 비례하여 정부가 발행하는 세액공제권이 대표적인 예시다. 2013년 SK그룹의 최태원 회장이 제안했으며, 2015년부터 130여 개 사회적 기업을 대상으로 사회적 기업이 창출한 사회가치를 화폐가치로 환산하여 현금으로 보상하는 실험을 하고 있다.

을 변형한 응용식을 별도로 개발하여 적용했다. 제3절부터는 SPC와 DBL 프로젝트에서 정리한 사회성과의 화폐가치 환산의 원리와 측정방법을 소개한다.[2]

3. 사회성과의 측정원리

1) 이해관계자 회계의 원리

기업의 입장에서 사회란 기업활동과 관련된 이해관계자의 집합이다. 따라서 기업의 사회성과란 기업활동이 각 이해관계자(자연환경 포함)에게 미치는 편익과 비용을 의미한다. 이는 지속가능성 보고서, 사회적 회계 등 현재 기업의 사회성과 측정에서 일관되게 적용되고 있는 원칙이다. 이 원리에 따르면 기업이 창출한 사회성과는 이해관계자별 편익과 비용을 합산한 것이며, 사회적 편익에서 사회적 비용을 뺀 사회적 부가가치와 동일하다.

이해관계자 회계를 수행하기 위해서는 우선 이해관계자별로 계정(account)을 만든 후, 발생한 편익과 비용을 계정에 기입하고 이를 합산하여 사회성과를 측정해야 한다. 그림 11-3은 기업의 사회적 가치 창출 활동에 적용해본 이해관계자 회계의 예시다. 기업이 장애인을 고용할 경우 고용성과는 먼저 근로자 계정에서 가처분소득이 50만 원 증가한다. 이는 근로자의 생활과 근로여건이 나아져 전반적인 삶의 질이 그만큼 개선된 것을 의미한다. 다음으로 정부 계정에서 전년 대비 예산이 50만 원 절감된다. 공익 목적으로 사용할 수 있는 정부의 가용예산이 그만큼 늘어난 셈이다. 두 계정을 합산하면 사회 전체적으로 100만 원의 사회적 편익이 증가한다. 근로자가 가처분소득에서 소득세를 낼 경우 가처분소득은 소득세만큼 줄지만 정부 계정에서 세수가 증가하므로 전체 사회의

2 제3절과 제4절은 사회적 기업을 대상으로 한 SPC 연구보고서(라준영·김수진·박성훈, 2016)의 일부 내용을 일반 영리기업에도 적용할 수 있도록 수정·보완한 것이다.

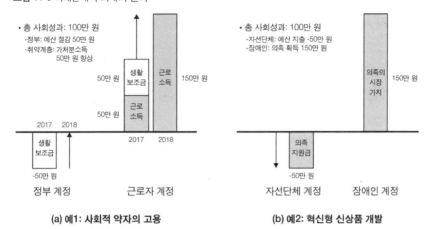

그림 11-3 이해관계자 회계의 원리

(a) 예1: 사회적 약자의 고용 (b) 예2: 혁신형 신상품 개발

관점에서 소득세는 전체 사회적 편익에 영향을 주지 않는다. 두 번째 예로 3D 프린터 기술을 활용하여 새로운 의족을 개발해서 기존 가격(150만 원)보다 저렴한 가격(50만 원)에 자선단체에 판매하여 장애인에게 의족을 제공한 경우다. 장애인은 150만 원 상당의 의족을 무료로 얻었으므로 장애인 계정에서 150만 원의 편익, 자선단체가 50만 원을 지불했으므로 자선단체 계정에서 50만 원의 비용을 합산한 100만 원이 최종 사회성과다. 일반 소비자 시장에서 혁신의 결과 발생한 가격인하는 소비자 후생 증대의 경제적 가치로서 사회성과라고 볼 수 없다. 하지만 사회적 가치 창출을 목적으로 사회적 약자를 위해 개발한 상품의 소비자 후생은 사회성과로 인정할 수 있다. 취약계층의 생활에 필수적인 재화와 서비스에 대한 접근성을 제고하여 취약계층의 삶의 질을 개선한 사회적 가치로 본 것이다.

이해관계자 회계의 원리에 따르면 해당 사회문제 해결과 관련한 정부, 재단 등의 지원금(grant)은 해당 이해관계자 계정의 사회적 비용으로 간주되어 제외된다. 사회적 약자 고용에 대한 정부의 고용지원금, 특정 사회문제 해결을 위해 정부에서 받은 위탁사업비, 또는 사회적 기업이 받은 대기업 사회공헌 사업비 등은 기업이 창출한 사회적 가치를 구매자가 직접 구입하고 보상한 것으로 볼 수 있다. 따라서 이러한 매출과 지원금은 지불한 주체의 계정에서 사회적 비용으로 처리하여 사회성과에서 전액 차감한다. 결국 사회성과의 화폐가치 환산은 시장의 가격기구를 정상화하는 것이 목적이므로 시장에서 미보상된 성과만 사회성과로 인정한다.

2) 준거시장 기준의 원칙

사회성과의 화폐가치화를 위해서는 최대한 재화와 서비스의 현실적인 '시장가격'을 추정하고, 준거시장에 명확한 기준값이 있는 경우만 사회성과로 인정함으로써 가격기구의 왜곡과 시장교란을 최소화해야 한다. 기업이 생산한 재화와 서비스로 인해 발생한 사회적 편익의 시장가격을 추정하는 방법은 크게 가격기반 추정과 비용기반 추정의 두 가지 방식이 있다. 표 11-2는 두 가지 방식의 세부 유형을 설명한 것이다. 세부 유형별 예시는 다음 절에서 소개한다.

표 11-2 사회적 편익의 시장가격 추정 방법

가격추정 방식		내용	우선순위
가격 기반 추정	일반 시장가격	기업이 제공하는 것과 동일한 제품·서비스의 평균적인 시장가격	1
	공급의사 가격	새로운 제품·서비스의 경우, 동종업계의 공급자가 동일한 제품·서비스를 제공할 때 받고자 하는 가격	2
	지불의사 가격	새로운 제품·서비스의 경우, 해당 사회문제의 당사자나 문제해결에 책임이 있는 잠재적 구매자가 지불하고자 하는 가격	3
비용 기반 추정	대체방안 비용	기업이 제공하는 솔루션이 없었을 경우, 최선의 기존 솔루션에 사회가 지불했을 비용	4
	추가투입 비용	제품·서비스에 대한 가격 및 원가 통제가 이루어지는 경우, 사회문제 해결을 위한 추가적인 원가투입분을 사회성과의 가격으로 간주	5

① 가격기반 추정: 시장가격 또는 지불·공급 의사가 발생하는 가격을 기준으로 편익을 추정하는 방식이다. 일반 시장가격 기준, 공급의사 가격 기준, 지불의사 가격 기준으로 구분된다.
② 비용기반 추정: 동일한 품질의 제품 또는 서비스의 시장가격이 존재하지 않아 가격기반 추정이 어려울 경우 비용을 기준으로 편익을 추정하는 방식이다. 대체방안의 비용, 추가투입분의 비용 추정으로 나눌 수 있다. 비용기반 추정방

식은 투입비용을 '최소가격'으로 보고 편익을 추정하는 방식으로서 넓은 의미에서 가격기반 추정방식의 일종으로 이해해도 무방하다.

환경오염, 산업재해, 인권침해 등의 사회적 비용 측정은 기준값에 따라 총량을 측정하는 경우와 법적 기준, 자체 기준, 산업평균, 기준연도 등의 기준값을 충족시키지 못하는 양만을 사회적 비용으로 측정하는 방법이 있다. 한편 환경오염 및 자원소비의 경우는 기업의 생산활동에 비례해서 증가하기 때문에 총량 또는 기준 미달분을 측정하는 것이 기업의 본원적 활동인 생산활동을 위축시킬 수 있다. 이러한 문제점을 해결하기 위하여 제품·서비스 1개를 만드는 데 소요된 원단위(basic unit) 사회적 비용을 측정하여 사회적 비용을 개선하기 위한 기업의 효율성 개선 노력을 독려하는 방법도 있다. 예를 들면 제품 생산량이 증가함에 따라서 특정 온실가스 배출량이 1만 톤 증가하여 사회적 비용의 총량은 증가하지만, 제품 1단위당 온실가스 배출량은 오히려 300톤에서 200톤으로 줄어 환경효율성은 개선될 수 있다. 이때 원단위 온실가스 개선량 100톤에 생산량을 곱하여 환경비용의 개선분을 사회적 편익으로 인정할 수 있다.

3) 보수성의 원칙

사회성과의 화폐가치 환산은 타당성과 신뢰성이 높은 지표와 기준값을 적용할 수 있어야 한다. 해당 사회적 가치를 제대로 반영한 타당성이 높은 지표라 할지라도 데이터 확보, 기준값 설정의 어려움 등으로 인해 신뢰성을 확보하기 어려울 수 있다. 이럴 경우 직접지표 대신 대리지표를 사용한다. 직접지표는 기업활동을 통해서 목표대상이 얻게 되는 실제 편익 또는 가치를 측정하며, 대리지표는 직접지표와 유사한 결과를 제공할 수 있는 기존 서비스 가격을 추정하여 측정한다. 그림 11-4는 GPS(global positioning system)를 이용한 실종예방 기기의 사회성과 측정을 예로 들고 있다. 이 기기의 사회성과는 실제 실종률이 감소하여 피해비용, 처리비용 등의 사회적 비용이 절감된 성과를 추정해야 하는

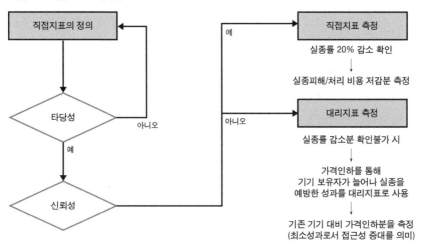

그림 11-4 직접지표와 대리지표

데, 이는 대규모 조사연구가 필요한 일이다. 조사연구가 어려울 경우 실종률 감소라는 직접지표 대신 대리지표를 사용할 수 있다. 그 예로 기존 실종예방 기기의 가격 대비 새로운 예방기기의 가격인하분을 측정한다. 가격이 인하되어 기기 보유자가 늘어난 만큼 실종이 예방되었다고 보는 것이다. 즉 기기에 대한 접근성 제고를 사회적 편익으로 인식하자는 것이다.

사회성과 측정은 일종의 사회적 회계로서 사회적 가치의 과대계상을 최대한 방지해야 한다. 따라서 논란의 여지가 있는 사회성과의 경우 누구나 합의할 수 있는 최소수준을 사회성과로 인정한다. 이를 위해서는 첫째, 전술한 바와 같이 일반적인 소비자 후생은 사회성과에서 제외한다. 기업은 혁신에 기반을 둔 품질 향상과 비용 절감을 통해 일반적인 소비자 후생을 증대시킨다. 예를 들면 가정용 전자제품을 생산하는 영리기업은 기술혁신과 가치혁신을 통해 기존보다 월등한 품질의 신제품을 훨씬 저렴한 가격으로 공급하는 경우 소비자의 편익과 함께 가처분소득까지 증진시킨다. 이러한 혁신활동은 영리시장에서는 당연시되는 행동으로, 이것이 사회성과인지에 대해서는 논란의 여지가 많다. 따라서 사회성과의 화폐가치 환산에서는 일반 소비자 후생은 제외하고 사회문제와 관련된 목표집단에서 발생한 효과만을 사회성과로 인정한다. 둘째, 해당 사회문제를 해결하는 차선의 대안 대비 기업이 부가적으로 창출한 성과를 사회성과로 인정한다. 기업만이 사회문제를 해결하는 것은 아니며, 정부, NPO·NGO, 경쟁기업 등도 사회문제 해결에 동참하고 있다. 따라서 누구나 인정하고 합의할 수 있는 최소수준은 차선의 대안인 정부, 비영리조직, 타 기업 등에 비해 추가적으로 발생시킨 효과만일 것이다.

4. 사회성과 측정의 예

1) 일반 시장가격 추정방식

동일한 품질의 제품 또는 서비스의 일반적인 시장가격이 존재하는 경우 이 시장가격을 기준으로 사회적 편익을 추정한다. 제품·서비스의 내용과 품질은 차선의 일반 시장 서비스(second best alternative service)와 동일하지만, 할인된 가격 또는 무료로 서비스를 제공하여 사회적 목표 집단의 제품·서비스에 대한 접근성을 높여 삶의 질을 높이는 방식이다. 저개발국가의 BOP(bottom of pyramid) 시장에 제공되는 보건의료, 통신, 교육, 금융서비스 등이 대표적이다. 이 방식의 사회성과 개념도와 표준식은 그림 11-5와 같다.

이 방식의 제품·서비스 성과는 일반 시장가격 대비 가격을 할인한 정도로 측정한다. 일반 시장의 제공가격에서 기업의 제공가격을 빼고, 여기에 할인 판매한 총 판매량을 곱한다. 만약 기업이 사회적 약자에게 무료로 서비스를 제공했다면 기업의 미(未)보상 성과는 일반 시장가격과 동일하다. 따라서 이때의 성과는 일반 시장가격에 총 무료제공량을 곱하면 된다. 그리고 목표집단을 위한 할인·무료서비스 제공을 목적으로 외부로부터 지원금을 받은 경우에는 이해관계자 회계 원칙에 따라 이를 사회적 비용으로 간주하여 차감해준다.

표 11-3은 지역주민과 취약계층에게 의료서비스를 제공하는 병원의 서비스

그림 11-5 일반 시장가격 추정방식의 개념도와 표준식

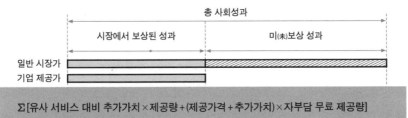

$$\Sigma[유사 서비스 대비 추가가치 \times 제공량 + (제공가격 + 추가가치) \times 자부담 무료 제공량]$$

표 11-3 일반 시장가격 추정방식: 지역 병원

제공 서비스	일반 시장가격	제공가격	단위당 사회적 편익	연간 제공회수	최종(미보상) 사회성과
취약계층 대상 비보험진료비 할인	₩60,000	₩20,000	₩40,000	500회	₩20,000,000
취약계층 대상 건강검진 무료 제공	₩150,000	₩0(무료)	₩150,000	30회	₩4,500,000
합계					₩24,500,000

성과를 측정한 사례다. 이 병원은 지역주민 누구나 건강을 돌보는 일에서 소외되지 않도록 하는 것을 목적으로 한다. 지역 취약계층을 위하여 일반 1차 의료기관과 동일한 수준의 의료서비스를 할인 또는 무료로 제공해왔다. 지난 1년간 의료보험이 적용되지 않는 6만 원 상당의 진료서비스를 2만 원에 총 500회 제공했고, 15만 원 상당의 정기검진서비스를 30명에게 제공했다. 그 성과는 표 11-3과 같이 계산된다.

2) 공급의사 가격 추정방식

일부 취약계층의 경우 기존 시장에 존재하는 제품과 서비스에 자유롭게 접근할 수 없는 경우가 있다. 예를 들어 장애인이나 범죄 경력이 있는 위기 청소년은 안전관리 문제 또는 사회적 선입견(stigma) 등을 이유로 단체 여행 서비스를 이용하기 어렵다. 이처럼 기존 시장에서 배제된 취약계층을 위하여 특화된

제품과 서비스를 제공하여 사회성과를 창출할 수도 있다. 장애인과 노인을 위한 유니버설 디자인(universal design) 제품, 청각장애인을 위한 자막, 시각장애인을 위한 내레이션이 삽입된 영화 등 '배리어 프리(barrier-free)' 차원에서 생산되는 제품 및 서비스가 대표적이다. 이렇듯 기존 시장에서 배제된 취약계층을 위하여 처음으로 출시한 제품 또는 서비스의 경우 관련 업종 기업의 공급의사 가격을 기준으로 사회적 편익을 추정한다. 기존 공급자가 해당 제품과 서비스를 특정 대상에게 제공할 경우 받고자 하는 가격 대비 실제 기업이 책정한 가격과의 차이를 사회성과로 인정할 수 있다. 이러한 방식의 성과측정 개념은 앞서 살펴본 그림 11-5의 일반 시장가격 추정방식과 원리적으로 동일하다. 일반 시장가격 대신 공급의사 가격을 사용하면 된다.

이 방식의 사회성과는 기존 시장의 공급자가 해당 대상에 대하여 제품과 서비스를 제공할 경우 받고자 하는 가격(willingness to supply)을 추정하는 방식으로 측정한다. 공급자에게 공급의사 가격을 직접 조사할 수도 있고, 특정 대상을 위하여 서비스를 제공할 경우 예상되는 원가 또는 비용에 적정한 이윤(margin)을 더하여 계산할 수도 있다.

표 11-4는 노인 전용극장 사례다. 기존 극장의 경우 단순히 신작영화에 대해 경로자 우대 할인을 제공하는 것에 그치는 반면, 노인 전용극장은 고전영화를 상시 상영함으로써 노인들의 문화적 향수를 달래고, 또래 노인 간 교류를 활성화하는 등 노인 전용 문화공간의 역할까지 수행한다. 이 극장의 사회성과는 기존 극장의 고전영화 상영 시 책정할 것이라고 추정되는 티켓 가격과 현재 노인 전용극장이 제공하는 티켓 가격의 차이로 측정한다. 즉 일반 영화관에서 동일

표 11-4 공급의사 가격 추정방식: 노인 전용극장

기존 극장의 고전영화 상영 시 티켓 가격(추정가)	노인 전용극장의 고전영화 상영 시 티켓 가격	가격 할인액	연간 관람객 수	최종(미보상) 사회성과
₩4,300	₩2,000	₩2,300	100,000명	₩230,000,000
합계				₩230,000,000

한 고전영화를 상영할 수 있는 최소 이익요건을 고려하여 가격을 추정하고, 이에 비하여 노인 전용극장이 얼마나 더 저렴하게 제공하고 있는지를 측정하는 것이다.

3) 지불의사 가격 추정방식

유사 시장과 공급자조차 없는 전혀 새로운 제품 및 서비스의 경우에는 앞의 두 가지 방법으로 기준가격을 추정하는 것이 불가능하다. 이러한 경우 해당 제품 및 서비스에 대한 고객의 지불의사(willingness to pay) 가격을 조사하는 방법이 있다. 그러나 개별 소비자의 지불의사 가격을 추정하는 것은 조사비용 등의 문제 때문에 현실적인 대안은 아니다. 다만 공공부문이 특정 사회문제를 해결하기 위하여 일정한 예산을 집행하고 있거나 그러한 계획이 있는 경우, 이를 지불의사로 간주하여 가격기준으로 삼고 사회적 편익을 추정할 수 있다.

기업은 기존 시장에 존재하지 않는 새로운 제품이나 서비스를 통해 사회문제를 해결할 수 있다. 그러나 이것이 기존에 해당 문제를 해결하려는 시도가 전혀 없었다는 의미는 아니다. 이미 정부와 시민사회는 사회문제로 인식되는 대부분의 문제를 그 나름의 방식으로 해결해오고 있다. 기업은 새롭고 혁신적인 제품이나 서비스를 통해 이러한 기존 방식보다 더 효과적으로 해당 사회문제를 해결할 수 있다. 만일 기업이 제시하는 새로운 해결책이 기존 방식 대비 더 효율적이라면, 정부나 비정부 기구 등 사회문제 해결 주체에게는 기존 솔루션을 대신하여 더욱 효율적인 제품 및 서비스를 구입하는 데 예산을 집행할 유인이 발생(지불의사 형성)하게 된다. 따라서 기존 솔루션과 기업의 제품 및 서비스의 효율성 차이를 사회성과로 볼 수 있다. 일반 시장가격 대신 지불의사 가격을 사용하면 그림 11-5의 일반 시장가격 추정방식과 원리적으로 동일하다.

특정 사회문제를 해결하는 최소한의 단위를 '문제해결 단위'라고 한다. 기업이 문제해결 단위 하나를 해결하는 비용과 기존의 정부 또는 비영리조직이 문제 한 단위를 해결하는 비용이 서로 다를 수 있다. 만약에 기업의 문제해결 방

표 11-5 지불의사 가격 추정방식: 개인 맞춤형 신용회복 프로그램

신용불량자 1인 회복에 대한 정부 지불가격	기존 방식의 1인당 정부 지불가격	1인당 정부 예산 절감액	회복된 신용불량자 수	최종(미보상) 사회성과
₩800,000	₩1,200,000	₩400,000	100명	₩40,000,000
합계				₩40,000,000

식이 더 효율적이어서 관련 소요비용을 획기적으로 줄일 수 있다면, 이 비용 절감분에 기업의 문제해결 규모(문제해결 단위의 총량)를 곱하여 사회성과를 측정할 수 있다. 이 방식은 사회문제 해결의 효율성을 측정하는 어큐먼펀드의 BACO (Best Available Charitable Option) 비율과 측정원리가 유사하다(Acumen Fund Metrics Team, 2007).

표 11-5는 신용불량자 문제를 해결하는 기업의 사회성과를 측정한 사례다. 이 문제를 해결하는 기존 방식은 정부가 신용불량자에게 일률적으로 제공하는 신용회복 지원 절차를 통해 재무상태를 개선하도록 유도하는 것이다. 이에 반해 이 기업은 치료적 접근법에 기반을 두고 개인 맞춤형 신용회복 프로그램을 자체적으로 개발하여 서비스를 제공하고 있다. 한 사람의 신용불량자를 회복시키는 데 드는 두 방식의 정부 지불가격을 계산하고, 여기에 기업을 통하여 1년간 신용이 회복된 사람의 수를 곱해서 사회성과를 계산할 수 있다.

4) 대체방안 비용 추정방식

이상 세 가지 방법으로 어떤 사회문제를 해결하는 새로운 솔루션의 가격을 추정할 수 없을 경우, 기존 대안으로 사회문제를 해결하는 데 들어간 비용으로 새로운 솔루션의 가격을 최소 추정하는 방법이 있다. 대표적인 예로 오염물질의 환경비용을 계산하는 Eco-cost DB가 있다. Eco-cost DB는 유럽연합의 후원을 받아 네덜란드의 델프트공과대학(Delft University of Technology)이 개발한 것으로서, 가장 최신의 기술로 환경오염 물질을 예방(prevention)할 때 들어가는 비용을 계산하여 오염물질과 생산품(제품, 원자재 등)의 종류별로 단위당 환경비용을 매년 공개하고 있다(Delft University of Technology, 2018). 생산품의 경우 제품의 생산과 폐기 과정에서 발생하는 환경 부담을 화폐가치로 환산한다. Eco-cost DB를 활용하면 기업활동의 거의 모든 환경오염 저감 성과를 화폐가치로 환산할 수 있다.

친환경 재료 또는 청정 생산공정을 통한 환경오염의 저감성과는 기존 시장의 생산방식에서 발생하는 환경비용과 친환경 생산방식에서 발생하는 환경비용의 차이로 측정한다. 전체 환경비용 절감분을 합산한 다음, 환경성과와 관련한 외부 지원금을 차감한다. 기존 시장의 생산방식 대비 친환경 생산방식을 선택함으로써 환경오염을 줄이는 것도 환경성과로 인정한다. 우선 기존 시장에서

그림 11-6 대체방식 비용 추정방식의 개념도와 표준식

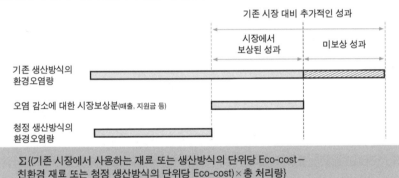

표 11-6 대체방식 비용 추정방식: 친환경 재료

제품명	기존 시장의 사용 재료			친환경 재료			최종(미보상) 사회성과
	재료명	사용예상 물량	Eco-cost	재료명	사용 물량	Eco-cost	
의류	폴리에스터	2,000Kg	₩1,800	재생 폴리에스터	2,000Kg	₩1,500	₩600,000
	일반 면	3,000kg	₩1,200	대나무 원단	3,000kg	₩100	₩3,300,000
합계							₩3,900,000

제품 생산을 위해 일반적으로 사용하는 재료 대신 친환경 재료를 사용함으로써 대기, 토양, 수질 등의 환경오염을 줄일 수 있다. 예를 들어 티셔츠를 만들 때 일반 면(cotton) 대신 화학처리를 하지 않는 무가공 면(pre-treated cotton)을 사용하여 사람과 자연에 미치는 부정적인 영향을 최소화할 수 있다. 생산공정, 포장, 운송, 폐기 등 생산과정(process)에서도 보다 친환경적인 방식을 선택함으로써 환경오염을 줄일 수 있다. 이 방식의 사회성과 개념도와 표준식은 그림 11-6과 같다.

표 11-6은 재활용 재료 또는 친환경 재료를 통해 의류를 생산하는 친환경 패션 기업의 측정 사례다. 이 기업은 의류 생산에 일반적으로 사용되는 폴리에스터(Eco-cost=1,800원/Kg) 대신 환경비용이 낮은 재생 폴리에스터(Eco-cost=1,500원/Kg)를 사용한다. 또한 일반 면(Eco-cost=1200원/Kg) 대신 대나무에서 추출한 원단(Eco-cost=100원/Kg)을 사용하여 환경 부담을 줄이고 있다.

5) 추가 투입비용 추정방식

차선의 일반 시장 서비스 대비 가격은 동일하지만, 더 많은 자원을 투입하여 서비스의 내용과 품질의 차이를 만들어냄으로써 목표대상의 편익을 높일 수 있다. 이러한 경우 높아진 품질에 상응하는 기존 시장가격을 추정해야 하지만, 가격 추정이 어려운 경우가 많다. 예를 들면 시장가격이 공식적으로 고정되어 있는 공공시장에서 차선의 서비스보다 원가를 더 투입하여 동일 가격 대비 고품질의 제품·서비스로 수혜자의 편익을 증진시키는 경우가 있다. 결식아동을 위한 공공 도시락 사업의 경우, 일반 식품제조업의 재료비율이 가격의 53%인 데 반해, 정부 규제로 인해 공공 도시락 영역에서 활동하는 기업의 재료비율은 80%에 달한다. 추가로 투입된 원가만큼 결식아동들에게는 균형 잡힌 영양소의 품질 좋은 도시락이 제공될 수 있다. 요양환자를 위해 간호사를 추가 배치하여 기초적인 의료서비스를 제공하는 경우도 비슷하다. 이렇게 추가적인 비용 부담을 안고 사회적 가치를 높이기 위해 노력하는 경우는 일반 영리기업에서 성립하기 어려운 일이다. 사회적 가치를 위해 효율성을 저해하는 선택이 바람직한 것도 아니다. 사회적 가치 창출을 사명으로 여기는 사회적 기업에서만 인정될 수 있는 방식이다.

이 방식의 경우 추가적인 투입비용을 '최소한으로 추정된 시장가격'으로 간주하고 그 자체를 미보상 성과로 인정한다. 바우처형 서비스와 같이 제공가격이 정부정책에 의해 통제되는 경우에는 추가 투입비용으로 인해 향상된 품질을 시장가격으로 추정하기가 어렵기 때문이다. 추가적인 자원 투입의 목적이 품질 향상을 위한 것이므로, 추가 투입비용만큼 품질이 높아졌고, 그만큼 수혜자의 편익도 증가되었다고 가정할 수 있다. 이 방식의 사회성과 개념도와 표준식은 그림 11-7과 같다.

이 방식의 사회성과는 서비스 단위당 사회적 기업이 실제 투입한 원가에서 기존 시장의 일반 서비스의 평균적인 원가를 뺀 값에 총 서비스 제공량을 곱하여

그림 11-7 추가 투입비용 추정방식의 개념도와 표준식

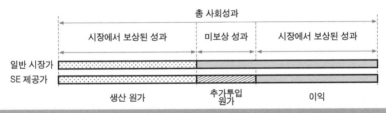

표 11-7 추가 투입비용 추정방식: 노인 요양원

추가적 투입요소	추가 투입액(월/인당)	인원수	최종(미보상) 사회성과
업계 평균 대비 추가 지급하는 요양사 인건비	₩150,000	40명	₩6,000,000
간호사 배치를 위한 추가 투입 인건비	₩1,000,000	2명	₩2,000,000
합계			₩8,000,000

계산한다. 추가적인 자원 투입을 위한 외부 지원금이 있는 경우 이를 차감한다.

표 11-7은 장기 요양 서비스를 제공하는 사회적 기업의 사회성과를 측정한 사례다. 이 사회적 기업은 정부의 가격 규제로 일반 시장의 차선 서비스와 가격은 동일하지만, 의도적으로 요양사 40명에게 업계 평균 대비 인당 월 15만 원의 추가적인 인건비를 지급하여 요양서비스의 질을 높이고 있다. 또한 요양사와는 별개로 인당 월 100만 원의 인건비를 들여 간호사 2명을 고용하여 환자의 건강 상태를 보다 면밀히 관찰하고 필요한 의료적 지원을 즉각 제공할 수 있도록 하고 있다. 이를 비용으로 환산하여 추가 투입비용을 사회성과로 인식한다.

6) 추가 가격지불 방식

기업활동이 외부 가치사슬에서 창출한 사회성과를 사회생태계 성과라고 한다. 공정무역, 공정여행 등의 비즈니스처럼 공급사슬에 목적의식적으로 저개발국의 소상공인, 소농 등을 통합시켜 경제적 가치와 함께 사회적 가치를 동시에 창출한 사례가 대표적이다. 이러한 성과는 크게 기존 거래채널 대비 추가적인 가격지불을 통해 빈곤지역의 소득을 증대시키는 방식과 추가적인 거래기회(물량)를 확보해줌으로써 새로운 소득을 창출하는 방식이 있다.

먼저 기존 채널 대비 추가적인 가격을 지불하는 경우를 보자. 저개발국가의 생산자 또는 농촌지역의 빈농은 기존 시장에서는 가격 교섭력이 낮아 생산물에 대한 적정한 대가를 받기가 어렵다. 이러한 문제를 해결하기 위하여 공정무역 등을 통해 이들 영세 공급자에게 기존 시장 대비 높은 가격을 지불함으로써 이들의 소득 또는 수입을 증대시킬 수 있다. 이 방식의 사회생태계 성과는 해당 공급자가 기존에 이용할 수 있는 일반 거래채널 대비 해당 기업이 공급자에게 추가적으로 더 높게 지불한 비용의 총액으로 측정하며, 관련 외부 지원금은 제외한다. 이 사회성과의 개념도와 표준식은 그림 11-8과 같다

표 11-8은 영세농가의 농산물을 이용해 가공식품을 생산하는 기업의 측정 사례다. 이 기업은 경작지가 넓지 않고(2ha 미만), 생산량이 적어 기존 유통채널

그림 11-8 추가 가격지불 방식의 개념도와 표준식

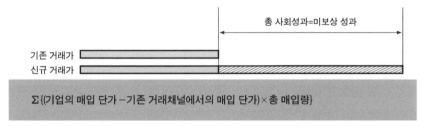

표 11-8 추가 가격지불 방식: 영세농가 공급사슬 통합

농가명	작물명	구입단가(원/Box)	기존 채널 구입단가(원/Box)	총 거래량 (연간)	최종(미보상) 사회성과
소농 A (경작지 1ha)	당근	₩24,000	₩20,000	2,000 Box	₩8,000,000
	토마토	₩30,000	₩25,000	4,000 Box	₩20,000,000
소농 B (경작지 1.2ha)	양배추	₩18,000	₩16,000	1,000 Box	₩2,000,000
	사과	₩32,000	₩28,000	3,000 Box	₩12,000,000
합계					₩42,000,000

에서는 매우 낮은 수매가를 받을 수밖에 없는 영세농가의 농산물을 더 높은 가격에 구입함으로써 농가의 소득 향상에 기여하고 있다.

7) 추가 거래기회 제공 방식

공정여행, 빈곤지역 공급자 개발 등은 유통시장 자체가 없거나 불안정하여 거래기회를 확보하기 힘든 취약 지역·산업의 소농·소상공인들이 경제적 주체로서 존속하고 성장할 수 있도록 지원한다. 온라인 플랫폼을 통해 기존 채널에서 거래기회를 확보하기 어려운 소상공인의 유통을 지원하거나, 경제적 기반이 취약한 오지마을을 관광상품으로 발굴하여 지역경제를 활성화는 경우가 여기에 속한다.

이 방식의 사회생태계 성과는 기존 채널 대비 추가적으로 더 창출한 부가가

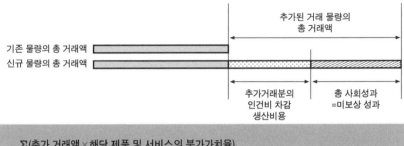

그림 11-9 추가 거래기회 제공 방식의 개념도와 표준식

기존 물량의 총 거래액
신규 물량의 총 거래액

추가된 거래 물량의
총 거래액

추가거래분의
인건비 차감
생산비용

총 사회성과
=미보상 성과

Σ(추가 거래액 × 해당 제품 및 서비스의 부가가치율)

표 11-9 추가 거래기회 제공 방식: 공정여행

지역명	이용하는 서비스 분야	서비스의 부가가치율	현지 업체와의 연간 거래액	최종(미보상) 사회성과
국내 오지마을 'OO 마을'	숙박업	32%	₩20,000,000	₩6,400,000
	외식업	50%	₩30,000,000	₩15,000,000
네팔 오지마을 'OOO 마을'	숙박업	40%	₩20,000,000	₩8,000,000
	외식업	45%	₩40,000,000	₩18,000,000
	기타서비스업	50%	₩10,000,000	₩5,000,000
합계				₩52,400,000

치 금액으로 측정할 수 있다. 다시 말해 목표집단이 기존에 이용할 수 있는 일
반 거래채널 대비 구매기업이 추가적으로 더 많이 구입한 물량의 거래액에서
차지하는 부가가치분을 측정한다. 엄밀하게는 추가 총 거래액에서 인건비 차감
생산비용을 빼야 하지만, 측정의 용이성을 고려하여 부가가치액으로 측정한다.
부가가치에는 인건비와 이익이 절대적인 비중을 차지하므로 저소득층의 소득
증진분을 표현한다고 볼 수 있다. 이 방식의 사회성과 개념도와 표준식은 그림
11-9와 같다.

표 11-9는 공정여행 기업이 경제적 기반이 취약한 오지마을에 관광상품을
개발한 사례다. 이로써 현지 주민들은 숙박, 외식업 등을 통해 경제활동을 영위

할 수 있게 된다. 관광을 통해 지역경제 생태계가 발전하게 된 것이다. 사회성 과 측정에서는 항공료, 다국적 프랜차이즈 호텔 등 이미 경제적 가치로 충분한 보상이 이루어지는 업체와의 거래액은 제외한다. 취약지역의 현지 주민들이 직접 운영하는 업체와의 거래만을 사회성과로 인정한다.

5. 나가며: 사회성과의 화폐가치 환산의 활용과 과제

사회성과의 화폐가치 환산은 사회적 가치의 유형에 상관없이 기업이 창출한 사회성과를 동일한 기준으로 비교할 수 있는 장점이 있다. 이를 통해 기업이 창출한 사회적 가치의 절대적 크기를 비교할 수 있으며, 경제적 효율성과 사회적 효율성에 따라 기업유형을 분류할 수도 있다. 그림 11-10은 2017년 SPC에 참여한 사회적 기업(SE: social enterprise)이 창출한 사회적 가치를 크기 순서대로 나열한 것이다. 최대값은 13.5억 원이고, 평균값은 2.18억 원, 중간값은 1.41억 원이었다. 검토 결과 사회성과 유형에 따라 성과 분포에 큰 차이는 없는 것으로 나타났다. 이 데이터를 활용하여 업종별, 기업 크기별, 사회성과 유형별 비교 분석을 수행할 수 있다.

그림 11-11은 2016년 SPC에 참여한 사회적 기업의 사회적 효율성과 경제적 효율성을 비교한 것이다. 사회적 효율성은 사회적 기업이 창출한 사회성과를 총지출로 나눈 값을, 경제적 효율성은 총수입을 총지출로 나눈 값을 사용했다. 이를 통해 기업활동을 위해 투입한 비용으로 사회적 가치와 경제적 가치를 얼마나 효율적으로 창출했는지 알 수 있다. 경제적 효율성의 우수성을 판단하는 기준은 평균 대출이자율 5%로 했고, 사회적 효율성의 판단기준은 중위값을 사용했다. 이를 기준으로 4사분면을 그려서 사회적 기업의 유형을 분류하고 그림 11-12와 같이 사회적 기업의 향후 발전경로와 개선과제를 제시할 수 있다.

이처럼 사회성과의 화폐가치 환산은 기업의 사회적 가치 창출 능력을 파악하는 데 유용한 도구로 활용할 수 있다. 향후 데이터가 축적되면 사회성과의 화

그림 11-10 2017년 SPC 참여 기업의 사회성과 분포

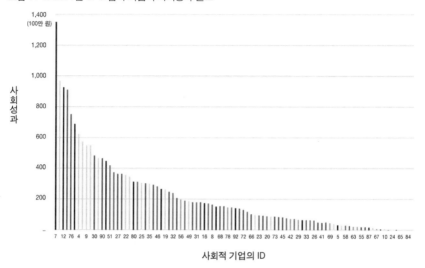

그림 11-11 사회적 효율성과 경제적 효율성의 비교

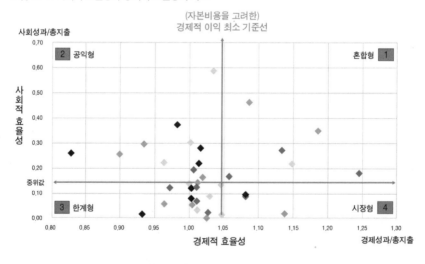

폐가치를 기준으로 기업의 사회영향 등급을 부여할 수도 있다. 이를 통해 자본 시장의 사회영향 및 사회책임 투자자에게 투자 대상기업의 사회영향에 관한 유용한 투자정보를 제공할 수 있다.

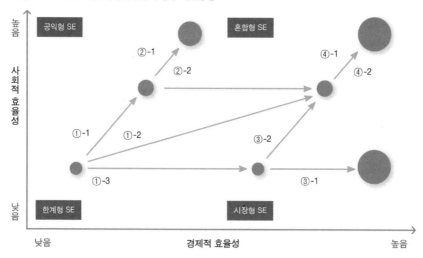

그림 11-12 사회적 기업의 유형구분과 향후 개선방향

기업유형	개선방향
한계형 SE	①-1 임팩트모델 재정립 ①-2 비즈니스모델 재설계 ①-3 재무구조 개선, 가치혁신 및 수익성 제고
공익형 SE	②-1 기부연계형 임팩트 극대화 ②-2 재무구조 개선 및 효율성 제고 수익창출형 신규사업 개발
시장형 SE	③-1 사업규모 확대를 통한 사회적 가치의 총량 증대 ③-2 사회적 목표 집단의 재구성: 문제가 더 심각한 계층으로 서비스 확대
혼합형 SE	④-1 규모 확대 및 문제의 복제·확산을 통한 사회적 가치 극대화 ④-2 관련 사회문제 해결의 고도화를 위한 신규사업 추진

그러나 사회성과의 화폐가치 환산을 활용할 때 기업의 사업모형과 산업특성, 사회성과 유형에 따라서 화폐화할 수 있는 사회적 가치의 범위가 다를 수 있다. 화폐가치화는 직접적으로 발생한 정량적인 성과 위주로 측정한다. 중장기적인 성과나 간접적인 성과 등은 화폐가치로 환산할 수 없는 경우가 많은데, 그 비율이 사업특성에 따라 다를 수 있다. 따라서 이질적인 업종의 기업 간 상대적 비교는 여러모로 주의를 요한다. 하지만 생산조직으로서 재화와 서비스의 형태로 사회적 가치를 창출하는 사회적 기업의 경우 우려와 달리 업종 간 사회성과의 분포에는 큰 차이가 없는 것으로 나타났다.

사회성과의 유형에 상관없이 화폐가치로 환산하는 것의 또 다른 문제점은 사회적 가치 간 상대적 중요성을 반영하기가 어렵다는 점이다. 사회적 가치는 시대적 상황과 국가별 특성에 따라 사회문제 유형별로 가치의 경중이 다를 수 있다. 특히 사회영향 투자자의 경우 특정한 가치를 우선하는 투자 선호가 있을 수 있다. 예를 들어 기후변화펀드의 투자자는 기후변화와 관련된 환경에너지 문제를 해결하는 기업에 투자하는 것을 우선시한다. 이러한 문제는 사회성과 유형별로 가중치를 부여하는 방법으로 해결할 수 있다. AHP(analytical hierarchy process)와 같은 체계적인 방법론을 활용하여 중립적인 전문가를 참여시켜 우리 사회의 사회적 가치의 경중에 대한 가중치를 부여할 수도 있다. 이 가중치를 적용해 화폐가치화된 사회성과를 가중 평균하여 총 성과를 계산할 수 있다.

기술적으로 보면 사회성과의 가격추정 근거가 되는 실제 기준값을 시장에서 조사하기 어렵기 때문에 많은 경우 국가통계자료 등의 공식적인 데이터베이스를 활용한다. 최대한 목표집단을 대표할 수 있는 샘플로 범위를 좁히기 위해 노력하지만, 평균값을 사용하기 때문에 평균의 오류와 분산의 위험이라는 문제가 존재한다. 이를 극복하기 위해서는 기업별로 별도의 연구조사 사업을 통해 보다 객관적인 기준값을 마련하기 위해 노력해야 한다. 아울러 기업별로 사회성과 관련 데이터를 체계적으로 관리할 수 있는 시스템을 구축하는 것도 측정의 신뢰성을 높이기 위한 선결과제다.

사회성과의 화폐가치화를 위한 노력은 전 세계적으로도 아직 초기단계다. 기업 회계기준이 정립되는 데도 100년이 넘는 시간이 필요했다. 이제 사회성과의 측정과 화폐가치 환산도 사회적 회계기준의 마련을 목표로 장기적인 여행을 떠나야 한다. 측정방법을 더욱 정교화하기 위한 학계 및 연구자의 노력과 함께 사회성과의 측정시스템 개발, 표준화를 위한 노력, 전문 인력과 조직의 육성, 공시제도 도입, 데이터의 축적, 영향평가(rating) 시스템의 개발 등 사회성과 측정 인프라를 구축하기 위한 장기적인 투자가 필요하다. 또한 사회적 가치 창출의 극대화를 위해 측정결과를 비즈니스 혁신에 활용하려는 기업의 적극적인 노력이 필요하며, 특히 자본시장에서 사회적 영향과 책임을 고려하여 투자하는 투자자들이 사회성과 측정·평가 결과를 새로운 사회적 금융상품 개발과 투자 의사 결정의 기준으로 활용하려는 노력이 무엇보다 중요하다.

제12장

사회적 가치 실현을 위한 적정기술

윤제용 (서울대학교 화학생물공학부 교수)

1. 서론

21세기 초반 지구촌 사회는 사회경제적 그리고 기후환경적 문제로 몸살을 앓고 있다. 70억 세계인구 중에서 절반이 하루 2달러 이하로 생활하고 그중 10억 명은 1달러로 살아가고 있다. 20억이 넘는 사람들은 화장실이 없는 생활을 하고 있고 10억 인구는 안전한 수돗물을 공급받지 못하고 있다. 아프리카나 아시아의 가난한 나라들에 사는 많은 이들이 아직도 오염된 물 때문에 설사나 이질 등의 수인성 질병으로 목숨을 잃는 경우가 많다. 전 세계 5세 미만 어린이 가운데 1억 7000만 명이 만성적인 영양실조 상태에 있으며 이들은 배고픔을 느끼지 못할 정도로 몸이 쇠약하다. 4억 명의 어린이들은 굶주림에 시달리고 있으며 출생 직후부터 영양부족을 겪기 때문에 뇌를 비롯한 신체의 발달이 지체되고 나중에는 정상적인 생활을 할 수 없게 된다. 또한 상층 1% 부자들의 총 재산이 나머지 99% 사람들의 재산과 맞먹는다. 이러한 부의 양극화 현상은 앞으로 개선될 전망이 보이지 않으며 그 격차가 더욱 심해질 것으로 예상된다.

부의 양극화 외에도 지구촌 사회의 무절제한 에너지 사용으로 재생 가능하지 않은 화석에너지 자원이 급속하게 고갈되고 있으며 이로 인한 환경오염도 감당하기 어려운 수준이다. 더 나아가 온실가스가 증가함으로써 전 지구적으로 기후변화의 변동성이 증폭되고 홍수, 가뭄, 태풍 등에 노출되는 지역이 확대되고 있으며 그 피해의 강도 또한 증가하고 있다. 이렇듯 지구촌 사회는 지역, 문화, 종교 및 계층 간의 갈등, 테러의 위협 같은 수많은 문제들에 당면해 있다.

산업혁명 이후 과학기술은 눈부시게 발전해왔지만 4차 산업혁명으로 불리는 작금의 과학기술 발전의 속도는 차원을 달리한다. 인공지능, 빅데이터, 로봇, 사물인터넷, 자율주행차, 생명공학의 발달 등으로 구현이 예상되는 초지능 초연결 정보화 사회는 그로 인한 사회경제적 변화가 무엇인지, 그 파급이 어디에까지 미칠지 가늠하기 어렵다. 정보를 확보한 기계의 능력이 인간의 능력을 넘어설 것으로 예상되는 가운데 노동력을 기계가 대체하게 되면 대량실업과 부의 양극화가 더욱 심화될 것으로 우려된다.

과학기술 발전이 질병을 치료하고 생명을 연장하며 에너지 문제와 환경오염 문제를 해결할 것이라는 막연한 낙관주의에 대한 믿음은 깨졌다. 과학기술이 발전하면 할수록 개발도상국과 선진국 간의, 그리고 선진국 내의 빈부격차가 심화되고 세상은 더욱 불행해진다.

과학기술 발전은 실로 눈부실 만큼 엄청나지만 인간생활에 필요한 기초적인 사회경제적 요구를 만족시키지 못한다. 이러한 현실로 인해 과학기술자 사회에서도 과학기술의 가치와 발전방향에 대한 반성이 일어나고 있다. 지구촌 사회에서 행해지는 대부분의 과학기술연구 활동은 단지 부유한 상층 10%의 필요와 소비능력을 위해 이루어지고 있고 지구촌 구성원들의 대부분을 차지하는 90%는 과학기술로부터 소외되었다는 것이다. 국내외적으로 과학기술 발전에 대한 신뢰가 깨지고 4차 산업혁명의 사회적 여파에 대한 우려가 확산되는 가운데 과학기술의 사회적 가치와 역할에 대한 진지한 조명이 요구된다. 과학기술 발전의 왜곡과 혜택의 불균형에 대한 반성은 과학기술 나눔을 표방하는 적정기술과 활동에 대한 관심을 불러일으키는 토양을 제공한다고 할 수 있다.

앞서 언급한 지구촌 사회가 맞닥뜨린 여러 문제들은 우리 사회에서도 예외는 아니다. 지난 50년간 대기업 중심의 경제성장에 치중한 결과 전기/전자, 자동차, 화학 등과 같은 분야에서 세계를 놀라게 할 정도로 경이로운 산업발전을 성취했지만 추가적으로 성장해도 우리 사회의 양극화 문제는 오히려 더 심각해지는 딜레마를 겪게 되었다.

반면 일자리 창출에 근간을 이루는 국내 중소·중견 기업들과 대기업 간 격차가 더욱 커지고 있으며, 세계 시장에서 경쟁력도 미래의 비전도 가지지 못해 우리 사회에 어두운 그림자를 드리우고 있다. 한국 사회의 지역·계층·산업 간 양극화와 빈부격차도 해를 더할수록 심해지고 있고, 노령층 급증으로 복지수요가 크게 증가하고 있으며 일자리 부족으로 청년실업도 증가하고 있다. 이런 사회경제적 특성은 사회의 통합성을 저해하고 만성적인 사회갈등을 불러 오고 있다.

그러나 대한민국은 한국전쟁의 폐허 속에서 국제사회의 원조를 받던 최빈개도국에서 선진국 클럽 원조공여국으로 성공적인 변신을 이루었으며, 개발도상국들에게는 과학기술 발전을 통한 사회경제 발전 모델을 제시하는 선망의 대상이 되었다. 이러한 한국의 과학기술 발전의 성과와 경험을 지구촌 사회와 나누고 공유하는 것에는 적정기술이 갖는 과학기술 나눔의 정신과 실천의 철학이 내포되어 있다. 이런 맥락에서 과학기술 나눔은 사회적 가치를 구현하는 일이다. 이 글에서는 과학기술나눔운동이 표방하는 적정기술의 내용과 역할, 그리고 국내외 활동 등에 대해 살펴보고자 한다.

2. 적정기술의 태동

적정기술은 영어로 Appropriate Technology다. Appropriate는 "적당한", "적절한"이라는 뜻의 형용사로 역사적 맥락에서, 그리고 사회발전에 있어 기술의 적절성을 강조하는 의미로 사용된다. 근대 적정기술 활동의 선구자로는 영국 식민지 시대를 살았던 인도의 독립 지도자 마하트마 간디(Mahatma Gandhi)를 들 수 있다. 간디는 인도의 독립을 비폭력 무저항주의로 이끈 유명한 지도자로 엔지니어도 과학기술자도 아니지만 적정기술을 소개할 때 자주 등장하는 인물이다.

간디가 활동할 당시 최신식 방직기계를 통해 생산되는 값싸고 품질 좋은 영국제 직물들이 식민지 인도 사회에 대량으로 유입되었다. 이 같은 상황은 수공업 수준의 직물기술에 의존하던 인도 경제의 대외의존성을 심화시키고 인도 사회의 일자리 감소를 야기하는 등 많은 부작용을 일으키고 있었다. 간디는 자립경제운동을 주창하면서 비록 고급기술은 아니지만 인도인들의 사회경제적 환경에 걸맞게 자력으로 필요한 물건을 만들어내는 능력을 키우는 것이야말로 장기적인 관점에서 인도의 독립은 물론 자국민에게 이익이 된다고 생각했다.

적정기술에 대한 간디의 생각은 이후 『작은 것이 아름답다』를 쓴 에른스트 슈마허(Ernst Schumacher)에 의해 중간기술론으로 발전하게 된다. 슈마허의 중간기술은 현지의 기술과 적은 자본, 비교적 간단한 소규모 기술로 지역사회에서 일자리를 창출하고 인간의 창의성과 노동력을 증진하는 기술을 의미한다. 슈마허는 제3세계에 적합한 기술은 선진국의 거대기술과 차별되므로 개발도상국은 독자적인 대안기술을 개발하고 적용할 필요가 있다고 생각했다. 즉 지역사회에 적합한 기술을 자발적 필요에 의해 개발하지 않고 외부로부터 부적절하고 강제적인 방식으로 이전하게 된다면 개발도상국 공동체 사회의 삶은 황폐해진다는 것이다.

3. 적정기술이란 무엇인가?

적정기술을 좁은 의미로 사용할 경우, 통상 '따뜻한' 또는 '착한' 기술을 일컫는다. 이 정의에 부합하는 기술은 일반적으로 '무료 혹은 저렴한 기술', '간단한, 복잡하지 않은 기술', '얻기 용이한 재료를 이용하는 기술', '알기 쉬운 기술' 등이다. 또한 적정기술은 저개발국가의 절대빈곤에 기인하는 다양한 문제 해결을 위해 개발된 기술 또는 저개발국가뿐 아니라 전 지구적인 부의 양극화 혹은 신체적·정신적 장애로 인해 과학기술로부터 소외된 계층의 필요를 채우기 위해 개발된 기술을 일컫는다.

그러나 넓은 의미로 적정기술을 칭할 때는 이러한 정의에 국한할 필요가 없다. '좋은' 기술로 불릴 수 있는 과학기술의 산물들로서 특정 정치·경제·사회 혹은 문화적 맥락 안에서, 특정 시대·지역에서 가장 '적절하다'고 판단할 수 있는 기술을 말한다.

넓은 의미에서 적정기술은 지구온난화 등 환경문제의 맥락에서는 지속가능한 에너지 기술, 청년실업이라는 맥락에서는 일자리 창출, 양극화 맥락에서는 동반성장을 도모하는 공동체형, 고령화의 맥락에서는 노인복지를 도모하는 다양한 ICT 응용 기술 등의 사회문제 해결 및 혁신형 기술을 포함한다고 할 수 있다. 적정기술은 소외계층에 관심을 나타내며, 사회혁신을 통한 생산적 복지를 추구한다.

적정기술은 기술발전의 방향이자 철학을 의미하며 현대 과학기술의 부작용에 대한 반성을 담고 있다. 특정 기술 또는 특정 기술개발을 지칭하는 것이 아니라 사회적 가치를 함유한 기술을 개발하고 이를 어떻게 적용할 것인지를 고민하는 과학기술자들의 고민과 철학을 담은 것이다. 또한 적정기술은 과학기술의 무분별한 발전에 대한 우려와 과학기술의 인본주의적 역할에 대한 강조를 담고 있다. 적정기술의 핵심은 인간에 대한 관심이다. 달리 말하면 지구촌 사회에서 과학기술로부터 혜택을 받지 못하는 낙후지역 거주지 주민의 어려움을 파악하고 지원해주기 위한 과학기술 방식이다.

2000년 이래 국제사회에서 적정기술 활동에 대한 관심이 크게 증가한 이유 중 하나는 UN(국제연합) 활동과 떼어 생각할 수 없다. 국제연합은 2000년 9월 밀레니엄 정상회의에서 새천년정상선언(Millennium Declaration)을 발표하면서 세계의 빈곤자 수를 2015년까지 현재의 절반 수준으로 낮추겠다고 선언했다. 새천년개발목표(MDGs)의 여덟 가지 목표는 절대빈곤과 기아 퇴치, 보편적 초등교육 성취, 양성평등 및 여성능력 고양, 아동사망률 감소, 모성보건 증진,

HIV/AIDS, 말라리아 및 기타 질병 퇴치, 지속가능한 환경 확보, 범지구적 개발 파트너십 구축이다. 개발도상국의 절대빈곤 극복이 전 세계가 가장 시급히 해결해야 할 문제이며 경제발전과 환경보호도 함께 추구하는 균형적 접근과 이를 위한 선진국의 책임과 지원을 강조했다. 이는 원조공여국인 선진국의 자의적이고 자국 이익에 맞추어 도출된 일방적 원조가 개발도상국의 자립적인 발전에 크게 기여하지 못했다는 반성에서 출발했다.

따라서 새천년개발계획은 국제사회가 국제협력에서 추구해야 할 가치에 대해 보다 분명하고 계량적인 목표를 설정한 것으로, 진일보한 국제협력 프로그램이라고 평가할 수 있다. 그렇다면 개발도상국의 빈곤 극복과 자립적인 발전에 도움을 주는 과학기술은 무엇인가라는 질문으로부터 자연스럽게 적정기술이라는 개념과 활용성이 부각될 수 있다.

4. 빌 게이츠와 적정기술

빌 게이츠(Bill Gates)는 본인이 적정기술이라는 말을 직접적으로 사용하지는 않았지만 지구촌 사회에서 이 기술의 중요성을 강조하고 널리 홍보하는 데 기여한 사람 중 한 명이다. 게이츠는 CNN 방송을 통해 화장실에서 나온 오염된 물을 간단하게 처리해서 직접 먹는 퍼포먼스를 했다. 한국 사회에서 수돗물 오염 사건이 더러 있던 지난날 서울시장이 언론에 나와 서울시 수돗물이 안전하다고 수도꼭지에서 나오는 물을 벌컥벌컥 들이켰던 퍼포먼스가 연상된다.

게이츠의 이러한 이미지는 전 세계 인구의 3명 중 1명이 화장실이 없는 부적절한 환경에서 살고 있으며 이들의 위생상황을 개선하는 일이 국제사회의 가장 시급한 업무 중 하나라는 점을 부각시킨다. 화장실이 없는 환경에서 살 수밖에 없는 이들에게 기본적인 인권과 복지가 가능할 것이라고는 생각할 수 없다. 게이츠는 적정기술형 화장실 기술과 설비를 공급하는 데 노력해야 한다고 주장함으로써 세계 최고의 부자, 첨단기업의 오너에서 갑자기 적정기술의 개발과 보급에 앞장서는 사회적 기업인이 된 것이다. 게이츠는 '화장실 재발명(Reinvent Toilet)'이라는 슬로건을 앞세워 아프리카, 아시아 등지의 개발도상국을 위한 화장실 기술 개발 및 지원, 보급에 적극 나서고 있다.

2000년 이래 15년간 진행해온 새천년개발계획의 후속 의제로 설정된 지속가능발전목표(SDGs)는 개도국 중심에서 벗어나 선진국을 포함하는 포괄적이고 포용적인 의제를 제안하면서 적극적인 참여를 유도한다. 새천년개발계획이 절대적인 빈곤을 극복하기 위한 관리지표였다면, 지속가능발전목표는 생존과 사회발전을 통합한 지역 현지역량을 강화하기 위해 17개 목표와 169개 세부항목에 초점을 맞추고 있다. 지속가능발전이라는 목표를 달성하기 위한 이행수단으로서는 과학기술 혁신과 역량 강화의 중요성이 크게 강조되었다.

5. 국제협력과 적정기술 활동

국제협력 활동으로서 적정기술 활동은 한국이 겪은 역사적인 경험을 국제사회와 공유하고자 하는 마음에 뿌리를 두고 있다. 즉 한국의 과학기술 발전 경험과 노하우에 대한 관심과 수요 증가에 부응하여 국제협력 과학기술 공적개발원조(ODA) 프로그램의 형태로 발전시킨 것이다.

이미 언급한 바와 같이 국제사회의 원조를 받던 최빈 개도국에서 최초 공여국으로 전환한 한국은 과학기술 발전과 경제발전을 추구하는 여러 개발도상국들의 발전모델이다. 일제 식민지 경험과 한국전쟁의 참화를 겪은 우리 사회는 과학기술 발전을 바탕으로 성공적인 경제성장을 달성한 후 2009년 공적개발원조/개발원조위원회(DAC) 회원국에 가입했다. 한국전쟁 이후 도시인프라와 생산시설이 완전히 파괴된 한국 사회는 국제사회의 원조를 받으면서 교육시스템을 정비하고 과학기술을 발전시켜 경이적인 압축성장을 이루어냈다. 절망스럽고 척박한 사회환경 속에서 추진된 성공적인 경제성장은 국제사회에서, 특히 개발도상국에게는 과학기술을 바탕으로 한 경이로운 사회경제적 발전모델로 평가받고 있다. 한국이 제공한 개발원조위원회의 개발원조 지원자금은 지난 5년간 10%가 넘는 증가율을 나타내 개발원조위원회 위원국 중 1위를 차지하고 있으며 2017년에는 개발원조 지원자금이 2조 4000억 원에 달했는데 향후 꾸준히 증가할 것으로 예상된다.

"최빈 원조수혜국에서 세계 최초의 원조공여국으로 발전하다." 개발도상국 지원 국제협력 활동에 참여하다 보면 이러한 대한민국의 성취가 많은 개발도상국에 얼마나 의미 있고 절실하게 전달되는지 느낄 수 있다. 한국 사회가 경이적으로 발전한 것은 모든 사회 구성원이 일심단결하여 노력한 것이 가장 중요한 요인이었던 것이 분명하지만 그 당시 사회경제적 상황과 국제사회로부터 받은 효과적인 지원의 중요성도 무시할 수 없다. 한국은 1945년 무상원조에서 시작하여 1995년 122억 달러(무상원조 66억 달러, 유상원조 56억 달러)를 국제사회로부터 지원받았다. 과학기술 분야의 대표적인 지원 프로그램으로는 한국과학기술연구원(KIST, 미국), 한국폴리텍대학 서울캠퍼스(전 정수직업훈련원, 미국), 아주대학교(전 아주공과대학, 프랑스), 국립의료원(덴마크, 노르웨이, 스웨덴), 서울대학교(미네소타대학교) 등이 있다.

특히 서울대학교-미네소타 프로젝트는 한미 양자 간 이루어진 무상 기술원조 사업으로 서울대학교 농업대학, 공업대학, 의과대학을 중점적으로 지원하여 고등교육 인력 양성에 필요한 교수인력을 양성했다. 1954년부터 1962년까지 총 226명의 교수들이 연수 프로그램에 참여했고 미국인 자문관 57명을 파견해 한국의 고등교육 인력 양성 시스템의 기초를 닦는 데 기여했다는 평가를 받는다.

한국은 2009년 개도국 원조위원회(OECD DAC) 회원국이 됨에 따라 이제 개도국에게 우리의 발전경험과 지식기술을 나누어주고 이전하는 데 대한 사회적 관심이 서서히 높아지고 있다. 이러한 상황 아래 정부뿐 아니라 민간영역에서도 개도국에 상생발전을 위한 맞춤형 과학기술을 연구·개발하고 보급하는 활동들을 펼치고 있다. 민간에서 펼치는 적정기술 관련 국제협력 프로그램으로는, 공적개발원조 프로그램의 자원봉사 참여활동, 또는 종교단체의 선교활동 등이 대중에 많이 알려져 있다. 이러한 민간부분의 국제협력 적정기술 활동은 빈곤국에 경제성장을 이룬 한국 발전모델의 전파를 지원, 보급하고자 노력하는 정부의 국제협력 활동과 잘 조화를 이루고 있다.

6. 적정기술과 첨단기술

일반인에게 익숙한 적정기술의 이미지는 '간단하지만 낙후된 기술'인 듯하다. 많은 적정기술 활동단체들이 추진하고 있는 적정기술 활동은 우물 파기, 모래 필터 설치, 빗물 수집장치 설치, 흙벽돌 건축물 건설 등과 같이 기술적 집중도가 비교적 높지 않고 심지어는 한물간 기술처럼 보이곤 한다. 이 같은 단순 적정기술 봉사활동은 기술전문성이 없는 비정부 조직(NGO), 종교단체 또는 대학생의 사회공헌 활동 등에서 쉽게 볼 수 있다.

적정기술에 대한 이 같은 이미지로 인해 적정기술 활동의 효과성보다는 개발도상국 가난한 사람들의 기술로만 인식되는 경향이 있다. 때로 개발도상국들은 '적정기술'이라는 단어에 반감을 나타내기도 한다. 혹시 수원국이 첨단기술 이전을 회피하고자 하는 의도로 사실상 낙후한 것을 의미하는 '적정기술'이라는 단어를 쓰는 것이 아닌지 의심하기 때문이다. 그러나 적정기술은 결코 낙후된 기술이 아니다. 주어진 환경에서 최선의 기술이며, 필요한 경우 저가의 ICT 기술과 결합시켜 현지 필요에 맞는 첨단기술 기능으로 개선해내거나 창의적으로 활용할 수 있다. 최근 들어 적정기술이 일회적이고 지속가능성이 취약하다는 지적이 있기도 했지만 적정기술의 비즈니스 모델에 대한 관심이 커지다 보니, 오히려 적정기술 활동을 통해 수원국과 수혜국이 공동 발전의 비전을 찾는 시장 개척과 기업혁신의 기회가 되기도 한다.

7. 국내 주요 적정기술 단체

민간·국가 차원의 다양한 사업들에 국내 적정기술 활동을 담아내려는 노력이 이루어지고 있다. 한국의 경우를 보면 과학기술 발전과 과학기술 기반 고등교육의 역할에 큰 비중을 두고 몇몇 민간단체들이 1990년 중반부터 활발하게 적정기술 활동을 시작했다. 과학기술 발전의 주요 인적 구성원인 과학기술자들은 본인들의 활동이 가치중립적이라고 생각하는 경향이 많고 대다수가 비정치적이며 정부정책에 순응하는 태도를 보인다. 이러한 특성을 지닌 과학기술 지식인 사회에서 과학기술 나눔을 위한 다양한 국내외 활동이 활발하게 전개되는 것은 매우 특징적이다.

과학기술 나눔을 표방하는 대표적인 단체로는 국경없는과학기술자회와 나눔과기술을 비롯하여 한동대학교 그린적정기술연구협력센터, 한밭대학교 적정기술미래포럼, 부산대학교, 대안에너지기술연구소, 굿네이버스, 팀앤팀, 아이드림, 아이브릿지 등을 들 수 있다.

국경없는과학기술자회는 지구촌의 평화와 인류공존을 위해 빈곤국의 삶의 질을 개선하고, 한국의 과학기술 발전 경험을 나누며, 과학기술 전문가들 사이의 나눔가치를 확산한다는 맥락하에 2009년 창립된 적정기술 전문가 그룹이다. 국경없는과학기술자회의 활동은 주로 적정기술에 대한 대중적 인식 증진을 위한 학술활동에 집중되어 있다. 이 단체는 다음 네 가지 활동을 하고 있다. ① 개발도상국 지원을 위한 과학기술을 연구 개발한다. ② 과학기술 분야의 국제개발 협력을 위한 민간분야와 정부에 자문을 수행한다. ③ 적정기술 분야에 관심을 갖고 참여를 원하는 대학생과 일반인에 기회를 제공하고 글로벌 인재 육성의 일환으로 진행되는 대학생 글로벌 사회공헌 프로그램 개발을 수행한다. ④ 적정기술에 대한 정보 교류와 네트워크 허브로서의 기능을 담당한다.

나눔과기술은 2009년에 설립되었다. 과학기술 전문성을 사용하여 세계의 어려운 이웃에게 적정기술을 보급·지원하며, 이공계 젊은이들에게 나눔의 정신이 담긴 과학기술 문화를 확산하는 것이 목표다. 소외된 이웃에게 필요한 적정기술을 개발하고, 적정기술 제품과 정보자료를 보급하며, 나눔의 기술을 전파·공유하는 학술회의, 경진대회, 교육 아카데미 운영 등의 활동을 하고 있다.

8. 국내 활동으로서의 적정기술 활동

지역/계층/부의 양극화 해소, 에너지/환경/지방분권/지방자치 면에서 대안사회를 추구하는 시민운동적 성격과 과학기술의 사회문제 해결에 관심을 갖는 리빙랩운동은 깊은 연관을 가지고 발전하고 있다. 국내 활동으로 적정기술 활동에 관심을 나타내거나 강조하는 그룹들은 정부 R&D 시스템 안에 사회문제 해결을 위한, 또는 공공적 성격의 연구주제를 설정하는 데에 관심을 기울인다. 국제 활동으로서 적정기술 활동이 국제협력 사회공헌 활동과 공적개발원조 사업을 중심으로 진행되는 데 비해, 국내 활동으로서의 적정기술 활동은 사회문제 해결형 또는 대안사회를 위한 사회운동의 성격을 갖는다.

사회문제 해결을 위한 과학기술에 대한 관심의 증가는 우리 사회가 저성장 사회로 접어들고, 경제성장의 낙수효과가 소멸했거나 미미하며, 사회적 부의 양극화가 심화되었고, 빠른 고령화가 진행 중이며, 지구촌 기후변화에 효율적으로 대처하지 못하거나, 안전문제가 크게 부각되는 것과 관련이 깊다. 그리고 이 같은 사회문제에 대응하는 R&D 체계가 요구된다.

기존 R&D 체계는 다음과 같은 두 가지로 분류할 수 있다. ① 산업경쟁력 강화를 위한 산업 R&D, ② 학문수월성을 위한 기초원천 R&D. 이와 같은 R&D 체계에 보태 사회문제 해결에 관심을 가진 이들은 사회문제해결형 R&D를 강조한다. 이는 기존의 국가 R&D 체계가 사회 구성원의 필요를 반영했다기보다는 기업 중심의 산업발전을 지원하는 형식에 지나치게 집중해왔다는 비판적인 시각과 이에 대한 반성을 포함한다.

이들은 R&D 연구가 포용적 혁신이나 지속가능한 전환과 같은 도전적이며 공공적 성격의 연구에서 새로운 역할을 정립해야 한다고 주장한다. 사회문제

해결을 위한 과학기술운동은 다음과 같은 어젠다를 가진다. ① 산업지원에 그치지 않고 공공성 확립을 통해 대학과 출연연구소 정체성을 확립하고 위상을 정립, ② 디지털화에 따른 시민사회의 정보지식 접근능력 및 활용능력의 향상, ③ 사회문제 해결을 통해 비즈니스 기회를 확보하여 수익을 창출하고, 국민의 행복을 위한 과학기술의 사회적 역할을 강화하는 공유가치창출형 비즈니스 확대, ④ 일상생활에서 발생하는 사회문제 해결을 통해 건강, 안전, 편의 등 삶의 질을 향상시키는 R&D 강화.

사회문제해결형 과학기술 프로그램이 가장 활발하게 현실화된 활동으로는 리빙랩을 들 수 있다. 리빙랩은 일상생활 실험실, 살아 있는 실험실, 우리 마을 실험실 등으로 다양하게 해석되는데 기존의 연구실은 연구자들의 독점적인 공간이라는 의미와 대조적으로 사용자와 공급자가 공동으로 협력해 기술 개발을 한다는 의미에서 사용자 참여형 혁신모델이다(성지은, 2017).

리빙랩 활동의 경우 사용자들은 혁신의 대상이 아니라 연구혁신 활동의 주체가 된다. 이 경우 연구활동의 현장 참여와 질적 의미가 보다 강조된다. 사용자 참여형 혁신공간, 실제 생활에서의 시험 및 실증 강조 등, 리빙랩은 다의적인 개념에 기반을 두고 다양한 형태로 진화하고 있다. 최근에는 거버넌스 지속가능성 제고를 위한 수단으로 의미가 확장되고 있다.

미래창조과학부 사회문제해결형 시민연구사업의 경우 야간 작업자의 사고예방을 위한 안전장비 제작과 실증, 에너지기술 수용성 제고 및 사업화 촉진 연구, 성남 고령친화 종합체험관의 한국시니어리빙랩 연구 등이 리빙랩 연구적인 성격을 갖는다.

적정기술 활동을 하는 그룹 중에는 대안사회운동을 추구하는 그룹이 있다. 대안사회운동 그룹은 현재 한국사회의 기술이 기본적으로 환경파괴적이고 인간소외를 가져온다고 생각한다. (대안에너지연구소가 이러한 사고를 하는 그룹 중 하나다.) 이들 그룹은 에너지 대안을 모색하고 삶 속에서 실천을 추구하고자 한다. 탈핵을 지향하고 생태적 재생에너지의 활용도를 높이며 기존 에너지시스템의 효율 개선에 대해 연구하고 개발하는 사업을 추진한다. 태양광, 태양열, 풍력,

자가발전 시스템 등 재생에너지를 활용한 에너지 자립 시스템을 만들고 설치해서 운용하며, 보다 높은 성능과 효율을 지닌 에너지 자립 시스템에 대해 고민하고 이를 구현하고자 노력한다.

협동조합 활동과 적정기술의 결합도 눈여겨볼 만하다. 협동조합 활동은 사회적·경제적 약자들의 지위 향상과 지역사회와 국가의 발전에 기여하는 것이고 조합원을 위한 다양한 실익 사업을 한다. 1인 1표의 민주적 운영방식을 추구하는 사람 중심의 조직이라고 볼 수 있다. 이러한 협동조합 활동은 더 나아가서 조합원의 편익보다는 사회적 가치나 목적의 실현을 우선으로 두고 취약계층에 대한 사회적 서비스, 일자리 제공, 지역사회 공헌활동 등을 수행한다. 적정기술의 내용과 철학이 사회적 협동조합 운동과 결합하여 최근 충청남도에서 적정기술 협동조합이 결성되었는데 이곳에서는 생태단열 기술 등을 이용해 저소득 노인 주택을 개량하는 사업 등에 참가하고 있다. 사회적 협동조합 운동은 마을 만들기 운동 등 지자체 지역개발 사업 등과 연결되어 적정기술운동을 새로운 지평으로 확장시키고 있다.

적정기술운동 외에도 현대 과학기술에 대한 비판적 시각을 갖고 있는 그룹이 또 있다. 2016년 창립한, 변화를 꿈꾸는 과학기술인 네트워크(ESC: Engineers and Scientists for Change, 대표 고려대학교 윤태웅 교수)가 그것이다. 현대 과학기술에 비판적이라는 점에서 적정기술과 유사한 문제의식을 가지고 있다. 더 나은 과학과 더 나은 세상을 함께 추구한다는 가치를 내세우고 과학기술이 권력집단이나 엘리트의 전유물이 되지 않도록 공공성을 강화해야 한다고 주장하며 시민사회와의 연대를 중시한다. 과학의 열매에만 주목하고 과정에는 주목하지 않는 사회풍토가 황우석 사태를 야기했다고 생각한다. 산업입국의 구호가 메아리치던 정부 주도의 경제개발 시대는 지났음에도 불구하고 과학기술이 경제를 떠받치는 부속품쯤에 머물러 있어서는 안 된다는 문제의식을 갖고 있다.

그러나 일부 사회과학자들과 경제학자들은 적정기술 활동가들이 기존 사회체제에 대한 근본적인 사회과학적 이해가 없고 지구촌 사회, 개별 국가들의 사회경제 구조와 경제발전론에 무지해서 적정기술 활동이 불합리한 기존 체제를 공고히 하는 데 기여할 가능성이 많다고 비판한다. 또한 적정기술 활동의 성과도 미미하며 지속가능하지도 않고 비효율적이라고 비판한다. 과학기술 발전과 관련이 있거나 그것이 초래했다고 생각되는 지구촌 사회의 부의 편중, 환경파괴, 인간소외 등에 대한 비판이 비합리적이며 낭만주의적이라며 현대판 러다이트운동에 비유하기도 한다. 많은 적정기술 활동과 사업들은 기록과 평가가 엄밀하거나 활발하지 않으며 활동효과가 미미하거나 지속적이지 못하다는 지적을 받기도 한다. 이 외에도 적정기술 활동이 좋은 기술이며 인도주의적 활동이라는 데는 공감하지만 단순 봉사활동 차원이며 기본적으로 일회성이고 지속성이 부족하다는 비판도 존재한다. 이러한 비판에도 불구하고 적정기술 활동에 참여하는 우리 사회의 그룹들 중에 극단적인 이념을 주장하는 이들은 많지 않아 사회의 갈등을 해소하고 극복하는 가능성을 보여준다.

적정기술 활동에 대한 대응으로 2000년 이후 적정기술을 지속가능성을 담보하는 사회적 기업 활동의 차원으로까지 향상시킬 필요성이 대두되어왔다. 사회적 기업은 적정기술 활동의 지속성을 위해 일정 부분에서 영리활동을 추구하는 기업이며 시혜적인 적정기술 활동이 아닌 지속가능한 사회적 가치 실현을 추구한다. 이와 같은 전환에 대한 역사적 배경으로는 1970년대에 적정기술에 대한 관심이 크게 증대했지만 더 이상 발전하지 못한 이유가, 첫째, 개발도상국에 대한 시혜적 지원이 지나치게 강조된 관계로 수원국의 자립적인 역량 강화가 무시되었고, 둘째, 개발도상국 측면에서는 적정기술이 선진국의 선진기술이 아닌 자신들의 사회에 더 이상 효용성이 없어진 낙후된 기술을 이전한다는 부정적인 인식이 작용한 결과다.

적정기술은 기후변화에 대처하는 노력과도 결합하여 발전할 수 있다. 파리기후협정으로 일컬어지는 신기후체제의 출범은 한국에 위기이자 기회로 예견되었다. 신기후체제는 에너지 정책 패러다임에 일대 전환을 요구하면서 새롭게 등장한 문재인 정부의 탈원전정책 등으로 뜨거운 사회적 공론화 과정을 거치고 있다. 정부는 온실가스 감축방안으로 2030년 배출치 전망 대비 37% 감축방안을 가지고 있고 이 중 해외 온실가스 감축으로 11.3% 감축을 추진하고 있다. 해외 온실가스 감축사업으로 기후변화에 대응하는 적정기술 활동 참여가능성이 논의되고 있다. 개발도상국이 절실하게 필요로 하는, 태평양 도서국가 먹는 물 공급사업, 폐기물 처리 및 재활용 사업, 매립장 메탄가스 이용 발전 사업, 바이오가스를 이용한 대체에너지 사업 등이 이러한 분류에 속한다.

메이커 운동(Maker Movement)[1]은 괴짜들이 신기한 것을 만들어낸 행사에서 시작되었는데, 일상에서 창의적 만들기를 실천하고 자신의 경험과 지식을 나누고 공유하려는 경향을 나타낸다. 시제품 제작과 소규모 창업이 용이해지고 확산되는 최근의 추세를 메이커 운동의 일부로 이해할 수 있다. 이러한 메이커 운동은 일부 적정기술적인 요소를 포함하고 있다. 메이커 운동의 산물은 적정기술의 취지 아래 만들어질 수도 있고 그렇지 않을 수도 있지만, 사회적 진화 과정에서 사용자의 입장에 맞추어 생각을 전환하고 혁신하면서 삶을 변화시키고 사회문제 해결에 도움이 되는 유익한 발명품이 될 수도 있다.

9. 적정기술 지원 활동의 제도화: 지구촌기술나눔센터의 설립

적정기술을 가지고 보다 체계적으로 제도화된 틀에서 활동하고자 하는 적정기술 활동 그룹들의 여망은 미래창조과학부 한국연구재단 산하에 국내외 적정기술단체, 기관, 전문가를 연결·총괄하는 적정기술의 국내 허브인 지구촌기술나눔센터 설립으로 이어졌다.

적정기술 프로그램의 제도화는 박근혜 정부가 내세운 140개 국정과제의 하나로 채택되면서 활기를 띠었다고 볼 수 있다. 과학기술을 활용한 과학한류 조성으로 해외진출 촉진이 선정되었고 지구촌기술나눔센터(국내), 적정과학기술거점센터(국외) 구축이 가능해졌다. 또한 인류의 공동 번영을 위하고 세계 소외

---

1 메이커(Maker)는 소외된 노동과 맹목적인 소비에서 벗어나 스스로 무언가를 만들고 사용하고 공유하는 자들을 뜻하며, 이들은 현대 과학기술의 소외적 측면에 대해 반발과 비판정신을 가지고 있다.

계층에 과학지식과 적정기술을 공여하는 기술나눔 지구공동체가 국가과학기술 어젠다로 채택되었고(2011.8.2), 국제개발협력위원회에서는 적정기술 지원을 한국형 공적개발원조 기본 프로그램 중 하나로 채택했다(2012.9.14). 이를 위한 부처별 활동으로 과학기술정보통신부와 한국연구재단은 과학기술 분야 공적개발원조 차원에서 개발도상국의 지속가능한 발전과 현지 주민의 삶의 질을 개선하는 "개도국 과학기술 지원사업"을 수행하고 있다. 현재 캄보디아 1호 센터를 시작으로 라오스, 네팔, 탄자니아, 이디오피아 적정기술 지원센터가 선정·운영되고 있다. 이와 동시에 적정기술의 국제 네트워크 구축 및 개도국과의 과학기술 공유 프로그램(Technology Sharing Program) 추진되고 있다.

10. 학술활동으로서의 적정기술: 적정기술학회의 설립

적정기술학회의 설립은 적정기술 시민단체들의 적정기술 봉사활동이라는 일회성을 극복하고 적정기술의 학문적 수준을 향상시키고 정보를 공유할 목적으로 설립되었다. 학문활동 수준의 적정기술은 대학사회 연구소 등의 보다 우수한 과학기술 인력을 적정기술 활동에 참여시키고자 한 측면도 있다. 아마추어 활동가들이 참여하는 인도주의적 기술 봉사활동 수준을 넘어서 대학과 연구기관의 많은 연구자들이 새로운 적정기술 개발과 적용에 관련된 학술연구에 참여함으로써 첨단 과학기술 발전을 적정기술과 결합시키고 과학기술 발전에 의한 혜택을 지구촌 전 구성원들에게 폭넓게 제공하는 등 적정기술의 지평선을 크게 확장할 수 있다. 다양한 학문 분야에서 적정기술과 관련된 학제적 연구를 촉진시키고, 기술의 개발과 보급을 통해 적정기술 분야의 질적인 발전과 더불어 주민의 삶을 지속가능하게 개선해주는 실용지식 기반을 구축하는 데 기여하고자 한다.

적정기술학회는 협의의 적정기술에서 시작해 차차 광의의 적정기술로 그 활동범위를 확장한다. 적정기술학회의 창간사를 보면, '적정'이라는 단어는 "맥락"

을 전제로 한다. 경제적 파급효과뿐 아니라 환경보호, 절대빈곤, 자연재해, 동반성장, 지속가능성, 양극화와 같은 이 시대의 도전들을 포용하고자 한다.

광의의 적정기술은 과학기술의 범주를 크게 넘어서는 광범위한 학제 간 연구를 필요로 하기에 학회 출범 초기에는 국제개발이라는 분야를 중심으로 학제 간 네트워크를 형성하는 것에서 시작해 점차적으로 철학, 경제, 사회 및 경영 분야의 학자들과 협력하는 방향으로 활동범위를 넓혀 가고 있다. 적정기술학회는 매년 콘퍼런스와 적정기술 포럼, 그리고 적정기술 저널 발간을 통해 우리 사회의 다양한 적정기술 학술 활동과 성과들을 공유·평가하고 적정기술 활동의 미래지향적인 새로운 대안을 제시하는 장으로 발전하고 있다.

11. 교육으로서의 적정기술

앞서 언급한 것처럼 적정기술이 과학기술 발전의 철학이며 방향이듯이 적정기술은 과학교육의 방식이자 내용이 될 수 있다. 초·중·고교, 대학교 등과 같은 교육기관에서도 적정기술에 대한 관심이 많으며 특히 교육 프로그램안에 적정기술의 내용을 포함하고자 한다. 기존의 초·중·고등 과학교육은 시험점수를 잘 받기 위한 암기식·주입식 경쟁교육의 가치가 지배적이어서 학습 흥미를 저감시킨다. 이와 같은 우리 사회의 과학교육 환경은 학생들이 각종 수학·과학 성취도 테스트에서 세계적으로 1순위를 차지하는 반면, 자신감·만족감·즐거움과 같은 항목에서는 매우 저조한 순위에 머물러 있는 것과도 관계가 있다.

과학교육 프로그램에 적정기술의 철학과 내용을 도입하려는 시도는 현실과 괴리된 문제풀이, 이론 중심의 교육 등으로 자칫하면 흥미를 읽기 쉬운 초·중등 교육의 한계를 STEAM(Science, Technology, Engineering, Arts, Mathematics) 프로그램의 도입으로 극복하고자 하는 시도와 잘 부합한다고 볼 수 있다. STEAM은 "과학기술에 대한 학생의 흥미와 이해를 높이고 과학기술 기반의 융합적 사고력(STEAM Literacy)과 실생활에서의 문제해결력을 배양하는 교육"이다. 또한 수월성 중심의 과학기술 영재교육이 인성교육에 부정적인 영향을 미치는 것을 최소화하고 따뜻한 마음으로 문제해결 중심의 적정기술 내용을 담고자 하는 것도 적정기술 과학기술 교육 프로그램이 포함하고 있는 바이다. 기존의 과학기술 교육이 일방적인 교육을 거쳐 졸업생을 사회에 내보내는 단선적인 구조였다면 적정기술이 결합된 과학교육은 과학기술의 사회적 의미와 과학기술에 요구되는 책무를 아울러 교육하는 유기적이고 통합적인 구조라 하겠다.

초·중·고등 교육에 적정기술 교과내용을 도입하는 것과 별개로 대학 교육에 적정기술의 내용과 방법론을 도입하고자 하는 노력도 활발하다. 적정기술 교육이 대부분 현지와 연계해 적용하는 경험인 만큼 교육적 효과도 만만치 않다는 호평이 나온다. 적정기술 교육은 원리를 직접 디자인하고 적용하면서 공학에 대한 흥미도를 높일 수 있다. 또한 인문·사회과학적 담론과 결합하여 기술과 인간, 기술과 사회, 기술과 환경 등 과학기술과 사회의 교호작용을 이해하고 사회적 가치 추구로서의 과학기술, 더 좁게는 적정기술 발전에 대학이 보다 적극적으로 참여할 수 있는 공간을 확보할 수 있다.

대학사회가 국내외적인 양극화 문제에 침묵하는 것은 바람직하지 않으며 대학에서의 과학기술 교육이 어느 방향으로 나가야 할지 고민하는 과정에서 적정기술에도 관심을 가질 필요가 있다. 서울대학교의 경우 선한 인재의 양성이라는 교육비전 아래 대학의 사회공헌 선도적 모델 발굴을 위해 사회공헌 프로그램을 글로벌 사회공헌 프로그램으로 확충했다.

사회공헌 팀들의 사회공헌 활동으로 정수시설의 보급, 에너지 농업기술 지원 등 적정기술과 대학 사회공헌 활동을 결합시키는 프로그램을 운영하여 예비전문가로서의 공헌활동을 개발하고 적용함으로써 사회공헌 프로그램의 질을 높이고자 노력하고 있으며 2013년부터 베트남, 인도네시아, 필리핀, 네팔, 라오스 등지로 많은 대학생들이 SNU 공헌활동에 참가해왔다. 이러한 대학사회의 사회공헌 활동 확대는 차후 단순한 재능기부 봉사는 물론, 대학사회의 공공성 증진과 적정기술 기술적 분야를 넘어서 학문활동의 사회공헌성을 강조하는 서울대학교 사회공헌 교수협의회의 설립으로 발전하고 있다.

과학기술 기반으로 고도 경제성장을 달성하는 데 크게 기여한 베이비붐 세대의 과학기술자들이 대거 학계 및 연구소, 회사에서 은퇴하는 시기가 도래했다. 현역에서 은퇴한 과학기술자들이 가지고 있는 과학기술 발전 경험과 지식을 국제협력 및 국내 적정기술 관련 활동에 적극적으로 활용하는 가능성이 부각되고 있다.

12. 사회단체의 사회공헌 활동과 적정기술과의 결합

적정기술 활동은 적정기술 활동의 전문성을 바탕으로 사회공헌 활동에 관심이 많은 사회단체 또는 기업의 사회공헌 활동과 결합함으로써 확장성과 사회공헌 활동의 질을 높일 수 있다. 2014년 안전한 먹거리와 윤리적인 소비를 표방한 소비자 생활협동조합 아이쿱과 국경없는과학기술자회의 협동 프로그램이 그 좋은 예다. 아이쿱은 20만 명 이상의 회원과 2000명 이상의 직원, 5000억 원 이상의 매출 규모를 가진 거대 생활협동조합 중 하나다. 아이쿱 사회공헌 지원금을 바탕으로 국경없는과학기술자회가 캄보디아에서 캄보디아 씨엠립의 다일공동체, 돈보스꼬 기술학교, 깜퐁포 유치원, 꼭저마을 등지에 먹는 물을 공급하는 정수시설을 설치했다. 이 경우 아이쿱의 후원금 방식이 매우 특징적이다.

아이쿱의 지원금은 지구환경을 오염시키는 페트병을 수집한 양에 따라 기부금이 책정되는 방식으로, 아이쿱 조합원들은 자신들의 활동결과로 지원되는 후원금이 어떻게 사용되는지를 알면서 후원활동에 참여한다. 이는 적정기술 활동의 참여자와 수혜자를 양분하는 분절화된 모델에서 벗어나 상호작용하는 역동적 적정기술 협력모델의 싹을 보여준다.

흔히 개발도상국을 돕는 일들은 국가 차원에서 정책적으로 공적원조자금 활용 방식으로 대규모 지원되는 경향이 있는데 이 사례는 자발적인 모금을 통해 이루어졌다는 점에서 '적정기술을 통한 나눔운동'으로 확산될 수 있는 가능성을 보여준다. 이러한 모델은 많은 기업들의 사회공헌 프로그램과 적정기술 민간단체와의 협력 프로그램 발전 가능성을 시사해준다고 볼 수 있다.

13. 과학기술 공적개발원조 속에서의 적정기술

우리나라의 국제협력 공적개발원조 프로그램과 적정기술 간의 관계는 앞서 언급한 바와 같이 과학기술 공적개발원조 속에 내포되어 있다고 볼 수 있다. 과학기술 공적개발원조는 "정부가 개발도상국의 현지 문제를 해결하기 위해 추진하는 연구개발 지원사업과 개발도상국의 과학기술 연구·활용··인력 양성을 촉진하기 위해 추진하는 기반구축/역량강화 지원사업"으로 정의된다(이우성 외, 2015). 개도국의 선호도가 높은 지식 공유 프로그램과 같은 과학기술 공유 프로그램 추진하여, 안정적인 과학기술 파트너십을 구축한다.

한국은 원조수혜국에서 세계 최초로 원조공여국이 된 국가로서, 과학기술 발전을 기반으로 경제발전을 이룩했으며, 기술원조 수원국이 되면서 공적개발원조 사업이 크게 증가했다. 또한 정년퇴직하는 우수한 과학기술 인력이 풍부하다는 점도 특기할 만하다. 더 나아가서는 여타 선진국의 국제지원 사업과는 차별적으로 개도국의 입장에서 공적개발원조 사업 중 특히 과학기술 공적개발원조 사업 지원에 관심이 많다는 점이 특징적이다.

정부의 공식적인 통계는 집계되고 있지 않지만 2017년 부처별 과학기술 공적개발원조 총합은 2000억 원 정도로 전체 공적개발원조 대비 7.3%에 이르며 이는 점차 증가할 것으로 예상된다. 아직 부처별로 진행되는 과학기술 공적개발원조 프로그램의 공식적인 통계가 잡히지 않고 분절화되어 있어 과학기술 공적개발원조의 전체적인 계획과 평가 등이 원활하게 이루어지고 있지는 않지만 적정기술 활동과 결합하여 발전할 가능성은 매우 높다고 할 수 있다.

한국과학기술단체총연합회(과총)는 과학기술나눔공동체(초대 위원장 박원훈 박사)를 설립하여 국내 적정기술 활동에 참여했다. 과학기술나눔공동체는 우리 사회의 눈높이 맞는 사회적 수요에 응답하고 국제사회에서 과학기술의 책임이라는 과제를 안고 활동했으며 보다 구체화된 질 높은 과학기술 공적개발원조 프로그램을 개발하기 위해 과총의 과학기술 공적개발원조 위원회로 발전하고 있다.

14. 맺음말

적정기술은 어떤 특정 기술 또는 특정 기술개발을 지칭하는 것이 아니라 사회적 가치를 추구하는 기술발전의 방향이며 철학을 의미하며 현대 과학기술의 부작용에 대한 반성이다. 양극화된 사회와 현대 과학기술 발전방향에 대한 반성으로 따뜻한 과학기술, 소외된 90%를 위한 과학기술에 대한 관심이 우리 사회에서 증대하고 있으며 사회적 가치 실현을 위한 과학기술, 더 나아가 적정기술은 그에 대한 기대감과 가능성을 가지고 있다.

과학기술 발전을 토대로 한 성공적인 경제성장을 이룬 한국의 발전성과와 발전모델은 글로벌 사회의 가치와 희망이며 이를 지구촌 사회와 나누고 공유하는 것은 지구촌 구성원으로서의 책임감이자 중요한 자산이 아닐 수 없다. 원조수혜국에서 세계 최초의 원조공여국으로 발전한 한국 사회의 발전경험으로부터 국제협력 분야에서 과학기술 공적개발원조가 크게 부각되고 있으며 적정기술이 과학기술 공적개발원조의 한 축을 이루고 확대 발전하고 있다.

창의적이고 적극적인 문제해결 중심의 적정기술이 갖는 과학기술 교육 프로그램으로 초·중·고교는 물론 대학의 적정기술 교육 프로그램도 발전할 가능성이 있다. 적정기술 활동은 우리 사회를 보다 발전시키고자 하는 대안사회운동, 공동체운동, 협동조합운동, 리빙랩운동 등 다양한 사회운동과 결합하여 발전할 가능성을 내포하고 있다.

제13장

사회적 가치와 지속가능성

한상진 (울산대학교 사회·복지학과 교수)

1. 머리말

오늘날 정보화의 기술적 추세와 아울러 날로 가중되는 환경악화는 한계생산
비나 한계효용 등 근대경제학이 가격, 곧 경제적 가치를 결정하는 것으로 가정
해온 수요, 공급의 시장원리를 뒤흔들고 있다.[1] 산업혁명 이후 자본주의 경제는
사유재산 체계에 기초하여 시장교환을 위한 생산에 상품과 노동을 동원해왔고,
그 결과 노동과 생산을 반영하는 경제적 가치만이 오직 가치 있는 것처럼 만들

---

[1] 최근 들어 두 가지 AI가 사회적 관심의 대상이 되고 있다. 그것은 인공지능(artificial intelligence)과
조류 인플루엔자(aviant influenza)로, 이 둘은 일견 상관없어 보이지만 시장에서의 성장을 중시해온
한계혁명 이후의 근대경제학이 내재해온 이론적 한계를 공통으로 드러낸다. 먼저 한계생산비 제로
시대의 도래는 사물인터넷을 통한 공유경제의 확산으로 신고전파 경제학의 공리인 희소성을 근본으
로부터 위협하고 있다. 또 조류 인플루엔자와 같은 신종 바이러스 등장과 기후변화 등에 따른 자연
생태계의 지속불가능성에 대한 경고는 현재의 소비나 수요가 시장에서의 효용보다는 인간 기능화에
총체적으로 관련되는 역량(capability)에 의존해야 함을 보여준다.

었다. 그 사이 인간의 사회적 삶은 '생산성주의(productivitism)'에 의해 압도되어, 자본주의 생산을 위한 소비, 또는 노동력 재생산이라는 부차적 지위로 격하되곤 했다. 그럼에도 인류의 등장 이래 수렵채집 및 농경 시대까지 생산은 인간의 재생산활동에 복무하는 이차적 영역이어서, 의식주라는 일상적 생명활동을 위해 생산(동식물의 포획 또는 재배)이 사용되었던 게 분명하다.[2]

산업혁명 이후 경제적 가치의 독주과정에서도, 신분으로부터의 해방과 노동력 상품이 갖는 시장에서의 자유는 인간 재생산의 근본적 토대인 사회성 자체를 대안적 가치로 부각시켜왔다. 인간은 본원적으로 '사회적 존재'이기 때문에 산업혁명 이전에도 사회적 가치라는 용어만 없었을 뿐 인간관계와 공동체의 가치는 명확히 존재했다. 그것은 생명 유지와 관계하는 가치이기 때문에, 경제적 가치인 가격으로 환산될 수는 없으나 그보다 더 중요한 사랑, 희생, 안전, 건강 등을 반영한다.[3] 사회적 가치는 생산성, 부, 사적 소유 등과 같은 객관적 충족을 기초로 하는 주관적 웰빙(well-being), 또는 행복감이나 안녕 등으로 표현될 수 있다. 현시점에서 특히 사회적 가치가 강조되어야 하는 이유는 그동안 경제적 가치 지상주의가 부와 소유의 양극화를 정당한 것으로 유포하는 사이, 대다수 빈곤층은 물론 소수 부자까지도 인간관계 및 생태환경의 파괴로 인해 지속가능한 삶의 질을 위협받게 되었기 때문이다.

한편 20세기 후반의 서비스 산업화로 인해 경제적 가치에 미치는 사회적 가

---

2 농업이 체계화된 후에도 경제적 가치는 인간노동력의 생산이나 모든 생산의 터전인 땅에 주로 국한되었고, 식량이나 가축 등의 경우 기본적으로 자급자족되었으므로 부분적인 교환의 가치만을 지닐 뿐이었다. 물론 낮은 기술수준으로 인한 유기적 재생산의 어려움 때문에, 생산의 중요성이 점차 커져 결국 인력과 축력이 아닌 기계 에너지에 대한 의존 욕구가 나타났다고 해석된다.

3 가치의 산정은 가치의 판단을 전제한다. 경제적 가치는 생산적 기여나 재생산에 대한 필요성, 희소성 등에 의해 단순하게 표출될 수 있지만, 사회적 가치는 경제적 가치로 환산되는 순간 그 가치의 진정성이 훼손될 수 있는 관계에 대한 존중이나 상호감정 등이 포함된 심층적 영역에 속한다. 즉 사회적 가치는 경제적 가치를 포괄하며 그것에 영향을 미치지만, 그것으로 재단될 수는 없는 생명체이자 사회적 존재로서의 인간의 지속가능성 자체에 대한 가치라고 말할 수 있다.

치의 영향력은 계속 증대되어왔다. 서비스는 본질적으로 봉사(serving)이므로 개인 재화에 대한 가격화 방식을 적용하기는 어려우며, 유급 서비스 노동은 아니지만 똑같이 봉사가 요구되는 가사노동의 사회적 가치에 대한 보상문제 역시 돌출시켜왔다. 더구나 그 가운데 정보산업은 공유와 소통이 전제될 수밖에 없는 '지식'의 개인적 구매라는 내재적 모순을 지니고 있다. 그간 정보의 비소모성, 비경합성을 해결하기 위해 지적재산권이라는 개입이 이루어져 왔지만 인공지능과 공유경제의 확산으로 이 같은 통제는 더욱 힘들어질 것이다. 최근 들어 이러한 기술사회적 영향과 고용 부족의 장기화로 말미암아, 마르크스주의 내에서 하트(Hardt, 2000)의 주장처럼 노동보다는 사회가 경제적 가치의 실제 원천이기 때문에 노동자보다는 전체 사회 성원이 그 가치의 몫을 주장해야 한다는 기본소득의 필요성이 공감을 얻고 있다.[4]

그런데 사회적 가치를 주관적 웰빙이나 그 조건 가운데 하나인 환경정의(environmental justice)에 주목하여 해명한다고 해서 경제적 가치를 도외시하는 사회적·생태적 결정론에 빠져서는 안 될 것이다. 개인과 사회의 웰빙이 경제적 복지(welfare)에 의해 밑받침되어야 하듯이, 사회적 가치 또한 경제적 가치와 배타적인 것이 아니라 그것을 포괄하는 것으로 이해되어야 하기 때문이다. 예를 들어 사회적 경제의 사회적 가치는 경제적 가치를 통해 실현된다고 말할 수 있다. 하지만 한국의 사회적 기업 육성제도처럼 사회적 경제의 가치를 유급노동의 창출과 같은 시장경제적 측면에서만 측정하려는 시도는 일면적이라 할 수 있다. 사회적 경제의 사회적 가치는 분배의 강화를 통한 보호 확대나 환경보전에 의한 감정적 가치, 생태적 가치까지 포함해야 하는 까닭이다.

사회적 가치와 그것의 생태적 기반인 생태적 가치는 국제연합이 주도해온 '성

---

4 퍼거슨(Fergusson, 2017: 327~336)은 노동을 기반으로 하지 않는 분배가 구조적 대량실업 상태의 남아프리카에서 역할을 확대해가는 방식을 고찰함으로써, 보편적 기본소득에 바탕을 둔 '분배의 정치'를 주장한다. 그는 시장에서의 노동이 아닌 비공식 경제의 분배노동, 연금 및 보조금과 연계된 국가 지원 등이 모든 세계에서 중요해지고 있음을 관찰한다.

장의 한계' 담론과 함께 전가의 보도로 통용되어온 지속가능성(sustainability) 개념과 관계가 있다. 고동현 외(2016: 185)는 성장의 한계 속에 경제의 '사회적 요인'에 대한 관심이 대두됨으로써, 삶의 질, 사회의 질 등 사회적 가치가 주목받게 되었다고 지적한다. 이 장은 삶의 질, 사회의 질을 개인적·사회적 웰빙 측면에서 이해하여, 사회적 가치를 사회-생태계(socio-ecological system)의 지속가능성 차원에서 살피고자 한다. 필자가 생태적 가치와 지속가능성을 다루면서 사회-생태계라는 범주를 강조하는 이유는 지속가능성의 생태적·사회적 차원이 서로 분리되어서는 안 되며 환경정의라는 생태사회적(ecosocial)[5] 차원에 비추어볼 필요가 있는 까닭이다. 즉 사회적 지속가능성은 생태적 지속가능성에 의해 판별되어야 하는 동시에, 사회체계를 유지하기 위한 자원관리 또한 생태서비스와 상호의존적이라 할 것이다.

이 장은 사회적 가치의 유지가 생태적 지속가능성의 담보를 전제로 하며, 생태적 지속가능성 역시 사회적 과정의 산물임을 명확히 한다. 이 장의 구성과 관련해서는, 먼저 사회-생태계에 대한 범주화를 시도한 다음 사회적 가치의 특성과 기본요건을 경제적 가치, 생태적 가치와의 관계 아래 조명한다. 뒤이어 환경정의 담론 내 분배, 절차, 역량, 승인 등의 측면들을 생태사회적 지속가능성과 관련하여 해석해보고, 사회-생태계를 존속시킬 사회적 가치의 증진과 관련하여 '중강도(moderate) 지속가능성' 노선에 대해 전망하도록 하겠다.

2. 사회-생태계의 범주 설정

생태계 개념은 자연적 생태체계를 가리킴에도, 사회과학에서는 도시공간의

---

5 피츠패트릭(Fitzpatrick, 2014: 5)은 '생태사회적인 것(the ecosocial)'에 대해 사회-자연 상호의존의 종합적 이해에 입각하여 자연환경과 영향을 주고받는 인간유기체의 문명이 생태와 사회를 가로지르는 상호연계의 망으로 직조됨을 강조하는 관점이라고 설명한다.

그림 13-1 브론펜브레너의 생태체계 모델

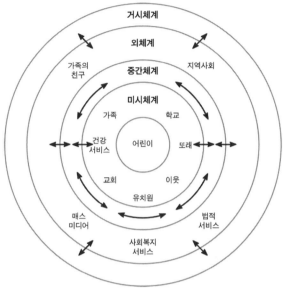

자료: 신종호 외(2017).

분화를 설명하는 인간생태학으로부터 인간행동의 발달에 영향을 미치는 사회환경을 묘사하는 사회복지학, 또는 유아교육학의 생태체계 모델에 이르기까지 사회체계와 관련한 다양한 응용이 이루어져 왔다. 그림 13-1은 후자의 대표적 생태학 접근인 유리 브론펜브레너(Urie Bronfenbrenner)의 어린이 발달과정에 대한 모델을 나타낸다. 인간이 구성하는 사회체계는 인간생명체가 생태계의 일부인 이상 자연과 동의어인 생태계의 일부다. 그러한 관점에서 보면, 사회체계 가운데 인간행동과 밀착된 가족, 친구, 사회연결망 등의 생활생태계를 근간으로 공간적 측면의 하위 생태계로서 도시가 존재하며, 기존에 하위 체계라는 개념으로 식별되어온 경제생태계(예: 사회적 경제 생태계, 정보기술 생태계 등 포함)나 문화생태계 등도 사회체계 내 하위생태계로 파악될 수 있다.

사회-생태계의 개념은 사회체계와 자연생태계를 통합적으로 고려하여, 자원관리의 불확실성에 직면할 경우 자연과 인간 사이의 상호작용은 물론 자연환경

그림 13-2 사회-생태 다층진단법

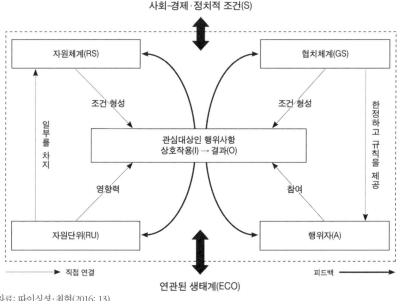

사회-경제·정치적 조건(S)

자원체계(RS)

협치체계(GS)

조건/형성

조건/형성

일부를 차지

한정하고 규칙을 제공

관심대상인 행위사항
상호작용(I) → 결과(O)

영향력

참여

자원단위(RU)

행위자(A)

직접 연결

연관된 생태계(ECO)

피드백

자료: 따이싱성·최현(2016: 13).

시스템 자체를 이해해야 할 필요성에 따라 고안되었다. 최현·따이싱성(2016: 48)
은 이 범주가 사회과학에서의 제도분석 이론과 자연과학의 '복잡한 생태계의 자
기조직 특성에 관한 연구'를 결합시켜, 사회-생태계의 적응적 공동관리와 생태
계 지킴에 개념적으로 활용될 수 있다고 강조한다. 그림 13-2는 이 개념에 근거
한 사회-생태 다층진단법을 나타내는데, 이는 기존 제도분석 이론에서의 자원
체계, 자원단위, 협치체계, 행위자, 행위상황 등을 사회, 경제, 정치, 생태계의
맥락에서 접근하는 데 유용하다.

그림 13-2의 모델이 사회체계와 생태계의 상호교류를 강조하는 데 비해, 이
장은 이러한 문제의식을 흡수하면서도 사회체계가 갖는 생태적 한계에 주목하
여 그림 13-3과 같은 시론적 모델을 제시하고자 한다. 이 같은 사회-생태계 모
델은 그림 13-1과 같은 사회복지학의 생태체계 모델이 강조하는 개인과 환경의
이중초점 발상과 비슷하게, 인간, 생활환경, 사회환경, 자연환경 등의 다중적

그림 13-3 사회-생태계의 시론적 범주 설정

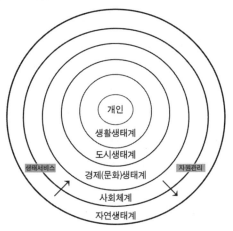

자료: 한상진(2017: 55).

연계, 즉 사회체계와 자연생태계에 대한 동시적 고려에 주안점을 두고 있다. 이 모델의 의의는 생명체로서의 인간이 행동, 실천을 통해 조성하는 경제체계, 문화체계 등이 다른 인간 및 하위 사회체계 등과 네트워킹됨으로써 사회적 경제 생태계, 정보기술 생태계, 다문화 생태계 등 새로운 창조적 체계화로 이어짐을 포착하는 데 있다. 전통적으로 인간생태학에 의해 설명되어온 도시생태계 또한 인간의 생활생태계가 직조하는 전체 자연생태계, 사회체계의 한 부분으로 명확히 위치할 수 있는 이점을 갖는다고 하겠다.

3. 사회적 가치의 개념적 특성과 요건

1) 경제적 가치와 사회적 가치

사회적 가치는 경제적 가치를 포함하되 그보다 더 포괄적인 범주다. 사회적 가치와 관련한 웰빙의 개념은 경제적 가치를 주축으로 하는 복지가 부재한 상태에서는 성립될 수 없는 것이기에, 20세기 후반까지 '복지'와 거의 동의어로 취급되었다.[6] 더욱이 사회적 가치가 경제적 가치로 환원될 수 없는 것임에도 불구하고, 신자유주의의 물결에 힘입은 근대경제학의 패권화는 공공정책이나 후생, 복지를 경제결정론에 의거해 설명하려는 경향을 강화시켜왔다. 그 대표적 예가 평균적 개인이 교환에서의 실질적 선택에 직면할 때 '덜'보다는 '더' 선택한다고 가정하는 공공선택론이다. 이 관점은 개인이 습관과 애착, 친구관계, 아동에 대한 부모의 영향, 광고, 사랑과 동정 등에 대해서도 개별적 선호를 갖고 효용을 극대화하기 위해 행동한다고 주장한다(Becker, 1996; Jordan, 2008: 3에서 재인용).

공공선택론은 사회적 가치를 경제적 가치와 동일시하여, 내생적 선호를 포함한 효용 극대화 모델이 습관적·사회적·정치적 행위를 포함한 다양한 행동을 단일화하는 데 적용될 수 있다고 한다. 이 이론을 포함해 경제적 가치에 경도된 대부분의 논의는 화폐라는 교환 매개체에 대해 사적 거래뿐 아니라 집합행동으로부터의 사적 이득이 동일한 회계 틀 내에서 측정되도록 하기 때문에 유용한 것이라고 판단한다.[7] 그러나 이러한 경제적 가치 일원론이 20세기 서구에서 승리했고 세계적으로도 확산되어온 듯싶지만, '사회적' 삶의 현실과 괴리된다는 상식적인 문제제기 또한 이루어져 왔다.[8] 인간의 생존을 위해 경제적 토대가 중

6 그 배경에는 20세기 초 전개된 관념론과 유물론 간 논쟁에서 후자가 결국 승리했다는 사실이 자리 잡고 있다. 이후 관념론적 사고의 흔적이 사회학을 비롯한 자유주의적·사회주의적 학문 접근에 영향을 끼쳤지만, 인간 번영의 쟁점에 대한 지배적 접근은 주로 경제학에 의존하게끔 만들었다. 웰빙이 사회적 상호의존 및 공공재로부터 도출된다는 관념론의 입장은 '과학의 방법이 가장 유익한 것으로 작동되는 분야'와 '정치인이 경제학자의 작업 위에 세우는 좀 더 용이하고 실용적인 조치', 그리고 '사회생활에서 하나의 명백한 수단이 돈'이라는 측면에서 '복지'의 경제학적 접근에 의해 압도당해온 셈이다(Jordan, 2008: 1).
7 공공선택론에서 개인은 궁극적으로 집합적 수단에 대한 정당화를 제공하는 목적과 필요의 담지자로서 간주된다. 개인이 너무 다양하고 그들의 원망(願望)에 대한 유일한 공통된 척도가 화폐이기 때문에, 가장 높은 국민소득을 생산하는 그러한 제도와 배분은 정당화된다(Jordan, 2008: 36).
8 경제적 가치 모델의 궁극적 결함은 상호작용에 관한 방법론적 개인주의의 가정에서 출발하기 때문에 사회관계의 교환을 단지 제한적으로만 설명한다는 데 있다. 즉 복지의 분배가 효용 극대화를 추구하는 개인 간 상호작용과 관련된다는 주장은 '개인들이 스스로 최선의 가능한 결과를 받을 수 있

요하다는 사실이 공공정책과 삶의 질을 경제적 가치로만 설명하는 독단을 정당화할 수는 없다. 더구나 그것의 주요 개념인 효용은 신고전파 경제학에서 감정이나 만족에 의한 어떤 특정한 내용이라기보다는 선호의 일관된 집합을 가리킬 뿐이다(Jordan, 2008: 16).

조던(Jordan, 2008: 133)은 사회과학계에서 경제적 가치가 사회적 가치를 압도해온 이유에 대해 경제, 정치 및 국제관계의 공적 영역에서 상호작용의 상징적 가치가 근대성의 질서, 조화에 전복적이라는 이유로 배제된 데서 기인한다고 본다. 그에 의하면, 경제적 복지는 사회적 가치를 교환, 분배하는 개별 체계의 부분이며 물질적 소비에 의해 획득되는 효용 또한 사회적 기준에 의해 재평가되어야 한다. 다른 한편으로 녹색주의자들은 경제적 가치가 환경적 하부 구조에 의존하기 때문에, 자원이 한 번 사용되고 난 뒤의 채굴된 자원과 오염된 생태계가 경제적 가치의 원천이 된다고 파악해왔다.9 이 관점에 따르면, 자연은 그 자체로서 가치 있는 것이기 때문에 생태적 가치를 생태적으로 값진 것으로 따지려는 인간 중심주의적인 편향은 극복되어야 한다. 나아가 인간의 사회적 상호작용에서 직조되는 사회적 가치 또한 이러한 생태적 가치의 한계 안에서 작동된다고 보아야 할 것이다.

2) 사회적 가치 개념의 특성

그러면 위의 논의를 바탕으로 사회적 가치의 개념적 특성에 대해 검토해보자. 첫째, 사회적 가치는 경제적 가치를 포괄한다. 둘째, 사회적 가치 또한 생태

는 사회제도를 궁극적으로 선택한다'는 기만적 가정에 입각해 있다(Jordan, 2008: 35, 132).

9 존 로크(John Locke)가 재산을 지구의 결실과 노동의 혼합으로 정의한 이래 노동을 '능동적인 것', 자연을 '수동적인 것'이라고 암묵적으로 전제하는 노동가치론이 발생되었다. 이는 이후 자본주의적, 또는 마르크스주의적 외피로 치장되는 것에 상관없이 노동이 상품으로 전화시키는 자연 자체보다는 노동에 더욱 강조점을 두도록 이끌어냈다. 녹색주의자는 이와 대조적으로 생태적 가치가 어느 정도 양화될 수는 있으나 궁극적으로 경제적인 것을 초월한다고 파악한다. 피츠패트릭(2003: 98) 참조.

적 가치에 포괄된다. 이와 관련하여 근대경제학의 시장논리뿐 아니라 20세기 유럽에서 만개했던 사회민주주의의 복지국가 담론 역시 분배의 원천을 확보하기 위해 경제성장을 옹호해왔음에 유념할 필요가 있다. 그렇기에 사회적 가치에 대한 적절한 담론화는 기존의 효용가치론과 함께 노동가치론도 뛰어넘는 생태복지(eco-welfare)의 틀을 요청한다. 피츠패트릭(2003: 98)은 생태복지의 개념에 대해 생태적 가치의 내재적 본질을 보전하면서 인간노동을 지속가능하게 만드는 탈생산성주의(post-productivitism)와 사회민주주의의 결합이라고 정의한다.

셋째, 경제적 가치는 생태적 가치의 파괴와 관련되지만, 사회적 가치는 생태적 가치의 유지에 종속된다. 김홍중(2017: 22~26)은 20세기 초의 부국강병론과 20세기 중반의 냉전주의, 오늘날의 신자유주의를 사례로, 한국인의 가치가 정치, 경제를 위주로 한 생존주의 근대성에 압도당해 왔다고 파악한다. 반면에 한국에서 작동되어온 사회적 가치는 전태일에서 노무현에 이르기까지 죽음이라는 상징과 결합된 숭고하고 성스러운 '사회적인 것'의 상상계와 관련되어 있다고 한다. 필자가 보기에, 이 주장의 논거는 종으로서의 인간의 유한성이라는 생태적 측면에서 사회적 가치가 비롯됨을 암시하는 것이기도 하다. 넷째, 경제적 가치는 생산, 노동에서의 경쟁을 반영하고, 사회적 가치의 일부로서의 생태적 가치 역시 자연에서의 약육강식이라는 먹이사슬에 의존한다. 하지만 전자는 국가주의, 시장주의에서의 고립된 '개인'에 초점을 두는 반면, 후자는 종으로서의 공생과 삶, 죽음의 반복으로서의 생명가치를 함축한다는 차이가 있다.

다섯째, 사회적 가치는 경제적 가치와 생태적 가치를 호혜, 협력의 차원에서 매개한다. 최정규(2017: 38~44)는 행동경제학의 공공재 게임 결과를 바탕으로, 피실험자들이 자신에게 손해가 되더라도 타인에게 이득이 되는 방향으로 행동하는 성향이 있다고 설명한다. 또 그들은 다른 사람들도 자신과 성향이 동일하다고 확인되는 경우에만 협력적 행동을 지속하며, 이처럼 조건부로 나타나는 협력적 행동의 성격 때문에 타인이 어떻게 행동할 것인가에 대한 기대가 중요한 역할을 한다고 본다. 위의 실험결과는 인간이 개별 존재로서는 경제적 가치에 몰두하지만, 공동체적 삶의 상황이 인지될 때는 '협력'이라는 사회적 가치를 공유함을 시사한다. 유목시대 이래 환대(hospitality)가 적의(hostility)에 대한 평화적 제압 기능을 암묵적으로 수행해왔듯이, 호혜는 상호불신에서 비롯되는 개인적 경쟁주의에 대항하여 공동체의 생명을 지탱하기 위한 지혜라고 말할 수 있다.

3) 사회적 가치로서의 주관적 웰빙의 요건

피츠패트릭(2003)은 경제적 가치에 대해 생산적 가치가 아닌, 보호와 지속가능성 등을 포괄하는 재생산가치(value of reproduction) 차원에서 접근할 것을 제안한다. 이러한 재생산가치의 범주화는 경제적 가치와 사회적 가치, 더 나아가 생태적 가치 간의 스펙트럼을 이해하는 데 도움이 된다. 재생산가치라는 개념 틀은 웰빙의 유지를 위해서만 생산성 성장 및 이로부터 뒷받침되는 복지가 유의미하다고 보아, 경제성장만 목표로 하는 생산성주의에 반대한다. 그런데 재생산가치가 웰빙, 곧 삶의 질 자체에서 비롯되는 것이라 한다면, 사회적 가치는 웰빙을 내면화한 주관적 웰빙으로서 배려, 공감, 희생 등의 상징적 차원까지 포함한다고 볼 수 있다.

사회적 가치를 주관적 웰빙으로 규정할 때, 그것의 필요조건은 '평균소득의 상승과 주관적 웰빙수준 간에는 신뢰할 만한 연계가 없다'는 '이스털린의 역설(Easterlin paradox)'에 근거하여 해석이 가능하다. 이스털린의 역설에 관한 원인 분석은 관계 자체의 성격에서 도출되는 상호작용의 사회적 요소가 있고 경제학 모델이 이들 요소를 포착하지 못한다면, 경제적 가치가 지배적인 사회에 사는 사람들이 그들 행동의 이러한 비용/편익의 차원을 인지하지 못할 수 있다는 증명을 필요로 한다. 어쨌거나 현대인이 겪고 있는 소득 상승과 생애만족 정체 간 간극은 개인주의와 소비주의의 지배 아래 위험에 처해 있는 인간가치의 다양한 요소들로 채워진다고 말할 수 있다. 그렇지만 이와 관련하여 어떤 활동, 교환이 성찰적으로 평가될 때 왜 다른 것보다 더 만족스러운가, 경험에서의 어떤 상실이나 놓친 요소들이 왜 지속적으로 해를 끼치는가와 같은 사회적 가치의 해명은 아직 본격화되지 못하고 있다.

이 장은 주관적 웰빙의 필요조건을 시론적으로 제시하고자 하는데, 물론 이 것이 사회적 가치로서의 주관적 웰빙에 포함되어야 할 감정적 차원까지는 포괄 하지 못하는 한계가 있다. 먼저 소득 성장이 주관적 행복을 최종적으로 결정하 는 것은 아닐지라도, 최소한의 인간다운 생활을 보장하는 경제적 복지가 주관 적 웰빙의 첫 번째 요건으로 설정될 수 있다. 두 번째 요건은 앞서 언급한 재생 산가치와 관련되는 보호와 지속가능성의 측면이다. 예컨대 21세기의 인간이 과 거보다 경제적으로 풍요로움에도 불구하고, 재생산영역에서의 가족해체, 공동 체 파괴, 환경악화 등에 따라 감정적 보호, 건강생활 등이 저해된다면 결코 주 관적으로 행복할 수는 없다.

주관적 웰빙의 세 번째 요건은 의사소통과 공정한 대우로, 상징적 가치의 형 성에 상대적으로 밀접하다. 이원재(2017: 135~138)는 사회적 가치와 관련하여 시민사회의 문제해결 역량을 키우는 의사소통을 중시하면서, 시민사회 내부의 의사소통 과정이 사회혁신과 사람 중심의 발전을 가능케 한다고 지적한다. 또 공정한 대우는 인간의 생명으로서의 존재가치를 인정하는 것으로, 현시점에서 의 계급 타파와 함께 미래세대에 대한 공평한 배려, 비인간 동식물의 생존권리 에 대한 승인 등을 포괄한다.

4. 지속가능성에 대한 생태사회적 해석과 중강도 지속가능성의 전망

1) 녹색 GDP 접근에 대한 비판

필자가 보기에, 위에서 언급한 사회적 가치의 요건들은 그것을 실현하기 위 한 지속가능성의 개념화가 환경정의라는 지평에서 음미되어야 함을 암시하는 것이다. 20세기 중반 미국에서 인종차별과 결합된 환경불의에 맞서기 위해 등 장한 환경정의 담론은 이후 태도, 정체성 및 가치에 대해서도 성찰해야 한다는 문제의식으로 심화되어왔다. 이러한 관점에서 지속가능성을 미래세대의 욕구에 부응하는 능력을 훼손하지 않는 현세대 욕구의 충족이라고 정의한 1987년 브룬트란트 위원회(Brundtland Commission)의 접근은 다소 모호한 것으로 평가된다. 인간이 만드는 수요는 무한한데 착취할 수 있는 자원이 현실적으로 유한하다면, 인간이 지속불가능한 존재에서 벗어날 수는 없기 때문이다.

여기서는 사회-생태계의 지속가능성을 본격적으로 탐색하기에 앞서, 현존하는 성장형태 및 성장률을 유지하면서 국내총생산(Gross Domestic Product: GDP) 측정에 환경기준을 도입하려는 녹색 GDP 접근에 대해 비판적으로 검토하도록 한다. 국내총생산은 재화와 서비스에 대한 소비자 및 정부 지출, 고정자본 총투자와 순수출의 총합으로 계산된다(잭슨, 2013: 162). 그런데 국내총생산 측정의 문제로는, 육아, 무상의료처럼 가격이 존재하지 않는 재화 및 서비스가 있다는 점, 대부분의 생산물이 시간 경과에 따라 변화한다는 점, 시장가격과 사회적 가치 간 괴리가 있다는 점 등을 지적할 수 있다(스티글리츠 외, 2011: 77~78).

녹색 GDP 논의는 환경이 적절한 수수료를 지불해야 하는 자본의 형태이므로 자연자원을 대체하는 제조된 등가물에 대한 지원이 필요하다고 본다. 녹색 GDP 범주의 장점은 현재의 관행과 결합시켜 대체를 통해 환경악화 비율을 완화하려는 실용성에 있다. 하지만 대체는 한 단위의 산출을 생산하는 데 요구되는 자원의 양을 감소시킬 수는 있지만 자원고갈 자체를 중단시킬 수는 없다. 또 현존하는 시장 선호에 따른 생태적 가치의 추정은 가격과 가치를 혼동하고 근본적으로는 환경을 다른 재화와 동등하게 간주하는 것으로 비판될 수 있다. 데일리(Daly, 2016)는 이 접근이 자연과 성장의 엔트로피적 효과를 과소평가하는 것이며, 희소성과 생태적 유한성의 궁극적 문제 또한 극복할 수 없다고 주장한다.

이 관점은 '약한(weak) 지속가능성'[10], 또는 지속가능한 성장(sustainable growth)

---

10 약한 지속가능성의 접근은 공공선택론과 마찬가지로 개인이 주어진 자원의 양으로 시장에 진입하여 효용 극대화를 위한 재화, 서비스의 교환이라는 유형화된 결정규칙에 따라 행동한다고 전제한다. 이때 시장의 작동원리인 할인과 대체는 특정 시점에서 결정을 행하는 고립화된 개인이 가정될

과 같은 개념들과 친화적이다. 녹색 GDP나 약한 지속가능성, 그리고 지속가능한 성장의 지향은 모두 인간에게 가치를 부여하는 자연 및 제조된 자본의 속성이 단일하고 공통된 척도, 즉 화폐로 환원되어야 한다는 경제결정론에 입각해 있다. 이 같은 경제적 가치 우선주의는 인간의 수요를 감소시키기보다는 자원의 증가에 따른 균열 감소를 우선시하는 공통점을 갖는다. 그리하여 이들 접근은 결핍과 오염의 문제에 대한 기술적 해결책에 치중함으로써 결국 자원스톡의 확장을 낳는 경향이 있다(Fitzpatrick, 2003: 119~120). 그러나 엄격한 의미에서 경제적 지속가능성을 유지하려면, 사회의 수확률이 재생가능 자원의 재생률과 동일해야 하며 폐기물 발생률 또한 폐기물이 방출되는 생태계의 자연동화 능력과 동등하게 유지되어야 한다. 나아가 데일리(1990; Sachs, 1999: 30에서 재인용)에 의하면, 양적 성장은 생태적 측면에서는 존속될 수 없기에 지속가능한 성장 자체가 모순어법이라고 비판되고 있다.

2) 사회적 지속가능성과 생태사회적 지속가능성: 환경정의 담론의 해석

사회적 지속가능성은 평등과 민주주의라는 기본적 가치에 의존해 모든 사람들이 정치적·시민적·경제적·사회적·문화적 인권을 효과적으로 전유하는 것으로 정의될 수 있다. 한편 생태사회적 지속가능성은 사회적 지속가능성과 생태적 지속가능성이 서로 조건 짓는 관계에서, 사회계약이 자연적 계약에 영향을 받는 가운데 현재 및 미래 세대와의 동시적이고 통시적인 연대를 요구하는 이중의 윤리적 명령(Serres, 1990; Sach, 1999: 27~28에서 재인용)에 의거한다. 여기서는 각각을 환경정의 담론에 의거해 해명하고자 하는데, 쿡 외(Cook et al., 2012)에

때만 합리적이다. 이 입장은 자연세계의 경제생산에 대한 기여(자연자본)와 제조된 자본의 기여가 대체 가능하다고 보아, 오직 총자본 스톡의 유지에만 관심을 기울인다. 만약 이러한 대체가 실제로 가능하다면, 경제는 자연자본 스톡을 낮추더라도 그 상실을 벌충하기 위해 제조된 자본을 충분히 창출하여 지속가능할 수 있다(Gowdy, 1999: 165).

따르면 그 개념적 요소는 분배적 정의, 절차적 정의, 승인(recognition)적 정의, 역량의 정의 등으로 이루어진다. 이 장은 이들 환경정의의 측면에 견주어 사회적·생태사회적 지속가능성의 관계에 대한 가설을 아래 두 가지로 제언하고자 한다.

우선 〈가설 1〉은 '환경정의 담론 중 사회적 지속가능성은 주로 분배, 절차의 요소에, 생태사회적 지속가능성은 주로 역량, 승인의 요소에 연관된다'이다. 한편 〈가설 2〉는 '역량, 승인을 주요 측면으로 하는 생태사회적 지속가능성은 분배, 절차라는 사회적 지속가능성의 차원에서 재현실화되어야 한다'이다. 환경정의 담론은 애초에 분배요소를 중심으로 제기되었고, 그다음에는 절차적 공정성과 승인의 문제, 더 나아가서는 역량 접근으로 발전되어왔다. 윤순진(2006: 12)에 의하면, 분배적 환경정의는 환경 편익과 부담의 공평한 분배에, 절차적 환경정의는 정책 및 법, 계획 등의 결정이나 이행 과정에 대한 참여에 관심을 두는 것이다. 〈가설 1〉에서 이들 두 측면을 주로 사회적 지속가능성과 연계시키는 이유는 전자의 경우 환경부담을 발생시키는 원인에는 상대적으로 무관심하고 후자의 경우 미래세대나 비인간 동식물의 권리까지는 제대로 고려하지 못하기 때문이다.

그렇다면 생태사회적 지속가능성과 관련된다고 가정된 승인적 환경정의, 역량의 환경정의에 관해 다루어보자. 먼저 승인, 또는 인정(認定)은 누가 존중되고 누가 가치 없는 것으로 불인정되는가를 둘러싼 범주로서, 환경문제에 적용될 때는 통상 비인간 자연의 가치 수용이라는 차원에서 이해된다(한상진, 2015: 261). 승인적 환경정의의 개념은 분배적 불의가 창출, 지속되는 문화적 과정을 강조하기 위해 등장한 것이지만, 비경제적 차원의 상호작용이나 절차적 정당성에 대한 쟁점으로 확대되어왔다(Walker, 2012: 10). 특히 미래세대나 동식물의 권리 인정은 개인주의적 경제적 가치 일원론에 의거해서는 도저히 성립될 수 없다. 따라서 타자와의 동반이나 공동의 축하라는 즐거움이 타자의 소비에 대한 선호를 갖거나 그들에게 편익을 부여하는 비용을 기꺼이 부담할 때 설명될 수 있다는 조던(2008: 43)의 웰빙 접근에 의거해, 승인적 환경정의의 기제를 좀 더 구체화해야 할 것이다.

다음으로 센(Sen, 1999)과 누스바움(Nussbaum, 2015)의 역량 접근은 '부유함이 필연적으로 주관적 웰빙으로 전환되지는 않는다'는 이스털린의 역설에 대한 유력한 이론적 설명이다.[11] 사회적 가치와 관련된 주관적 웰빙의 출처가 다면적인 것과 마찬가지로, 인간에게 필요한 적절한 수준의 영양, 주거, 건강, 공통적 상호작용 등과 같은 기초적 기능수행에 필요한 역량 또한 다양하다고 말할 수 있다. 그들에 따르면, 역량은 실질적 자유와 기회의 개념을 함축하는 것으로 그 의미는 상이한 지리적 장소와 역사적 시기에 있는 사람들마다 전적으로 동일하지는 않다(Fitzpatrick, 2014: 21). 분배적 환경정의 담론에서처럼 지금까지 소득과 부의 재분배가 사회정의의 개선에 필수적인 것으로 파악되어 왔지만, 역량의 환경정의에 근거해보면 분배는 사회정의의 여러 요소 중 하나에 불과하다. 역량의 측면에서 소득과 부는 단지 어떤 것을 할 능력을 부여하는 것일 뿐, 실제 그것을 할 수 있는 여부는 여타의 많은 요소들에도 의존하는 까닭이다.

이제 〈가설 2〉의 내용에 대해 상술하고자 하는데, 이때 논의할 주요 개념은 '승인적 절차(procedure comprising recognition)'와 '역량의 분배(distribution of capabilities)'다. 승인적 절차란 미래세대 및 동식물의 권리에 대한 인정이 현존하는 민주주의 절차로 제도화될 필요가 있음을 함축한다. 예를 들어 환경에 위해적이지만 사회경제적으로 필요한 시설을 둘러싼 숙의과정에서, 미래세대를 대표하는 청소년이나 비인간 자연의 권익을 대변하는 집단(환경운동단체, 해당 시설

---

11 센(1999)은 스스로의 삶을 살아가는 데 필요한 자유를 구비시키는 '역량의 공간' 구분을 중시하는 데 비해 누스바움(2015)은 보편적으로 적용되는 역량의 리스트를 제시하는 데 관심이 있다. 그녀는 기능수행 및 삶의 질에 필요한 기초적인 역량들로서 생명, 신체건강, 신체보전, 감각-상상-사고, 감정, 실천이성, 관계, 인간 이외의 종, 놀이, 환경통제 등 열 가지를 나열한다. 한편 센(Schlosberg, 2007: 32에서 재인용)은 이러한 나열에 대해 다음의 두 가지 이유로 유보적 입장을 취한다. 첫째는 맥락과 그 사용에 대한 적절한 특정화 없이 정교한 리스트와 비중이 선택되기 어렵다는 이유다. 둘째는 이러한 하향식 접근이 적절한 리스트를 작성하는 데 필요한 정치적 숙의와 추론을 감소시킨다는 것이다.

에 근접하여 환경피해에 더욱 민감한 집단 등)에 가중치를 부여하는 방안을 도입하는 것이다. 그동안 한국에서 숙의민주주의의 제도적 수단으로는 주민투표, 시민배심원제 외에 최근의 공론조사 등이 동원되었지만, 앞으로는 좀 더 다양한 의사결정 방식이 숙고되어야 한다.

마지막으로 역량 접근이 소득, 부 등에 대한 과도한 비판으로 물질-분배의 패러다임을 경시한다는 피츠패트릭(2014: 23~28)의 비판을 음미해볼 필요가 있다. 그에 의하면 센, 누스바움 등의 역량의 정의 관점은 신자유주의의 가속화로 인한 자본과 계급의 중요성 증가를 포착하지 못함으로써 빈곤과 불평등이 항존하는 현실에 둔감해왔다. 이에 비해 '역량의 분배'라는 이 글의 대안적 개념화는 환경악화에 따른 식량, 자원 등의 빈부격차에 초점을 맞추는 한편, 인간의 사회경제적 웰빙이 전반적인 사회-생태계의 지속가능성과 관련하여 평가되어야 함을 강조한다. 특히 후자는 홀랜드(Holland, 2008b: 320~321)의 메타역량(meta-capability) 및 그것의 상한(ceiling), 하한(threshold)과 같은 용어들(Holland, 2008a: 419~420)에서 응용된 것이다.

홀랜드는 누스바움이 인간의 역량을 둘러싼 자연환경 구성에 대해 적시하지 않음으로써 사회정의의 성취에 중요한 조건인 생태적 지속가능성을 제대로 포착하지 못하고 있다고 지적한다. 또 이 문제를 해결하려면, 생태적 조건이 모든 핵심적인 인간 기능수행의 역량 리스트에 요구되는 메타역량으로 설정되어야 한다. 그는 메타역량의 하한을 보호하려는 취지에서 그것과 상호갈등 관계에 있는 경제활동의 개입 또한 오염시킬 수 있는 역량, 여성 및 장애인을 차별하는 역량 등으로 표현하여 사회적 제한의 맥락에서 사용하고 있다. 다시 말해 메타역량의 하한은 경제적 가치를 추구하는 오염설비 역량의 상한과 조응되며, 역으로 메타역량의 상한은 인간 문명활동을 위한 오염설비 역량의 하한과 관련된다고 하겠다(한상진, 2016: 291~292).

3) 사회-생태계의 존속을 위한 중강도 지속가능성 노선

환경정의 담론 중 역량 접근에 근거할 때, 사회적 지속가능성은 사람의 능력을 유지하고 경제활동에 필요한 사회구조를 지원하는 사회적 역량이며 생태적 지속가능성은 생태적 다양성을 보전하고 생태계의 본질적 기능과 과정을 유지하는 생태계의 역량으로 규정된다(고동현 외, 2016: 193~194). 고동현 외(2016)는 또한 지속가능한 발전(sustainable development)에 대해 경제성장, 사회발전, 환경보전이 균형을 이루는 것으로 이해함[12]으로써, 성장에 대한 초점만 예외로 한다면 개인적·사회적 삶과 생태적 조건이 환류한다고 보는 **그림 13-3**의 사회-생태계 관점과 비슷한 문제의식을 드러내고 있다. 그러면 사회-생태계 범주에 비추어 지속가능성의 다면성을 살핀 다음, '강한(strong) 지속가능성'의 종국적 유의미성에도 불구하고 현시점에서 현실적 대안이라 판단되는 중강도 지속가능성 노선의 의의를 살피도록 하겠다.

우선 **그림 13-3**의 동심원 가장 중심에 있는 개인의 지속가능한 삶은 자연생태계와 사회체계 둘 다의 지속가능성에 의해 담보되면서, 동시에 생활생태계 속에서의 관계들, 도시생태계 및 경제(문화)생태계 속에서의 역할에 의해 일상적으로 재구성된다고 할 수 있다. 다음으로 생활생태계의 지속가능성이란 인간행동의 일상적 기반으로서 가족, 이웃, 지역사회 등 호혜적 관계망의 건전한 유지를 가리킨다. 또한 하위 사회체계라 할 수 있는 도시생태계, 경제생태계를 둘러싸고는 지속가능한 도시[13], 지속가능한 기업을 위한 생태적·사회적 준거 및

---

12 경제성장, 사회발전, 환경보전이라는 세 가지 축은 2015년 제70차 총회에서 채택된 국제연합 '2030 지속가능발전 의제'의 17개 목표에 대한 기반이 되고 있으며, 한국의 국가 주요지표 개념 틀인 경제적 효율성, 사회적 통합성, 환경적 책임성에도 그대로 연계되어 있다. 이재열(2017: 178~181) 참조.

13 예를 들어 미국 샌프란시스코의 지속가능 도시지표는 환경, 종의 다양성, 에너지 및 기후변동, 음식 및 농업, 유해물질, 인간건강, 공업 및 개방공간, 고체 폐기물, 교통, 물 및 폐수, 경제 및 경제발전, 환경정의, 지방자치단체 지출, 공공정보 및 교육, 위험관리 등 15개 영역으로 분류되어 있다. 포트니(Portney, 2013: 50~53) 참조.

지표들이 명확해져야 하며, 그럴 때에만 사회체계와 자연생태계의 지속가능한 공존이 명백히 가시화될 수 있다. 후자와 관련하여 이재열(2017)은 기업의 지속 가능성이 고유한 경제적 활동과 공동체를 위한 사회적 가치 추구 활동의 결합을 통해 이익이나 손실과 무관한 혁신적인 기업생태계를 지향하는 공유가치 창출 전략에서 비롯되어야 함을 지적한다.

그런데 고동현 외(2016), 국제연합 등의 정책적 접근은 경제성장, 사회발전, 환경보전 간 관계를 조화와 균형이라는 당위적 희망으로 과장하는 문제점이 있다. 이에 반해 색스(Sachs, 1999: 30)는 경제성장이 사회적 배제나 사회의 이질화와 결합되어 잘못된 발전(maldevelopment), 탈발전(dedevelopment)을 초래할 수 있음을 지적한다. 그뿐만 아니라 성장은 환경적으로 유익할 수도 있지만 그동안의 생태적 가치 훼손에서 보듯 환경을 악화시킬 수 있다. 따라서 그는 경제, 사회, 환경이라는 세 가지 기준을 결합하여 다음과 같은 경제성장의 네 가지 이념형을 식별한다. 첫째, 야만적이고 사회적으로 불공평하며 환경적으로 파괴적인 성장의 유형이다. 둘째, 사회적으로 유익하나 환경적으로는 파괴적인 성장으로 1945~1975년 동안 유럽에서 복지국가를 가능케 했던 종류의 것이다. 셋째, 환경적으로는 유익하나 사회적으로 불공평한 성장으로서 색스에 의하면 미래에 어느 정도 가능한 시나리오다. 넷째, 사회적으로 공평하고 환경적으로도 유익한 성장으로 '지속가능한 발전'에 유일하게 조응한다.

앞의 두 유형은 생태적 가치가 증가하는 21세기의 지평에서 더 이상 현실화되기 어려운 것이다. 이에 비해 넷째 이념형이 관념적으로는 가장 이상적이지만, 오히려 가능할 수 있는 경우는 셋째 이념형이다. 이처럼 사회적 불공평을 강화시키는 친환경적 성장이란 실제로는 제로 성장을 지향하는 탈성장 노선에 가까울 것이다. 물론 강한 지속가능성의 추구가 언제나 사회적 불평등으로 귀결되는 것은 아니지만, 그 극단적 사례인 '환경파시즘'의 개연성은 언제나 존재한다. 앞서 언급된 약한 지속가능성의 노선은 공급 측면에서의 대체만 유일하게 강조하는 경제적 개념화에 치우쳐 있다. 반면에 강한 지속가능성의 전망은 덜 소비하기 위한 수요의 수정에 관심을 두며, 세계를 인간에게 적합하게 적응시키기보다 인간 스스로가 자연의 유한성에 부응하도록 유도한다(Fitzpatrick, 2003: 119). 필자는 사회-생태계의 존속을 위한 강한 지속가능성의 실천필요성에 전적으로 공감하나, 현 단계에서는 공급 측면의 약한 지속가능성을 배제하기보다 이를 포괄하는 균형감각이 필요하다는 입장이다.

'성장의 한계'가 거론된 지 50년이 거의 되어가는 데도, 성장과 관련된 경제적 가치의 신화는 근본적으로 도전받지 않은 채 사회적 삶을 더욱 지속불가능하게 만들고 있다. 그런 상황 속에 이 장은 경제적 가치 일원론이 간과해온 탈생산성주의의 관점에서 개량주의와 급진주의를 아우르는 '중강도 지속가능성' 노선을 대안으로 제시하고자 한다. 중강도 지속가능성의 논리는 약한 지속가능성을 추구하는 사람에게는 너무 유토피아적이고, 강한 지속가능성 옹호자에게는 충분히 유토피아적이지 못한 것이다(Fitzpatrick, 2003: 120~124). 이와 같은 절충주의의 문제점에도 불구하고, 유토피아와 디스토피아 사이에서 '강한 지속가능성'에 대한 장기적 차원의 가능성을 차단하지는 않지만 즉각적이고 위협적인 문제부터 전환시키는 급진적 노력이 시도되어야 한다.

끝으로 중강도 지속가능성의 내용에 관해 간단히 다루고자 한다. 첫째로 모든 경제성장은 악이라는 단순한 주장에서 탈피하여, 녹색 GDP에 매몰되지 않는 사회적·생태적 역량에 초점을 맞추면서 사회-생태계가 존속되도록 하는 수요의 감소를 목표로 한다. 둘째로 사회-생태계의 범주화에 근거해볼 때 자연생태계는 경제생태계, 생활생태계 등을 모두 하위 체계로 아우르므로, 강한 지속가능성 노선이 지향하는 수요 감축도 중요하나 약한 지속가능성이 지향하는 공급의 대체까지 동시에 고려할 필요가 있다. 중강도 지속가능성의 공급전략은 이러한 대체의 원리뿐 아니라 좀 더 적극적인 생태투자[14] 방식까지 포괄한다.

---

14 생태투자의 종류에는 첫째로 에너지 효율성 제고, 쓰레기 감소, 재활용 등 자원효율성을 높이고 자원비용을 절감하는 투자, 둘째로 재생가능 에너지처럼 청정 저탄소 기술을 이용하여 전통기술을 대체시키는 투자, 셋째로 기후적응성 제고, 조림, 습지 회복 등 생태계를 강화시키는 투자 등이 있다(잭슨, 2013: 181).

셋째로 '중강도 지속가능성' 노선은 현 사회체계가 물질적 보장, 자기정체성, 사회참여의 원천으로 임금 취득에 지나치게 관심을 둔다고 보아, 주관적 웰빙의 배경으로 고용, 부불노동, 여가의 질 향상 등 사회적 가치의 측면에 관심을 둔다. 넷째로 공공재에 대한 수동적이고 소비자주의적인 태도를 불식하여 정치참여를 극대화하는 시민결사체의 활성화를 한편으로, 분산된 정책공동체에 대한 국가의 규제, 책임성, 기초서비스 제공 등 보편주의적 틀의 확보를 다른 한편으로 하는 생태사회적 배제(ecosocial exclusion)(한상진, 2017)에 대응한 생태복지국가의 형성을 강조한다.

5. 맺음말

사회적 가치는 사회-생태계 내 생산 및 재생산 과정에서 승인, 역량을 포함하는 숙의적 재분배를 통해 구현될 수 있다. 또 사회-생태계의 지속가능성은 경제적 차원을 포함하지만 이에 국한되지는 않는 생태사회적 성찰을 요청한다. 여기서는 결론적으로 위에서 언급한 중강도 지속가능성 노선의 세 번째, 네 번째 측면과 관련하여 비공식 경제(informal economy), 기본소득의 의의를 정리하고, 사회적 가치에 바탕을 둔 사회-생태계의 지속가능성 논의를 마무리하고자 한다. 피츠패트릭(2011: 146~150)은 비영리 조직 형태의 사회적 기업보다는 지방통화체계나 소규모 협동조합(한국의 경우 마을기업, 자활근로사업단 등) 등 '비공식 경제'가 사회적 가치 증진과 환경정의 지향에 더욱 유의미한 형태라고 파악한다. 이때 비공식 경제는 생산, 소비 및 노동의 공식경제 외곽에 존재하여 공식적으로 측정되지는 않지만 사회적 웰빙에 기여하는 활동(Williams and Windebank, 1998; Fitzpatrick, 2011: 148에서 재인용)으로, 공공부문과 국가, 상업적 시장 공급, 독립적 비영리 조직, 가족 등과 구별되는 시민사회의 영역이라고 정의된다.

예를 들어 지방통화체계는 지역사회 경제활동을 더 이상 화폐의 결핍으로 제한하지 않으며, 공식경제에 의해 평가 절하되는 기능과 경험을 가진 사람도 비슷한 품성의 이웃과 함께 공동체적·호혜적 교환에 참여할 기회를 제공한다. 비공식 경제는 사회적 가치 창출을 우선적으로 고려함으로써 사회-생태계의 지속가능성에 다음과 같이 기여할 수 있다. 첫째로 지구화 시대 큰 정부에 의해 빛바래져 온 이웃 간의 시민적 결사를 재생시켜, 질적 자아, 또는 관계적 자아를 활성화한다. 둘째로 다른 부문들이 할 수 없는 방식으로 기본욕구를 제공하는데, 예를 들어 실업자의 비고용 노동형태를 도입함으로써 그들의 삶의 질을 제고하기 위한 시간의 거래를 가능케 한다. 셋째로 비공식 경제의 성원이 된다는 것은 시민이 그 기획과 운영에 대해 발언할 수 있음을 의미하므로, 현재의 공공서비스와는 구별되는 상향적 거버넌스 모델의 맹아가 될 수 있다(Fitzpatrick, 2011: 149~150).

비공식 경제의 역할은 기후변화 대응이나 생태복지국가 형성 등 당장의 구조적 과제에 비견해 지엽적이고 미미하다고 치부될 수 있지만, 21세기 초연결 사회에서 그 창조적 생태계화의 잠재력이 주목받을 만하다. 다른 한편 기본소득 제도는 복지 확대가 필연적으로 경제성장에 의해 뒷받침되어야 한다는 지배 패러다임에 도전하면서, 경제성장을 낮은 수준으로 통제하면서도 시장체계의 개선으로 더 많은 복지를 확보하려는 구상이다. 기본소득은 결혼이나 고용상 지위, 고용경력, 고용에 대한 의지 등과 상관없이 부여받는 무조건적 시민권이다. 그 논점은 국가와 시장에 대한 의존을 줄여 개인의 자유를 제고시키고, 여타 수입을 배제하지는 않기 때문에 빈곤 또한 감소시키는 데 있다. 이 제도를 통해 다음과 같은 생태사회적 지속가능성 효과를 예측할 수 있다(Fitzpatrick, 2011: 146~147).

첫째, 인간역량을 약화시키는 상황 및 관계로부터 소득 보장에 의거해 개인적·사회적 활동의 여유를 되찾아주고 생존을 위해 압착당하는 노동시간을 감소시킨다. 둘째, 소득, 부와는 차별화되는 건강한 생활방식, 교육, 여가 등과 같은 기본욕구가 좀 더 종합적으로 실현될 수 있는 재정적 기초를 제공한다. 셋째, 경제에 대한 민주적 통제와 결합된 다양한 실험을 자극함으로써, 생산 및 소비의 지속불가능성을 억제시킬 수 있다. 예컨대 사회적 배당금은 사회적 소유 기업의 연간 이윤으로부터 모든 시민에게 실질적으로 지급되는 수익이다. 또 다른 예로 기후변화 대응과 관련해 탄소 배출에 대해 엄격히 세금을 부과하되 그 세입을 모두 동등한 현금지급 형태로 시민들에게 송금하는 구상도 있다. 이를 통해 수입이 적은 사람은 새로운 소득을 갖게 되고 온실가스를 대량으로 배출하면 처벌받고 적게 배출하면 보상을 주는 것이 가능해진다(Ferguson, 2017: 327~336).

물론 기본소득을 통해 증가될 수 있는 여가의 기회는 생태적 가치를 증진하기 위한 필요조건일 뿐 충분조건은 아니다. 그러므로 비공식 경제, 기본소득 외에도 중강도 지속가능성을 급진화할 정책적·실천적 노력이 요청된다고 할 것이다. 이를 위해서는 〈가설 2〉에서 제시한 역량의 분배, 승인적 절차라는 원칙 아래, 생태사회적 지속가능성을 당위가 아닌 행동으로 전환시키는 다양한 수단들이 개발되어야 한다. 예를 들면 반려동물 복지권의 관심을 사회-생태계 내 상호 교류에 대한 의식 변화로 이끈다든지, 밀양 송전탑, 강정마을, 주거협동조합 등 사적 소유체계의 분배 양극화를 시정할 뿐 아니라 자연의 시장 포섭에 의한 지속불가능성의 심화를 방지하는 사례들을 발굴해야 할 것이다. 학문적으로는 후자의 시도들을 사회적 가치, 지속가능성의 증진에 기여하는 인정투쟁과 공동자원화(commoning)의 결합이라는 시각에서 적극적으로 재해석해낼 필요가 있다.[15]

---

15 윤여일(2017: 71~109)은 제주도 강정마을을 공동자원화의 사례로 다루고 있다. 그는 강정마을이 소중한 자연적 공동자원인 구럼비 바위를 잃었지만 그것에 반대하기 위해 외부에서 유입된 사람들이 마을에서 주민으로 살아가며 새로운 공간과 활동을 만들어내고 있다는 사실에 주목한다. 그에 따르면, 강정마을에서 자연적 공동자원이 상실된 이후에 마을의 공적 영역을 재구성하는 사회적 공동자원화가 발생하고 있다는 것이다.

나가기

제14장
시대적 전환과 사회적 가치
_이재열

시대적 전환과 사회적 가치

이재열 (서울대학교 사회학과 교수)

1. 시대적 전환의 증상

1) 생존주의가 낳은 역설

한때 한국을 지배한 가치는 경제였다. 전쟁으로 인해 회생의 기회를 잃었던 한국은 1960년대 들어 본격적인 경제개발의 길로 나섰다. 유럽의 나라들이 민족국가 형성기에 추구했던 경제적 가치를 뒤늦게 따라잡기 위한 노력이었다. 1980년대 중반 이후의 지배적 가치는 정치였다. 직선제와 민주화로 대표되는 정치의 가치는 논란의 여지가 없는 시대정신이었다. 반면에 성장의 성과들이 쌓이고, 민주화 이후 평화적인 수평적 정권교체가 여러 차례 이루어졌지만, 현재 한국인의 삶은 척박하고, 민주화에도 불구하고 정치적 참여나 효능감은 매우 낮다. 2016년 말의 촛불시위를 계기로 많은 제도적 신뢰도 조금 개선되고 정치적 효능감도 높아지는 증상들이 발견되기는 하지만, 바야흐로 한국 사회가 직면한 시대적 전환의 양상은 한마디로 '풍요의 역설'과 '민주화의 역설'이라 할 만하다.

　사회학자 김홍중은 지난 100여 년간 한국인의 마음을 움직인 가치를 '생존주의(生存主義)'라 명명한다(이 책의 제3장 참조). 조선말과 개항기를 거쳐 식민지로 귀결된 민족생존의 실패 경험, 한국전쟁기 형성된 피난민 의식, 안전보장을 위해서는 개인의 자유도 유보될 수 있다는 분단체제적 생존논리, 그리고 외환위기 이후 나락으로 추락한 개인과 가족의 처절한 생존 경험 등이 누적되었다는 점에서 생존주의는 강력한 규정력을 가진다. 생존주의는 한국적 근대성의 근저에 깔린 강박관념이자 상처이며 불안으로 인해 형성된 독특한 구성물이라는 것이다. 그리고 개인의 성공이나 물질적 성장에 몰두하고 공공성이나 관용, 이타주의 등의 가치를 억압하는 방식으로 진행되었다. 김홍중의 논리를 빌리자면, 풍요의 역설과 민주화의 역설 이면에는 '사회적인 것의 공동화(空洞化)'가 자리 잡고 있다. 그런데 사회적 가치가 공동화된 것은 인간본성에 기인하기보다는 역사사회적으로 구성된 행위규범으로서 아비투스처럼 몸과 마음에 깊이 체화되었기 때문이다.

　개인, 가족, 그리고 국가에 이르는 모든 단위에서 뿌리내린 생존주의는 정치와 경제라는 두 영역에 자원과 가치를 집중하는 방식으로 한국의 근대성을 구성했지만, 억압된 사회적 가치가 사라진 것은 아니다. 때때로 더 강한 에너지로 결집하여 생사를 건 투쟁과 같은 극단적 표현으로 분출되곤 했다.

　'이스털린의 역설(Easterlin's paradox)'로 표현되는 바와 같이(Easterline, 1974) 한국의 국내총생산은 끊임없이 성장해왔는 데도 불구하고 국민의 행복감은 높아지지 않거나 때로는 떨어지는 경향도 있다. 국제연합에서 전 세계 국가를 대상으로 행복감을 측정한 바 있는데, 2013년 조사에서 한국은 43위를 차지했다. 이는 타이나 싱가포르 같은 아시아 국가에 비해서도 많이 떨어지는 수준이었다. 2017년 조사에서는 한국인의 행복감이 55위로 더 떨어졌다[Helliwell et al. (eds.), 2017]. 이것은 참으로 딜레마다. 소득은 높아지고 있는데 행복감은 계속 떨어지기 때문이다.

　빠르게 성장했는데 국민은 행복하지 못하다면, 경제성장을 위해 노력하는 정부의 정책이나 글로벌하게 활동하는 기업의 전략이 가진 '사회적' 효과에 대해 의문이 생길 수밖에 없다. 한국은 1980년대까지만 해도 1인당 국민소득이 2000~3000달러에 불과했다. 그때는 참으로 불편하게 생활했다. 그런데 경제성장은 마치 밀물처럼 가장 가난한 사람에게도 혜택을 가져다주는 결과를 낳았다. 보릿고개를 넘기기 어려웠던 이들이 먹을 것을 걱정하지 않게 되었고, 형제들 간에 물려 입고 기워 입던 옷도 깔끔한 것으로 바뀌었다. 연탄을 피우던 불편한 주택들이 보일러 난방시설을 갖춘, 사시사철 따뜻한 물을 쓸 수 있는 편리한 아파트로 바뀌었다. 과거 소득이 낮을 때는 물질적 생활수준의 향상이 가져다주는 행복감의 증대가 분명하게 존재했다. 한국의 1970~1980년대를 돌이켜보면 정치적으로는 매우 억압받았지만 경제적으로는 희망차게 생활했다. 그 시기에는 중산층 의식도 매우 높았다. 비록 소득수준은 높지 않았지만, 미래에는 더 나아질 것이라는 희망적인 낙관이 자신을 중산층의 일원으로 느끼게 하는 자신감의 원천이 된 것이다. 그리고 그렇게 자신감을 얻은 중산층은 정치적 민주화의 주역이 되었다.

그러나 이제 공급을 늘리는 것만으로는 행복을 증진시키기 어려운 상황이 되었다. 1970년대 영국의 프레드 허시(Fred Hirsch)는 그의 저서 『성장의 사회적 한계』에서 물질재(material good)와 지위재(positional good)를 구분함으로써 풍요의 역설이 생기는 이유를 설명하고자 했다. 물질재란 기본적인 의식주의 욕구를 충족시키는 데 필요한 가장 기본적인 재화를 일컫는 반면에, 지위재는 대체재의 존재 여부나 다른 사람들의 요구에 따라 그 상대적 가치가 결정되는 재화나 서비스다. 경제성장의 초기단계에 물질재의 공급을 늘리면 사람들의 만족감과 행복감이 커지지만, 경제성장이 일정 수준을 넘어서면 점차 지위재가 더 중요해지며 물질재의 공급만으로는 해소되지 않는 불만이 쌓인다. 물질재를 둘러싼 경쟁은 공급을 확대하면 완화될 수 있으나 지위재는 상대적 서열이 중요하기 때문에 공급을 늘려도 경쟁은 줄지 않는 것이다. 그런데 곰곰 따져보면 고도성장으로 풍요로운 사회가 된 이후 중요해진 교통, 교육, 환경, 일자리 등은 모두 지위재의 특성을 가진다. 그래서 이러한 재화와 서비스의 공급이 늘어나더라도, 지위재의 특성상 상대적인 우위를 점해야 한다면 경쟁은 줄어들지 않을 것이기 때문에 행복감도 줄어드는 역설이 발생한다.

지위재 문제 중 가장 심각한 것이 교육이다. 한국에서는 단기간에 교육에 대한 수요를 정치적으로, 그리고 확실하게 풀기 위해 공급을 대폭 확대하는 조치를 두 차례 취했다. 1980년대 초 졸업정원제를 도입하면서 대학입학 정원을 확대한 것이 하나요, 1990년대 초 대학의 설립을 자율화한 것이 또 하나다. 대학교육에 대한 공급이 급속히 늘어난 것은 좋은 일이다. 진학을 원하는 학생들은 모두 대학에 갈 수 있게 되었고, 이제는 오히려 대학입학 정원이 저출산의 여파로 감소한 진학 희망자 수보다 더 늘어나서 문제가 되고 있다. 그러나 더 큰 문제는 일자리다. 등락이 있긴 하지만 괜찮은 일자리, 즉 전통적으로 대졸자들이 진출하던 전문직이나 화이트칼라 직종 등의 일자리는 500만 개 내외로 유지되고 있다. 반면에 대졸자는 거의 1000만 명에 가깝게 늘어났다(장광수 외, 2011). 그 차이만큼 대졸자의 과잉공급이 이루어지는 셈이다.

세대 간 비교에서는 이러한 차이가 잘 드러난다. 베이비붐 세대와 비교해보면 그 세대의 자식격인 에코세대에서 대학을 졸업한 후에 취업하는 것도, 집을 사는 것도, 결혼하고 아이를 낳아 기르는 것도 어려워졌다. 그래서 경제성장으로 풍요로운 사회가 되었음에도 불구하고 경쟁은 더 치열해지는 역설에 처해 있는 것이다.

정치는 어떠한가. 민주화는 분명히 굉장한 성취를 이루었음에도 불구하고 정치에 대한 냉소는 위험한 수준에까지 왔다. 한국은 경제협력개발기구 국가 중에서 가장 투표를 하지 않는 나라가 되었다. 정치권에 매우 비판적인 의식을 가진 시민이 늘어나는데, 이들은 정작 선거에 참여해서 의사 표시는 하지 않는 경향이 많다. 그러다 보니 정치에 대한 신뢰수준이 바닥이다. 입법·사법·행정 분야, 즉 한 나라에서 규칙을 만들고, 집행하고, 처벌하는 기관에 대한 신뢰도가 최악인 것이다. 이렇게 제도에 대한 신뢰수준이 낮다 보니, 경쟁의 성격도 스펙경쟁으로, 승자독식 경쟁으로 치닫고 있다. 2016년 겨울에 시작된 대통령 탄핵을 둘러싼 촛불시위는 제도권 정치에 대한 불만이 끓어넘친 현상이라고 해석할 수 있다. 즉 제도화된 정치과정이 유권자인 시민의 욕구를 제대로 수용하지 못하다 보니, 비제도적인 방식의 참여가 활성화되고, 이것이 급기야는 기존 정치와 통치의 핵심인 대통령을 탄핵하는 결과로까지 이어진 것이다.

이 문제는 사회갈등과 밀접히 연관되어 있다. 대체로 갈등이라고 하면 눈에 보이는 갈등, 즉 길거리에서 시위를 벌이는 촛불시위대와 태극기를 든 시위대 간의 충돌이나 격렬한 노사갈등, 혹은 고압송전탑이나 원전건설, 사드배치를 둘러싼 정부와 지역주민 간의 갈등 등을 떠올리게 된다. 이러한 가시적이고 직접적인 갈등도 물론 중요한 이슈임이 분명하다. 그러나 조금 더 깊이 생각해보면 갈등의 구조적인 원인에 대해서도 살필 필요가 있다. 정치학자 새뮤얼 헌팅턴(Samuel Huntington)의 시각을 빌린다면, '갈등 소지'와 이를 풀어나가는 '갈등 해소 시스템'을 구분해 살펴볼 필요가 있는 것이다(Huntington, 1968). 갈등 소지로는 불평등이나 배제, 혹은 집단 간 이질감 등을 생각할 수 있다. 그런데 한국의 경우에는 인종이 다양하다거나 종교 간 갈등이 심각하다거나, 언어가 상이하다거나 해서 비롯되는 갈등은 두드러지지 않기 때문에 갈등 소지가 그다지 크다고 할 수 없다. 이는 오랜 기간 인종문제로 극단적인 갈등을 경험해온 남아프리카공화국이나, 프랑스어권 주민과 영어권 주민이 갈등해온 캐나다, 그리고 가톨릭과 성공회 신도들이 격돌해온 북아일랜드, 천 년 이상 이슬람의 패권을 두고 싸우는 시아파와 수니파의 갈등 등을 생각해보면 더욱 실감이 나는 사실이다.

그럼에도 불구하고 한국이 매우 갈등이 심각한 사회라고 인식되는 이유는 갈등 소지가 크지 않음에도 이것을 풀어내는 능력, 즉 갈등 해소 시스템이 취약하기 때문이다. 갈등 소지가 작음에도 이를 풀어낼 능력이 부족하면 사회에는 가시적 갈등이 넘치게 된다.

2) 부족한 사회적 자본과 추락하는 국가경쟁력

절대적 가난과 결핍에서 벗어나 선진국으로 진입하기 위해 노력한 한국 사회의 발전토대는 비교적 잘 조율된 제도적 호환가능성이라고 해도 과언이 아니다. 그러한 호환가능성의 원천은 시장의 부재와 군사적·정치적으로 과다 성장한 국가의 결합 속에서 독특하게 자리 잡은 한국적 제도화였다.

제도주의자들은 대체로 기업의 지배구조, 노사관계, 직업훈련, 금융제도, 기업 간 관계 등에서 나타나는 제도적 특징에 주목한다. 과거에는 사회의 각 영역에서 제도의 수준이 조악하긴 했지만 구조는 위계적이고도 일사불란했기 때문에 사회의 각 부문이 같은 원리로 움직였다는 점에서 호환성이 높아 국가 전체의 제도적 역량이 매우 높았다. 그러나 민주화가 진행된 후 영역 간 제도의 호환성은 급격히 떨어졌다. 부문 간 제도의 특성에서 서로 따로 노는 경향이 심해진 것이다.

현재 한국의 위상은 여러 방식으로 확인할 수 있다. 객관적인 지표를 통해 확인할 수 있는 방법 중 하나는 신뢰받는 국제기관에서 공표하는 지표를 비교해보는 것이다. 스위스 로잔에 있는 국제경영개발원(IMD: International Institute for Management Development)은 매년 국가경쟁력 순위를 발표한다. 2016년 기준으로 가장 경쟁력이 높은 나라는 홍콩이며 이어서 스위스, 미국, 싱가포르, 스웨덴, 덴마크 등의 순으로 아시아의 도시국가들과 강국인 미국을 빼면 유럽의 복지국가들이 높은 순위를 점하고 있음을 알 수 있다. 한국은 29위로서 2015년에 비해 4단계나 밀려났다. 특히 눈에 띄는 것은 같은 아시아권에서도 일본 26위, 중국 25위, 말레이시아 19위, 타이완 14위, 카타르 13위 등으로, 한국에 비해 경제적으로는 뒤진 나라들도 국가경쟁력에서 앞서는 경우가 흔하다는 점이다.

세계경제포럼도 매년 순위를 발표하는데, 국가경쟁력 관련해서 가장 최근의 통계를 보면 한국은 2007년 전 세계에서 11위를 기록한 이후 지속적으로 하락하여 2011년에는 24위로까지 밀렸다. 2012년에는 19위로 약간 반등했으나 다시 떨어져 2015년에는 26위로 밀려났다.

어디에 문제가 있는지 영역별로 살펴보자. 거시 경제환경(5위), 인프라(13위), 시장규모(13위) 등의 측면에서는 비교적 좋은 성과를 거두고 있다. 혁신(19위), 보건과 초등교육(23위), 고등교육과 훈련(23위), 기업활동 성숙도(26위), 상품시장 효율성(26위), 기술수용 적극성(27위) 등은 전체 경쟁력 순위가 29위임을 고려하면 그다지 나쁘지 않은 편이다. 반면에 제도요인(69위), 노동시장 효율성(83위), 금융시장 성숙도(89위) 등은 심각하게 경쟁력을 끌어내리는 요소들이다.

각각에 대해 조금 더 자세히 살펴보자. 특별히 경쟁력이 뛰어난 것은 거시 경제환경 중 특히 인플레이션을 잘 통제한 점(1위), 해외시장을 잘 개척한 점(6위), 초고속 인터넷(5위)과 이동통신(7위)의 기술수용성이 최고인 점, 혁신역량 중 인구 대비 특허신청(8위)이 많은 점, 고등교육 중 대학진학률이 높고(2위), 학교 인터넷 보급이 잘된 점(10위) 등이 꼽혔다. 보건분야에서는 최저수준의 HIV 감염률(1위)이 강점이었다.

반면 고등교육에서 교육시스템의 질(73위)이나 경영대학의 질(73위)은 매우 낮았고, 보건분야에서 결핵환자가 급증했으며(95위), 상품시장 효율성 측면에서도 시장지배자가 많고(120위) 투자촉진 세제가 부족하며(106위) 높은 비관세 장벽(104위)이 문제로 제기되었다. 전반적으로 경쟁력이 뒤지는 영역들을 살펴보면, 노동시장 효율성 측면에서 특히 문제가 되는 것은 노사협조가 잘 안 되는 것(132위), 대체비용이 많이 드는 것(120위), 근로촉진 세제가 잘 구비되지 않은 것(113위) 등이다. 전반적으로 금융시장 성숙도가 뒤지지만, 특히 금융서비스 접근이 어렵고(100위), 대출이 용이하지 않으며(120위), 벤처캐피털이 발달하지 않았고(107위), 은행건전성이 뒤지는 점(122위)이 문제로 드러났다. 취약한 제도 요인 내에서는 특히 공공부문 성과가 낮고(104위), 기업윤리가 자리 잡지 않았으며(95위), 책임성이 낮다는 점 (98위)이 두드러졌다.

경제협력개발기구 국가들과 대비했을 때 한국은 대체로 하드웨어 측면에서는 좋은 성적을 얻고 있다. 양적 투입에서도 괜찮다. 반면에 소프트웨어나 질적 측면에서는 매우 뒤떨어진다. 이런 문제들이 왜 생겨났는지, 어떻게 문제들이 서로 맞물려 있는지에 대해 분석하려면, 결국은 성장이 그동안 어떤 방식으로 이루어졌는지를 살펴보는 수밖에 없다. 넓게 보면 양적 투입은 괜찮은 반면 경제를 작동시키는 제도에서는 문제가 많다는 결론에 이르게 된다.

경제학자 김병연은 이 책의 제4장에서 한국 경제의 소프트웨어적 취약성의

원인을 사회적 자본에서 찾는다. '시장논리만으로 채울 수 없는 공간', 즉 도덕
감정이자, 공감능력이며 공동체 의식에 해당하는 영역이 '사회적 자본'인데, 이
것 없이는 투자, 혁신, 기업활동, 금융발전, 생산성 증진 등의 모든 경제활동이
제대로 작동하지 않는다는 것이다. 시장경제가 제대로 작동하기 위해서는 개인
의 이기심만으로는 되지 않고, 역지사지(易地思之)하는 능력, 즉 타인으로부터
의 인정욕구를 내면화한 토대(도덕성)가 필요하다는 주장이다.

　문제는 한국의 사회적 자본이 그것을 측정할 수 있는 대부분의 지표상으로,
예를 들면 일반신뢰나 제도신뢰, 혹은 규범준수 의사 등에서 모두 지속적으로
하락했거나 개선되지 않았다는 점이다. 김병연은 국내총생산 대비 물적투자 비
중과 사회적 자본의 비중을 비교했을 때, 한국은 전형적인 '고투자 저신뢰 국가'
라고 지적한다. 한국의 경제적 발전 정도를 고려하면, 다양한 '경제적' 투입과
투자 대비 높은 성과를 내지 못하는 이유가 바로 '비경제적' 요소에 있다는 것이
다. 사회적 자본을 확산하기 위해 김병연이 내린 처방은 정부와 기업, 그리고
시민 모두가 가치포용적이 되어야 한다는 것이다. 정부는 더욱 많은 사람들이
의사결정과 납세에 참여하도록 유도하고, 예산을 집행할 때도 사회적 자본을
증진하는 협력적 사업에 더 투자해야 하며, 기업들은 더 많은 사회적 가치를 창
출해야 하고, 시민들은 정부나 기업에 대해 투표자로서, 그리고 소비자와 투자
자로서의 레버리지를 이용하여 가치추구형 정부와 기업이 되도록 유도해야 한
다고 주장한다.

2. 공동체와 사회적 가치 실천의 경험

1) 시장 속 공동체를 살리는 힘, 사회적 가치

　풍요의 역설과 민주화의 역설, 그리고 국가경쟁력의 발목을 잡고 있는 제도
의 문제를 돌아볼 때, 우리가 겪고 있는 문제의 핵심은 '사회적인 것'에 있다고

할 수 있다. 제도의 호환성이 떨어지고, 그래서 국가경쟁력이 추락한 사회의 이면에는 사회적 관계가 제대로 작동하지 않는 현실이 자리 잡고 있다. 사회적 가치는 사회성을 전제한다. 뿔뿔이 흩어진 개인들만 존재하는 사회라면 사회적 가치는 의미 없는 개념일 것이다. 그러나 사회 속에서 생존하는 이들에게는 사회성을 구현하는 것이 중요하고, 이 과정에서 지향하고 추구해야 할 사회적 가치가 의미 있게 된다. 사회성을 사회적 가치와 연결시키는 핵심요소는 무엇인가. 그 해답의 단초는 실체론적 사고와 대비되는 관계론적 사고에서 찾을 수 있다(이재열, 2006).

관계론적 사고는 에밀 뒤르켐과 게오르크 지멜(Georg Simmel) 같은 초기 사회학자들에게서부터 발견된다. 뒤르켐은 개인에 외재하지만 개인에 대해 구속력을 행사하는 집합적인 사회적 관계의 영향력을 '사회적 사실(social fact)'이라 명명했다. 개인 간 관계가 매우 중요한 사회적 환경이라는 점을 일깨운 것이다. 또한 지멜은 사회적 관계의 형식이 내용에 미치는 영향에 대해 주목했다. 그래서 존재론적으로 보면 관계론(relationalism)은 실체론(substantialism)과 대비되는 개념이다. 접근방식에서는 방법론적 개인주의(methodological individualism), 혹은 전략적 선택론과 대비된다.

실체론적 사고를 통해 본다면, 조직이나 공동체는 분명한 경계를 가지고 내부적으로는 잘 구조화되고 일정한 권한의 지도자를 가진 국가, 지역사회, 단체나 조직 등을 의미한다. 반면에 관계론적 사고는 정체성은 불변의 범주라기보다 다양한 사건이나 행위들의 연쇄적 맥락에서 반복적으로 나타날 때 비로소 "실체"의 지위를 갖는 것이라고 본다. 즉 사회적 공간이나 과정에서 "차이"의 영역들이 분명해질수록 정체성은 뚜렷해지는 것이다. 따라서 관계론적 시각에서 보면 모든 조직이나 집단은 공동체적 요소와 결사체적 요소를 동시에 갖는다고 할 수 있다. 공동체가 가지는 규칙성은 ① 규범과 가치를 공유하고, ② 공통의 정체성을 형성하며, ③ 일정한 응집성과 소속감을 가지고 참여할 수 있도록 할 때 성립될 수 있다(박효종, 2008: 128~129).

또한 관계론은 사회적 통합의 주체가 누구이며 어떤 정책을 택할 것인가에 대해 상이한 함의를 도출하게 해준다. 실체론은 정부의 역할, 그리고 정치 지도자의 전략적 선택에 과도한 비중을 두는 경향이 있다. 반면에 관계론적 시각에서는 행위자의 다양화가 필요함을 인식하게 해준다. 지방정부나 민간부문, 그리고 개별 시민의 역할이 매우 중요하며, 정부정책뿐 아니라 밑으로부터의 참여에 의해 자신의 운명을 결정해가는, 다시 말하면 거시적 정책 효과의 미시적 기초에 주목하게 해준다. 결국 개인으로 하여금 공통의 사회를 구성하는 구성원임을 인지하게 하고, 상호작용을 결정하는 규칙에 대한 신뢰가 작동하며, 성원으로서 응집성을 유지할 수 있어야, 그 사회나 나라의 공동체성이 제대로 유지된다고 할 수 있을 것이다.

관계론적 사고를 확장하면 사회적 가치에 대한 새로운 정의가 가능해진다. 이 입장에 서면, 독립적 개인의 인격 완성과 자아 실현은 건강하고 자유로운 공동체 속에서만 가능하다고 믿는 공동체주의(communitarianism)와 연결된다. 이러한 공동체주의는 본래 개인주의적 자유주의와 전체주의적 권위주의 모두에 있는 문제점에 대한 반성에서부터 시작한 것이다. 공동체주의는 자유로운 개인을 전제로 한 공동체가 두 가지 심각한 도전을 받고 있다고 생각한다. 하나는 극단적인 개인주의와 자유주의이고 다른 하나는 극단적인 집단주의나 관료제다(박세일, 2005). 극단적 개인주의는 공동체의 형성을 어렵게 하며, 극단적 전체주의는 공동체를 질식시킨다.

사회적 가치를 강조하는 공동체주의는 인류의 사상사만큼이나 오래된 것으로 고대 그리스 철학, 원시불교, 초기 기독교로까지 거슬러 갈 수 있다. 그럼에도 불구하고 1980년대 이후 유럽에서 공동체주의가 다시 등장하는 데는 몇 가지 이유가 있다. 첫째, 사회적으로는 과도한 개인주의로 인해 무질서, 마약, 범죄, 가족 해체, 학교 붕괴, 도덕적 해이, 정신적 황폐 등 사회적 부작용이 증가했기 때문이다. 둘째, 레이거노믹스나 대처리즘 등의 시장경쟁 일변도 정책이 가져온 폐해에 대한 반작용이다. 지나치게 경쟁만을 앞세우다 보니, 사회정책은 경제정책의 일부가 되어버렸다. 그리고 도태된 사람들에 의한 불만과 저항이 곳곳에서 두드러졌다.

행동경제학자 최정규도 시장의 불완전성으로 인해 시장에만 의존할 경우 많은 부작용이 생겨난다고 주장한다(이 책의 제2장 참조). '시장이라는 이름의 유토피아'가 가능하기 위해서는 강한 주체의식과 충분한 실행역량을 가진 개인들이 서로 평등하게 기회를 보장받아야 하며, 갈등 소지는 시장을 통해 조정되어야 하기 때문이다. 그러나 지난 역사적 경험을 통해 최정규가 내린 진단은 시장의 결핍이 가져오는 특권과 불공정 못지않게, 시장의 과잉이 낳는 부작용도 점차 커지고 있다는 것이다. 경제학자 최정규(이 책의 제2장)와 김병연(이 책의 제4장)의 논의는 애덤 스미스의 통찰이 여전히 중요하다는 것을 일깨워준다. 즉 가격 메커니즘에 모든 것을 맡길 때 생겨나는 책임감과 도덕감정의 실종, 공동체의 해체로 인한 공공성의 파괴와 같은 문제들은 시장의 확대로는 해소되지 않는다는 것이다. 시장논리만으로 채울 수 없는 불확정 공간을 채워주는 것이 도덕감정이자 공감능력이고 공동체 의식인데, 이를 달리 표현한 것이 바로 사회적 가치다. 도덕감정은 사용하지 않으면 없어지고 사용하면 할수록 커지는 자원이다. 그래서 최정규는 사회적 가치의 구현은 자유주의가 내세운 이상으로서의 자유와 평등의 가치, 그리고 공동체주의가 내세운 공감과 도덕의 가치를 어떻게 조화시키느냐에 달려 있다고 본다.

사회적 가치에 대한 강조는 전통적인 보수와 진보, 그리고 좌우대립의 이분법을 넘어서는 것이자, 이분법으로는 잡히지 않는 근본적인 문제에 대한 대답이기도 하다. 국가와 시장, 개인과 집단 간 이분법과 영합(zero-sum) 게임이 아니라, 자유와 질서를 동시에 늘릴 수 있는 상생의 과정에 대한 강조라고 할 수 있다.

2) 공동체의 발현, 한국적 경험

관계론적 시각에서 보면 사회적 가치를 지향하는 공동체는 고정된 실체가 아니라 끊임없는 생성과 재생산의 대상이 되는 '사회적 관계들의 집합적 형성 과정'이다. 공동체의 발현과정은 수평적 차원의 '상호작용(interaction)의 장'과 수직적 차원의 '구성/출현(contingencies)의 장'으로 나누어 설명할 수 있다.

일군의 학자들은 사회적 가치를 잘 구현하는 공동체를 '사회의 품격', 혹은 '사회의 질(social quality)'이 높은 사회라고 정의한다.[1] '사회의 품격'은 무엇인가. 한 나라의 수준을 말할 때 높은 국내총생산 수치나, 혹은 강한 군사력을 언급한다. 그러나 그에 못지않게 중요한 것이 사회의 품격이다. 조셉 나이(Joseph Nye)의 개념을 빌리면 '소프트파워'다. 개인의 경우에도 마찬가지다. 만일 당신이 사윗감을 고른다면 그 사람의 경제력이나 사회적 지위도 중요하지만, 인품을 봐야 하지 않겠는가. 한 나라의 인품에 해당하는 것이 '사회의 품격'이다. 품격이 높은 사회는 구성원을 잘 통합시킬 수 있는 사회, 즉 사람들 사이의 관계가 조화를 이룬 사회라고 정의할 수 있다. 달리 말하면 품격 있는 사회란 개인의 발전과 집단의 발전 사이에 균형이 이루어지고, 시스템의 발전과 시민들이 생활세계에서 느끼는 것 사이에 균형이 이루어진 사회를 말한다(Beck, 1997; Beck et al., 2001; 이재열 외, 2015). 따라서 사회의 품격은 개인들 간의 관계로 이루어진 사회에서 '개인들이 공동체의 사회, 경제, 문화생활에 참여하여 자신의 잠재력과 복지를 극대화할 수 있는 정도'를 핵심요소로 한다.

사회의 품격은 개인의 자기 실현과, 사회적 맥락에서 구성되는 다양한 집합적 정체성 간의 상시적인 길항(拮抗)관계에 의해 결정된다. 하나는 개인의 생애사적 발전과 사회적 발전을 가르는 수직축(즉 행위자와 구조 간, 혹은 미시와 거시 간의 대비)이고, 다른 하나는 조직화된 공식성과 친밀한 비공식적 세계를 가르는 수평축(즉 체계와 생활세계 간의 대비)인데, 이 두 축을 교차하면 사회적 가치를 구현하는 데 필요한, 제도와 생활세계 간, 그리고 거시적 사회발전과 미시적 개인발전 간의 긴장과 상호연관성을 잘 살펴볼 수 있는 좌표공간을 구성할 수 있다(그림 14-1 참조).

---

[1] '사회의 질'은 1990년대 중반 이후 유럽연합 학자들이 사람들의 일상의 삶의 질을 포괄적으로 포착해 내기 위해 제안한 매우 가치부하적인 개념으로서 바람직한 사회의 질에 대한 암스테르담 선언에 1000명 이상의 유럽 학자들이 서명했으며, 네덜란드의 보건복지부와 유럽공동체(EC)에서 사회적 의제로 채택한 바 있다.

그림 14-1 공동체와 사회적 가치의 발현

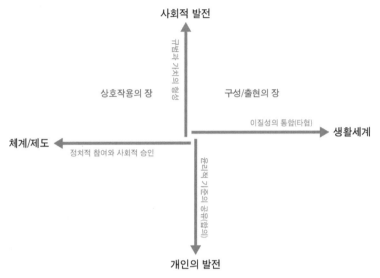

자료: 이재열 외(1995: 337).

　수평축으로 보면, 사회는 상호작용의 장이다. 행정이나 경제와 같은 '공식적 체계'가 한쪽이라면, 가족이나 공동체와 같은 '비공식적 생활세계'가 다른 쪽이며, 이 둘 사이 긴장이나 갈등은 사회성을 구현하는 중요한 차원이다. 위르겐 하버마스가 지적한 바와 같이 현대성이 진전될수록 시장이나 행정체계 등이 정교해지다 보니, 공식적이고 법률적인 체계(*de jure* system)가 비공식적이지만 실질적인 생활세계(*de facto* system)를 식민화하는 경향이 나타난다. 즉 생활 속의 감정이나 소통, 그리고 가치들이 거대한 시스템의 효율성 논리에 의해 압도될 때 개인의 소외와 박탈감이 증대되는 것이다. 그래서 생활세계에서의 여러 혁신적 운동이나 개인들의 참여가 체계와의 갈등을 유발하고, 체계의 작동에 영향을 미쳐 제도를 바꾸어나가게 되면, 이는 '정치적 참여'나 '사회적 승인'의 과정이 된다. 반면에 체계와 제도가 일상생활 속에서 수용된다는 것은 '이질성을 통합하고 타협하는 과정'으로서, 체제의 정당성이 일상성 속에서 구현되는 과정이다. 사회적 갈등을 야기한 공식체계와 생활세계의 불일치를 해소하는 방향으로 시스템이 진화하면, 보다 유연하고도 실질적인 사회통합이 가능해진다. 이 과정에서 가장 중요한 것은 상호소통이다. 소통을 통해 이질적인 이해관계와 권력에 대한 욕구, 그리고 갈등 등이 해소되고 타협이 이루어질 수 있기 때문이다.

수직축은 공동체에서 사회성이 구성되고 발현되는 장이다. 한 사회의 가치나 규범 등은 미시적 개인들 간의 상호작용을 통해 발현되지만, 동시에 개인의 행위나 가치 지향은 거시적인 구조에 의해 영향을 받는다.[2] 개인의 생애사적 발전과 자기성취 과정은 사회적인 인정 속에서 이루어지므로, 한 개인의 자기실현 과정은 (가족, 공동체, 기업, 제도 등과 같은) 집단정체성과 떼어서 생각할 수 없다. 즉 개인의 자아 실현과 집합적 정체성 형성 간에는 쌍대성(duality)의 원리가 작동한다. 사회적 규범이나 집단정체성은 미시적인 개인들의 선택과 행위의 결과로 구성되고 발현되는 집합적 속성이지만, 동시에 개인들의 선택에 영향을 미치는 중요한 규범적 강제력을 갖는다는 점에서 이중적이다. 사회나 집단의 발전과 개인 생애의 발달은 때로 상호 갈등할 수 있는 여지도 가지고 있다. 예를 들면, 개인에게만 방점이 찍힌 사회는 뿔뿔이 흩어진 각자도생의 장이 되고 결과적으로 지나친 불평등이나 배제를 야기할 수 있으며, 사회의 안전이나 응집성을 기대하기 힘들다. 반면에 강력한 집단주의 속에서 개인의 자유는 질식된다. 따라서 개인과 집단, 혹은 개인과 사회 간 적절한 조화와 균형이 필요하다.

이러한 관점에서 공동체의 발현을 위한 그간의 한국적 경험을 다룬 것이 이 책의 제2부에 해당한다. 사회적 가치가 중요한 이슈로 등장하게 된 역사적 배경을 생존주의로 인한 '사회성의 공동화'라 일컬을 만큼 사회상황이 매우 척박했음에도 불구하고, 공동체성을 유지하고 사회적 가치를 구현해온 지역이 있다

---

2 아마도 이러한 이중적 상관관계에 대해 가장 잘 표현한 것은 앤서니 기든스(Anthony Giddens)의 구조화 이론이라고 생각된다. 구조는 규칙이라는 점에서 개인에게는 제약이기도 하며, 또한 어떤 일을 가능케 하는 자원으로 작동하기도 한다는 점에서 이중적이다. 대표적인 예는 언어에서 찾을 수 있다. 공통의 언어를 사용한다는 것은 지켜야 하는 문법체계가 있다는 것이고, 이는 다른 언어 습득을 방해하는 제약요인으로 이해할 수도 있다. 그러나 언어의 규칙을 이해하는 개인들은 풍부하게 자신의 의사를 전달할 수 있다는 점에서 중요한 자원이 되기도 한다(Giddens, 1986).

면, 그 한국적 진화의 경로는 어떤 것인지, 이들이 부닥친 장애물은 무엇인지, 그 극복 비결은 어디에 있는지 살필 필요가 있다. 그리고 향후 사회적 가치를 제도화하기 위해서는 한국적 맥락에서 활용 가능한 제도화의 단서를 찾아내야 한다.

억압이 심했던 만큼 간헐적 분출도 극적이었던 사회적 가치가 생존주의적 근대성으로 뒤덮인 두꺼운 체제논리의 지각을 뚫고 어떻게 싹을 피웠는지 지역의 생활세계 수준에서 추적한 것이 제6장 엄한진의 글이다. 그는 국가주의와 경제성장 우선주의로 대표되는 근대화 과정에서 원주와 홍성의 시민사회와 지역공동체가 자발적으로 시도한 다양한 사회적 경제의 사례들을 검토함으로써 권위적 행정체계나 시장과의 긴장 속에서 사회적 가치를 제도화해나간 경로의 한국적 특성을 잘 분석했다. 매우 신중하게, 그러나 독자들이 충분히 이해할 수 있는 방식으로, 엄한진은 원주와 홍성이 여러 가지 차이에도 불구하고 몇 가지 공유하는 특징이 있음을 보여준다. 첫째, 지배적이고도 공식적인 정치나 경제 체제에 대항하여 비공식적 생활세계의 감성과 공감을 끌어낸 혁신적 사상을 가진 지도자가 존재했다는 점이다. 이들을 중심으로 지역사회의 다양한 행위자들이 대안적인 사회적 가치를 공유할 수 있는 의식적이고 지적인 공통의 지향성을 발전시킬 수 있었기에 생활세계 시민와 역능화를 통해 체계의 경직성에 성공적으로 도전할 수 있었다. 둘째, 다양한 집단과 계층이 유기적으로 연대하고 교류할 수 있는 관용적 네트워크를 발전시켰다는 점이다. 이는 개별 행위자들이 뿔뿔이 흩어져 각자도생하는 시장경쟁에 머물지 않고, 신뢰의 네트워크를 확장해 공동체를 창출해낸, 밑으로부터 정체성을 형성해나간 성공적 사례다.

반면에 제7장 '창조성과 공공성의 긴장: 문화예술협동조합의 사례'에서 조형근은 문화예술협동조합의 사례를 통해 독립성과 자율성, 그리고 창조성을 지향했지만, 공공부문에 대한 높은 자원의존성으로 인해 내적인 갈등을 겪게 된 문화예술 부문 협동조합들의 상황을 잘 보여준다. 그가 분석한 사례들은 조금씩 차이를 나타낸다. '성북신나'의 경우 청년허브 혁신일자리사업으로 출발하여 다양한 지역재생사업과 커뮤니티 아트로 다른 삶을 상상하게 하는 자극제로서는 성공적이었지만, 주민과의 관계 설정에서는 여전히 뿌리내리기에 실패했고 지자체와 정부의 용역사업에 자원을 의존하다 보니 관료적 통제를 벗어나지 못했다. 연극협동조합 '고개엔마을'이나 '자립음악생산조합'은 정도의 차이는 있지만, 연극과 음악의 생산자들이 문화산업의 논리에 맞서 규범적 공동체로서 대안문화를 추구한다는 점에서 공통적이었으나, 실물경제에 대한 경험 부족으로 인해 경제적 자립에는 이르지 못했다. 비교적 성공적인 사례인 '홍대 앞에서 시작해 우주로 뻗어나갈 문화예술 사회적 협동조합'의 경우에는 젠트리피케이션의 주체인 자본에 대항하기 위해 공공부문의 힘이 필수적이라는 인식하에 적극적으로 공공거버넌스 구축에 참여하여 지역 문화예술생태계의 공공성을 구현하고 분산된 자원들을 엮는 플랫폼을 구축하고자 노력했다. 조형근은 '창조성과 공공성 사이의 협곡'이 존재한다고 주장한다. 사회적 가치와 경제적 안정 사이에, 그리고 창조성과 공공성 사이에 긴장이 존재한다는 것이다. 그의 논의를 공동체 형성과정에 비추어 보면, 수평축에서는 생활세계에서의 혁신과 예술가들의 참여가 제도를 바꾸어나갈 만큼 강력한 정치적 참여와 동원에는 이르지 못했고, 또한 수직축에서도 개별 예술가들의 참여가 충분히 강력한 응집성을 발휘하여 공공성을 표상하는 새로운 공동체 정체성을 만들어내는 데도 이르지 못한 것으로 해석할 수 있다.

제8장 '사회의 혁신과 세대의 역할'에서 사회학자 이원재는 혁신의 사회적 기반을 이질적 집단 간의 관계 형성과 소통, 그리고 이질적 요소들을 조합해내는 포용성에서 찾고 있다. 이는 리처드 플로리다(Richard Florida)가 발견한 사실, 즉 창조성을 결정하는 데는 기술과 훈련 이외에 문화적 포용성이 중요하다는 관찰과도 일치하는 주장이다(플로리다, 2008). 이원재의 분석에 따르면 한국 사회에서는 포용적인 네트워크보다 위계적 조직화가 훨씬 두드러진다. 그가 분석한 다양한 영역에서 오랜 기간에 걸쳐 자리 잡은 경향성은, 예를 들면 1972년 양동마을의 네트워크나 2015년 주거공동체 네트워크 모두에서 위계화·파편화된 조직화 원리였다. 심지어는 창조성을 중시하는 문단 내에서도 이질적 세력 간의 연결보다는 위계화가 두드러졌다. 이는 창조성에 대한 기존의 심리학적 연구들이 발견한 사실, 즉 서구형 창조성은 수평적이어서 기존의 관행과 기준을 타파하

는 파격성을 중심으로 발전해왔다면, 한국적 (혹은 동아시아적) 창조성은 매우 수직적이어서 특정한 계보 안에서 변이를 추구하는 방식으로 위계화했다는 연구 결과와도 일치한다(김청택, 2015).

이원재는 새로운 세대의 문화문법에서 사회혁신의 가능성을 찾는다. 예를 들면, 때로는 반문화적이고 비윤리적인 담론 생산지로 지목받는 '일간베스트'에서 집단 내 위계화를 억제하는 소통규칙이 작동하여 인터넷 소통의 효용성을 지속적으로 유지한다거나, 선글라스와 마스크를 쓰고 걸그룹 소녀시대의 노래를 부르며 저항한 이화여자대학교 학생들의 '사회구조적 의외성'은 반위계적 관계를 혁신하여 새로운 사회로 나아가는 키워드가 될 수 있다는 것이다. 이원재의 논의는 수직축, 즉 공동체의 사회성을 드러내는 '문화문법'이 사회나 집단마다 다르게 발현된다는 점을 구체적으로 보여주었다는 점에서 흥미롭다. 개인들의 행위나 가치 지향이 한국 사회에서는 위계적인 구조화의 경향을 나타낸다는 것인데, 이는 사회의 응집성도 독립적인 개인들 간의 수평적 네트워크로 조직화하기보다는 위계적이고 권위적으로 조직화하는 한국적 정황을 잘 드러내는 것이다. 최근 들불처럼 번지고 있는 미투(Me Too) 운동은 이러한 위계적이고 권위적인 공동체에 대한 젊은 개인주의자들의 문화혁명과도 같은 반란이라고 할 수 있을 것이다.

공식체계로서의 공공부문이 비공식적인 생활세계, 특히 시민사회의 혁신노력을 적극 수용하여 사회혁신을 이루고자 하는 시도는 사회혁신가 이원재가 집필한 제9장 '지방정부의 사회적 가치 확산: 서울시의 의사소통형 정책 거버넌스의 사례'에 잘 드러나 있다. 그가 소재로 삼은 서울시 정책은 '원전 하나 줄이기'와 '찾아가는 동주민센터' 사업이다. 두 사례 모두 지자체의 혁신노력을 평가함에 있어서 시민들의 생활세계에서 분출된 사회적 욕구에 얼마나 부응했는지, 과업 수행이 얼마나 효과적이었는지, 사회 전체의 변화에 얼마나 영향을 미쳤는지, 그리고 시민사회의 문제해결 역량을 얼마나 강화했는지를 기준으로 했다. '원전 하나 줄이기' 사례에서는 전문가들 간의 이견이 존재할 수도 있는 민감한 이슈를 시민들의 참여와 의사소통과 수평적인 협력을 통해 해결하고자 했다는 점에서, '찾아가는 동주민센터'의 경우에는 과거 일방적인 행정서비스 제공 기구를 보건·복지·친목의 요소를 모두 전달할 수 있는 '플랫폼' 형태로 전환했다는 점에서, 시민사회의 정치적 참여를 인정하고 생활세계의 노력을 시스템적으로 승인했다는 점에서 선구적인 가치가 있다고 보았다. 이원재는 서울시가 혁신기획관 직제를 신설한 후, 협치와 시민참여를 유도하여 절실한 문제에 대한 혁신적인 해법을 찾고자 한 결과, 이러한 혁신적 시도들이 가능해졌다는 점을 긍정적으로 평가한다. 그러나 이러한 모델이 확산되기 위해서는 적절한 평가틀이 필요하며, 시민들과 행정자원을 공유할 수 있는 제도적인 보완이 절실하다고 지적한다.

3. 사회적 가치의 구체화

1) 지속가능발전과 사회적 가치

사회적 가치에 대한 논의는 필연적으로 무엇이 사회적 가치인지에 대한 토론으로 이어질 수밖에 없다는 점에서, 환경사회학자 한상진이 쓴 제13장 '사회적 가치와 지속가능성'은 연관 개념들을 정리하는 데 매우 유용하다. 그는 사회적 가치를 동심원 구조로 상정한다. 즉 그가 생각하는 사회적 가치의 핵심은 개인의 웰빙과 삶의 질을 높이는 것이다. 그런데 웰빙을 유지하기 위해서는 경제적·사회적·환경적 재생산이 가능해야 하기 때문에, 필연적으로 '지속가능성'과 연관될 수밖에 없다는 것이다. 그가 제시하는 지속가능성의 가장 이상적인 버전은 사회적으로 공평하고 환경적으로도 유익한 성장일 것이나, 현실적으로는 사회생태계의 존속과 적극적 생태투자, 그리고 비시장적 경제활동의 가치를 인정하는 사회적 가치다. 이러한 중강도 지속가능성을 가장 잘 드러내는 것은 국제연합의 '지속가능발전목표(SDGs)'다. 국제연합은 2030년까지를 기한으로 전세계적으로 추구해야 할 총 17개의 목표를 제시하고, 전 세계 190개 국가들이

그림 14-2 가치 측정지표의 변천

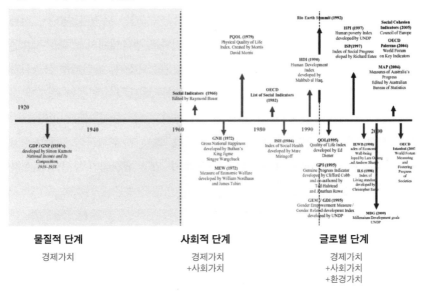

자료: http://www.oecd.org/site/progresskorea/41288178.pdf

300여 개의 측정지표안을 만들어 목표를 관리하도록 촉구하고 있다.

사회적 가치를 측정하고자 하는 노력은 1930년대에 사이먼 쿠즈네츠(Simon Kuznets)가 국내총생산(GDP) 개념을 제안한 이후 지속적으로 제기되어온 것이다. 경제적 가치만을 대상으로, 그것도 시장에서 교환되어 화폐가격으로 표시되는 재화와 서비스만을 측정대상으로 하는 GDP 개념은 많은 한계를 가지고 있음에도 불구하고, 전쟁과 대공황 이후 상황에서는 가장 분명한 가치를 가지는 척도였다. 그러나 1960년대 이후 객관적이고 주관적인 차원의 삶의 질 전반을 측정하려는 다양한 시도들이 이루어졌으며, 1990년대 이후에는 사회의 질과 더불어 지속가능성에 대한 관심이 늘어났다. 프랑스의 니콜라 사르코지(Nicolas Sarkozy) 대통령은 조지프 스티글리츠(Joseph Stiglitz)와 아마티아 센 등의 노벨경제학상 수상자들을 초빙하여 대안적인 GDP 개념을 연구하고 지표화를 모색하기도 했다. 이런 사회적 가치는 국제연합의 지속가능발전목표에서 잘 드러나듯이 3P

로 대표되는데, 이는 사람(People)을 생각하는 사회적 통합, 경제(Profit)적으로는 효율성, 지구(Planet)를 위한 생태적 책임성을 상징한다.

약자인 SDGs로 통칭되는 국제연합 지속가능발전목표의 공식 명칭은 '2030 Agenda for Sustainable Development'로서 전 세계의 지속가능한 발전을 위한 목표이자 행동계획이다. 2015년 9월 제70차 국제연합총회에서 채택된 바 있으며, 환경·사회·경제·거버넌스 전 분야에 걸쳐 17개의 목표와 169개의 세부목표로 이루어져 있다. 지속가능발전목표는 빈곤 퇴치와 개도국 지원에 초점을 맞춘 새천년개발목표(MDGs)와 달리 선진국과 개도국을 포함한 모든 국가에 발전목표를 제시하고 있다는 점에서 전 세계의 사회적 가치를 지표화하는 데 중요한 기준이 된다. 그 17개의 목표는 ① 모든 곳에서 모든 형태의 빈곤을 종식하는 것, ② 기아를 종식하고 식량안보와 영양증진을 달성하며 지속가능한 농업을 촉진하는 것, ③ 건강한 삶을 보장하고 연령에 관계없이 모든 사람의 웰빙을 증진하는 것, ④ 포용적이고 평등하며, 양질의 교육을 보장하고, 모든 사람의 평생교육 기회를 증진하는 것, ⑤ 양성평등을 달성하고 모든 여성과 여아의 역량을 강화하는 것, ⑥ 모든 사람의 물과 위생시설의 가용성 및 지속가능한 관리를 보장하는 것, ⑦ 모든 사람이 사용할 수 있을 만큼 저렴하고 신뢰할 만하며 지속가능하고 현대적인 방식의 에너지 접근을 보장하는 것, ⑧ 지속적이고 포용적인 경제성장과 모든 사람에게 온전하고 생산적인 고용 및 양질의 일자리를 증진하는 것, ⑨ 회복력을 갖춘 인프라를 구축하고 포용적이고 지속가능한 산업화를 증진하며 혁신을 육성하는 것, ⑩ 국내 및 국가 간 불평등을 줄이는 것, ⑪ 도시와 거주지를 포용적이고 안전하며 회복력 있고 지속가능하게 만드는 것, ⑫ 지속가능한 소비와 생산 패턴을 보장하는 것, ⑬ 기후변화와 그 영향에 대처하기 위한 긴급조치를 취하는 것, ⑭ 지속가능한 발전을 위해 대양, 바다, 해양자원을 보호하고 지속가능하도록 사용하는 것, ⑮ 육상생태계의 보호, 재건 및 지속가능한 사용을 촉진하고 산림을 지속가능하게 관리하며 사막화에 맞서 싸우고 토지황폐화를 중단 및 복원시키며 생명다양성의 손실을 중단시키는 것, ⑯ 지속가능한 발전을 위해 평화롭고 포용적인 사회를 촉진하고 모든 이들에게 정의에 대한 접근성을 제공하며 모든 수준에서 효과적이고 신뢰할 만하며 포용적인 제도를 구축하는 것, ⑰ 이행수단을 강화하고 지속가능한 발전을 위한 글로벌 파트너십을 활성화하는 것을 포괄한다.

지속가능발전목표의 17개 목표는 '사회발전', '경제성장', '환경보존' 세 가지 축을 기반으로 한다. 17개 목표 중 목표 ①부터 ⑥까지는 사회발전 영역의 목표로 이 목표를 달성함으로써 빈곤과 불평등을 해소하고 인간의 존엄성을 회복하고자 한다. 목표 ⑧부터 ⑪까지는 경제성장을 달성하기 위한 목표로서 무분별한 개발을 통한 경제규모의 성장이 아닌 모든 사람들이 양질의 일자리를 통해 적절한 수준의 생계를 유지할 수 있도록 포용적인 경제환경을 구축하고 지속가능한 성장동력을 만들고자 한다. 마지막으로 목표 ⑦, ⑫, ⑬, ⑭, ⑮는 생태계를 보호하기 위한 목표다. 현재 극심한 기후변화와 그로 인한 자연재해로 몸살을 앓는 지구를 보호하고 대량 생산과 소비로 인한 환경오염과 자원고갈을 막아 환경을 보호하고 지속가능한 지구를 만들기 위한 목표가 여기에 포함된다. 목표 ①부터 ⑮까지가 지속가능한 발전을 위해 달성해야 하는 목표라면 목표 ⑯과 ⑰은 앞의 목표들을 달성하기 위한 조건과 방법을 담은 것이라고 할 수 있다. 목표 ⑯은 정의롭고 평화로우며 효과적인 제도를 구축하는 것이며, 목표 ⑰은 이 모든 목표를 달성하기 위해 전 지구적인 협력이 필요하다는 내용을 담고 있다. 지속가능발전목표는 5P 개념으로 각 목표들을 구조화할 수도 있다. 5P는 사람(People), 번영(Prosperity), 지구환경(Planet), 평화(Peace), 파트너십(Partnership)의 각 이니셜을 의미한다. 이 5P는 새로운 개발의제의 기본 정신이자 키워드라고 할 수 있다.

2) 공공부문 사회적 가치의 구체화

이 책의 제10장에서 장용석과 황정윤은 한상진이 정리한 사회적 가치와 지속가능성을 어떻게 구현할 것인가 하는 문제를 본격적으로 다루고 있다. 이들이 주장하는 바는 세계화에 따라 보편적인 규범이 확대되면서, 이제 효율성과 책임성을 동시에 추구하는 것이 공공이나 민간 부문을 막론하고 공통의 과제가 되고 있다는 점이다. 전통적으로 공공성만 강조하던 공공부문에서는 신공공관리이론에 따라 효율성이 중요해졌으며, 효율성만 중시하던 민간부문에서는 사회적 책임을 다하는 것이 중요한 경영전략이 되었다는 것이다. 아울러 이러한 융합을 제도화하기 위해서는 공생과 협력, 협치와 유기적 연대를 가능케 하는 생태계를 만들어나가는 것이 매우 중요한데, 이를 위해 공공부문에서는 혁신적인 분산형 거버넌스를, 민간부문에서는 다양한 행위자들이 참여할 수 있는 플랫폼을 통해 행위자의 범위를 확대하고 공동의 학습과 혁신의 장을 제공할 수 있어야 한다고 주장한다. 아울러 다양한 상충하는 가치가 동시에 충족될 수 있으려면 '투입 대비 성과'를 측정하던 전통적 방법 대신 '투입 대비 임팩트'를 측정하는 방법으로 더 정교해져야 한다고 주장한다.

우선 공공부문에서 사회적 가치를 어떻게 구현할지에 대해 살펴보자. 한국의 '국가주요지표'가 대표적인 사례인데, 앞서 언급한 지속가능발전목표와 같은 원리로 구성되어 있다. 공공부문의 사회적 가치는 가치부하적인 방향성을 전제한다. 그런데 경제, 사회, 환경 부문이 지향하는 가치는 서로 다르다. 경제부문의 최고가치는 효율성(efficiency)이고, 사회부문의 최고가치는 통합(cohesion)이며, 환경부문의 최고가치는 책임성(responsibility)이다. 국가주요지표가 상정하는 발전은 경제의 효율성이 증대되고 사회의 통합과 유대가 강화되며 환경에 대한 책임성이 커지는 것을 의미한다. 아울러 국가주요지표는 개인, 공동체, 그리고 거시적인 국가수준에서의 주요지표를 일관성 있는 기준하에 선별해내도록 디자인되어 있다.3 미시적 수준, 즉 개인이나 가족 수준에서는 삶의 질(quality of life) 지표가 필요하고, 중범위, 즉 공동체 수준의 사회적 관계를 파악하기 위해서는 사회의 질(social quality) 지표가 필요하며, 아울러 거시적 수준, 즉 국가수준에서는 국가발전(national progress)지표가 필요하다는 점을 전제하고 있

3 http://www.index.go.kr/main.do?cate=7

그림 14-3 한국의 국가주요지표 개념 틀이 지향하는 가치

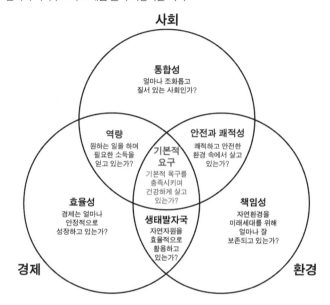

자료: 서울대학교 아시아연구소 한국사회과학자료원(2016: 26).

다. 이처럼 다차원적이면서 동시에 부문 간 중첩을 허용할 수 있도록 국가주요
지표를 구성하기 위해서는 국가수준의 발전과 지속가능성, 공동체 수준에서 사
람들이 맺는 관계의 질, 그리고 개인이나 가족 수준에서의 삶의 질을 모두 반영
하고 이들 간에 어떤 연관성이 있는지를 보여줄 수 있어야 한다.

국가주요지표에 대한 정의는 "한국이 지속가능한 발전을 통해 국민의 웰빙
을 충족시키고 있는가?"라는 질문에 그 내용이 축약되어 있다. 국가주요지표의
기본개념은 부문별·수준별로 나누어 검토할 수 있다. 부문별 개념화는 국가발
전과 개인의 삶의 질을 평가하는 기준으로서의 가치가 무엇인지에 관한 문제와
긴밀하게 연결되어 있다. 경제, 사회, 환경 부문 각각의 고유가치는 경제적 효
율성과 사회적 통합성, 환경적 책임성으로 구성된다. 국가의 지속가능한 발전
을 도모하기 위해서는 이 세 가지를 기준으로 평가할 수 있어야 한다. 즉 경제
적 효율성은 경제가 얼마나 성장하고 있는지 그리고 그 성장이 안정적으로 지

속가능한 것인지를 기준으로 평가한다. 사회적 통합성은 개인의 자율성이나 창의성을 극대화하되 동시에 사회의 응집성과 질서를 유지할 수 있는 정도로 평가한다. 환경적 책임성은 미래세대를 위해 자연환경을 얼마나 잘 보존해 지속가능한 환경을 만들어 나가는지를 기준으로 평가한다.

그런데 각 부문들이 교차하는 영역에서는 새롭게 질문들을 던질 수 있다. 경제와 사회의 교차영역에서는 한 사회의 구성원으로서 자원의 효율적 배분에 참여하고 그 혜택을 얻을 수 있는 기회가 주어져야 하는데, 이는 개인의 역량배양(capability building)과 밀접히 연관된다. 즉 국민이 경제활동에 참여하면서 적절한 보상을 받는지, 그리고 이를 위해 필요한 교육과 훈련에 충분히 참여하는지가 매우 중요하다. 사회와 환경의 교차영역에서는 사람들이 얼마나 쾌적하고 안전한 환경에서 살아가는지가 중요하다. 아울러 환경과 경제의 교차영역에서는 자연자원을 얼마나 효율적으로 활용하여 경제를 유지시키는지, 그래서 얼마나 자연의 지속가능성을 극대화하는지가 중요한 평가의 기준이 된다. 그리고 경제, 사회, 환경이 모두 교차하는 영역은 결국 개인이나 가족의 삶에서 가장 기본적인 욕구를 얼마나 충족시키느냐의 문제와 관련된다.

한 나라의 사회적 가치를 어떻게 구체화할 것인가 하는 것은 정부의 역할과 밀접히 연관되어 있다. 정부의 사회적 가치에 대한 개념과 정책방향은 공공기관의 사회적 가치 실현에 관한 기본법, 사회적경제기본법, 사회적 경제 기업 제품의 구매 촉진 및 판로 지원에 관한 특별법 등 '사회적경제활성화 3법'에 잘 반영되어 있다. 문재인 대통령이 의원 시절에 대표 발의했고, 현재 정부가 추진하고 있는 사회적가치기본법에 따르면 "인권, 노동권, 안전, 생태, 사회적 약자 배려, 양질의 일자리, 대·중소기업 상생협력 등 공공의 이익과 공동체 발전에 기여하는 사회적 가치가 경제운영 원리의 중요한 축으로 자리매김되어야 한다". 그런데 이 법안의 내용을 보아서는 사회적 가치를 구성하는 개념이 무엇인지, 어떤 차원으로 되어 있는지, 그것의 실천적 함의가 어떻게 이론적·정책적으로 담보될 수 있는지 등에 대한 논의는 찾기 힘들다. 심하게 이야기하면 임기응변적이라고 할 수도 있다.

사회적 가치를 법제화하기 위해서는 추상적이고도 보편적인 개념들을 정책 어젠다로 구체화할 수 있어야 한다. 이를 위해서는 앞서 언급한 국가주요지표 체계의 얼개를 출발점으로 하는 것이 매우 유익할 것이다. 경제적 효율성과 환경적 지속가능성의 구체화를 일단 열외로 한다면, 사회적 지속가능성을 어떻게 구체화할 것인가 하는 문제는 그림 14-1에서 언급한 두 차원, 즉 수평적으로는 공식체계와 비공식 생활세계 사이의 상호작용 축, 수직적으로는 개인의 발전과 사회의 발전 사이의 구성/출현 축을 교차하여 풀어나갈 수 있다. 사회의 품격을 높이기 위해 지향해야 할 사회적 가치의 네 가지 구성요인과, 이를 구체화하는 데 이바지할 수 있는 현실적 조건들을 도출할 수 있다. 이때 유럽의 사회과학자들이 제안한 윤리적이고 이념적인 차원의 사회적 가치는 매우 흥미로운 참고자료가 된다. 이들은 분배적 정의로서의 '형평성', '연대성', '평등성', 그리고 인간적 '존엄성' 등을 제안했다. 이러한 사회적 가치를 구현하기 위해서는 다양한 자원을 확보해 각각 인간안보, 사회적 승인, 사회적 반응, 개인의 역량을 증대시켜야 한다. 그리고 각각의 가치와 자원을 확보하기 위한 구체적인 조건으로서 사회경제적 안전성, 사회적 응집성, 사회적 포용성, 사회적 역능성이 확보되어야 한다(Beck et al., 2001).

여기서 사회경제적 안전성(socio-economic security)이란 사람들이 얼마나 물질적·환경적 자원 등에 접근 가능한가를 의미하며, 사회적 응집성(social cohesion)은 그 사회의 사회적 관계가 얼마나 공통의 정체성과 가치규범에 기반을 두고 있는가를 측정하는 척도가 될 수 있다. 그리고 사회적 포용성(social inclusion)은 일상생활을 구성하는 다양한 제도와 사회적 관계에 얼마나 접근 가능한가를, 사회적 역능성(social empowerment)은 개인의 역량과 능력 발휘가 사회적 관계를 통해 얼마나 북돋워지는가를 의미한다.

이러한 네 가지 차원의 지표들을 종합하면 공동체가 지향하는 사회적 가치의 척도로서 사회의 품격을 지수화할 수 있을 것이다. 달리 표현하면, 사회적 가치가 잘 구현되는 사회는 사회의 품격이 높은 사회인데, 위험한 '불안사회'보다는 안전한 '안심사회'를, '불신사회'가 아닌 '신뢰사회'를, '배제사회'가 아닌 '포용사회'를, 그리고 '무기력사회'가 아닌 '활력사회'가 특징이다.

첫째, '사회경제적 안전'은 삶의 기본토대가 되는 조건이다. 외부의 군사적 위협으로부터의 안전, 인간적 삶을 위한 물질적·환경적 자원을 제대로 확보했는지가 중요하다. 구체적으로는 빈곤, 질병과 재해, 실업으로부터 안전해야 한다. 이러한 기초적 욕구들이 충족되는 사회가 '안전사회'라면, 그렇지 못한 사회를 '위험사회'라고 정의할 수 있다. 객관적 차원의 '안전과 위험'은 주관적 차원에서는 '안심과 불안'에 대응한다. 예를 들어 일자리를 갖지 못하는 경우 사회적 위험에 노출되고, 불안한 삶을 살게 된다는 점에서 사회경제적 안전은 치명적인 중요성을 갖는다.

둘째, 사회적 응집성은 사람들 사이의 관계가 얼마나 공통의 정체성과 가치규범에 기반을 두고 있는가 하는 사회적 결속과 연대감을 보여준다. 사회적 연대감은 일반적 신뢰, 제도나 기관에 대한 신뢰, 이타심, 시민적 참여, 다원주의와 관용성 등의 수준에 의해 측정된다. 사회적 연대감이 잘 유지되고, 서로 신뢰하며, 규칙이 투명해서 합리적으로 예측이 가능하고 사회적 응집력이 유지되는 사회를 '신뢰사회'라 한다면, 서로 공유하는 가치관이 다르고, 사회적 규범의 일관성과 포괄성이 없고, 집단 간에 이기적 경쟁만 존재하는 해체된 사회를 '불신사회'라고 정의할 수 있다. 한국적 맥락에서는 특수한 연고를 넘어서는 보편적 신뢰, 사회규칙의 보편성과 투명성에 대한 기대 등이 일자리 배분이나 과세를 둘러싼 형평성, 세대 간 분배의 공정성 등에 영향을 미치는 중요한 척도로 작용할 수 있다.

셋째, 사회적 포용성은 일상생활을 구성하는 다양한 제도나 사회적 관계에 얼마나 접근 가능한가의 문제다. 즉 사회 구성원들이 자신의 가치나 신념과 무관하게 그가 사회 구성원이라는 것만으로도 사회의 다양한 제도나 기회구조에 평등하게 접근할 수 있어야 한다는 규범적 판단에 기반을 둔 개념이다. 이러한 '포용사회'에 대비되는 것은 '배제사회'다. 포용의 정도를 파악하기 위해서는 공적 연금에 대한 가입률, 남녀 간 임금격차나 공직 진출의 차이, 노동시장 내 장기 실업자 비율, 비자발적으로 차별받은 비정규직 비율, 노숙자 수, 사회보호시설 수감자 수 등을 예로 들 수 있다.

넷째, 역능성은 개인의 역량이나 능력을 발휘할 수 있도록 사회구조가 짜여 있는가를 보는 지표다. 시민들이 자신들의 운명을 결정하는 공적 사안에 참여할 수 있기 위해서는 각 개인이 다양한 영역에서 충분한 역량을 갖추어야 한다. 정치적 의무에 따르는 권리라는 형식적 차원을 넘어 사회 구성원이 투표참여뿐 아니라 자기가 속한 공동체에서 자신의 운명에 영향을 미치는 의사결정 과정에 참여하고 개입할 수 있는지, 그리고 그러한 참여가 가능하도록 능력을 개발하고 현실에 적용할 수 있는지를 보아야 한다. 예를 들면 문자해독률이나 신문·인터넷·문화예술시설의 활용 정도, 각종 투표율과 자발적 결사체의 참여 정도, 그리고 다양한 정치적 의사결정 기제의 존재 유무, 노조조직률과 단체협약의 포괄성, 사회보장 및 복지예산의 규모, 정신병 유병률이나 자살률 등을 근거로 할 수 있을 것이다. 개인의 능력 발휘가 잘 이루어지는 사회를 '활력사회'라고 한다면 그 반대되는 사회를 '무기력사회'로 정의할 수 있을 것이다.

이렇게 개념화하여 분석한 결과를 보면 사회적가치기본법이 제안하고 있는 항목들은 그림 14-4와 같이 정리할 수 있다. 정책목표들은 환경적 지속가능성

그림 14-4 사회적 가치의 요소별로 분류한 사회적가치기본법의 항목들

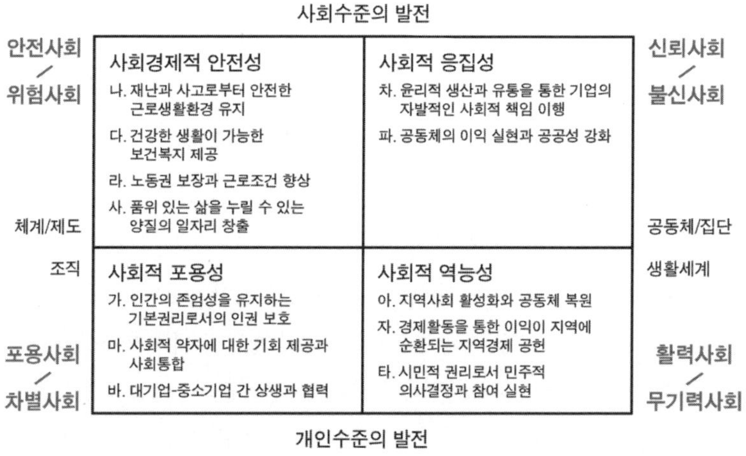

사회수준의 발전

안전사회 / 위험사회	사회경제적 안전성 나. 재난과 사고로부터 안전한 근로생활환경 유지 다. 건강한 생활이 가능한 보건복지 제공 라. 노동권 보장과 근로조건 향상 사. 품위 있는 삶을 누릴 수 있는 양질의 일자리 창출	사회적 응집성 차. 윤리적 생산과 유통을 통한 기업의 자발적인 사회적 책임 이행 파. 공동체의 이익 실현과 공공성 강화	신뢰사회 / 불신사회
체계/제도			공동체/집단
조직	사회적 포용성 가. 인간의 존엄성을 유지하는 기본권리로서의 인권 보호 마. 사회적 약자에 대한 기회 제공과 사회통합 바. 대기업·중소기업 간 상생과 협력	사회적 역능성 아. 지역사회 활성화와 공동체 복원 자. 경제활동을 통한 이익이 지역에 순환되는 지역경제 공헌 타. 시민적 권리로서 민주적 의사결정과 참여 실현	생활세계
포용사회 / 차별사회			활력사회 / 무기력사회

개인수준의 발전

을 제외하고 나면 네 가지 영역에 걸쳐 분포되어 있다. 가장 많은 정책목표는 사회경제적 안전성을 제고하기 위한 항목들로서 재난과 사고로부터의 안전, 건강, 근로조건, 일자리 제공 등에 대항한다. 그다음으로는 차별을 줄이고 포용적인 사회로 나가기 위한 정책목표들로서 인권, 약자보호, 중소기업과의 상생 등이다. 아울러 강조되는 것은 지역사회와 지역경제의 활성화와 시민적 참여를 촉진하여 보다 활력 있는 사회를 만들고자 하는 노력이다. 그리고 기업의 윤리성과 공동체의 공공성을 강화하고자 하는 노력이 보다 투명하고 신뢰할 수 있는 사회를 만들고자 하는 노력으로 이해될 수 있다. 따라서 사회적가치기본법이 담고 있는 내용들은 사회의 품격을 높이고자 하는 기본적인 방향과 크게 다르지 않다고 할 수 있을 것이다. 다만 어떻게 안전사회, 포용사회, 신뢰사회, 활력사회를 만들 수 있을지에 대한 구체적인 정책 고민과 대안을 수치화된 가이드라인이나 법률조항으로 강제할 수 있을지에 대해서는 의문의 여지가 있다.

3) 기업과 사회적 가치

작가 윌 듀란트(Will Durant)는 "경쟁이란 교역의 삶(the life of trade)이자 삶의 교역(the trade of life)"이라고 설파한 바 있다. 협력의 주된 이유는 그것이 "경쟁의 구도이자 형태이기 때문"이라는 것이다. 상생협력의 기본철학은 협력이 장기적으로 지속가능성을 높인다는 것이다. 경제활동은 사회적 가치와 무관할 수 없다. 경주 최부잣집에서 대대로 내려온 육훈(六訓)에 따르면, 흉년에는 땅을 늘리지 말고, 주변 100리 안에 굶어 죽는 사람이 없게 하며, 만 석 이상의 곡식은 사회에 환원하라고 가르치고 있다. 그런데 이런 사회적 가치 추구는 과거 '선물경제'나 '도덕경제'가 지배적이던 전통사회에 국한되는 것은 아니다. 사회적 가치의 핵심은 정의, 공정, 포용, 지속성 등인데 그 핵심은 '사회성'이다. 즉 교환가치나 이윤 못지않게, 다양한 사회 속에서 기업이 다양한 사회의 이해 당사자들과 맺는 관계의 중요성이 강조되어온 것이다.

대기업 입장에서 사회적 가치는 기업의 정당성을 높이는 첩경이다. 이미 자본주의는 이윤 추구에서 사회적 가치를 추구하는 방향으로 변화하고 있다. 자본주의 발전단계를 논하는 학자들은 19세기 초부터 1930년대까지 자유방임주의에 기반을 둔 자본주의 1.0 시대에서 출발하여, 대공황을 거친 후 1930년대부터 1970년대까지는 뉴딜정책 사례에서 보듯이, 정부가 앞장서서 경제를 살렸고, 정부는 언제나 옳다고 믿는 케인스주의적 사고가 지배적이었다. 그러나 1970년대 말부터 2000년까지는 정부가 주도하는 경제의 비효율성을 비판하면서 다시 시장의 중요성을 강조한 레이건주의와 대처리즘을 기치로 신자유주의가 지배적인 질서로 자리 잡았다. 그러나 반복되는 금융위기를 겪은 이후 이제는 시장과 기업이 공생의 생태계를 만들고, 정부는 시장과 유기적인 상호작용을 이루어나가야 한다고 하는 자본주의 4.0 시대가 열리고 있다(칼레츠키, 2011).

더구나 개방형 네트워크가 확장되면서, 기업들은 효율성과 이윤 창출 이외에 사회적으로 정당한 활동에 나설 것을 끊임없이 요구받고 있다. 전통적으로 기업은 비영리 조직과 명백히 구별되었으며, 또한 일정 정도 분명한 분업에 대한 합의가 존재했다. 즉 영리를 추구하는 기업들은 재무적 성과를 바탕으로 얻은 이윤의 일부를 사회에 환원하되, 자선의 형태로 비영리 사업을 하는 조직들을 후원하여 그 성과가 사회적으로 어려운 이들에게 분배될 수 있도록 한다는 것이다. 그러나 이제는 전통적 영리기업과 전통적 비영리 조직 간에 다양한 하이브리드형 조직이 만들어지고 있다. 그 대표적인 것이 사회적 기업이다. 사회적 가치를 추구한다는 점에서 사회적 기업은 비영리 단체와 같이 정당성의 원칙을 공유한다. 반면에 재무적 성과를 추구한다는 점에서 사회적 기업은 영리기업과 효율성의 원칙을 공유한다.

전통적으로 영리기업들은 재무적 성과 이외에 기업의 사회적 책임(CSR: corporate social responsibility)에 관심을 가졌다. 이때 기업은 이윤 극대화의 원칙과는 별개로 재무적 성과와 이윤의 일부를 자선활동을 위해 기부하는 것으로 사회적 책임을 다한다고 인식하는 경향이 있었다. 그런데 이러한 활동은 기업의 본원적인 활동과는 무관한 것으로 인식되었기 때문에 이를 전담하는 담당 부서가 존재했으며, 기업의 재무적 성과가 높지 않으면 중지되었고, 기업이나 기업

표 14-1 CSR과 CSV의 비교

	CSR	CSV
가치	선행	사회경제적 가치
활동	자선활동	기업과 공동체를 위한 가치 창출
인식	이윤 극대화와 무관	기업 전체 예산에 반영
담당부서	병렬 별도 조직	모든 부서에 녹아들음
진정성	물의를 일으킨 회사는 냉소	고유 사업과 일체화
지속성	손실 발생 시 중지	이익 손실과 무관하게 진행
소통방향	기업이 일방적으로 사회에 기여	기업과 사회가 쌍방향으로 선택
가치평가	사회가치 평가시스템 부재	사회가치 사전평가 시스템 구축

자료: 조동성 외(2014: 79).

주가 사회적으로 물의를 일으키는 경우에는 이에 대한 대가로 더 많은 기부를 하기도 했다. 따라서 기업의 의도와 행위는 사회적으로는 좋은 평가를 받지 못하는 경우도 많았다. 말하자면 이기적인 기업(인)의 비난을 피하기 위한 전략으로 오인되는 경우가 많았던 것이다.

이에 비하면 기업의 공유가치창출(CSV: creating shared value) 전략은 기업의 고유한 경제적 활동과 공동체를 위한 사회적 가치 추구 활동을 결합함으로써, 일체화를 이루고, 이익이나 손실과 무관하게 진행된다는 점, 그리고 모든 부서의 활동에 녹아들어 있고, 사회가치에 대한 사전평가 시스템을 구축한다는 점에서 질적으로 다른 노력을 하는 것이다. 이는 가치추구형 기업활동을 한다는 점에서 사회적 기업과는 그 수준이나 방향에서 일보 전진한 새로운 형태의 대기업 전략이라고 할 만하다(조동성 외, 2014).

기업의 사회적 가치 추구는 몇 단계로 나누어 설명할 수 있다. 경제적 목적을 추구함에 있어서도 기업시민(corporate citizen)으로서 지켜야 하는 규범을 어기지 않을 뿐, 사회적 가치나 책임에 대한 개념화가 아직 되어 있지 않은 단계다. 그러나 경제적 가치 측면에서 보면 사회적 가치를 추구한다는 것은 불법의 위험을 경감하는 소극적 측면에서 출발하지만, 보다 적극적으로는 기업의 전략으로서, 그리고 새로운 시장을 창출하는 전략으로서도 의미를 갖는다. 다른 한편,

그림 14-5 재무가치와 사회적 가치에 따른 CSR과 CSV의 발전단계

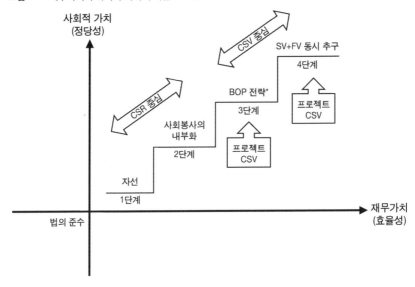

자료: 조동성 외(2014: 76).

사회적 차원에서는 선량한 기업시민으로 출발하여, 전략적으로 사회적 책임을 다하는 단계를 거쳐, 사회 변화의 촉매로서 기능할 수 있고, 궁극적으로는 사회의 문제들을 풀어나가는 사회혁신 생태계의 주도자로 성장할 수도 있을 것이다. 이런 진화과정을 보여주는 것이 그림 14-5이다. 첫 번째는 법을 준수하는 단계다. 이보다 조금 더 사회적 책임을 다하는 단계는 다양한 사회봉사를 내부화하는 단계다. 그러나 이보다 더 진전되면 기업활동과 사회문제 해결을 결합하여 공유가치를 창출하는 단계인데, 대표적인 것이 BOP(bottom of pyramid) 전략이라 불리는 3단계다. 즉 전체 지구의 인구 중 저소득층에 속하는 이들은 각자의 구매력 수준이 매우 낮다. 그래서 이들을 타깃으로 하는 상품이나 서비스를 개발할 경우에는 최첨단 기술이 필요하지 않고 또한 경제적인 이윤도 크지 않다. 하지만 이들의 욕구를 채울 수 있는 제품을 개발하는 경우에는 그 구성비율이 워낙 높기 때문에 적정기술을 활용한 시장공략에도 의미가 있고, 또한 사회문제 해결에도 도움이 될 수 있다는 것이다. 마지막 단계는 프로젝트형이 아

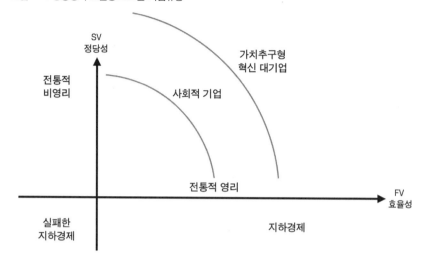

그림 14-6 정당성과 효율성으로 본 기업유형

니라, 기업 전체가 공유가치창출의 지향을 내재화하고 활동의 한 부분으로 정착시키는 단계인데, 이렇게 되면 대기업은 혁신적인 기업생태계를 만들어내고 또한 지속경영 기업으로서 위치를 굳히게 된다.

이상의 내용을 정리하면 그림14-6과 같다. 기업이 추구하는 목표를 재무적 가치(financial value)와 사회적 가치(social value)로 구분한다면, 두 가지 목표 달성에 모두 실패한 기업은 존재가치를 가질 수 없다. 때로 재무적 효율성은 높이되 사회적으로 용인되지 않은 가치를 추구하는 경우의 대표사례가 지하경제다. 전통적인 영리기업은 재무적 가치를 추구하되 사회적 가치에 대해서는 무관심하다. 전통적 비영리 조직은 사회적 가치에는 관심을 갖되 재무적 효율성은 높지 않다. 재무적 가치와 사회적 가치를 동시에 추구하는 대표적인 조직은 사회적 기업이다. 재무적 가치는 기업이 추구하는 이윤의 직접적 척도다. 기업의 사회적 가치는 쉽게 드러나지 않지만 이는 기업의 사회적 정당성과 밀접한 연관을 갖는다. 사회적 가치를 추구하는 기업일수록 사회에서 용인되고 또한 여론의 좋은 평가를 얻기 때문이다. 그런 의미에서 기업은 재무적 가치와 사회적 가치라는 두 가지 목표를 적절하게 조합할 수 있는데, 그런 점에서 사회적 기업은 두 가지 목표를 추구하는 소규모의 기업이라고 정의할 수 있다. 그러나 대기업, 특히 한국의 대기업 그룹의 경우는 자원동원력이나 기획력이 탁월하기 때문에 만약 사회적 가치를 제대로 추구하고자 한다면 소규모의 사회적 기업보다는 훨씬 포괄적이고 체계적인 방법으로 사회적 가치와 재무적 가치를 동시에 추구할 수 있는 역량이 존재한다. 이러한 가능성에 주목해보면, 한국의 대기업 그룹은 사회혁신적인 실험의 주체로서 다른 어느 조직들도 넘보기 어려운 위치를 차지하고 있다.

이러한 맥락에서, 상생협력은 대기업이 주도해나갈 혁신생태계의 한 모습이라고 할 수 있다. 특히 네트워크의 개방성 여부와 네트워크 지배구조가 얼마나 수평적인지 여부를 교차하여 유형을 분류해본다면, 대기업과 중소기업 간 수직적인 관계에서 폐쇄적으로 엮인 엘리트 서클형에서부터 개방적이고 수평적인 네트워크로 연결된 혁신공동체형까지 다양한 유형을 생각해볼 수 있을 것이다. 현재 대기업과 중소기업 간 관계는 엘리트 서클형에서 혁신공동체형으로 발전하는 과정에 놓여 있는 것으로 보인다. 그러나 보다 혁신적으로 경제 전반의 활력을 높이기 위해서는 대기업의 지배구조도 보다 혁신공동체형으로, 그리고 기업 간 관계도 혁신공동체형으로 진화할 필요가 있는 것으로 보인다. 이러한 전환을 위해서는 기업 간 협력과 공유의 플랫폼을 정비하는 일이 우선적으로 필요하다. 이를 위해서는 공유할 콘텐츠, 경계 유지를 위한 정체성과 신뢰규범, 공유지의 축복이라는 효과를 극대화하기 위한 전략, 그리고 최소한의 수용능력이 필요하다. 이처럼 대기업이 사회적으로 정당성을 유지할 수 있는 역할을 제대로 수행하게 된다면 대기업의 재무적 성과 못지않게 사회문제를 해결하고 사회문제 해결의 생태계를 업그레이드할 수 있는 성공적인 역할을 할 수 있을 것이다.

기업이 추구하는 재무적 가치는 앞서 언급한 대로 기업의 효율성을 상징한다. 기업이 추구하는 사회적 가치는 가깝게는 협력관계의 업체부터 주주, 규제기관, 언론, 일반 국민에 이르는 다양한 이해관계자들을 포괄하여 이들의 관심사항을 충족시키고 이익을 공유하는 정도에 의해 결정되는데, 이를 정당성의

그림 14-7 재무적 가치와 사회적 가치를 교차해서 본 기업의 유형

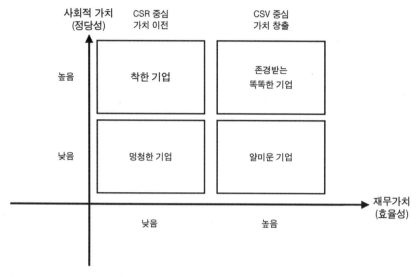

자료: 문휘창(2012)을 토대로 필자 수정.

차원이라고 할 수 있다. 결국 기업의 성과는 재무적 가치뿐 아니라 사회적 가치의 구현에 의해서도 영향을 받기 마련인데 이에 따라 몇 가지 유형론이 가능해진다. 우선 재무적 가치의 추구에도 실패하고 사회적 가치의 실현에도 실패한다면 이는 '멍청한 기업'이다. 지속가능성이 없기 때문이다. 만일 재무적 성과는 탁월한 반면 사회적 가치 실현에 문제가 있다면, 사회적 정당성의 문제가 심각하게 제기될 것이며 '얄미운 기업'으로 인식되어 지속가능성에 문제가 생길 수 있다. 만일 사회적 가치 추구에는 적극적이지만 재무적 가치 추구에 실패하면 이런 기업은 '착한 기업'으로서 생존하기는 어려울 것이다. 대기업으로서 가장 바람직한 경로는 재무적 가치와 사회적 가치를 동시에 성취하는 것이다. 즉 경제적 이윤 극대화 못지않게 사회적 정당성을 높여야만 '존경받는 똑똑한 기업'이 될 수 있다.[4]

세계는 점차 사회적 가치를 함께 추구하는 기업이 더 성장할 수 있고, 지속가능한 방향으로 변해가고 있다. 존경받는 기업(firms of endearment)에 대해 연구한

표 14-2 기업유형별 누적 수익률

	15년	10년	5년	3년
존경받는 기업(미국)	1681%	410%	151%	83%
존경받는 기업(세계)	1180%	512%	154%	47%
Good to Great Company	263%	176%	158%	222%
S&P 500	118%	107%	61%	57%

자료: Sisodia et al.(2014).

라젠드라 시소디어(Rajendra Sisodia) 등에 따르면, 더 높은 목적을 향한 리더십을 가지고, 구성원의 발전과 성장을 추구하며, 납품업체의 육성과 개발에 전력하고, 목적을 공유하는 고객의 만족을 극대화하며, 공동체와 사회 유지에 관심이 많고, 투자자에게 더 많은 것을 보상하려는 기업, 즉 존경받는 기업일수록 장기적으로는 S&P 500대 기업보다 훨씬 더 성장했다(Sisodia et al., 2014). 즉 사회적 가치를 추구함으로써 정당성의 문제를 해소하지 않으면 지속가능하지 않다는 것을 보여준다.

투자환경도 빠르게 바뀌고 있다. 한국기업지배연구원의 자료에 따르면 사회책임투자의 비율은 전 세계적으로 크게 증가하고 있다. 2016년 말 전 세계에서 22조 8910억 달러 규모(전 세계 운용자산의 26%)가 사회책임투자다. 즉 투자자들은 기업의 재무적 성과뿐 아니라 그 기업이 바람직한 사회적 가치를 추구하는지를 보고 투자 여부를 선택한다는 것인데, 그 투자액이 현재로서는 유럽에 52.6%, 미국에 38.1% 집중되어 있고, 일본을 제외한 아시아에 대한 투자는 0.2%에 불과하다. 그러나 이는 아시아에서, 그리고 한국에서도 사회책임을 다하는 기업이 투자의 대상으로 바뀔 것이라는 예상을 가능케 한다. 대체로 사회책임투자의 가장 대표적인 형태는 '네거티브 스크리닝'이다. 즉 환경, 사회, 기업 거버넌스의 기준을 만들어놓고 그 기준에 미달하는—부정적으로— 것으로 평가된 산업이

---

4 이러한 아이디어는 문휘창(2012)으로부터 빌려 왔다.

나 기업을 포트폴리오 펀드 구성에서 배제하는 방식으로 투자금이 움직이는 것이다. 혹은 투자의사 결정을 위한 재무분석에 ESG(environmental, social, and governance) 요소를 체계적으로 융합하는 방식이나 기업관행을 개선하기 위해 의결권 등을 활용하여 적극적으로 영향력을 행사하는 '기업 관여 및 주주행동' 방식이 채택되기도 하고, 사회문제를 해결하기 위해 지역사회에 특화된 자본투자를 하는 '임팩트 투자'가 선호되기도 한다.

4. 초연결사회의 도래, 닫힌 위계에서 열린 네트워크로

우리가 앞으로 경험하게 될 시대적 전환을 가장 적나라하게 보여주는 변화는 초연결사회의 등장이다. 과거에는 상상할 수 없었던 방식으로 연결의 범위와 강도가 확산되면서 근본적인 변화가 이루어지고 있다. 이러한 변화를 가장 먼저 예견하고 체계화한 학자 중 한 명이 마누엘 카스텔스(Manuel Castells)다. 카스텔스는 네트워크가 새로운 사회의 형태를 구성하게 되며, 네트워크 사회에서 주요 사회구조와 행위는 정보 네트워크를 중심으로 조직화한다고 주장했다. 네트워킹의 논리가 확장되면 생산, 경험, 권력, 문화 등의 모든 영역에서 작동의 방식과 결과에 큰 차이가 나타난다. 그래서 카스텔스는 자본주의적 생산양식이 여전히 지배적일지라도 발전양식(the mode of development)은 산업적 발전양식에서 정보적 양식으로 변화하게 된다고 주장한다. 그리고 생산성의 원천도 지식생산, 정보처리, 상징적 소통으로 바뀌게 된다는 것이다. 전통적인 산업사회가 그 생산과 소통의 수단으로서 도시와 영토성에 고착되어 있다면, 네트워크 사회는 유연성을 특징으로 하며 정보가 공간보다 더 중요해진다는 것이다. 카스텔스는 네트워크 사회에서 사회제도는 새로운 집단정체성을 만들어내고, 새로운 형태의 집단정체성은 점증적으로 증가하는 네트워크의 힘(the net)에 대항하는 자아(the self)에 기반을 둔 것으로 변화할 것이라고 예측한다.

이 책의 제5장에서 강정한은 네트워크의 발달로 인해 등장하게 될 초연결사

그림 14-8 네트워크의 진화와 시스템의 특성 변화

	중앙집중	탈집중	분산
발전방식	원자력 발전	지역열병합 발전	태양광 발전
경제 조정	발전국가/관치	독과점	공유
정치	권위주의	지방분권	풀뿌리 민주주의
화폐	중앙은행 기반 화폐	지역화폐	비트코인(블록체인)
시스템 구조	직접 서버 소유	퍼블릭 클라우드	P2P 기반 분산시스템

회를 '데이터 경제 시대'라 명명하고, 그 안에서의 사회적 혁신 방향에 대해 제안하고 있다. 강정한은 기술은 비약적이지 않지만, 초연결사회에서 사물인터넷이 확산됨으로써 '연결재'의 특성이 가속화된다는 데 주목한다. 즉 인간행위자와 사물행위자 간 구분이 모호해지고, 생산활동이나 소비에서도 연결망 외부효과의 영향을 받는 '연결재'나 '관계재'의 비중이 커지면 연결을 매개하는 플랫폼의 중요성이 증대되고 쏠림현상도 커진다는 것이다. 강정한은 토지, 노동, 자본이라는 생산의 3요소에 의해 만들어진 자본주의의 불평등이 초연결사회에서는 온라인 플랫폼상의 지대 추구, 데이터의 가치, 그리고 데이터를 입력하는 노동 등의 3요소에 의해 새로운 형태의 불평등을 낳을 것이라고 전망한다. 그래서 데이터에 대한 반독점세를 매기고, 데이터에 기반을 둔 자기파괴적 알고리듬의 확장가능성을 감시하며, 데이터와 정보를 사회적 공유재로 만들어 그 이윤을 사회화하는 대안을 찾아나가는 것이 초연결사회의 사회혁신이라 주장한다.

초연결사회의 사회혁신이 가능하려면 시스템 구조뿐 아니라 조직화 원리도 혁신적이어야 한다. 여기에 걸맞은 조직화 원리는 네트워크 거버넌스다. 위계와 무질서를 양극단에 놓는다면 그 사이에는 연속성이 존재한다. 네트워크 관점은 거버넌스를 복잡적응시스템(complex adaptive system)이라고 본다. 위계조

표 14-3 전통적 위계와 네트워크의 비교

전통적 위계 조직	네트워크
통제와 계획	자율, 출현적 속성
개인의 노력 강화	연결과 연계
프로그램 만들기	참여를 촉진하기 위한 플랫폼
정보와 학습 독점	정보와 학습의 개방
집중적 의사결정	공동의 결정
개별 전문가	집합지성
구체적 성과	사회적 영향력

직에 비교해보면, 복잡적응시스템은 다음과 같은 몇 가지 중요한 특징을 갖는다. ① 하위 부분들의 상호작용에서 순환고리가 잘 발달되어 있다. ② 공식적 조직과 비공식 조직 간에 빈번한 상호작용이 존재한다. ③ 시스템 전체는 복잡하지만 각 개인들은 비교적 단순한 규칙하에 행동한다. ④ 그래서 각 행위자들은 독립적이고 자율적이어야 한다.

네트워크 거버넌스나 네트워크로 연결된 작동의 방식은 사람과 아이디어를 더 빠르게 연결시킨다. 네트워크를 통해 노력이 분산될 수 있으며 네트워크는 개방적이고 투명하기 때문이다. 그래서 네트워크 구조는 전문성을 가진 개인들이 지식을 나누고 자발적으로 헌신할 수 있게 하는 데 유리하다. 이러한 현상은 오픈소스 프로그램 운동이나 위키피디아의 사례에서 찾을 수 있다. 이들 사례에서는 영속적인 구조를 유지하는 대신에 효과적이고 기민한 동원이 선호된다.

네트워크는 다음과 같은 다양한 방식과 형태의 차원들이 결합함으로써 구현될 수 있다. 즉 ① 임시적인지 항시적인지, ② 자발적인지 계획된 것인지, ③ 노력을 많이 들일지 적게 들일지, ④ 집중구조로 할 것인지 분산구조로 할 것인지, ⑤ 구성원을 폐쇄적으로 할 것인지 개방적으로 할 것인지 등이 그것이다.

네트워크형 사고방식은 전통적인 위계형 사고방식과 많은 점에서 차이를 드러낸다. 전통적이고 위계적인 사고방식은 강력한 통제, 계획, 집중된 의사결정, 개별 전문가의 통찰력, 구체적 결과에 대한 관심 등을 중시한다. 반대로 네트워크 사고방식은 통제의 소멸, 자발적 참여, 집단지성 등을 중시한다. 네트워크의 효과성은 손에 잡히지 않는 신뢰나 정보의 흐름과 긴밀히 연관되어 있다.

기술의 변화는 매우 빠른 속도로 사회의 시스템을 바꾸어나간다. 특히 사물인터넷의 부상으로 기존의 인터넷이나 스마트폰의 기능은 빠르게 대체될 전망이다. 사물인터넷은 우리로 하여금 모든 기기를 연결하고 정보를 저장할 수 있게 만든다. 특히 사물인터넷이 빅데이터와 결합하면 마케팅과 고객관리 영역에서 혁명적인 변화가 이루어질 것이다. 사물인터넷 시대에는 하드웨어보다 소프트웨어가 중요해진다. 특히 검색기술의 발전이 중요해질 것이고 냄새, 맛, 진동, 질감 같은 다양한 속성까지 검색이 가능해질 것이다.

사물인터넷의 발전은 'BoT(Battery of Things)' 시대를 촉진시킬 것이다. 모든 사물이 연결되려면 모든 사물이 배터리로 움직여야 하기 때문이다. 휴대전화나 전자기기, 자동차뿐 아니라 가정용 전력 공급에도 에너지 저장 장치(ESS: Energy Storage System)가 중요해질 전망이다. 에너지 저장 장치는 개인휴대통신(PCS), 시스템 통합(SI), 에너지 관리 시스템(EMS), 건설, 전력 공급·발전 등 다양한 분야의 기술이 합쳐진 대표적 융합산업이다. 그리고 앞으로 관련 산업의 규모는 갈수록 늘어날 것이다.

사물인터넷과 에너지 저장 장치의 확산은 열린 시스템으로의 변화와 분산화를 상징한다. 이러한 변화는 전력공급 대기업의 추락을 예고한다. 미래학자인 다빈치연구소의 토머스 프레이(Thomas Frey) 소장은 대규모 전력공급 기업들이 2020년경에 소멸할 것이라고 예측했다. 그 대신 소규모 지역 기반의 민간 발전기업들이 등장해 원거리 전력 송전이 필요 없는 저렴한 시스템이 개발되면 혐오시설에 대한 거부감도 사라지고 새로운 산업을 창출하는 기반이 될 것이라고 주장한다. 이처럼 분산적으로 생산된 전기를 교환하기 위해서는 새로운 전력시장이 만들어져야 할 필요성이 생겨난다(박영숙 외, 2013).

열린 분산시스템을 잘 보여주는 대표적인 사례는 자동차 산업의 변화다. 앞으로 석유를 연료로 하는 자동차 생산은 한계에 부닥치게 되고, 전기자동차로 대체될 가능성이 높다. 엘론 머스크(Elon Musk)에 의해 상용화가 시도된 전기자동차는 구글이 개발한 무인자동차와 연결되고 있다. 테슬라 외에도 GM, 다수의 중국 기업 등이 전기차 개발에 뛰어들고 있다. 무인자동차가 보편화되면 자동차의 전체 숫자가 급격히 줄어들고 효율은 높아질 것이다. 스스로 장애물을 인지하고 피해 가는 무인자동차는 안전성이 높아져 자동차 사고를 극단적으로 줄여주게 되므로 자동차의 크기가 작아질 것이고 자동차를 소유하기보다 빌려서 사용하는 트렌드로 이어질 것이다(≪조선일보≫, 2016.6.29).

이러한 변화는 기존의 교육에도 큰 영향을 미칠 전망이다. 이미 미국 아이비리그 대학들뿐 아니라 한국의 유수 대학들도 경쟁적으로 무료 온라인 교육을 제공하기 시작했다. 오픈코스웨어는 전통적 교육기관이나 대학이 소멸할 것임을 예고한다. 현재의 교육은 정해진 연령대에, 제한된 시간 안에 학습하는 모델인 반면, 세상의 변화속도는 상상을 초월한다. 따라서 앞으로는 훨씬 빨리 지식을 습득하는 것이 중요하다. 그러면 현재의 닫힌 시스템으로 운영되는 대학들은 살아남기 어렵고 열린 시스템으로 온라인과 결합하여 빠르게 지식을 대체하는 기관들이 살아남을 것이다.

초연결사회로 진입하게 될 경우 그동안 당연시해온 '사회성'의 성격이 급격히 변화할 것이다. 이 책의 제5장에서 강정한이 지적한 것처럼 연결재와 관계재가 중요해지게 되면 전통적인 기업, 학교, 언론, 정부 등의 조직화 방식이 모두 변화할 것이며 새로운 혁신의 지평이 열리게 될 것이다. 이러한 네트워크의 특성을 고려하여 어떻게 사회적 가치를 구현할 것인가의 문제는 앞으로 다가올 미래 사회에서 매우 중요한 이슈가 될 것이다.

5. 쟁점과 대안

공공성의 문제는 특별히 정부의 역할과 밀접히 관련되어 있다. 사회적 가치를 구현하기 위한 다양한 조직과 행위자들이 참고할 기준을 정하는 일이 정부의 몫이기 때문이다. 그러나 그동안 축적된 연구에 의하면 한국의 공공성은 매우 낮은 수준이며, 특히 정부의 역할은 국제적 기준에 비해 매우 낮은 수준이다. 이는 경제 전반에 대한 개입의 수준은 매우 높았던 반면, 규제를 뒷받침하는 원칙과 역량에서는 책임자가 발휘할 수 있는 재량권의 범위가 넓었기 때문이다.

사회적 가치를 구체화한 사회적 경제 역시 기업이나 시민사회뿐 아니라 국가권력에 의해 영향을 받는다. 따라서 역사적 발전 경로를 살펴보면 경제권력, 국가권력, 사회권력 등 세 권력자원 간의 상호관계가 어떠했느냐에 따라 다양한 형태의 경제체제로 발전해왔다(Wright, 2010). 대체로 경제권력이 국가권력이나 시민사회의 영향을 받지 않은 경우에는 영미형 자유주의 시장경제로 진화한 반면, 시민사회 역능화를 통해 국가권력이 사회권력의 통제하에 놓여 경제권력을 조정한 북유럽 국가들의 경우에는 계급타협을 통한 사회민주주의 체제로 진화했다. 반면에 한국에서는 강력한 국가권력에 의해 경제권력과 시민사회가 순치되곤 했기에, 사회적 가치가 구현되는 방식도 시민사회의 권력이 강했던 유럽형이나 기업의 영향력이 강했던 영미형과는 다른 방식으로 진화할 가능성이 높아 보인다. 따라서 정부의 역할은 매우 중요한데, 사회 전반의 규칙투명성을 높이는 일은 많은 이들의 선택의 불확실성을 줄이고 거래비용을 낮추는 역할을 할 것이기에 매우 중요하다.

한국에서 사회적 경제의 가장 두드러진 특징은 정부정책에 의해 육성되고, 정부 지원에 의존하는 경향이 매우 강하다는 점이다. 그래서 사회적 경제의 대안성은 약한 반면, 정부의 인증을 거치면서 동형화하는 경향이 강하게 나타난다. 이러한 규범적 환경의 특성으로 인해 한국의 사회적 기업은 사회적 가치를 구현하는 과정에서 공공성이나 자율성을 충분히 발휘하지 못하는 실정이다.

따라서 사회적 가치를 극대화하기 위해서는 다양한 조직들이 사회적 혁신을 가능하게 하는 인프라와 제도에 보다 정교하게 접근할 수 있어야 하는데, 이를 위해 가장 핵심적인 역할을 하는 것은 규범적인 접근보다는 실제 경험적으로도 활용 가능한 사회적 가치의 측정법을 고민하여 현실적합성이 높은 제도와 지원책을 설계하는 것이다. 대체로 사회적 가치는 외부성의 효과나 공공재로서의 특성을 가지기 때문에 시장의 실패가 존재하는 영역이라는 점에서 기존의 가격기구로는 측정하기 어려운 한계를 갖는다. 그래서 사회적 가치를 측정하려면 무엇을 측정할 것인지에 대해 매우 신중하게 접근해야 하며, 단기적 효과뿐 아니라 장기적 효과까지 포괄해야 한다. 그리고 이를 위해서는 기술적 편의성이나 수단적 효율성 이외에도 무엇을 측정할 것인가 하는 타당성의 문제를 근본적으로 해결할 수 있어야 한다. 이와 관련해 2017년 11월 9일 한국사회학회에서 개최한 '사회적 가치, 협력, 혁신, 책임의 제도화'에 관한 토론회에서 제기된 몇 가지 문제들을 정리하면 다음과 같다.

첫째, 많은 전문가들이 지적하는 바는 정부가 장기적 관점을 가져야 하고 조급하면 안 된다는 것이다. 예를 들어 정부에서 자신 있게 사회적 가치가 무엇인지 명확한 가이드라인을 제시하지 못하는 상황에서 성과를 재촉한다면 많은 부작용을 낳을 수 있다. 임팩트 투자를 담당하는 이들은 보통 벤처에 대한 민간의 투자회수 기간을 5년 정도로 잡는데, 실상은 그보다 훨씬 더 긴 시간을 두고 투자해야 제대로 된 혁신이 나올 수 있다고 믿는다. 소셜벤처가 사회문제를 해결할 수 있는 주요 주체가 될 수 있는지를 묻는다면 아직 긍정적으로 답하기는 어려운 실정이다. 그런데 공공부문이 적극적으로 인내투자자의 역할을 하지 않는 이상 과거 벤처붐의 오류를 되풀이할 가능성이 크다고 본다. 세계적인 혁신 기업이나 재단들이 어떻게 투자를 하고, 혁신적 가치를 창출하는지 살펴보면 확실히 한국 정부와는 다른 잣대를 들이대고 있다는 것을 알 수 있다. 예를 들어 자신의 분야에서 '시스템 변화'를 추진하고 있는지, 완전히 새로운 도전으로 볼 수 있는지 등을 중시하는 것이다. 그런데 평가의 잣대를 정부가 제시하는 법체계 안에 가두어버리면 현장의 혁신을 방해하는 역효과를 가져올 수 있다는 것이다.

둘째, 정부가 할 수 있는 일과 해서는 안 되는 일을 구분하는 것이다. 한 관찰자는 정부부처가 사회적 가치를 둘러싸고 큰 혼란에 빠져 있다고 진단한다. 사회적 가치를 국가의제로, 그리고 정부혁신의 가장 큰 핵심과제로 내걸고 있지만, 정작 공무원들은 그것이 무엇인지 잘 이해하지 못하며, 따라서 사회적 가치를 어떻게 구체적으로 적용할지에 대해서 당황해한다는 것이다. 이는 사회적 가치와 관련된 정책이 모호한 개념으로 출발할 경우, 그리고 그것이 어떻게 정책과 연결되어 의도하는 사회적 성과로 이어질지에 대한 충분한 논리적이고 이론적인 검토가 이루어지지 않을 경우에 정부 내에서도 공무원들의 적극적인 참여를 유발하기 어렵다는 지적이다. 사회적 가치는 개별적 사례가 중요한 것이 아니라 그 가치가 한국 사회의 시스템을 어떻게 장기적으로 바꾸어갈 것인지에 대한 답을 찾아나가는 지적 긴장과 함께해야 하는 것이다. 그런데 현재 공무원들의 다수는 '모범답안을 알려주면 그것을 이행하겠다'는 태도다. 이는 바꾸어 말하면 '우리는 질문할 능력이 없다'고 스스로 수동적인 태도를 인정하는 것이다.

셋째, 사회적 가치의 구현은 정부만의 몫은 아니다. 그래서 정부는 이해 당사자들이 사회와 어떤 관계를 맺어야 하는지, 그 속에서 어떻게 사회적 가치를 뿌리내려야 하는지에 대해 깊은 논의를 진행해야 한다. 현장의 활동가들은 청와대나 기획재정부가 사회적 가치를 주도한다고 할 때 과연 타당한 선택인가에 대해 강한 의문을 제기한다. 강한 공적 기구, 법, 정부가 중요하지만 다양한 주체들과 함께 실험을 해나갈 수 있는 환경을 조성하는 것이 훨씬 더 중요하다는 것이다. 지자체의 혁신을 담당한 이는 혁신의 과제를 현장에서 효과적으로 실천하려면 강력한 분권을 통해 중앙정부의 권한과 자원을 지자체에 위임해야만 근본적으로 사회적 가치를 실현하는 토대를 놓을 수 있다고 말한다. 원전 하나 줄이기 캠페인이 부닥친 어려움은 태양광과 같은 에너지 생산 영역보다 에너지 수요관리 분야에서 더 두드러졌다고 한다. 그 이유는 한국전력공사가 에너지 수요 관련 핵심 데이터를 독점하고 있기 때문에 서울시에서 어디에 태양광을 설치해야 할지, 어디에 배전망을 깔아야 할지, 어떻게 에너지 효율성을 높여야 할지 등의 문제를 해결하기 어려웠다는 것이다. 결국 공공영역에서 데이터 인프라를 제공해야 지자체와 민간의 혁신을 통한 사회적 가치의 증대가 가능하다는 지적이다.

넷째, 평가의 프레임을 제대로 만드는 문제가 매우 중요하다. 평가는 사회적 가치를 증진시키고자 하는 모든 부문에서 그 중요성이 심대하다. 사회적 기업을 지원한다고 할 때 사회적 기업의 성과를 평가하는 기준이 무엇인가의 문제가 중요하다. 그런데 한국의 사회적 기업들은 보통 자활기업에서 출발하여 일자리를 얼마나 창출하는지, 특히 취약계층을 얼마나 고용하는지에 따라 평가를 받고 그 성과에 따라 인건비를 지원받는다. 그런데 법률체계가 공정성과 일관성을 유지하기 위해 사회적 기업의 가치를 숫자로 제한하여 객관적으로 평가하다 보니, 모든 지원이 취약계층에만 모이고 만 3년이 지난 후에는 절반 이상의 사회적 기업이 문을 닫는 결과를 낳고 말았다. 앞으로 공공부문에서도 사회적 가치를 실현한다고 하니 공기업 성과에 대한 평가지표를 만드는 일이 매우 중요해질 것이다. 그런데 성과를 잡기 쉬운 팀, 사회적 성과가 뚜렷이 드러나는 팀, 그리고 이미 일정 기간이 지나 임팩트를 가시적으로 창출하기 시작한 팀에게만 지원을 하겠다는 사고방식 아래 사회적 가치를 제고하기 위한 정책 드라이브가 진행된다면 여전히 사회적 가치는 늘어나지 않을 것이다.

따라서 다양한 가치에 대한 평가, 장기적 안목의 평가가 가능한 프레임을 만들어야 하는데, 우선 급한 것은 최소한 부정적 의미의 임팩트를 창출하지 않도록 네거티브 스크리닝을 시도하는 일이다. 그리고 사회적 가치를 법제화할 경우 무엇을 위한 성장인지에 대해서도 분명히 해야 한다. 임팩트 투자 기관들은 투자받은 기업들에게 전년 대비 매출성장이 있었는지 뿐만 아니라, 매출성장이 없었더라도 뚜렷하게 제시할 수 있는 사회적 가치가 무엇인지, 그것이 왜 의미가 있는지를 묻는다. 그런데 정부에서 이러한 고민을 충분히 하지 않는다면 사회적 가치가 법제화되는 순간 명목적인 가치밖에 남지 않을 것이다. 측정 가능한 객관적이고 명목적인 가치에만 몰두할 경우 정책의 의도와는 반대되는 결과가 나타날 수 있다. 예를 들면 창업을 하는 이들에게는 수년간 무상으로 사무실 임대비를 제공하는데, 정작 사회문제를 혁신적으로 해결하려고 시도하는 이들은 연간 1000만 원의 임대비를 내야 한다. 심지어 콘퍼런스 회의실 대관료도 평수가 훨씬 넓은 창업허브가 더 싸다. 또 다른 사례는 전체 벤처투자금 2조 원 중 절반을 담당하는 정부의 역할이다. 가장 중요한 투자자임에도 불구하고, 정부가 투입한 1조 원에 대해서는 그 누구도 책임을 묻지 않는다. 만일 기업들을 평가할 때 최소한 기업이 창출한 사회적 가치에 대해서 한 줄이라도 명시할 것을 요구하게 되면 환경이 변화할 수 있다. 그래야 투자자가 바뀌고, 투자자가 바뀌어야 기업이 바뀐다.

다섯째, 사회적 가치에 대한 평가방식은 사회적 가치를 산출하는 조직의 상황과 특성을 반영해야 한다(고동현 외, 2016). 어떤 평가방식이 가장 적절한지를 알기 위해서는 ① 평가하고자 하는 조직이 신생조직인지, 어느 정도 중요성과를 거두고 있는 안정된 조직인지, ② 평가하고자 하는 조직의 성과는 현금화할 수 있는 경제적 지표가 있는지 혹은 주관적이며 포괄적인 사회적 지표인지, ③ 평가하고자 하는 조직의 영향이 미치는 범위가 특정 지역에 국한되는지 혹은 국가, 사회, 전 지구적 차원에 해당하는지에 대해 질문해야 한다. 사회적 가치 평가 방법 툴은 이상 세 가지 질문에 따라 그림 14-9에서처럼 위치할 수 있다. 사회적 가치를 생산하는 다양한 사회적 경제 조직을 지원하는 정부부처와 기업들도 이 같은 다차원성에 대해 고민을 함께 해야 바람직한 방식으로 지원할 수 있게 될 것이다. 우선 조직 개체 수와 조직 생존기간에 따라 구분할 수 있다. A에

그림 14-9 사회적 가치 평가 방법의 조직생태학적 연관성

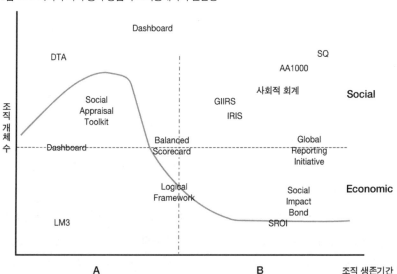

자료: 고동현 외(2016: 249).

는 비교적 신생 사회적 경제 조직들이 사용하기에 적절한 평가 툴들이 있다. 특히 A는 한국의 사회적 경제 현실에 시사하는 점이 많을 것 같다. 조직생태계가 활성화되는 초기단계에서 개체 수는 짧은 시간 안에 폭발적으로 증가하지만 내부에서는 자금 조달의 어려움, 구성원 간 조직비전의 공유 부족, 향후 계획설정의 어려움 같은 여러 가지 크고 작은 문제가 발생하기 마련이다. 이러한 문제들을 잘 해결한다면 조직 운영이 안정되고 조직의 생존기간 또한 당연히 길어지겠지만, 대다수의 조직은 문제 해결에 실패해 조직생태학적으로 개체 수가 하향곡선을 그리게 된다. A에 위치한 사회적 가치 평가 방법들은 단순히 본다면 보다 간결한 방법으로 조직의 성과를 파악하는 도구에 지나지 않지만 그 과정을 통해 동원 가능한 자원(노동력, 자금, 시간 등)이 적은 신생조직에게 '나는 과연 누구이며, 무엇을 할 수 있는지'를 깨닫는 데 도움을 줄 수 있다. 한편 신생조직의 사회적 목적은 조직이 속한 지역사회에서 주로 실현되기 마련인데, 해당 조직이 지역사회에 얼마나 잘 착근되어 긍정적인 영향을 끼치는지도 알 수 있게 된다.

라준영은 이 책 제11장에서 기업이 생산한 사회적 성과를 구체적으로 측정한 경험에 대해 소개했다. 그가 제시한 측정방법이 GRI 가이드라인에 따라 환경, 사회, 거버넌스로 구분하고, 각각의 측면에서 산출된 사회적 가치를 화폐가치로 환산하는 방법이다. 그가 제시한 원리는 ① 정부, 기업, 근로자, 단체, 장애인 등 이해관계자별로 계정을 만든 후, 발생한 편익과 비용을 합산하는 '이해관계자 회계의 원리', ② 현실적인 시장가격을 추정하여 준거시장에 명확한 기준값이 있는 경우에만 사회성과로 인정하는 '준거시장 기준의 원칙', ③ 논란의 여지가 있는 사회성과의 경우에는 누구나 합의할 수 있는 최소수준을 사회적 성과로 인정하는 '보수성의 원칙' 등이다.

여섯째, 사회적 가치를 구현함에 있어 생활세계와 시민사회, 종교기관, 교육기관, 연구집단의 자발성을 유도하는 일이 매우 중요하다. 사회적 가치 평가와 구현의 문제도 불특정 다수에 대한 신뢰수준이 높고 시민참여가 활발한 사회에서 타당성이 높은 실질적 평가와 구현이 가능한 반면, 신뢰격차가 크고 정치적 역능성이 낮은 사회에서는 스펙 중심의 경쟁이 두드러진다. 동어반복처럼 들리지만 시민사회의 성장과 사회적 가치의 구현 정도는 상호연관 속에서 강화되는 것이다. 예를 들면 국가기관에서 주도하는 공적개발원조(ODA) 사업은 쉽게 돌아가지 않는다. 그러나 열정과 헌신성을 가진 국경없는과학기술자회의 구성원들은 아주 적은 비용으로도 많은 가치를 창출할 수 있다. 의무감으로 하는 봉사보다는 자발적 헌신도가 높은 이들이 참여하는 봉사가 사회적 가치를 높이는 데 훨씬 효율적이다. 주변의 많은 사회문제들도 과학기술 시스템의 인센티브와 맞물려 있어서, 해결을 기다리는 다양한 사회문제와 이를 해결할 능력을 가진 과학자들의 참여를 결합하는 플랫폼을 개발함으로써 사회적 가치를 증진시킬 수 있다. 한국의 근현대사에서 가톨릭과 개신교회가 근대적 교육이나 의료 등 뒤진 부문에 적극적으로 지원해온 데서 알 수 있듯이, 전통적으로 종교기관은 시장의 효율성에 대항하여 빈곤층을 구제하고 소외된 이들을 보살피며 저발전 국가의 공공인프라를 높여 사회적 가치를 증진하는 데 큰 기여를 해왔다. 아울러 미국이나 유럽의 경우 교회나 종교단체는 인권보호, 환경보호, 전쟁반대 등의 가치를 중시하여 책임 있는 투자가 이루어지도록 하는 촉매역할도 해왔다. 더구나 급격히 변화하는 정보화 사회에서 대학은 더 이상 지식을 학습하는 상아탑의 역할에 머물러서는 곤란하다. 변화하는 사회에서 학생들이 사회문제를 포착하고 이를 풀어가기 위한 다양한 노력을 교육 및 연구와 결합함으로써 사회혁신을 통해 사회에 기여하는 평생학습의 장으로 탈바꿈해야 한다.

　일곱 번째, 사회적 가치와 경제적 가치 간의 균형을 통해 지속적인 성장을 가능케 하기 위해서는 사회적 가치를 창출하는 기업의 역할이 점차 중요해질 것이다. 한국사회투자 이사장 이종수가 '패널 세션'에서 언급했듯이, SK에서 사회적 기업의 육성과 지원을 위해 진행하고 있는 사회성과 인센티브나, 그룹의 정관을 아예 사회적 가치 추구로 바꾼 사례 등은 재무적 가치뿐 아니라 사회적 가치를 추구하는 것이 기업의 지속가능성을 위해서도 결코 늦출 수 없는 과제가 되었음을 보여준다. 사적 영역에 대한 강조가 지나치다 보면 시장화되지 않은 공공성이 위협을 받게 된다. 그런데 새로운 시장의 창출은 기존에 평가되지 않왔던 영역들이 스스로 가치를 창출하고 투자를 유치하며 더 많은 사회적 가치를 창출할 수 있는 새롭게 확장된 생태계로 진화할 때 가능해진다. 그러한 점에서 사회적 가치는 경제적 가치와 결합할 때 새로운 블루오션을 만드는 창조적 혁신을 가능케 한다. 말레이시아 정부가 2010년부터 시도한 공동체 갱생 프로그램은 매우 시사적이다. 말레이시아는 비용이 많이 드는 교도소를 건설하는 대신에 군사기지 유휴지에 경범죄자를 수용하는 공동체 갱생 프로그램 센터를 설립했다. 이후 저비용으로 추가 재소자 문제를 해결했을 뿐 아니라, 경범죄자를 중범죄자와 격리하고 기술훈련을 강화하며 가족과의 관계 개선에 집중하여 재범률을 90% 이상 감소시키고, 건설비용은 85%를, 운영비는 58%를 절약했다(김위찬 외, 2017). 사회혁신은 기업의 입장에서 비파괴적 혁신을 통한 시장화를 의미한다. 그래야 지속가능하게 문제를 해결할 수 있는 생태계가 만들어지기 때문이다. 기업도 '착하고 스마트해야' 지속가능하다. 기업은 기술적·경제적 효율성을 갖추는 것이 핵심이지만 열린 환경에 노출될수록 정당성에 대한 점증하는 요구에 직면하게 된다. 기업의 정당성은 얼마나 많은 사회적 가치를 창출하느냐에 의해 결정될 것이다. 4차 산업혁명은 정치적 공약만으로 실현되지 않는다. 관치의 틀을 과감히 내려놓고 초연결시대에 걸맞은 미래형 사회적 인프라를 꾸준히 구축할 때 비로소 가능하다. 높은 효율성을 발휘하면서 동시에 사회적 가치도 대폭 창출할 수 있게 창의적 혁신의 장을 만들고 그 안에서 대기업과 중소기업, 영리기업과 사회적 기업이 상생하는 기업생태계를 만들어야 한다.

참고문헌

강신호. 2017. 「적정기술의 철학을 구현하는 대안에너지기술연구소」. ≪적정기술학회지≫, 3.2.

강정인. 2017. 『죽음은 어떻게 정치가 되는가』. 책세상.

강황선. 2003. 「정부중재형 거버넌스 체제의 운영전략에 관한 연구: 이해관계자들의 범위와 역할, 그리고 거버넌스 역량의 결정요인을 중심으로」. ≪한국사회와 행정연구≫, 14.3: 201~227.

고동현·이재열·문명선·한솔. 2016. 『사회적 경제와 사회적 가치: 자본주의의 오래된 미래』. 한울아카데미.

고재경. 2013.3. 「따뜻하고 지속 가능한 사회를 위한 적정기술」. ≪이슈와 진단≫, 87.

권경우. 2016. 「지역문화생태계의 가능성: '공유성북원탁회의' 사례 중심으로」. 한국문화예술경영학회 학술대회.

권명아. 2010. 「죽음과의 입맞춤」. 『4·19와 모더니티』. 우찬제·이광호 엮음. 문학과지성. 222~261쪽.

권미원. 2009. 「공적 발언으로서의 미술」. ≪한국근현대미술사학≫, 20: 176~179.

권혁인·김아리. 2014. 「계층분석기법(AHP)을 이용한 문화예술 협동조합 설립과 운영 요인의 중요도 분석」. ≪한국협동조합연구≫, 32.2: 31~55.

그레이버, 데이비드(David Graeber). 2009. 『가치이론에 대한 인류학적 접근』. 서정은 옮김. 그린비.

김건우. 2015. 「해방 후 한국 무교회주의자들의 공동체 구상」. ≪사이間SAI≫, 19호: 69~89.

김경휘·반정호. 2006. 「한국 상황에서의 사회적 기업의 개념과 유형에 관한 소고」. ≪노동정책연구≫, 6.4: 31~54.

김권수. 2014. 「서울시의 도시재생사업이 주민의 마을만족도와 공동체의식에 미치는 영향」. ≪공공사회연구≫, 4.1: 66~92.

김근배. 2016. 『한국 과학기술혁명의 구조』. 들녘.

김낙년·김종일. 2013. 「한국 소득분배 지표의 검토」. ≪한국 경제의 분석≫, 19.2: 1~64.

김덕영. 2014. 『환원근대』. 길.

김문조. 2009. 「융합사회의 소통양식 변화와 사회진화 방향연구」. 정보통신정책연구원, 디지털 컨버전스 기반 미래연구 (I) 시리즈 09-19.

김병연. 1987. 「애덤 스미스의 경제인에 관한 연구」. 서울대학교 석사학위 논문.

김병준·전봉관·이원재. 2017. 「비평 언어의 변동: 문예지 비평 텍스트에 나타난 개념단어의 변동 양상, 1995~2015」. ≪현대문학의 연구≫, 61: 49~102.

김사과·정다혜·한윤형·정소영. 2010. 「20대 얘기, 들어는 봤어?」. ≪창작과비평≫, 38.1: 269~299.

김세균. 2010. 「한국의 정치지형과 청년세대」. ≪문화과학≫, 63: 47~65.

김영경. 1999. 「한국의 정치세대에 관한 경험적 연구: '민주화세대'와 '신세대'의 비교를 중심으로」. ≪동향과 전망≫, 119~123쪽.

김영수·김선배·김현우·최남희. 2015. 「지역의 산업기술 혁신생태계 구축 방안」. 산업연구원 연구보고서 2015-743.

김용우. 2010. 「무위당의 삶과 사상」. 진광학교 퇴직교사모임 발제문.

_____. 2013.5.2. 「무위당의 생명협동사상과 시민사회의 발전」. 한살림 생협이해마당 1강좌 자료.

김위찬·마보안(Renée Mauborgne). 2017. 『블루오션 시프트: 경쟁 없는 새로운 시장으로 이동하는 법』. 안세민 옮김. 비즈니스북스.

김의영 외. 2016. 『사회적 경제의 혼종성과 다양성』. 푸른길.

김인영. 2008. 「한국사회와 신뢰: 후쿠야마와 퍼트넘 논의의 재검토」. ≪세계지역연구논총≫, 26.1.

김장언. 2013. 「예술가의 위치: 공동체와 작가」. ≪현대사회과학연구≫, 17: 1~15.

김종엽. 2017. 『분단체제와 87년체제』. 창비.

김종일. 2005. 『사회문제론』, 청목출판사.

김청택. 2015. 「동아시아의 창조성」. ≪아시아리뷰≫, 4권 2호.

김현주. 2013. 『사회의 발견』. 소명출판.

김형진. 2017. 「적정기술과 과학교육」. ≪적정기술학회지≫, 3.1: 14~17.

김홍중. 2015a. 「서바이벌, 생존주의, 그리고 청년세대」. ≪한국 사회학≫, 49.1: 179~212.

_____. 2015b. 「성찰적 노스탤지어. 생존주의적 근대성과 중민의 꿈」. ≪사회와이론≫, 27: 33~76.

_____. 2017. 「사회적 가치와 죽음의 문제」. 한국사회학회·서울대학교 사회공헌교수협의회. 『사회적 가치: 협력, 혁신, 책임의 제도화』. 한국사회학회 연구 '사회적 가치 확산을 위한 다차원적 혁신' 심포지엄 자료집.

김홍주. 2008. 「풀무생협 생산자의 사회경제적 성격에 관한 연구」. ≪농촌사회≫, 18.1: 43~89.

누스바움, 마사(M. Nussbaum). 2015. 『역량의 창조』. 한상연 옮김. 돌베개.

니체, 프리드리히(Friedrich Nietzsche). 1982. 『도덕의 계보/이 사람을 보라』. 김태현 옮김. 청하.

데일리, 허먼(H. Daly). 2016. 『성장을 넘어서: 지속가능한 발전의 경제학』. 박형준 옮김. 열린책들.

도킨스, 리처드(Richard Dawkins). 1993. 『이기적 유전자』. 홍영남 옮김. 을유문화사.

따이싱성(戴興盛)·최현. 2016. 「대만 공동자원 연구의 현황과 과제」. ≪에코(ECO)≫, 19.2: 13.

라준영·김수진·박성훈. 2016. 『사회성과인센티브 프로젝트의 사회성과 측정』. 사회성과인센티브추진단.

라캉, 자크(Jacques Lacan). 2016. 『자크 라캉 세미나 1. 프로이트의 기술론』. 맹정현 옮김. 새물결.

루만, 니클라스(Niklas Luhmann). 2001. 『복지국가의 정치이론』. 김종길 옮김. 일신사.

_____. 2012. 『사회의 사회 2』. 장춘익 옮김. 새물결.

리프킨, 제레미(Jeremy Rifkin). 2014. 『한계비용 제로 사회: 사물인터넷과 공유경제의 부상』. 안진환 옮김. 민음사.

마나베 유코(眞鍋祐子). 2015. 『열사의 탄생』. 김경남 옮김. 민속원.

마르크스(Karl Marx)·엥겔스(Friedrich Engels). 2002. 『공산당선언』. 이진우 옮김. 책세상.

마일스, 말콤(Malcolm Miles). 2000. 『미술, 공간, 도시: 공공미술과 도시의 미래』. 박삼철 옮김. 학고재.

만하임, 카를(Karl Mannheim). 1991. 『이데올로기와 유토피아』. 임석진 옮김. 청하.

메이슨, 폴(Paul Mason). 2017. 『포스트자본주의, 새로운 시작』. 안진이 옮김. 더퀘스트.

문승식. 2017. 『기후변화와 적정기술』. 적정기술포럼 세미나 자료집.

문태현. 1995. 「정책윤리의 논거: 공리주의, 의무론, 의사소통적 접근」. ≪한국정책학회보≫, 4권 1호.

문휘창. 2012. 『굿 투 스마트(Good to Smart): 착한기업 이젠 스마트 기업이다』. 레인메이커.

민두기. 2001. 『시간과의 경쟁』. 연세대학교 출판부.

민철구. 2012.5.1. 「과학기술자 평생활용체제 구축 실태와 대안」. ≪STEPI Insight≫, 제93호.

박노자. 2005. 『우승열패의 신화』. 한겨레신문사.

박대현. 2015. 『혁명과 죽음』. 소명출판.

박명규. 2016. 「한국적 역동성의 현대적 기원」. 『키워드로 보는 한국현대사』. 대한민국역사박물관.

박병영. 2006. 『세대와 정치적 정체성』. 한국 사회학대회논문집, 197-98.

박선영. 2014. 「대안음악을 위한 세 가지 목소리: 바른음원협동조합, 뮤지션유니온, 자립음악생산조합」. ≪문화과학≫, 80: 180~193.

박세일. 2008. 「왜 공동체 자유주의인가:회의론에 대한 답변」. 박세일·나성린·신도철 공편. 『공동체 자유주의: 이념과 정책』. 나남.

박영숙·글렌(Jerome Glenn). 2017. 『세계미래 보고서 2055』. 비즈니스북스.

박영숙·글렌(Jerome Glenn)·고든(Ted Gorden)·플로레스큐(Elizabeth Florescu). 2013. 『유엔미래보고서 2040』. 교보문고.

박영신. 2016. 「하벨은 누구인가?」. 『불가능의 예술』. 이택광 옮김. 경희대학교 출판문화원. 293~306쪽.

박용순·문순영·임원선·임종호. 2012. 『사회문제론』. 학지사.

박정희. 1972. 『박정희대통령연설문집 제8집(1971년 1월~1971년 12월)』. 대통령비서실.

박태원. 1998. 『박태원 소설선. 소설가 구보씨의 일일』. 최혜실 엮음. 문학과지성.

박통희·이현정. 2011. 「감성역량과 공무원의 인구사회학적 특성: 한국중앙정부의 공무원을 대상으로」. ≪한국행정학보≫, 45.2: 1~25.

박형동. 2016. 「적정기술 교육 프로그램 개발 및 운영」. 서울대 아시아 에너지환경지속가능발전연구소.

박효종. 2008. 「공동체주의에 대한 성찰」. 박세일·나성린·신도철 공편. 『공동체 자유주의: 이념 과 정책』. 나남.

배관문. 2015. 「근대전환기 일본의 실학」. ≪일본사상≫, 29: 79~100.

베일즈(David Bayles)·올랜드(Ted Oland). 2006. 『예술가여 무엇이 두려운가』. 임경아 옮김. 루 비박스.

블로흐, 에른스트(Ernst Bloch). 2004, 『희망의 원리』. 박설호 옮김. 열린책들.

삼성경제연구소. 2013. 「사회공헌의 흐름: '자선'에서 '박애'로」. ≪SERI 경영노트≫, 183호.

서울대학교 사회발전연구소. 2014. 「이중위험사회의 재난과 공공성」(연구최종보고서).

서울대학교 아시아연구소 한국사회과학자료원. 2016.12. 2016 국가주요지표 개편연구. 26쪽.

서재혁 외. 2015. 『사회적 책임, 사회적 기업』. EAI.

성지은. 2017. 『리빙랩 개념과 국내외 적용사례』. 적정기술 포럼 세미나 자료집.

센, 아마티아(Amartya Sen). 1999. 『불평등의 재검토』. 이상호·이덕재 옮김. 한울아카데미.

손혁상. 2017. 『지속가능한 발전을 위한 NGO 역할』. 적정기술 포럼 세미나 자료집.

송위진. 2017. 『사회문제 해결을 위한 새로운 방안 연구』 연세대학교 연세사회기술혁신포럼 2차 세미나 발표집.

_____. 2017.4. 사회문제 해결형 과학기술, 지속가능발전을 위한 과학기술. 국회 과총 과학기술 ODA 워크숍(제11회 정책기술 포럼).

스티글리츠, 조지프(Joseph E. Stiglitz) 외. 2011. 『GDP는 틀렸다』. 박형준 옮김. 동녘.

신관우·이충훈. 2017. 「대학교육에서의 적정기술의 필요성과 방법에 대한 고찰」, ≪적정기술학 회지≫, 3.1: 18~23.

신종호 외. 2017. 『교육심리학』. 교육과학사.

신현준·이기웅. 2016. 「서울의 젠트리피케이션: 그리고 개발주의 이후의 도시」. 신현준·이기웅 엮음. 『서울, 젠트리피케이션을 말하다』. 푸른숲.

신형기. 2012. 「혁신담론과 대중의 위치」. ≪현대문학의 연구≫, 47: 261~293.

안상훈. 2017. 『서울대 글로벌 사회공헌단의 역할과 비전』. 서울대학교 사회공헌 교수협의 워크 숍 자료집.

안성훈·독고석·추원식·장수영·이우성·유영제·윤제용.2017. 「적정기술의 역할과 비전」. ≪적정 기술학회지≫, 3.1: 6~10.

알튀세, 루이(Althusser, Louis). 1992. 『마키아벨리의 고독』. 김민석 옮김. 중원문화.

양현혜. 2015. 「김교신의 무교회주의와 '일상성 속의 증거'로서의 신앙」. ≪기독교사상≫ 5월호 (통권 제677호), 46~53쪽.

엄한진. 2004. 「지역의 형성과 종교」. 송호근·김우식·이재열 엮음. 『한국 사회의 연결망 연구』. 서울대학교출판부. 211~265쪽.

엄한진·권종희. 2014. 「대안운동으로서의 강원지역 사회적 경제: '연대의 경제'론을 중심으로」. ≪경제와사회≫, 104: 358~392.

올리브지, 스테판(Stephen Olivesi). 2007. 『부르디외, 커뮤니케이션을 말하다』. 이상길 옮김. 커 뮤니케이션북스.

울리히, 볼프강(Ulich, Wolfgang). 2013. 『예술이란 무엇인가』. 조이한·김정근 옮김. 휴머니스트.

원동교구 원동본당 100년사 편찬위원회. 1999. 『원동본당 100년사』.

윤순진. 2006. 「환경정의 관점에서 본 중저준위 방사성 폐기물 처분장 입지선정과정」. ≪에코 (ECO)≫, 10.1: 7~41.

윤여일. 2017. 「강정, 마을에 대한 세 가지 시선: 커먼즈에서 커머닝으로」. ≪에코(ECO)≫, 21.1: 71~109.

윤제용. 2015. 「세상을 바꿀 착한 인재 육성이 필요하다」. ≪서울과학교육≫, 52~55쪽.

_____. 2017.4.17. 「적정기술과 윤리적 소비의 만남」. ≪사이언스 타임즈≫.

윤제용·성숙경. 2013. 「환경분야에서의 적정기술」. ≪첨단환경기술≫, 12: 54~61.

_____. 2014. 「국경없는과학기술자회: 물분야에서 적정기술을 말하다」. ≪첨단환경기술≫, 4: 51~ 58.

이경선. 2014. 『적정기술과 지속 가능한 세상』. 국경없는과학기술자회 엮음. 뜨인돌.

이경훈. 2006. 『한국근대문학 풍속사전』. 태학사.

이내영. 2002. 「세대와 정치이념」. ≪계간 사상≫, 53~79쪽.

이내영·신재혁. 2003. 「일반논문」 세대정치의 등장과 지역주의」. ≪아세아연구≫, 46.4: 283~309.

이동연. 2003. 「[기획] 세대정치와 문화의 힘」. ≪문화과학≫, 33: 95~108.

_____. 2017.12.28. "예술행동, 다시 현장으로". ≪경향신문≫.

이승규·라준영. 2010. 「사회적 기업의 사회경제적 가치 측정: 사회투자수익률」. ≪벤처경영연구≫, 13.3: 49~50.

이영진. 2016. 「부끄러움과 전향」. ≪민주주의와 인권≫, 16.2: 101~140.

이우성. 2017.4. 「우리나라 과학기술 ODA 현황과 추진전략」. 과총 과학기술 ODA 세미나 발표자료.

이우성·김명진·장용석·정도채·성경모·박선희·김성아·김보현·정유성·윤성빈·김아람. 2015. 「UN 의 Post-2015 개발의제와 과학기술혁신 국제협력방안」. ≪STEPI 정책연구≫, 2015-18.

이원재. 2015. 「한국 공동체의 구조적 분화」. ≪사회연구≫, 27.1: 47~90.

_____. 2017. 「서울시 '의사소통형' 정책 거버넌스와 사회적 가치」. 한국사회학회·서울대학교 사 회공헌교수협의회. 『사회적 가치: 협력, 혁신, 책임의 제도화』. 한국사회학회 연구 '사회적 가 치 확산을 위한 다차원적 혁신' 심포지엄 자료집.

이원태. 1997. 「김구가 누구냐는 X세대의 정치적 출구」. ≪월간 말≫, 150~153쪽.

이은주. 2007. 「더불어 사는 평민이 '위대한' 마을을 만든다: 충남 홍성 풀무학교 홍순명 선생」. ≪초 등우리교육≫, 64~69쪽.

이은진. 2012. 「문화예술인들의 새로운 존재 방식, 생산자협동조합: 그 실험을 자바르떼가 조심스 럽게 시작하려 합니다」. ≪협동조합네트워크≫, 58: 69~73.

이재열 외. 1996. 「시장구조와 기업의 조직적 과정에 관한 경제사회학적 연구: 기업과 시장의 수익률을 중심으로」. ≪한국사회학≫, 제30집 가을호.

이재열 외. 2015. 『한국 사회의 질: 이론에서 적용까지』. 한울아카데미.

이재열 외. 2016. 『사회적 경제와 사회적 가치: 자본주의의 오래된 미래』. 한울아카데미.

이재열. 2006. 「지역사회 공동체와 사회적 자본」. ≪지역사회학≫, 8권 1호: 33~67쪽.

_____. 2016. 「거대정보세계에서의 학문: 경계짓기, 네트워크의 질서, 그리고 위험」. 이재열 외. 『공동체의 삶: 시대의 여러 문제』(문화의 안과 밖 시리즈 8권). 민음사.

_____. 2017. 「시대적 전환과 사회적 가치」. 한국사회학회·서울대학교 사회공헌교수협의회. 『사회적 가치: 협력, 혁신, 책임의 제도화』. 한국사회학회 연구 '사회적 가치 확산을 위한 다차원적 혁신' 심포지엄 자료집.

이정협·동그라미·양화인·선주윤·말리폴(Sira Maliphol). 2012. 「한국형 과학기술혁신 ODA 전략」. ≪정책연구≫, 2012-21.

이항우. 2017. 『정동 자본주의와 자유노동의 보상: 독점 지대, 4차 산업 그리고 보편적 기본소득』. 한울아카데미.

이해진. 2015. 「사회적경제와 지역발전」. ≪한국사회학≫, 49.5: 77~111.

이현우. 2005. 「2030세대와 참여정치 거버넌스」. [IITA] 정보통신연구진흥원 학술정보.

이환의. 2015. 「더하고, 빼고, 나누고, 붙여라!: 홍성 귀농·귀촌인의 지역활성화 사례들」. ≪한국농촌경제연구원 연구자료≫, 143~156쪽.

임미리. 2015. 「한국 정치에서 저항적 자살에 관한 연구」. 한국학중앙연구원 박사학위논문.

임민. 1996. 「[특집3: 한국의 세대론] 정치의식과 사회의식 20대: 정신도 육체도 '자유'로운 신세대]. ≪역사비평≫, 155~162쪽.

장광수·임진·김상훈. 2011. 「양질의 일자리 수급상황 및 대응방향」. ≪한국은행 경제브리프≫, 2011년 4월호.

장용석·김회성·황정윤·유미현. 2015. 『사회적 혁신 생태계』. CS컨설팅&미디어.

장용석·송은영. 2008. 「한국 사회 투명성 패러다임의 전환」. ≪한국사회학≫, 42.7: 146~177.

장용석·정장훈·조승희. 2013. 「인적자원관리제도 운영의 딜레마: 효율성과 책임성의 공존에 관한 공사 부문 비교 분석」. ≪한국행정학보≫, 48.2: 27~53.

장용석·조문석·정장훈·김용현·최정윤. 2011. 「융합사회와 거버넌스」. ≪사회와 이론≫, 18: 237~281.

장용석·조희진. 2013. 「공공-민간 경영 패러다임의 융합적 전환: 변화의 추세와 조직의 대응」. ≪인사조직연구≫, 21.3: 69~104.

잭슨, 팀(Tim Jackson). 2013. 『성장 없는 번영』. 전광철 옮김. 착한책가게.

정광희. 1998. 「후쿠자와 유키치의 학문론에 관한 일고찰」. ≪교육과학연구≫, 28: 93~112.

정원옥. 2016. 「재난 시대, 청년 세대의 문화정치」. ≪문화과학≫, 88: 157~175.

정재호. 2013. 「자본주의의 미래와 기업의 역할: 경제학적 관점에서의 기업」. 한국인사조직학회 동계심포지엄 발표 논문.

정진민·황아란. 1999. 「민주화 이후 한국의 선거정치」. ≪한국정치학회보≫, 33.2: 115~134.

정진홍. 1985. 『한국종교문화의 이해』. 집문당.

정한울. 2011. 「[세대연구] 안티 한나라당 세대, 30대의 정치행태 분석」. ≪EAI 오피니언 리뷰≫, 1~8쪽.

_____. 2017. 「한국 혁신 생태계의 혁신 방향: 혁신가 21인 포커스 그룹」. 인터뷰 보고서. 여시재.

정해진. 2013. 「풀무학교의 근대교육사적 의의」. ≪한국교육학연구≫, 19.3: 233~268.

조동성 외. 2014. 『자본주의 5.0: 공유가치창출을 위한 클러스터 중심 자본주의』. Weekly BIZ Books.

조선령. 2009. 「환상과 더불어 살기: 88만원 세대의 새로운 정치학」. ≪문화과학≫, 59: 255~269.

조숙현·윤태진. 2015. 「공공의 예술인가, 예술의 공공성인가?」. ≪미디어와 공연예술연구≫, 10.1.

조영복·양용희·김혜원. 2008. 「사회적 기업 육성을 위한 중장기 정책방향」. ≪사회적 기업연구≫, 1.2: 61~89.

조희진. 2014. 「공공가치의 융합적 전환: 정부의 효율성과 시장의 책임성을 중심으로」. 연세대학교 박사학위논문.

조희진·장용석. 2016. 「사회적 기업의 지속가능성과 사회적 기업가 정신」. ≪한국정책학회보≫, 25.4: 329~358.

최세경. 2003. 『한국언론에 나타나는 사회적 갈등담론의 구조』. 한국방송학회 학술대회 논문집. 231~268쪽.

최승호. 2009. 「지역 마을 공동체 만들기 운동의 발전 방안 모색: 충남 홍성군 홍동 풀무마을을 중심으로」. ≪한독사회과학논총≫, 19.1: 237~268.

최유정·최샛별. 2013. 「연령대별 세대 의식과 정치적 태도를 통해 본 세대의 경계」. ≪사회과학연구논총≫, 29.2: 159~201.

최재석. 1972. 「한국에 있어서의 공동체 연구의 전개」. ≪한국사회학≫, 7: 21~35.

최재성. 2016. 「사회복지조직의 혁신을 말한다」. ≪한국사회복지행정학회≫, 3~23쪽.

최정규. 2017. 「이기적 개인에서 협력적 사회로」. 한국사회학회·서울대학교 사회공헌교수협의회. 『사회적 가치: 협력, 혁신, 책임의 제도화』. 한국사회학회 연구 「사회적 가치 확산을 위한 다차원적 혁신」 심포지엄 자료집.

최정운. 2013. 『한국인의 탄생』. 미지북스.

최태원. 2014. 『새로운 모색, 사회적 기업』. 서울: 이야기가 있는 집.

최현·따이싱성(戴興盛). 2016. 「공동자원론의 쟁점과 한국 공동자원 연구의 과제」. 최현 외. 『공동자원의 섬 제주 1』. 41~47쪽.

카플란, 제리(Jerry Kaplan). 2016. 『인간은 필요 없다』. 신동숙 옮김. 한스미디어.

칼레츠키, 아나톨(Anatole Kaletsky). 2011. 『자본주의 4.0: 신자유주의를 대체할 새로운 경제 패러다임』. 컬처앤스토리.

코제브, 알렉상드르(Kojève, Alexandre). 1981. 『역사와 현실변증법』. 설헌영 옮김. 한벗.

퍼거슨, 제임스(James Fergusson). 2017. 『분배정치의 시대』. 조문영 옮김. 여문책.

프로이트, 지그문트(Sigmund Freud). 1997. 『정신분석학의 근본개념』. 윤희기·박찬부 옮김. 열린책들.

플로리다, 리처드(Richard Florida). 2008. 『도시와 창조 계급: 창조 경제 시대의 도시 발전 전략』. 이원호 외 옮김. 푸른길.

피케티, 토마(Thomas Piketty). 2014. 『21세기 자본』. 장경덕 외 옮김. 글항아리.

하이에크, 프리드리히(Friedrich A. Hayek). 1996. 『치명적 자만』. 신중섭 옮김. 한국경제연구원.

_____. 1997. 『법, 입법, 그리고 자유 II』. 민경국 옮김. 자유기업센터.

한국환경산업기술원(KEITI). 2014. 환경분야 적정기술개발 보급사업 기획보고서.

한살림. 1989. 『한살림선언』.

한상진. 2015. 「승인적 환경정의 프레임에 비추어 본 신불산 로프웨이의 계획을 둘러싼 지방자치단체와 시민환경운동의 갈등」. ≪에코(ECO)≫, 19.1: 257~280.

_____. 2017. 「생태사회적 배제: 담론 구성과 대응전략의 모색」. ≪에코(ECO)≫, 21.2: 55.

허남혁. 2009. 「생협 생산자 조직의 생산 소비관계 변화: 홍성 풀무생협 사례 연구」. ≪농촌사회≫, 19.1: 161~211.

헤겔, 프리드리히(Friedrich W. Hegel). 2005. 『정신현상학 1』. 임석진 옮김. 한길.

호네트, 악셀(Honneth, Axel). 2011. 『인정투쟁』. 이현재·문성훈 옮김. 사월의책.

홉스, 토머스(Thomas Hobbes). 2008. 『리바이어던 1, 2』. 진석용 옮김. 나남.

홍성욱. 2012. 『개도국을 위한 적정기술 개발 지원 방안 연구』. 서울대학교 과학문화연구센터.

홍성태. 2004. 「특집: 위기의 청년」 세대갈등과 문화정치」. ≪문화과학≫, 37: 154~172.

홍순명. 2017. 「풀무의 공동 설립자들」. ≪풀무≫, 제222호(여름호).

황정윤·장용석. 2016. 「사회적 기업 지원의 딜레마: 정부보조금, 약인가 독인가」. ≪한국정책학회보≫, 26.2: 225~258.

후쿠자와 유키치(福澤諭吉). 2003. 『학문의 권장』. 남상영·笹川孝一 옮김. 소화.

≪경향신문≫. 2013.10.29. "사라질 위기에 처한 서교예술실험센터, 예술가들 '발끈'".

_____. 2017.8.28. "[서의동이 만난 사람] 기본이 더욱 중요해진 4차 산업혁명: 윤태웅".

≪대학신문≫. 2017.6.25. "사람냄새 나는 적정기술 교육이 뜬다".

연합뉴스. 2018. "사회책임투자, 세계 자산시장의 30%로 커져… 23조 달러 규모", 연합뉴스 2017년 10월 18일 자, 2018년 1월 12일 자. http://www.yonhapnews.co.kr/bulletin/2017/10/18/0200000000AKR20171018107600009.HTML?input=1195m

오마이뉴스. 2013.11.16. "홍대 앞 서교센터 폐관 위기? '죽지 않아, 아직은!'".

≪조선일보≫. 2012.11.24. "혁신으로 일구는 '착한 이윤' 자본주의 진화 모델 만든다".

_____. 2016.6.29. "하이브리드와 전기차 단점 보완… PHEV(플러그인 하이브리드 차) 녹색질주".

≪중앙일보≫. 2017.1.29. "[4차 산업혁명, 과장되었나] 지금은 혁신 정체기… 혁신의 역설(Innovation Paradox)' 돌아보라". http://news.joins.com/article/21185847

≪코코뉴스≫. 2014.9.2. "풀무생협 경영위기, 무엇을 말하나 ①". https://koconews.wordpress.com/2016/07/24/%EC%9F%81%EC%A0%90-%ED%92%80%EB%AC%B4%EC%83%9D%ED%98%91-%EA%B2%BD%EC%98%81%EC%9C%84%EA%B8%B0-%EB%AC%B4%EC%97%87%EC%9D%84-%EB%A7%90%ED%95%98%EB%82%98-%E2%91%A0/

_____. 2014.10.8. "'풀무생협의 경영위기'에 대한 반론". https://koconews.wordpress.com/2016/07/24/%ED%92%80%EB%AC%B4%EC%83%9D%ED%98%91%EC%9D%98-%EA%B2%BD%EC%98%81-%EC%9C%84%EA%B8%B0%EC%97%90-%EA%B4%80%ED%95%9C-%EB%B0%98%EB%A1%A0/

≪프레시안≫. 2007.9.4. "50년 전통의 '원조' 대안학교, 풀무학교".

≪한겨레≫. 2017.10.17. "로봇 소유한 자가 미래 지배… 노동과 자본, 이익 공유해야". http://www.hani.co.kr/arti/economy/economy_general/814781.html#csidx545eacea10a226da6936baa1d44ca66

≪한국경제≫. 2017.2.23. "[#서울커피맵] 커피공화국… 카페 점 찍으면 서울지도가 뜬다". http://newslabit.hankyung.com/news/app/newsview.php?aid=201702215729G

≪한국농정신문≫. 2014.9.21. "생협 주도 유기농 생산자 종속화 논란 파문". http://www.ikpnews.net/news/articleView.html?idxno=21853

≪홍성신문≫. 2016.7.1. "2016년 홍성군 협동조합 방문⟨17⟩/ 행복중심풀무생협". http://www.hsnews.co.kr/news/articleView.html?idxno=76191

Acumen Fund Metrics Team. 2007.1. "The Best Available Charitable Option." *Acumen Fund Concepts.*

Adkins, Brendt. 2007. *Death and Desire.* Edinburgh University Press.

Adner, R. 2006.4. "Match Your Innovation Strategy to Your Innovation Ecosystem." *Harvard Business Review,* 1: 98-107.

Akcomak, I. Semih and Baster Weel. 2009. "Social Capital, Innovation and Growth: Evidence from Europe." *European Economic Review,* Vol.53, Issue 5: 544-567.

Alexander, Jeffrey, C. 1990. "Differentiation Theory." in J. C. Alexander and P. Colomy(eds.). *Differentiation Theory and Social Change.* N.Y. Columbia University Press. pp.1-16.

Algan, Yann and Pierre Cahuc. 2010. "Inherited Trust and Growth, American Economic." *Review,* 100.5: 2062-2092.

Altbach, P. G. and J. Knight. 2005. The Internationalization of Higher Education: Motivations and Realities. Journal of Studies in International Education, 11.3/4: 290-305.

Alter, Suita Kim. 2003. "Social Enterprise: A Typology of the Field Contextualized in Latin America." IADB Repository. http://publications.iadb.org/handle/11319/2711?locale-attribute=en

414

Ashforth, B. E. and B. W. Gibbs. 1990. "The Double-Edge of Organizational Legitimation." *Organization Science*, 1&2: 177-194.

Azevedo, Eduardo. 2017. "Should Facebook Pay Me?" https://www.dropbox.com/s/qon7f4n2kn 9r6zz/guest-lecture-yale.pdf?dl=0

B Lab. 2018. *B Aanlytics*. B Lab. https://www.globalreporting.org/

Bae, J. 2012. "Self-fulfilling Processes at a Global Level: The Evolution of Human Resource Management Practices in Korea, 1987-2007." *Management Learning*, 43.5: 579-607.

Bailey, R. 1994. "Annual Review Article 1993: British Public Sector Industrial Relations." *British Journal of Industrial Relations*, 32.1: 113-136.

Bainbridge, S. M. 2002. *Corporation Law and Economics*. Foundation Press.

Battilana, Julie and Silvia Dorado. 2010. "Building Sustainable Hybrid Organizations: The Case of Commercial Microfinance Organizations." *Academy of Management Journal*, 53.6: 1419-1440.

Battilana, Julie, Matthew Lee, John Walker and Cheryl Dorsey. 2012. "In Search of the Hybrid Ideal." *Stanford Social Innovation Review*, Summer: 51-55.

Beck, Wolfgang, Laurent J. G. van der Maesen and Alan Walker. 1997. "Theorizing Social Quality: The Concept's Validity." in Beck, van der Maesen and Walker(eds.). *The Social Quality of Europe*. The Hague: Kluwer Law International.

Beck, Wolfgang, Laurent J. G. van der Maesen, Fleur Thomese and Alan Walker(eds.). 2001. *Social Quality: A Vision for Europe*. Kluwer Law International.

Becker, Marshall H. 1970. "Sociometric Location and Innovativeness: Reformulation and Extension of the Diffusion Model." *American Sociological Review*, 35.2: 267-282.

Beinhocker, E. 2006. *Origin of Wealth: Evolution, Complexity, and the Radical Remaking of Economics*. McKinsey & Company, United States.

Berger, Peter L. and Hansfried Kellner. 1981. *Sociology reinterpreted: an essay on method and vocation*. Garden City, N.Y.: Anchor Press/Doubleday.

Bingham, L. B. and R. O'Leary. 2008. *Big Ideas in Collaborative Public Management*. M.E. Sharpe INC.

Boeger, Nina. 2017. "Reappraising the UK social value legislation." *Public Money & Management*, 37.2: 113-120.

Bowles, S. 2016. *The Moral Economy: Why Good Incentives are no Substitute for Good Citizens*. Yale University Press.

Brown, T. L. and M. Potoski. 2003. "Transaction Costs and Institutional Explanations for Government Service Production Decisions." *Journal of Public Administration Research and Theory*, 13.4: 441-468.

Brunsson, N. and K. Sahlin-Andersson. 2000. "Constructing Organizations: The Case of Public Sector Reform." *Organizational Studies*, 21: 721-746.

Buchanan, James M. 1962. "Externality." *Economica*, Vol.29, No.116, pp.371-384.

_____. 1975. *The Limits of Liberty*. University of Chicago Press.

Burt, Ronald. 2004. "Structural Holes and Good Ideas." *American Journal of Sociology*, 110.2: 349-399.

Caliskan-Islam A., J. Bryson and A. Narayanan. 2016. Semantics derived automatically from language corpora necessarily contain human biases. Arxiv https://arxiv.org/abs/1608.07187

Campbell, J. L. 2007. "Why Would Corporations Behave in Socially Responsible Ways? An Institutional Theory of Corporate Social Responsibility." *Academy of Management Review*, 32.3: 946-967.

Castells, Manuel, 1996. *The Rise of the Network Society, The Information Age: Economy, Society and Culture*. Vol.I. Cambridge, MA: Oxford, UK: Blackwel.

Caulier-Grice, J., A. Davies, R. Patrick, W. Norman. 2012. "Defining Social Innovation. A deliverable of the project: The theoretical, empirical and policy foundations for building social innovation in Europe(TEPSIE)." European Commission: 7th Framework Programme, Brussels: European Commission, DG Research.

Chandler, Alfred Dupont. 1990. *Strategy and structure: Chapters in the history of the industrial enterprise*. Vol.120. MIT press.

CNN Money. 2010.10.1. "Trading program sparked May 'flash crash'." http://money.cnn.com/2010/10/01/markets/SEC_CFTC_flash_crash/index.htm

Coleman, J. 1988. "Social capital in the creation of human capital." *American Journal of Sociology*, Vol.94.

Cook, I. R. and E. Swyngedoux. 2012. "Cities, Social Cohesion and the Environment." *Urban Studies*, 49.9: 1959-1979.

Cutler, A. C., V. Haufler and T. Porter. 1999. *Private Authority and International Affairs*. Albany: State University of New York Press.

Dahlström, C. and V. Lapuente 2010. "Explaining Cross-Country Differences in Performance-Related Pay in the Public Sector." *Journal of Public Administration Research and Theory*, 20: 577-600.

Dart, R. 2004. "The Legitimacy of Social Enterprise." *Nonprofit Management and Leadership*, 14.4: 411-424.

Davis, G. F., M. V. N. Whitman and M. N. Zald. 2008. "The Responsibility Paradox." *Stanford Social Innovation Review*, Winter: 31-37.

Dearmon, Jacob and Kevin Grier. 2009. "Trust and Development." *Journal of Economic Behav-*

iour & Organization, Vol.71, pp.210-220.

Defourny, J. and M. Nyssens. 2013. *L'approche EMES de l'entreprise sociale dans une perspectie comparative.* EMES Working Papers Series no.13/02.Dicke, L. A. and J. S. Ott. 1999. "Public Agency Accountability in Human Services Contracting." *Public Productivity and Management Review*, 22.4: 502-516.

_____. 2017. "Mapping social enterprise models: some evidence from the "ICSEM" project." *Social Enterprise Journal*, 13.4: 318-328.

Defourny, Jacques and Patrick Develtere. 2009. "The Social Economy: the Worldwide Making of a Third Sector." in J. Defourny, P. Develtere, B. Fonteneau, and M. Nyssens(eds.). *The Worldwide Making of the Social Economy: Innovations and Changes.* Leuven & The HagueL Acco.

Delft University of Technology. 2018. *The Model of the Eco-costs/Value Ratio(EVR)*, http://www.ecocostsvalue.com/

DiMaggio, P. J. and W. W. Powell. 1983. "The Iron Cage Revisited: Institutional Isomorphism and Collective Rationality in Organizational Fields." *American Sociological Review*, 48: 147-160.

DiMaggio, Paul and Filiz Garip. 2011. "How network externalities can exacerbate intergroup inequality." *American Journal of Sociology*, 116.6: 1887-1933.

Dougherty, Deborah. 2006. "Organizing for innovation in the 21st century." in Handbook of organization studies. edited by Stewart Clegg, Cynthia Hardy and Walter R. Nord. London; Thousand Oaks: Sage Publications. pp.598-617.

Drori, G. S. and J. W. Meyer. 2006. "Global Scientization: An Environment for Expanded Organization." in G. S. Drori, J. W. Meyer and H. Hwang(eds.). *Globalization and Organization: World Society and Organizational Change.* New York: Oxford Press.

Drori, G. S., F. O. Ramirez and E. Schofer. 2003. *Science in the Modern World Polity.* Stanford, CA: Stanford University Press.

Durkeim, Emile. 1991. *De la division du travail social.* Paris: PUF.

Durst, S. and P. Poutanen. 2013. "Success Factors of Innovation Ecosystems-Initial Insights from an Literature Review." in R. Smeds and O. Irrmann(eds.). CO-CREATE 2013: The Boundary-Crossing Conference on Co-Design in Innovation. pp.27-38.

Eccles, R. G., I. Ioannou and G. Serafeim. 2011. The Impact of a Corporate Culture of Sustainability on Corporate Behavior and Performance. Harvard Business School Working Paper.

Economist, 2017.5.6a. "The world's most valuable resource is no longer oil, but data."

_____. 2017.5.6b. "Data is giving rise to a new economy." https://www.economist.com/news/briefing/21721634-how-it-shaping-up-data-giving-rise-new-economy

Eggers, W. D. and P. Macmillan. 2015. Gov2020: A Journey into the Future of Government. Deloitte.

Evrard, Yves. 1997. "Democratizing Culture or Cultural Democracy?" *The Journal of Arts Management, Law, and Society*, 27.3: 167-175.

Fehr, E. and B. Rockenbach. 2003. "Detrimental effects of sanctions on human altruism." *Nature*, 422: 137-140.

Fischbach, Franck. 1999. *Fichte et Hegel*. Paris. PUF.

Fitzpatrick, T. 2003. *After the New Social Democracy*. Manchester University Press.

_____. 2011. *Understanding the Environment and Social Policy*. The Policy Press.

_____. 2014. *Climate Change and Poverty*. The Policy Press.

Foster, William and Jeffrey Bradach. 2005.2. "Should Nonprofits Seek Profits?" *Harvard Business Review*, vol.83.

Foucault, Michel. 2008. *The birth of biopolitics: lectures at the Collège de France, 1978-79*. New York: Palgrave Macmillan.

Frank, D. J., J. W. Meyer and D. Miyahara. 1995. "The Individualist Polity and the Centrality of Professionalized Psychology." *American Sociological Review*, 60: 360-377.

Fukuyama, Francis. 1995. *Trust: The Social Virtues and the Creation of Prosperity*. New York: The Free Press. [후쿠야마, 프랜시스(Francis Fukuyama). 2002. 『트러스트: 사회도덕과 번영의 창조』. 구승회 옮김. 서울: 한국경제신문사]

Galbraith, J. K. 1996. *The Good Society: The Humane Agenda*. Boston: Houghton Mifflin.

Gattinger, Monica, 2011, "Democratization of Culture, Cultural Democracy and Governance." paper presented at the Canadian Public Arts Funders(CPAF) Annual General Meeting, Future Directions in Public Arts Funding: What Are The Shifts Required?.

Giddens, Anthony. 1986. *The Constitution of Society: Outline of the Theory of Structuration*. University of California Press.

GIIN. 2018. *Impact Reporting and Investment Standard(IRIS)*. The Global Impact Investing Network(GIIN), New York. https://iris.thegiin.org/

Gowdy, J. 1999. "Economic Concepts of Sustainability: Relocating Economic Activity within Society and Environment." in E. Becker et al.(eds). *Sustainability and the Social Sciences*. Zed Books.

GRI. 2018. *GRI Standards*, Global Reporting Initiative(GRI). https://www.globalreporting.org/

Guéguen, Haud and Guillaume Malochet. 2012. *Les théories de la reconnaissance*. Paris. La Découverte.

Guiso, L., P. Sapienza and L. Zingales. 2004. "the role of social capital in financial development." *American Economic Review*, Vol.94, No.3, pp.526-556.

Hall, P. A. and D. Soskice. 2001. *Varieties of Capitalism: The Institutional Foundations of Comparative Advantage.* Oxford University Press.

Hall, P. A. and D. Soskice. 2001. *Varieties of Capitalism: The Institutional Foundations of Comparative Advantage.* Oxford University Press.

Hampden-Turner, Chrales and Fons Trompenaars. 2015. *Nine visions of capitalism, Infinite Ideas Limited.* Oxford, UK. [햄든-터너(Chrales Hampden-Turner)·트롬페나스(Fons Trompenaars). 2017. 『의식 있는 자본주의: 자본주의의 미래를 위한 9가지 상상』. 이종인 옮김. 세종서적]

Hannan, Michael T. and John Freeman. 1993. *Organizational ecology.* Harvard University Press.

Hardt, M. 2000, "Guaranteed Income: or, the Separation of Labor from Income." *Hybrid*, 5: 21-31.

Helliwell, John, Richard Layard and Jeffrey Sachs(eds.). 2017. *World Happiness Report 2017.* New York: Sustainable Development Solutions Network.

Hirsch, Fred. 1976. *Social Limits to Growth.* Harvard University Press.

Hobsbawm, E. J. 1994. *The age of extremes: a history of the world, 1914-1991.* New York: Pantheon Books.

Holland, B. 2008a. "Ecology and the Limits of Justice: Establishing Capability Ceilings in Nussbaum's Capabilities Approach." *Journal of Human Development*, 9.3: 401-425.

_____. 2008b. "Justice and the Environment in Nussbaum's 'Capabilities Approach'." *Political Research Quarterly*, 61.2: 319-332.

Holland, John H. 2012. *Signals and Boundaries: Building Blocks for Complex Adaptive System.* The MIT Press.

Holstrom, B. and P. Milgrom. 1991. "Multitask principal-agent analyses: Incentive contracts, asset owenership and job design." *Journal of Law, Economics & Organization*, 7: 24-52. https://www.economist.com/news/leaders/21721656-data-economy-demands-new-approach-antitrust-rules-worlds-most-valuable-resource

Huntington, Samuel. 1968. *Political Order in Changing Societies.* Yale University Press.

Hwang, H. 2006. "Planning Development: Globalization and the Shifting Locus of Planning." in G. S. Drori, J. W. Meyer and H. Hwang(eds.). *Globalization and Organization: World Society and Organizational Change.* New York: Oxford Press.

Hwang, H. and J. A. Colyvas. 2011. "Problematizing Actors and Institutions in Institutional Work." *Journal of Management Inquiry*, 20.1: 62-66.

Hwang, H. and W. W. Powell. 2009. "The Rationalization of Charity: The Influences of Professionalism in the Nonprofit Sector." *Administrative Science Quarterly*, 54: 268-298.

Hwang, Yooseon. 2016. *The Effects of Mandatory Voting Rule and Electoral Turnout on Government Welfare Spending.* M.A. dissertation, Seoul National University.

Ingelhart, Ronald. 1997. *Modernization and Post-Modernization: Cultural, Economic and Political Change in 43 Societies.* Princeton University Press.

Jang, Y. S. 2006. "Transparent Accounting as a World Societal Rule." in G. S. Drori, J. W. Meyer and H. Hwang(eds.). *Globalization and Organization: World Society and Organizational Change.* New York: Oxford Press.

Jefferson, R. and J. W. Meyer. 2000. "The 'Actors' of Modern Society: The Cultural Construction of Social Agency." *Sociological Theory,* 18.1: 100-120.

Jordan, B. 2008. *Welfare and Well-being: Social Value in Public Policy.* The Policy Press.

Kaletsky, A. 2011. *Capitalism 4.0: The Birth of a New Economy.* Seoul, Korea: Culture and Story Publishing Co.

Katz, Michael L. and Carl Shapiro. 1985. "Network externalities, competition, and compatibility." *The American economic review,* 75.3: 424-440.

Kim, Byung-Yeon and Youngho Kang. 2014. "Social Capital and Entrepreneurial Activity: A Pseudo-panel Approach." *Journal of Economic Behavior and Organization,* Vol.97, pp.47-60.

Knack, Stephen and Philip Keefer. 1997. "Does Social Capital Have an Economic Payoff? A Cross-Country Investigation." *The Quarterly Journal of Economics,* 112.4: 1251-1288.

Knill, C. and D. Lehmkuhl. 2002. "Private Actors and the State: Internationalization and Changing Patterns of Governance." *Governance,* 5.1: 41-64.

Knoke, David. 1990. *Political networks: the structural perspective.* New York: Cambridge University Press.

Kooiman, J. 1993. *Modern Governance: New Government-Society Interaction.* London: SAGE Publications.

Krahmann, Elke. 2003. "National, Regional, and Global Governance: One Phenomenon or Many?" *Global Governance,* 9: 323-346.

Kuhn, Thomas S. 1962. *The structure of scientific revolutions.* Chicago: University of Chicago Press.

La Porta, R., F. Lopez-de-Silances, A. Shleifer and R. Vishny. 1998. "Trust in Large Organizations." *American Economic Review papers and Proceedings,* LXXXVII.

Lacy, Suzanne. 1994. *Mapping the Terrain, New Genre Public Art.* Seattle: Bay Press.

Langsted, Jørn. 1990. "Double strategies in a modern cultural policy." *Journal of Arts Management & Law,* 19.4: 53-71.

Laplanche, Jean and Jean-Bertrand Pontalis. 1967. *Vocabulaire de la psychanalyse.* Paris. PUF.

Lasch, Christopher. 1984. *The Minimal Self.* New York. W. W. Norton & Company.

Lee, C. K. and D. Strang. 2006. "The International Diffusion of Public-Sector Downsizing: Network Emulation and Theory-Driven Learning." *International Organization,* 60: 883-909.

Lee, Eunkyung. 2017. "Engaging Citizens in Society. Social Innovation and Social Transition in East Asia." Supplement for *Stanford social innovation review*, 15.2: 16-17.

Lee, Wonjae. 2017. "Innovating Local Government. Social Innovation and Social Transition in East Asia." Supplement for *Stanford social innovation review*, 15.2: 18-19.

Levitt, T. 1960. "Marketing Myopia." *Harvard Business Review*, 38(July-August).

Lim, A. and K. Tsutsui. 2012. "Globalization and Commitment in Corporate Social Responsibility: Cross-National Analyses of Institutional and Political-Economy Effects." *American Sociological Review*, 77.1: 69-98.

Loury, Glenn. 1977. "A Dynamic Theory of Racial Income Differences." in P. A. Wallace and A. Le Mund(ed.). *Women, Minorities, and Employment Discrimination*. Lexington, Mass.: Lexington Books.

Luhmann, Niklas. 1990. "Paradox of System Differentiation." in J. C. Alexander and P. Colomy (eds.). *Differentiation Theory and Social Change*. N.Y. Columbia University Press. pp.409-440.

_____. 2013. *A Systems Theory of Religion*. David A. Brenner and Adrian Hermann(trans.). Stranford University Press.

Lyon, Thomas P. 2005. "Making Capitalism Work: Social Capital and Economic Growth in Italy, 1970-1995." Working paper.

Marquis, Christopher and Michael Lounsbury. 2007. "Vive La Résistance: Competing Logics and the Consolidation of U.S. Community Banking." *Academy of Management Journal*, 50: 799-820.

Mathewsonk, Rufus W. 1975. *The Positive Hero in Russian Literature*. Stanford University Press.

Mendel, P. 2006. "The Making and Expansion of International Management Standards: The Global Diffusion of ISO 9000 Quality Management Certificates." in G. S. Drori, J. W. Meyer and H. Hwang(eds.). *Globalization and Organization: World Society and Organizational Change*. New York: Oxford Press.

Mercan, B. and D. Göktaş. 2011. "Components of Innovation Ecosystems: A Cross-Country Study." *International Research Journal of Finance and Economics*, 76: 102-112.

Mertens, S. and M. Marée. 2015. "What does a social economy enterprise produce?" M. Bouchard(ed.). *The weight of social economy*. Peter Lang.

Merton, Robert K. 1938. "Social Structure and Anomie." *American Sociological Review*, 3.5: 672-682.

Meyer, J. W. 2000. "Globalization: Sources and Effects on National States and Societies." *International Sociology*, 15.2: 233-248.

_____. "Globalization and the Expansion and Standardization of Management." in K. Sahlin-

Andersson and L. Engwall(eds.). *The Expansion of Management Knowledge: Carriers, Flows, and Sources.* California: Stanford University Press.

Meyer, J. W. and B. Rowan. 1977. "Institutionalized Organizations: Formal Structure as Myth and Ceremony." *American Journal of Sociology*, 83: 340-363.

Meyer, J. W. and P. Bromley. 2012. The Worldwide Expansion of "Organization". The 8th New Institutionalism Workshop.

Meyer, J. W. and R. Jepperson. 2000. "The Actors of Modern Society: The Cultural Construction of Social Agency." *Sociological Theory*, 18.1: 100-120.

Meyer, J. W., G. S. Drori and H. Hwang. 2006. "World Society and the Proliferation of Formal Organization." in Drori, Meyer and Hwang(eds.). *Globalization and Organization: World Society and Organizational Change.* New York: Oxford Press.

Meyer, J. W., J. Boli, G. M. Thomas and F. O. Ramirez. 1997. "World Society and the Nation-State." *The American Journal of Sociology*, 103.1: 144-181.

Moon, H. and C. M. Wotipka. 2006. "The Worldwide Diffusion of Business Education, 1881-1999: Historical Trajectory and Mechanisms of Expansion." in Drori, Meyer and Hwang (eds.). *Globalization and Organization: World Society and Organizational Change.* New York: Oxford Press.

Moulaert, Frank. 2016. "Social Innovation: Institutionally Embedded, Territorially (Re)produced." in Diana MacCallum, Frank Moulaert, Jean Hillier and Serena Vicari Haddock(ed.). *Social innovation and territorial development.* New York: Routledge.

Moynihan, D. P. 2006. "Managing for Results in State Government: Evaluating a Decade of Reform." *Public Administration Review*, 66.1: 77-89.

Murphy, D. F. 1998. Business and NGOs in the Global Partnership Process. Paper presented at the United Nations Conference on Trade and Development. Lyon, France, November 9-12.

Musgrave, R. A. 1957. "A Multiple Theory of Budget Determination." *FinanzArchiv*, New Series, Vol.25, No.1, pp.33-43.

Narayanan, Arvind and Dillon Reisman. 2017. "The Princeton Web Transparency and Accountability Project." Transparent Data Mining for Big and Small Data. Springer International Publishing. pp.45-67.

Nowak, M. A. and Roger Highfield. 2011. *Super cooperators: evolution, altruism and human behaviour or why we need each other to succeed.* Edinburgh; New York: Canongate.

O'Neil, Cathy. 2016. *Weapons of Math Destruction: How Big Data Increases Inequality and Threatens Democracy.* New York: Crown Publishers.

Padgett, John Frederick and Walter W. Powell. 2012. *The emergence of organizations and markets.* Princeton: Princeton University Press.

Panagopoulos, C. 2008. "The calculus of voting in compulsory voting systems." *Political Behavior*, 30.4: 455-467.

Parrillo, V. N., J. Stimson and A. Stimson. 1999. *Contemporary Social Problems* (4th Edition). Allyn and Bacon, Boston.

Parsons, Talcott and Edward Shils. 1951. *Toward a general theory of action*. Cambridge: Harvard University Press.

Pattberg, P. 2005. "The Institutionalization of Private Governance: How Business and Nonprofit Organizations Agree on Transnational Rules." *Governance: An International Journal of Policy, Administration, and Institutions*, 18.4: 589-610.

Pierre, J. 2000. "Introduction: Understanding Governance." in J. Pierre(ed.). *Debating Governance*. NY: Oxford University Press.

Pippin, Robert B. 2010. *Hegel and Self-Consciousness*. Princeton University Press.

Pisano, Gary P. and Roberto Verganti. 2008. "Which Kind of Collaboration is Right for You." *Harvard Business Review*, December issue.

Porter, M. E. and M. R. Kramer. 2011. "Creating Shared Value." *Harvard Business Review*, Vol.89, No.1/2, pp.62-77.

Portney, K. E. 2013. *Taking Sustainable Cities Seriously*. The MIT Press.

Power, M. 2000. "The Audit Society-Second Thoughts." *International Journal of Auditing*, 4: 111-119.

Putnam, R. 1993. *Making Democracy Work: Civic Traditions in Modern Italy*. Princeton, Nj: Princeton University Press.

Ramos, Alice. 2006. "Social Values Dynamics and Socio-Economic Development." *Portuguese Journal of Social Science*, Vol.5, No.1.

Reay, Trish. and C. R. Hinings. 2005. "The Recomposition of an Organizational Field: Health Care in Alberta." *Organization Studies*, 26: 351-384.

REDF. 2001. *SROI Methodology*. Roberts Enterprise Development Fund(REDF). San Francisco.

Rhodes, R. A. W. 2000. "Governance and Public Administration." in J. Pierre(ed.). *Debating Governance*. NY: Oxford University Press.

Rifkin, Jeremy. 2010. *The Empathic Civilization: The Race to Global Consciousness in a World in Crisis*. Tarcher/Penguin.

_____. 2014. *The Zero Marginal Cost Society: The Internet of Things, the Collaborative Commons, and the Eclipse of Capitalism*. St. Martin' Press.

Rogers, Everett M. 1983. *Diffusion of innovations*. New York: Free Press.

Rosanvallon, Pierre. 1998. *Le peuple introuvable*. Paris. Gallimard.

Sachs, I. 1999. "Social Sustainability and Whole Development: Exploring the Dimensions of

Sustainable Development." in E. Becker et al.(eds.). *Sustainability and the Social Sciences*. Zed Books.

Sachs, Jeffrey D. 2015. *The Age of Sustainable Development*. Columbia University Press.

Saloner, Garth, Andrea Shepard, and Joel M. Podolny. 2001. *Strategic management*. New York: John Wiley.

Samuelson, P. A. 1954. "The Pure Theory of Public Expenditure." *Review of Economics and Statistics*, Vol.36, No.4, pp.387-389.

Scearce, Diana, Gabriel Kasper and Heather McLeod Grant, 2010. "Working Wikily." in the summer 2010 issue of Stanford Social Innovation Review.

Schlosberg, D. 2007. *Defining Environmental Justice*. Oxford University Press.

Schultze, Charles L. 1977. *The Public Use of Private Interest*. Brookings Institution.

Schumpeter, Joseph A. and Redvers Opie. 1934. *The theory of economic development: an inquiry into profits, capital, credit, interest, and the business cycle*. Cambridge, Mass.,: Harvard University Press.

Schwab, Klaus. 2017. *The fourth industrial revolution*. Crown Business.

Schwartz. Shalom H. 1992. "Universals in the content and structure of values: theoretical advances and empirical tests in 20 countries." in M. Zanna(ed.). *Advances in Experimental Social Psychology*, vol.25. New York: Academic Press.

Schwartz, Shalom H. and Wolfgang Bilsky. 1987. "Toward a Universal Psychological Structure of Human Values." *Journal of Personality and Social Psychology*, 53.3: 550-562.

Scott, Richard W. 1994. "Institutions and Organizations: Toward a Theoretical Synthesis." in W. R. Scott and J. W. Meyer(Eds.). *Institutional Environments and Organizations: Structural Complexity and Individualism*. Thousand Oaks, CA: Sage.

Scott, Richard W. and Gerald F. Davis, 2007. *Organizations and Organizing: Rational, Natural, and Open System Perspectives*. London and New York: Routeledge.

Sen, Amartya. 1987. *On Ethics and Economics*. Blackwell Publishers. [센, 아마티아(Amartya Sen. 1999. 『윤리학과 경제학』. 박순성·강신욱 옮김. 한울아카데미]

Shin, J. C. and Y. S. Jang. 2013. "World-class University in Korea: Proactive Government, Responsive University, and Procrastinating Academics." in J. C. Shin and B. M. Kehm(eds.). *Institutionalization of World-Class University in Global Competition*. Springer.

Sisodia, Raj, Jag Sheth and David Wolfe. 2014. *Firms of Endearment: How World-Class Companies Profit from Passion and Purpose* (Second Edition). New Jersey: Pearson Education.

Smith, Adam. 1976. *An Inquiry into the Nature and Causes of the Wealth of Nations*. in R. H. Campbell and A. S. Skinner(eds.) Oxford University Press. [스미스, 애덤(Adam Smith). 2003. 『국부론(상)』. 김수행 옮김. 비봉출판사]

_____. 1976. *The Theory of Moral Sentiments.* in D. D. Raphael and A. L. Macfie(Ed.). Oxford: Clarendon Press.

Spagnolo, G. 1999. "Social relations and cooperation in organizations." *Journal of Economic Behavior and Organization*, 38.1: 1-25.

Stavenhagen, Rodolfo. 1998. "Cultural rights: a social science perspective." in Halina Niec(ed.). *Cultural rights and wrongs.* Paris: UNESCO Publising.

The Hope Institute(Lee, E.). 2017. "Social Innovation in Asia: Trends and Characteristics in China, Korea, India, Japan, and Thailand." in Tessa Morris-Suzuki and Eun Jeong Soh(Eds.). *In New Worlds from Below.* Australian National University Press. pp.249-274.

Tresche, R. W. 2008. *Public Sector Economics.* Palgrave Macmillan, New York.

Uhlaner, Carole Jean. 1989. "'Relational goods' and participation: Incorporating sociability into a theory of rational action." *Public choice*, 62.3: 253-285.

UNESCO. 2015. "UNESCO Science Report: Towards 2030." The United Nations Educational, Scientific and Cultural Organization.

Uzzi, Brian and Jarrett Spiro. 2005. "Collaboration and Creativity: The Small World Problem." *American Journal of Sociology*, 111.2: 447-504.

Vedres, Balázs and David Stark. 2010. "Structural Folds: Generative Disruption in Overlapping Groups." *American Journal of Sociology*, 115.4: 1150-1190.

Walker, G. 2012. *Environmental Justice: Concept, Evidence and Politics.* Routledge.

White, Harrison C. 1992. *Identity and control: a structural theory of social action.* Princeton, N.J.: Princeton University Press.

Wholey, J. S. 1979. *Evaluation: Promise and Performance.* Urban Institute, Washington, DC.

Wi, Hyungseok and Wonjae Lee. 2014. "The Norm of Normlessness: Structural Correlates of A Trolling Community." WebSci.

World Bank. 2017. Doing Business 2017: Equal Opporetunity for All. World Bank Group. https://www.unglobalcompact.org/

Wright, E. O. 2010. *Envisioning Real Utopias.* Verso.

찾아보기

한울아카데미 2074

사회적 가치와 사회혁신
지속가능한 상생공동체를 위하여

ⓒ 박명규·이재열, 2018

엮은이 박명규·이재열
지은이 강정한·김병연·김홍중·라준영·박명규·엄한진·윤제용·이원재 A·이원재 B·이재열·
       장용석·조형근·최정규·한상진·황정윤
펴낸이 김종수
펴낸곳 한울엠플러스(주)
편 집 배소영

초판 1쇄 발행 2018년 5월 28일
초판 3쇄 발행 2020년 11월 20일

주소 10881 경기도 파주시 광인사길 153 한울시소빌딩 3층
전화 031-955-0655
팩스 031-955-0656
홈페이지 www.hanulmplus.kr
등록번호 제406-2015-000143호

Printed in Korea
ISBN 978-89-460-6989-3 93330

* 책값은 겉표지에 표시되어 있습니다.